ACCESO GRATIS a la Lectura en la Nube

Para visualizar el libro electrónico en la nube de lectura envíe junto a su nombre y apellidos una fotografía del código de barras situado en la contraportada del libro y otra del ticket de compra a la dirección:

ebooktirant@tirant.com

En un máximo de 72 horas laborables le enviaremos el código de acceso con sus instrucciones.

La visualización del libro en **NUBE DE LECTURA** excluye los usos bibliotecarios y públicos que puedan poner el archivo electrónico a disposición de unacomunidad de lectores. Se permite tan solo un uso individual y privado.

EL TERRORISMO Y SU MARCO REGULATORIO ACTUAL: ENTRE LA INDEFINICIÓN Y LA SOBRERREGULACIÓN

EL TERRORISMO Y SU MARCO REGULATORIO ACTUAL:
ENTRE LA INDEFINICIÓN Y LA SOBRERREGULACIÓN

Elena Avilés Hernández

tirant lo blanch
Valencia, 2025

En caso de erratas y actualizaciones, la Editorial Tirant lo Blanch publicará la pertinente corrección en la página web www.tirant.com.

La presente obra ha sido sometida a la revisión de pares ciegos según el protocolo de publicación de la editorial a efectos de ofrecer el rigor y calidad correspondiente tanto en su contenido como en su forma, aplicándose los criterios específicos aprobados por la Comisión Nacional E 016 (BOE num. 286, de 26 de noviembre de 2016).

© TIRANT LO BLANCH
EDITA: TIRANT LO BLANCH
C/ Artes Gráficas, 14 - 46010 - Valencia
TELFS.: 96/361 00 48 - 50
FAX: 96/369 41 51
Email: tlb@tirant.com
www.tirant.com
Librería virtual: www.tirant.es
DEPÓSITO LEGAL: V-1108-2025
ISBN: 978-84-1095-673-5

Si tiene alguna queja o sugerencia, envíenos un mail a: *atencioncliente@tirant.com*. En caso de no ser atendida su sugerencia, por favor, lea en *www.tirant.net/index.php/empresa/politicas-de-empresa* nuestro procedimiento de quejas.

Responsabilidad Social Corporativa: http://www.tirant.net/Docs/RSCTirant.pdf

A mi familia elegida,
por su dedicación y apoyo
durante toda esta etapa.

Índice

Prólogo

Me complace enormemente prologar esta obra de Elena Avilés Hernández. Elena es licenciada en Ciencias Políticas y de la Administración y en Derecho por la Universidad de Granada. Tras cursar el Máster en Cooperación Internacional y Políticas de Desarrollo en la Universidad de Málaga y trabajar en Bolivia como becaria en el Programa de Naciones Unidas para el Desarrollo (PNUD), se incorporó al área de Derecho penal en enero de 2018 como personal investigador dentro del Programa Operativo de Empleo Juvenil, desarrollado en el marco del Fondo Social Europeo (FSE). Ello le permitió realizar un segundo máster, el de Derecho penal y Política Criminal de la Universidad de Málaga y realizar el doctorado que culminó en 2024. Desde su incorporación al área de Derecho penal ha realizado una magnífica labor. El trabajo que prologo aborda la política criminal en materia terrorista a nivel internacional y su incidencia en nuestro Derecho interno, aprovechando una formación especialmente idónea para efectuar este tipo de análisis.

El trabajo se ocupa básicamente de dos cuestiones: la respuesta desde la perspectiva internacional al fenómeno del terrorismo y la incidencia que la misma ha tenido sobre nuestro Derecho interno.

Como con acierto destaca la autora, la evolución más reciente del Derecho internacional viene marcada por el terrorismo islamista, lo que suscita no pocos interrogantes. La primera cuestión que se plantea es si el terrorismo actual representa un fenómeno nuevo y, por tanto, distinto al anterior o, si, por el contrario, no es más que una evolución. Elena Avilés se inclina por pensar que el terrorismo islamista no representa un cambio de paradigma, pues aquellas notas que se predican de él aparecen en anteriores manifestaciones del terrorismo. Ni siquiera cabe hablar de que su estructura organizativa y los métodos de comisión de atentados sean realmente novedosos: ataques suicidas simultáneos mediante el empleo de explosivos en aviones que han sido secuestrados previamente como emblema del combate contra las potenciales occidentales. Si desgranamos los elementos de este modo comisivo, como señala la autora, encontraremos ejemplos en el pasado.

Con este punto de partida, Elena Avilés realiza un exhaustivo análisis de la respuesta internacional al terrorismo que, como bien indica, ha venido marcada por la ausencia de un concepto claro de terrorismo y ello porque los diferentes organismos internacionales han elaborado fórmulas que en gran medida vienen marcadas el contexto histórico, sus prioridades e intereses políticos. Las principales diferencias entre las diversas definiciones ofrecidas por las entidades internacionales están relacionadas con aspectos tan importantes como las motivaciones de los actos, su alcance o los actores que los cometen. Dos de los aspectos más problemáticos son los relativos a si deben tener la consideración de terroristas los actos ejecutados para luchar contra la opresión y si se ha de incluir en el concepto el terrorismo de Estado.

En el plano del Derecho interno la autora destaca cómo a partir de 2010 y especialmente con la reforma operada por la Ley Orgánica 2/2015 se ha eliminado el vínculo organizativo como elemento vertebrador de los delitos de terrorismo. A lo anterior se vendría a sumar la inclusión en el Código penal de numerosos tipos autónomos que vienen a representar meros actos preparatorios, entre ellos, el adoctrinamiento y adiestramiento, ya sea a terceros (art. 577.2 CP), de forma pasiva (art. 575.1 CP) o autónoma, es decir, bajo la figura del autoadoctrinamiento o autoadiestramiento (art. 575.2 CP), la captación con fines terroristas, o el desplazamiento transnacional con fines terroristas. Con ello se extiende el ámbito de la intervención penal, recortando libertades. Hay que tener presente que algunas de las conductas que se castigan se realizan en esferas potencialmente neutras, como acontece con el uso de internet en el aprendizaje autónomo o el cruce de frontera en las hipótesis de los viajes transnacionales con fines terroristas. Con ello, como muy bien destaca Elena Avilés, se difuminan las líneas entre los actos que representan el mero ejercicio de derechos como la libertad de pensamiento, ideológica o religiosa o incluso deambulatoria de aquellos otros que representan un verdadero peligro para bienes jurídicos.

Esta tendencia, como ha acontecido con no pocas reformas en los últimos tiempos, se justifica invocando las obligaciones contraídas con la ratificación de tratados internacionales sobre la materia. En efecto, la reforma realizada a través de la Ley Orgánica 2/2015 se justifica con la Resolución del Consejo de Seguridad de Naciones Unidas 2178, aprobada el 24 de septiembre de 2014 junto con las Decisiones Marco2002/475/JAI del Consejo de la Unión Europea , de 13 de junio de 2002 y 2008/919/JAI, de 28 de noviembre de 2008. Sin embargo, no todos los comportamientos recogidos se pueden justificar en las obligaciones internacionales En primer lugar, como indica la autora, la reforma de 2015 recoge el adiestramiento pasivo, una figura no prevista por las Decisiones marco ni tampoco reflejada en la normativa comunitaria hasta dos años después y sujeta a unos requisitos concretos. Según la Directiva de 2017, el adiestramiento -nunca el adoctrinamiento- solo es punible cuando la conducta del sujeto tienda a la consecución de una serie de delitos concretos enumerados como “de terrorismo” o de captación para estos o para la integración o colaboración, pero no para los actos creados aparte. Sin embargo, el legislador contempla tanto el adiestramiento y el adoctrinamiento para todos los delitos recogidos en el título.

En segundo lugar, ni la Resolución 2178 de Naciones Unidas, los Convenios o Protocolos del Consejo de Europa o la propia normativa comunitaria regulan la figura del adoctrinamiento. Es más, el CoE rechaza de forma expresa tipificar el reclutamiento pasivo. Esta conducta que ya se incluye en su forma activa en la reforma introducida en 2010, se completa con la modalidad pasiva en la reforma de 2015 y se mantienen hasta hoy.

En tercer lugar, ni las Decisiones Marco ni la Directiva recogen el autoadoctrinamiento meramente ideológico como forma de anticipar la barrera de punibilidad a momentos previos a los de la acción, así sea con la finalidad de perpetrar delitos terroristas. En el fondo, lo que se regula es una serie de conductas preparatorias anteriores a la realización de un delito, por lo que la intervención penal colisiona con la presunción de inocencia y con derechos como la libertad ideológica, de pensamiento o de expresión, como han destacado Elena Avilés y la propia jurisprudencia.

Por su parte, respecto del autodoctrinamiento la Sentencia del Tribunal Supremo de 17 de mayo de 2017 (ECLI: ES:TS:2017:1883) señaló que aun cuando la normativa internacional no obligue a tipificar un hecho, ello no impide al legislador español que pueda incluirlo en el Código penal. Pero las razones que han llevado a no incluirlo en un tratado internacional, si las hay, pueden tener enorme trascendencia en la interpretación del precepto. Y ello en este caso porque al ponderar el fenómeno yihadista y la forma legal de combatirlo, "diversas instancias europeas encontraron dificultades para la tipificación de conductas atinentes exclusivamente a una actividad individual de contenido meramente ideológico".

En definitiva, la obra de Elena Avilés contiene un magnífico análisis de la política criminal terrorista tanto a nivel internacional como nacional, destacando cómo en el plano estatal en no pocas ocasiones se justifican reformas de dudosa compatibilidad con los derechos fundamentales aludiendo al cumplimiento de obligaciones impuestas por Naciones Unidas, Consejo de Europa o Unión Europea.

Espero que la madurez y la solvencia demostrada por Elena Avilés en esta obra y en otros trabajos le permitan tener el brillante futuro en la universidad que merece.

Málaga, a 2 de febrero de 2025.

OCTAVIO GARCÍA PÉREZ
Catedrático de Derecho penal
Universidad de Málaga

Introducción

El terrorismo no es un fenómeno reciente. Dependiendo del contexto en el que se enmarca, se ha utilizado como herramienta reivindicativa ante situaciones percibidas como injustas, como medio para lograr un determinado objetivo o, para algunos autores contemporáneos, como un fin en sí mismo. Existen multitud de variables a tener en cuenta, dependiendo de la situación específica y la época en la que tiene lugar. Ese carácter mutable le infiere gran complejidad tanto a su origen como a su respuesta.

A pesar de su auge en la agenda política y de seguridad mundial tras el ataque a Estados Unidos el 11 de septiembre de 2001, el terrorismo de corte islamista tampoco es una cuestión novedosa. En Oriente Medio y desde hace décadas se promueve la participación masiva en la yihad armada con el objetivo de derrocar a los gobiernos nacionales o luchar contra lo que representa el poder soviético de finales del S.XX o el estadounidense en la actualidad. Dichos grupos logran que un pequeño porcentaje se una a su causa —hasta 100000 desde la década de los 90 del siglo pasado, según las estimaciones del gobierno de Estados Unidos—. Sin embargo, la incidencia no alcanza el 1%. Según datos oficiales, el terrorismo yihadista apenas consigue reclutar a uno de cada 15000 musulmanes desde finales del S. XX y a menos de uno de cada 100000 desde el 11-S[*].

---

[*] Esta obra se ha realizado al amparo de los siguientes proyectos de investigación: "Derecho y protección radiológica del medio ambiente (DEPRAMA)", con referencia CSN2022, financiado por el Consejo de Seguridad Nuclear; Medidas inclusivas para menores en situación de exclusión social" con referencia ProyExcel_00514, financiado por la Junta de Andalucía y "Derechos y garantías de las personas vulnerables en el Estado de bienestar" con referencia UMA18-FEDERJA-175, finan-

Por ello, cabe preguntarse: ¿qué distingue a los sujetos que, ante circunstancias similares, deciden unirse a dichos grupos y perpetrar actos terroristas frente a quienes optan por otras vías de carácter legal o pacífico para mostrar sus reivindicaciones? Algunas de las explicaciones pueden estar relacionadas con factores de carácter psicológico o social; entre ellos: la solidez de los vínculos familiares y de amistad, el tipo de sociedad en la que viven, la comprensión personal de la religión o las posibilidades de expresar sus reivindicaciones mediante métodos no violentos. Sin embargo, pueden no ser las únicas. Para obtener una visión completa del fenómeno, es necesario ahondar también en las medidas de prevención desarrolladas y valorar su utilidad y efectos.

Durante las últimas décadas y, sobre todo, tras el fracaso de las directrices de seguridad aplicadas como reacción a los atentados de las Torres Gemelas, la política contraterrorista global parece centrarse en la prevención de la comúnmente denominada "radicalización conducente a la violencia". Todo ello a partir del adelantamiento de las barreras punitivas y la regulación de conductas calificadas como "novedosas", cuando, en realidad, no son sino una evolución de dinámicas previas. Este planteamiento es acompañado de una tendencia que pone el foco en la radicalización islamista y en la desradicalización de índole yihadista[2], lo que, en muchas ocasiones, genera el ries-

---

ciado en el Marco del Programa FEDER Andalucía 2014-2020. Además, el presente trabajo se enmarca en el Grupo de Investigación «Derecho Penal (SEJ116)» del Plan Andaluz de Investigación, dirigido por el Dr. Octavio García Pérez.

* Toda la bibliografía consultada para la elaboración del texto ha sido revisada a fecha de febrero de 2025.

1 C. Kurzman, The missing martyrs: why there are so few Muslim terrorists, Oxford University Press, Oxford ; New York, 2011, p. 11.

2 A. Schmid, «Radicalisation, De-Radicalisation, Counter-Radicalisation: A Conceptual Discussion and Literature Review», *Terrorism and Counter-*

go de asociar de forma indiscriminada el fenómeno de la radicalización con la del terrorismo, y atribuir una relación directa entre ideología y violencia.. De ahí que, en ocasiones, el terrorismo se perciba como el último paso de un proceso que culmina con la participación del sujeto en actos violentos para lograr los objetivos políticos previstos. Sin embargo, ni todo proceso de radicalización tiene por qué finalizar con la comisión de un acto terrorista, ni la totalidad de individuos que se encuentran bajo las mismas condiciones ha de actuar de igual forma.

Además, existe una propensión a confundir el radicalismo político con el religioso y asociar el fenómeno de la radicalización violenta, y en últimas el terrorismo, con la ideología confesional; todo ello a pesar de que existen ejemplos recientes de procesos de radicalización y ataques terroristas de carácter laico. Esto plantea un serio problema: extrapolar a otros movimientos de similar naturaleza el modelo de análisis utilizado para el terrorismo yihadista puede constituir un punto de partida erróneo. La limitación se plantea debido a que las investigaciones más recientes no examinan las similitudes y diferencias entre los militantes islamistas y otros tipos de extremistas, ni se determinan las implicaciones de estas conclusiones para los procesos de desvinculación y desradicalización[3]. Algunos estudios simplemente equiparan ambos perfiles soslayando las posibles distinciones entre éstos; otros, por el contrario, sostienen la postura opuesta, asumiendo que el radical islamista tiene unas características particulares que lo hace especialmente peligroso[4]. En este sentido, podría afirmarse que, al estar

---

Terrorism Studies, 2013, p. 20, en http://icct.nl/publication/radicalisation-de-radicalisation-counter-radicalisation-a-conceptual-discussion-and-literature-review/.

3 A. Rabasa (ed.), *Deradicalizing Islamist extremists*, RAND, Santa Monica, Calif., 2010, p. 26.

4 Q. Wiktorowicz, critica que "aunque los componentes ideológicos y la inspiración del Islam como visión ideológica del mundo diferencian a

motivados por la fe, el compromiso de estos últimos es mayor; sin embargo, ya se ha demostrado que en algunos contextos la religión no es tanto una motivación como un instrumento -en ocasiones político-. Dicha hipótesis se reafirma, entre otras razones, por la falta de conocimiento profundo del islam de muchos de los sujetos identificados como radicales violentos. La cuestión radica en que, por un lado, otorgarle tanto protagonismo al terrorismo de motivaciones —o justificaciones— religiosas, y concretamente al yihadismo, supone un obstáculo a la hora de hacerle frente; por otro, priorizar un único modelo de radicalización como herramienta predictiva excluye de forma automática cualquier otro que difiera del imperante en la agenda pública. Esto compromete la eficacia del diseño de los mecanismos de prevención.

A pesar de todo, no es el único inconveniente. Ni siquiera las políticas contraterroristas enfocadas en este perfil se muestran realmente eficaces para paliar la amenaza. En muchos casos, son incluso contraproducentes:

"Al-Qaeda sólo contaba con unos 400 combatientes en Afganistán cuando 19 de ellos mataron a casi 3.000 civiles de más de sesenta países el 11 de septiembre de 2001 en Estados Unidos. Hoy en día hay, junto a esta, un centenar de grupos extremistas islamistas activos en casi 70 países de todo el mundo, que han

---

los islamistas de otros actores colectivos, la propia acción colectiva y los mecanismos concomitantes demuestran una considerable coherencia entre los distintos tipos de movimientos. En otras palabras, el activismo islámico no es *sui generis*". A pesar de estas similitudes, el estudio del activismo islámico se suele separar del resto de investigaciones sociales, etiquetándolo de forma implícita como algo ajeno al resto en términos comparativos y perpetuando la creencia del "excepcionalismo islamista". En este sentido, vid. Q. WIKTOROWICZ, «Islamic Activism and Social Movement Theory: A New Direction for Research», *Mediterranean Politics*, vol. 7, 3, 2002, p. 189, en http://www.tandfonline.com/doi/full/10.1080/13629390207030012.

matado a más de 120000 personas sólo en los últimos años. Se calcula que Al-Qaeda y sus afiliados cuentan con unos 40000 combatientes. En total, hay unos 230000 yihadistas activos entre nosotros, sin contar otros terroristas religiosos, de derechas y otros terroristas seculares"[5].

De este modo, se podría afirmar que el auge del terrorismo de etiología yihadista ha propiciado una regulación cada vez más sancionadora, tanto en términos extensivos como intensivos, donde se adelantan progresivamente las barreras punitivas a través de nuevas tipologías penales. Todo ello con el objetivo de recoger el *modus operandi* imperante de dicho fenómeno, así como de garantizar la respuesta a las cada vez más recurrentes demandas sociales fundamentadas en la percepción de inseguridad presente tanto en el imaginario colectivo como en los debates políticos[6]. Esto deriva en una tendencia expansiva en lo que se refiere al uso del Derecho penal, pero no necesariamente en una mayor eficacia a la hora de contrarrestar dicho panorama. Aunque tal tendencia se origina en el ámbito internacional, tiene una repercusión directa en la regulación interna, lo que se traduce en una constante revisión de los delitos de terrorismo con consecuencias directas en el ámbito penitenciario. Todo ello, a partir de (i) un incremento de la pena en aquellas tipologías ya tipificadas previamente, y

---

5 A. P. Schmid, *Handbook of terrorism prevention and preparedness*, 2020, pp. 1-2, en https://icct.nl/handbook-of-terrorism-prevention-and-preparedness/.

6 Para algunos autores, existen numerosas leyes de reforma del Código Penal que aluden a sentimientos de "alarma", "amenaza", "riesgo", o "inseguridad" como fundamento de las mismas. Este recurso se aprecia de un modo cada vez más recurrente tanto en los debates parlamentarios como en la exposición de motivos o el preámbulo de dichas leyes una vez aprobadas, con independencia del signo político que las apruebe. En este sentido, vid. D. García Magna, *La lógica de la seguridad en la gestión de la delincuencia*, Marcial Pons, 2018, pp. 101-102.

(ii) una constante redefinición de tipos delictivos para recoger conductas no sancionables con anterioridad.

Este cuestionamiento contrasta enormemente con la realidad criminológica que pretende regular, caracterizada por una tendencia decreciente de ataques terroristas y una disminución en el uso de medios violentos para la comisión de delitos de dicha naturaleza. De ahí la necesidad de realizar una revisión global que permita dilucidar si las reformas en el ámbito interno concuerdan con las exigencias regulatorias promovidas desde la esfera internacional o, por el contrario, si se elabora todo un constructo jurídico que sobrepasa lo exigido y que, en última instancia, no es sino una regulación fundamentada en la percepción del riesgo y la seguridad de la ciudadanía.

PARTE I:
ESFERA INTERNACIONAL

CAPÍTULO I.

ANTECEDENTES: LA EVOLUCIÓN DEL FENÓMENO TERRORISTA

I. INTRODUCCIÓN

No cabe duda de que el fenómeno terrorista actual amplía de forma significativa su concepción clásica. No hay más que ver el cambio sustancial que genera en las estructuras de poder mundiales, que pasa de ser un riesgo territorialmente acotado a un problema de seguridad global, igualándose en rango al ataque de un país enemigo[7]. Esta evolución se produce tanto en términos cualitativos como cuantitativos: con 182.000 fallecidos en ataques terroristas entre 2010 y 2019, dicha década se consolida como la más mortífera registrada[8].

Según los últimos registros del año 2023, las víctimas en ataques terroristas se han incrementado un 22%, lo que representa un total de 8352 muertes y supone su punto más álgido desde 2017. No obstante, dichas cifras siguen siendo un 23% más bajas que en el año 2015, cuando se contabilizaron al me-

---

7 Vid. apartado primero de la *Estrategia de la Unión Europea de lucha contra el terrorismo, de 30 de noviembre de 2005. Doc. 14469/4/05 REV 4*, 2005, en https://data.consilium.europa.eu/doc/document/ST-14469-2005-REV-4/es/pdf. o la introducción de la *Resolución 60/288 de 8 de septiembre de 2006. Estrategia global de las Naciones Unidas contra el terrorismo. Doc. A/RES/60/288*, 2006.

8 *Global Terrorism Index 2020: Measuring the Impact of Terrorism*, Institute for Economics & Peace., Sydney, 2020, p. 52, en https://www.economicsandpeace.org/wp-content/uploads/2020/11/GTI-2020-web-2.pdf.

nos 10881 fallecidos. A pesar del alza de muertes, el número de atentados ha disminuido un 22% respecto al año anterior. Eso demuestra una tipología de terrorismo cada vez más concentrado y letal[9].

Aunque el 11-S supone un acontecimiento decisivo para los registros, el año 2023 ha sido testigo de uno de los atentados más mortíferos de la historia: el cometido por militantes de Hamás en Israel el 7 de octubre. Dicho suceso acabó con la vida de 1.200 israelíes. No obstante, la respuesta militar del país ha causado la muerte de alrededor de 62.000 palestinos a fecha de febrero de 2025, incluyendo 17.000 niños, en una escalada de violencia sin precedentes.

De este modo, se puede afirmar que los conflictos armados siguen siendo el principal motor del terrorismo. Según los últimos registros, más del 90% de los atentados y el 98% de las muertes por terrorismo han tenido lugar en países sumidos en un conflicto armado. Si bien Iraq y Afganistán han liderado la lista de países más afectados por dicho fenómeno, este año han experimentado una mejora significativa, dejándole el primer puesto a Burkina Faso. En este país, ha habido 258 incidentes que se han cobrado la vida de casi 2.000 personas, lo que representa casi un 25% del total de muertes por terrorismo de este último año. Al igual que en la tendencia general, las muertes han sufrido un incremento significativo, a pesar de producirse una disminución en el número de atentados[10].

---

9 Concretamente, el número de países que registraron una muerte por terrorismo se redujo a 41, cifra considerablemente inferior al máximo de 57 países registrados en el año 2015 y los 44 registrados en el año 2022. En este sentido, vid. *Global Terrorism Index 2024–Measuring the Impact of Terrorism*, Institute for Economics & Peace., 2024, p. 2, en https://reliefweb.int/report/world/global-terrorism-index-2024.

10 *Ibid.* Concretamente, se produjo un incremento de muertes de un 68% a pesar de producirse una disminución del 17% en el número de atentados.

Por ello, cabe preguntarse si el fenómeno al que se intenta dar respuesta es diametralmente opuesto al conocido hasta la fecha o, por el contrario, no es más que una evolución del mismo condicionado por el contexto actual[11]. La respuesta a este interrogante incide de forma directa en la estrategia para abordarlo.

A modo introductorio, es relevante resaltar algunos de los aspectos que lo distingue del terrorismo desarrollado en periodos anteriores. La posición de algunos autores parte de que la diferencia fundamental radica en la escala de peligro —en términos de acceso a recursos y objetivos— y en la envergadura del grupo que lo comete[12]. Por lo general, el terrorismo clásico lleva a cabo daños a pequeña escala o, expresado de otro modo, con efectos limitados en cuanto a su extensión y gravedad y con un número acotado de miembros; sin embargo, el terrorismo actual cuenta con una serie de medios susceptibles de causar gran impacto y de forma indiscriminada. Además, sus particularidades en cuanto al modo de actuar o los métodos de captación utilizados dificultan enormemente la cuantificación y reconocimiento de sus integrantes[13]. Otro posicio-

---

11 Algunos autores defienden la continuidad de ciertas características que subyacen en el terrorismo clásico. Concretamente existen ciertas similitudes en el enfoque territorial, los vínculos transnacionales y las estructuras en red. En este sentido, vid. I. Duyvesteyn, «How New Is the New Terrorism?», *Studies in Conflict & Terrorism*, vol. 27, 5, 2004, pp. 449-450, en http://www.tandfonline.com/doi/abs/10.1080/10576100490483750. Esta postura cuestiona la existencia de un punto de inflexión tras lo acontecido el 11 de septiembre de 2001.

12 P. B. Heymann, «Dealing with Terrorism: An Overview», *International Security*, vol. 26, 3, 2001, pp. 26-32, en https://booksc.xyz/ireader/47864068.

13 El caso del Estado Islámico es aún más complejo debido a la dificultad para conocer cuántos miembros efectivos actúan dentro del territorio que está bajo su control. Otro elemento que lo caracteriza de un modo particular es el discurso que sostiene, en el que se aboga por la unificación del mundo musulmán. Con ello logra que grupos terroristas, incluso de

namiento enfatiza las relaciones de poder entendidas como el desafío ante el sistema institucional establecido y el grado de legitimidad que ostenta[14]: mientras que las actividades de subversión en etapas previas nacen con el objetivo de destruir una estructura concreta de poder nacional y responden a políticas estatales para afrontar la solución de sus problemas o llevar a cabo su objetivo, el fenómeno actual pretende subvertir el orden político mundial. El punto clave radica en que, en este último caso, no es la legitimidad de un Estado concreto la que se está cuestionando, sino que el ataque va dirigido hacia el sistema global de poder[15]. Esto impide una respuesta estatal socialmente validada.

Por el contrario, otras posturas destacan como relevantes los métodos logísticos y operativos de los que se sirve, así como el perfil de sus miembros: el entramado organizativo se caracteriza por una estructura en red con células autónomas dispersas y sujetos que actúan individualmente; utilizan las nuevas tecnologías como instrumento de propaganda, difusión, reclutamiento o comunicación y cuentan con capacidad de autofinanciarse a través de mecanismos del mercado global. El perfil de los individuos es muy diverso, lo que supone una dificultad para trazar un patrón que favorezca su persecución.

---

otro continente, se identifiquen con su misión, como es el caso de Boko Haram en Nigeria.

14 J. Jaria I Manzano, «El terrorismo como síntoma: Constitucionalismo, legitimidad del poder y globalización», en Miguel Revenga Sánchez (ed.) *Terrorismo y derecho bajo la estela del 11 de septiembre,* Tirant lo Blanch, Valencia, 2014 (El tiempo de los derechos), pp. 68 y ss.

15 J. Jordán Enamorado, «El terrorismo global una década después del 11-S», en *Instituto Español de Estudios Estratégicos, Actores armados no estatales: retos a la seguridad global,* Ministerio de Defensa, Madrid, 2011, p. 133.

Por último, hay autores que lo conciben como una nueva forma asimétrica de conflicto: los atentados no constituyen un aspecto más de un programa político, sino que "representan, esencialmente, la concreción de un enfrentamiento de dimensiones pretendidamente bélicas entre poblaciones contendientes ampliamente definida"[16]. El contar con la capacidad de anticiparse y actuar en cualquier parte del mundo genera una brecha en las defensas estatales y en su estrategia de seguridad. Esta situación fuerza a los gobiernos a utilizar medios no refrendados por la sociedad civil y a regular las situaciones de forma reactiva a los hechos acontecidos. De este modo, el conjunto de factores —endógenos y exógenos— que caracterizan al terrorismo en la actualidad, responde al intento de obtener el máximo beneficio de las peculiaridades del mundo globalizado en el que desarrollan su actividad, lo que les otorga una idiosincrasia particular, cambiante y adaptativa al entorno en el que actúan. Por ello, cabe preguntarse lo siguiente: ¿El terrorismo actual constituye una ruptura con el paradigma anterior o es solo el fruto de una evolución en términos adaptativos?

Para responder a esta pregunta de forma adecuada, es crucial abordar dos asuntos previos: el origen y evolución del terrorismo como fenómeno internacional, y las condiciones y procesos causales que llevan a un individuo a cometer dichos actos, entendiendo ambos como dos caras de una misma moneda. Poder determinar si los movimientos terroristas insurgentes actuales perpetúan o no los patrones establecidos en épocas anteriores requiere de un exhaustivo estudio del fenómeno desde su origen, así como de las características que prevalecen en cada periodo y la evolución que experimentan hasta la actualidad. En este sentido, también es relevante de-

---

16 A. Merlos García, *Terror.com: Irak, Europa y los nuevos frentes de la Yihad*, 2008, p. 39.

tectar si dichos cambios surgen a partir de ciertas necesidades de adaptación al contexto en el que se desarrollan o, por el contrario, responden a dinámicas de elección internas. Por último, es crucial determinar las causas que generan que un sujeto decida involucrarse en tales actos, así como las fases que atraviesa hasta ser considerado autor de un delito de terrorismo. Conocer las motivaciones de un individuo y comprender la naturaleza de sus actos proporcionan no sólo una explicación más racional a un fenómeno que causa tanto perjuicio a escala global, sino que además permite adoptar las medidas adecuadas en materia preventiva.

II. ORIGEN Y EVOLUCIÓN DEL TERRORISMO MODERNO COMO AMENAZA GLOBAL: TERRORISMO DE ESTADO Y MOVIMIENTOS INSURGENTES

1. Cuestiones generales: claves para entender el origen de fenómeno terrorista

El terrorismo no es una cuestión novedosa, aunque no siempre ha tenido la misma denominación ni opera de la misma forma. Es más, en la actualidad existen más de 250 definiciones de terrorismo[17], la mitad de las cuales son de carácter oficial y se utilizan de forma simultánea por gobiernos y organizaciones internacionales. Como establece LAQUEUR, no existe una única forma de terrorismo, sino diversas, con rasgos que, en

---

[17] SCHMID, en su obra *The Routledge handbook of terrorism research*, Routledge, Taylor & Francis Group, London New York, 2013, pp. 99-148., realiza una compilación de más de 250 definiciones académicas, gubernamentales e intergubernamentales de terrorismo, que datan desde 1794 hasta la actualidad.

ocasiones, ni siquiera coinciden entre sí[18]. El fenómeno en la actualidad no manifiesta las características del acontecido hace 50 años y probablemente difiera también respecto al de las próximas décadas. Sin embargo, muchos de los términos actuales relacionados con este tienen su origen siglos atrás. Para ahondar en la materia, hay que remontarse a dos de los principales grupos que lideraron la revuelta milenaria judía contra la ocupación romana del siglo I.: los zelotes y los *sicarii.* Si bien algunos historiadores consideran a estos últimos una minoría escindida de los primeros, van ganando cada vez mayor protagonismo y reputación debido al uso de la *sica,* una afilada daga que, escondida bajo sus túnicas, utilizan para degollar a sus víctimas en plena luz del día, pasando desapercibidos entre la multitud. Son asesinatos selectivos y con un alto poder simbólico. Tanto es así que su primera víctima es un sumo sacerdote como reivindicación frente a la represión que sufren los ciudadanos y la relación existente entre la aristocracia religiosa y el imperio romano[19]. Dicho momento histórico supone el origen etimológico de la palabra "sicario", un término con un uso extendido en la actualidad. De modo similar ocurre con la palabra "asesino". Esta nace a partir de una secta ismailita nizarí (Nizari Isma'ili) Siria conocida como los *assasins* que operó entre los años 1090 y 1275. Dirigen sus campañas de terror desde bastiones ubicados en regiones montañosas de Siria e Irán, matando a aquellos que consideran corruptos con el objetivo de purificar el Islam. El término utilizado en la actualidad de-

---

18 W. Laqueur, *The new terrorism: fanaticism and the arms of mass destruction,* Oxford University Press, New York, 1999, p. 6.

19 R. A. Horsley, «The Sicarii: Ancient Jewish "Terrorists"», *The Journal of Religion,* vol. 59, 4, 1979, University of Chicago Press, pp. 436-440, en https://www.jstor.org/stable/1202887.

riva de la palabra *hashishi* (consumidores de hachís), debido al consumo reiterado de dicha droga antes de sus ataques[20].

Aunque cabe preguntarse si tales actos violentos pueden llegar a constituir las primeras manifestaciones terroristas de la historia, el concepto como tal no se menciona hasta el conocido como *régime de terreur* instaurado por los jacobinos entre abril de 1793 y julio de 1794 en el contexto de la Revolución Francesa. Un gobierno basado en la intimidación y la coerción con un propósito didáctico y ejemplificador, donde el terrorismo se configura como la herramienta para alcanzar el orden democrático, entendiéndolo como una justicia "pronta, severa e inflexible" que emana de la virtud[21]. En este caso, la importancia radica en publicitar el criterio que el tribunal considera válido para lograrlo, dejando en un segundo plano el comportamiento objetivo del acusado o las pruebas que avalan su testimonio.

Si se atiende a la clasificación del terrorismo en función del actor que lo perpetra, este último acontecimiento marca el punto de partida de lo que se conoce como "terrorismo de

---

20 F. Daftary, *The Ismāʿīlīs: their history and doctrines*, 2nd ed, Cambridge University Press, Cambridge; New York, 2007, pp. 18-20.

21 Dichos términos son fragmentos del discurso proclamado en la Convención Nacional Francesa el 5 de febrero de 1794: si le ressort du gouvernement populaire dans la paix est la vertu, le ressort du gouvernement populaire en révolution est à la fois la vertu et la terreur : la vertu, sans laquelle la terreur est funeste ;la terreur, sans laquelle la vertu est impuissante. La terreur n'est autre chose que la justice prompte, sévère, inflexible; elle est donc une émanation de la vertu; elle est moins un principe particulier, qu'une conséquence du principe général de la démocratie, appliqué aux plus pressants besoins de la patrie. «Les principes de morale politique», Francia, 1794, en http://www.emersonkent.com/speeches/principes_de_morale_politique.htm. En este mismo sentido, vid. M. Robespierre; S. Žižek; J. Howe, Virtue and terror, Verso, London ; New York, 2017.

Estado" [22]; sin embargo, no es el único. A lo largo del siglo XX se aprecian numerosas manifestaciones del mismo: la dictadura militar de Augusto Pinochet en Chile entre 1973 y 1990, la dictadura cívico-militar de la Junta Militar de Gobierno de Argentina, de 1976 a 1983, o el régimen maoísta de los Jemeres Rojos con Pol Pot a la cabeza en Camboya (1975-1979). Sin embargo, hay dos que destacan por el uso sistemático del terror como forma de gobierno: los regímenes totalitarios liderados por Hitler y Stalin en Alemania y Rusia, respectivamente. En palabras de Hannah Arendt, "para establecer un régimen totalitario el terror tiene que ser presentado como un instrumento de realización de una ideología específica, y esta [...] debe haberse ganado la adhesión de muchos, de una mayoría, incluso antes de que el terror pueda ser estabilizado"[23].

Sin embargo, los ejemplos referidos previamente no constituyen las únicas manifestaciones de violencia perpetradas por el Gobierno o Estado. Existe un segundo supuesto en el que la entidad gubernamental ejerce tal acción, aunque de forma indirecta, y es a través del establecimiento de un vínculo de colaboración con organizaciones terroristas[24]. Aunque existe una

---

22 Una de las clasificaciones más características del terrorismo atiende a la diferenciación entre grupos de actores; concretamente entre aquellos de carácter estatal y no estatal. En este sentido, vid. A. P. Schmid; A. J. Jongman, *Political terrorism: a new guide to actors, authors, concepts, data bases, theories, & literature,* Rev., expanded, and updated ed, Transaction Publishers, New Brunswick, N.J, 2005, pp. 43-44. Para mayor desarrollo acerca de las ejecuciones de carácter político y los actos de terrorismo patrocinados por los estados vid. N. Ben-Yehuda, «Political Assasination», en Lester R. Kurtz (ed.) *Encyclopedia of Violence, Peace, & Conflict,* 2nd ed, Academic Press, San Diego, 2008, pp. 140-153.

23 H. Arendt, *Los orígenes del totalitarismo,* Taurus, Madrid, 2004, p. 31.

24 A pesar de que 151 países han ratificado la Declaración Universal de los Derechos Humanos en la que en su artículo 5 se prohíbe de forma expresa la tortura u otros tratos "crueles, inhumanos o degradantes", a fecha de 2016 Amnistía Internacional denuncia la comisión de tales delitos

amplia gama de situaciones, en términos globales dicha categoría recoge aquellas acciones perpetradas contra sus ciudadanos a partir de la promoción o financiación de grupos paramilitares, bien de forma directa o utilizando los presupuestos municipales de sus áreas de influencia, como las Autodefensas Unidas de Colombia (AUC)[25] o aquellas cometidas por la fuerza pública policial o militar —las *einsatzgruppen* en Alemania[26], los Grupos Antiterroristas de Liberación (GAL) en España[27] o las Fuerzas de Acciones Especiales (FAES) en Venezuela[28]—. Por su parte,

---

por parte de funcionarios públicos en 122 países durante los cinco años previos. En este sentido, vid. Amnesty International (ed.), *Combating torture and other ill-treatment: a manual for action*, Second edition, Amnesty International Ltd, London, United Kingdom, 2016, pp. 295-296.

25 Las AUC son consideradas entidades armadas paraestatales que contaron con el apoyo de "élites locales, regionales, legislativas y los partidos de la derecha (en particular el liberal), narcotraficantes y el alto mando del ejército" de Colombia. Vid. P. García Pérez, «La privatización de la violencia en Colombia y las AUC: de las autodefensas al paramilitarismo contrainsurgente y criminal», *Izquierdas*, 27, 2016, p. 231, en http://www.scielo.cl/scielo.php?script=sci_arttext&pid=S0718-50492016000200009&lng=en&nrm=iso&tlng=en.

26 *Las llamadas Einsatzgruppen* son unidades itinerantes al servicio de Adolf Hitler y la policía y cuya población objetivo son en su mayoría judíos tanto de Alemania como de los países colindantes W. Laqueur; J. T. Baumel-Schwartz (eds.), *The Holocaust encyclopedia*, Yale University Press, New Haven, 2001, pp. 61-62..

27 Para mayor desarrollo de la temática, vid. G. Portilla Contreras, «Terrorismo de Estado: los grupos antiterroristas de liberación (G.A.L.)», en Luis A. Arroyo Zapatero, Ignacio Berdugo Gómez de la Torre (eds.) *Homenaje al Dr. Barbero Santos. In memoriam, II*, vol. II, Universidad de Castilla-La Mancha Universidad de Salamanca, Cuenca, 2001 (Homenajes), pp. 501-530, en https://dialnet.unirioja.es/servlet/libro?codigo=2084.

28 Las Fuerzas de Acciones Especiales son la unidad de respuesta rápida creada en 2017 por el presidente de Venezuela, Nicolás Maduro para combatir el crimen organizado. Han sido presuntamente responsables de numerosas ejecuciones extrajudiciales en operaciones de seguridad. Vid. *Informe de la Alta Comisionada de las Naciones Unidas para los Derechos*

otra situación que podría incardinarse en el denominado terrorismo de Estado son los ataques realizados por la fuerza pública a ciudadanos civiles de un país adversario en un conflicto armado, sin perjuicio de las posibles matizaciones que pudieren derivarse de la aplicación del DIH a estos supuestos[29]. Finalmente, cabe resaltar también ciertas situaciones en las que una entidad estatal —comúnmente conocida como *state-sponsored terrorism*— proporciona o financia recursos materiales, técnicos o económicos a organizaciones terroristas extranjeras que operan en otros países y cuyos actos brindan réditos de carácter político al ente patrocinador[30]. Entre otros muchos ejemplos, destaca el caso de Irán en relación con la financiación del Frente Popular para la Liberación de Palestina y con la de Hezbolá en el Líbano[31], o el apoyo de la Organización para la Liberación de Palestina (OLP)

Humanos sobre la situación de los derechos humanos en la República Bolivariana de Venezuela, de 5 de julio de 2019, Doc. A/HRC/41/18, CDHNU, 2019, p. 7, en https://digitallibrary.un.org/record/3812767.

29 En la obra de F. Reinares, *Terrorismo global*, Taurus, Madrid, 2003, p. 54., el autor destaca como acto de terrorismo el lanzamiento de las bombas nucleares sobre las ciudades de Hiroshima y Nagasaki en agosto de 1945.

30 Otras de las clasificaciones que difiere sutilmente de la planteada previamente es la realizada por Shay. La principal distinción radica en que este autor no diferencia si la promoción o financiación de grupos tiene como objetivo actividades realizadas en el extranjero. Distingue entre estados que perpetran actos terroristas a través de sus organismos de inteligencia y seguridad; estados que inician, dirigen o perpetran actividades terroristas a través de organizaciones patrocinadas mientras se abstienen de implicar directamente a sus entidades gubernamentales en acciones terroristas y estados que proporcionan a las organizaciones terroristas ayuda financiera, ideológica, militar u operativa. *Global jihad and the tactic of terror abduction a comprehensive review of Islamic terrorist organizations*, Eastbourne, England : Sussex Academic Press, 2014, p. 5, en http://0-site.ebrary.com.fama.us.es/lib/unisev/Doc?id=10827704.

31 Bureau of Counterterrorism, *Country Reports on Terrorism 2012*, United States Department of State, p. 196, en https://2009-2017.state.gov/documents/organization/210204.pdf.

recibido por parte de la URSS y ciertos estados árabes. A pesar de que dicha práctica se lleva a cabo en diferentes territorios a lo largo de la historia, predomina en ciertas épocas y bajo determinados regímenes.

Al margen de la actuación llevada a cabo por el Estado como figura clave en la comisión de dichos actos, existe otra categoría fundamental dentro de este fenómeno: el terrorismo cometido por movimientos insurgentes o entidades no estatales. Al igual que en el caso anterior, tampoco existe unanimidad a la hora de calificar a esos actores, sino que su denominación oscila entre los términos "terroristas" y "freedom fighters" en función del contexto histórico y político en el que se sustentan sus acciones y atendiendo a si el que los designa como tales se identifica con la víctima o con el objetivo del acto. Y es que, tal como establece COPELAND, este dilema se resume en la afirmación "un terrorista para un hombre es un luchador por la libertad para otro", sin que sea especialmente relevante la diferenciación entre terrorismo y uso legítimo y regulado de la violencia[32]. Dicha controversia sigue generando constantes debates y desacuerdos en la esfera global contemporánea. Es más, este es uno de los principales motivos por el que todavía no se alcanza una definición consensuada del término en la esfera internacional, con las implicaciones a nivel regulatorio que ello conlleva.

Para lograr una perspectiva global del fenómeno, así como de su evolución histórica, es decisivo identificar los aspectos más relevantes de dichos grupos, entre los cuales se encuentran sus rasgos característicos, las técnicas y procedimientos empleados, su continuidad o no en el tiempo, y sus similitu-

---

32 En este sentido, vid. T. COPELAND, «Is the "New Terrorism" Really New?: An Analysis of the New Paradigm for Terrorism», *Journal of Conflict Studies*, vol. 21, 2, 2001, The University of New Brunswick, pp. 8-9, en https://www.erudit.org/en/journals/jcs/2001-v21-n2-jcs_21_2/jcs21_2art01/.

des o diferencias respecto a otras organizaciones. Dicho planteamiento sirve como punto de partida para valorar en qué medida el terrorismo actual es una evolución del fenómeno anterior o, por el contrario, rompe por completo con los esquemas establecidos hasta entonces. Para ello, y utilizando el paradigma propuesto por David C. Rapoport, se parte de la hipótesis de que el terrorismo moderno se agrupa en cuatro grandes etapas —u oleadas— diferenciadas: la anarquista, la anticolonial, la de nueva izquierda y la religiosa. Cada una de ellas representa un ciclo de actividad en un periodo temporal concreto, caracterizado por fases de expansión y contracción, si bien en algunos casos se superponen, como por ejemplo en ciertos movimientos de la tercera y cuarta fase. Un aspecto fundamental es su carácter internacional: existen determinadas actividades que tienen lugar de forma síncrona en diferentes partes del mundo, donde los grupos y sus interacciones comparten algún elemento característico[33]. Por lo general, las organizaciones de una de las etapas comparten tácticas y objetivos similares, que no son otros que modificar ciertos aspectos de los escenarios nacionales o, incluso, a nivel internacional; sin embargo, cada oleada busca un propósito diferente y se caracteriza por una técnica que predomina sobre las demás. Comparten también ciertos elementos catalizadores: la creación de una nueva doctrina o ideología como respuesta a ciertos acontecimientos políticos, a la que se unen determinadas innovaciones tecnológicas que facilitan la comunicación y el

---

33 Una de las tesis que respalda dicho planteamiento es la teoría del contagio, la cual se utiliza para ilustrar por qué la existencia de fenómenos terroristas en una zona conduce a una expansión del terrorismo a otras áreas, ya sea por el mismo grupo o por otros de "segunda generación" o imitadores. Algunos autores pioneros en utilizar dicha teoría en para referirse a tal fenómeno son M. Midlarsky; M. Crenshaw; F. Yoshida, en su obra «Why Violence Spreads: The Contagion of International Terrorism», *International Studies Quarterly*, vol. 24, 1980, pp. 262-298.

transporte. No obstante, el número de organizaciones varía en cada oleada: si bien algunas desaparecen cuando no hay otras que las sustituyan, en otros casos éstas siguen activas e incorporan las características del periodo posterior[34].

2. Evolución del terrorismo como fenómeno internacional: de Narodnaya Volya a Daesh

a) Los movimientos insurgentes de la época anarquista

La primera de las etapas es la denominada "oleada anarquista". Esta marca el origen del terrorismo como un asunto internacional. Hasta entonces, tal y como se aprecia en los párrafos anteriores, las manifestaciones de dicho fenómeno se encuentran ligadas a ciertos aspectos religiosos. Cada grupo aplica sus propias técnicas y métodos con el objetivo de responder a demandas específicas de carácter interno. Sin embargo, es a partir de 1879 cuando se producen determinados acontecimientos cuyas reacciones tienen repercusión a nivel internacional[35]. En este caso, de la mano de Narodnaya Volya

---

[34] En este sentido, vid. D. C. Rapoport, «The Four Waves of Modern Terrorism», en Audrey Kurth Cronin, James M. Ludes (eds.) *Attacking terrorism: elements of a grand strategy*, Georgetown University Press, Washington, D.C, 2004, p. 47. Como se puede apreciar, los nombres con los que el autor denomina a cada una de las oleadas -Anarquista, Anticolonial, de Nueva izquierda y Religiosa- representan la fuerza o ideología que predomina e impulsa las acciones en cada uno de los periodos, si bien no siempre es la única. Para un análisis previo y más detallado, vid. D. Rapoport, «Terrorism», en Lester R. Kurtz, Jennifer E. Turpin (eds.) *Encyclopedia of violence, peace & conflict*, Academic Press, San Diego, 1999, pp. 497-510.

[35] Motivados entre otros asuntos por la tensión social existente tras la represión sufrida en la Comuna de París en el año 1871 que demostró la inviabilidad de las técnicas utilizadas hasta entonces y forzó a la búsqueda

(o voluntad del pueblo), el primer movimiento revolucionario autodenominado terrorista y uno de los más determinantes pese a su corta existencia[36]. Surge en Rusia entre universitarios de clase media con el objetivo de derrocar el régimen autocrático zarista y eliminar el sistema de clases a partir del uso del terrorismo como estrategia "menos dañina" para lograr los objetivos de la revolución, arguyendo que la cantidad de bajas utilizando estos medios es considerablemente inferior a la generada a partir de una lucha de masas, como ocurre en la Revolución Francesa. Supone el inicio de una serie de asesinatos de carácter simbólico: sus objetivos son en su mayoría altos cargos políticos —entre los cuales destaca el zar Alejandro II— y se financian en su mayoría gracias a pequeños atracos a bancos. Tanto dicha organización como sus sucesoras introducen un aspecto novedoso respecto a sus predecesoras: utilizan la publicidad como estrategia, haciendo un llamamiento público al uso de la violencia —o propaganda por el hecho[37]— como forma de captar la atención de las masas, ya que el empleo de panfletos como método para provocar el levantamiento popular queda obsoleto. El objetivo de dicho movimiento no es otro que hacer resurgir las tensiones políticas latentes, generando una respuesta indiscriminada por parte del gobierno.

---

de otros métodos de insurrección. En este sentido, vid. D. C. Rapoport, «Terrorism as a Global Wave Phenomenon: An Overview», en *Oxford Research Encyclopedia of Politics,* Oxford University Press, 2017, p. 7, en https://oxfordre.com/politics/view/10.1093/acrefore/9780190228637.001.0001/acrefore-9780190228637-e-299.

36 W. Laqueur; B. Hoffman, *A history of terrorism,* Expanded edition, Transaction Publishers, New Brunswick London, 2016, p. 11.

37 Aunque dicha expresión es utilizada por el teórico político ruso Piotr Kropotkin, el origen se le atribuye al anarquista francés Paul Brosse. En este sentido, vid. J. Avilés Farré, *Francisco Ferrer y Guardia: pedagogo, anarquista y mártir,* 2013, p. 21, en http://site.ebrary.com/id/10779641.

En este caso, el terrorismo se configura como medio y la táctica utilizada depende del objetivo político y del contexto específico[38], aunque en la mayoría de los casos se sirven de la dinamita como instrumento para proporcionar mayor visibilidad a los actos cometidos. Por lo general, los grupos de esta época están conformados por pequeñas células compuestas por un número reducido de miembros con un escaso nivel de especialización y formalización. Operan de forma independiente y sin coordinarse con el resto de organizaciones de ideología similar; una mayor participación en la toma de decisiones implica un proceso más complejo y lento, así como un incremento del riesgo de infiltración debido a la imposibilidad de controlar a la totalidad de los militantes[39].

Sin embargo, las organizaciones rusas de esa época desarrollan un modelo piramidal para las operaciones urbanas que evoluciona durante las épocas posteriores atendiendo al contexto y tamaño de las mismas. Si bien antes de 1880 los conflictos acontecidos en un territorio no se extienden más allá de sus límites regionales, los movimientos terroristas surgidos en el transcurso de este periodo comienzan en Rusia y se expanden rápidamente por Europa y América, llegando incluso a Asia y África. Esto es posible, entre otras cosas, gracias a los avances tecnológicos, destacando la invención del telégrafo y el ferrocarril como herramientas de transmisión inmediata de información y traslado de personas, respectivamente. Determinados sucesos en un Estado concreto generan una movilización global gracias al papel fundamental de los inmigrantes y a las diásporas repartidas por los cinco continentes. Desde entonces, se observa un desplazamiento de líderes y seguidores entre diferentes países sin temor a represalias debido a la cada

---

38 D. C. Rapoport, «The Four Waves of Modern Terrorism», , p. 51.

39 L. De la Corte Ibáñez, *La lógica del terrorismo*, Alianza, Madrid, 2014, p. 284,

vez mayor implementación de tratados internacionales cuyo objetivo no es otro que prevenir la extradición por delitos políticos[40]; esto genera el traslado de anarquistas italianos a países como Argentina, Estados Unidos, Francia o España, así como la circulación de líderes rusos en Francia, Bélgica, Austria o incluso Japón, entre otros[41]. En lo sucesivo, determinadas regiones sirven como refugio para el asentamiento de terroristas que huyen de jurisdicciones extranjeras, constituyéndose como localizaciones idóneas desde las que operar. Tanto es así que la década de 1890 es conocida como la "Edad de Oro de los Asesinatos", por las muertes sistemáticas de monarcas, ministros y presidentes, entre los cuales se encuentran el mandatario francés Marie François Sadi Carnot en el año 1894, el primer ministro español Antonio Cánovas del Castillo en 1897, y la emperatriz de Austria Isabel de Baviera un año más tarde, todos a manos de terroristas anarquistas italianos.

Tales acontecimientos dan lugar a la primera conferencia internacional sobre terrorismo, celebrada en Roma ese mismo año. Alguno de sus aspectos destacados son la recomendación

---

40 En 1833, Bélgica se convierte en el primer país en promulgar una ley que recoge la no extradición de delincuentes políticos (*Loi du 1er octobre 1833 sur les extraditions*). En lo sucesivo, los países europeos van incorporando tal excepción para los delitos políticos en sus tratados de extradición. M. C. Bassiouni, *International extradition: United States law and practice*, Sixth edition, Oxford University Press, Oxford ; New York, NY, 2014, pp. 669-670.

41 Además, se detecta la presencia de seguidores españoles en Francia, Brasil, Filipinas o Cuba y de terroristas franceses operando desde Argentina, España, Etiopía etc. Sin embargo, los líderes y seguidores europeos no son los únicos que se desplazan. Terroristas japoneses y puertorriqueños operan en México y Estados Unidos o Haití y Filipinas respectivamente. Por último, líderes alemanes llegan incluso hasta Australia. En este sentido, vid. D. C. Rapoport, «Terrorism», en Lester R. Kurtz (ed.) *Encyclopedia of Violence, Peace, & Conflict*, 2nd ed, Elsevier, San Diego, 2008, p. 2092, en https://linkinghub.elsevier.com/retrieve/pii/B9780123739858001756.

de implementar una serie de medidas legales que hagan frente al anarquismo, entendiéndolo como una acción "que tiene como objetivo la destrucción por medios violentos de toda organización social". La Conferencia también respalda la cláusula belga *attentat*, que prevé una excepción a la prohibición de extradición por delito político en los casos de asesinato o violencia contra un jefe de Estado o de gobierno o sus familias[42]. Más allá de las medidas represivas contempladas, la importancia de dicha conferencia radica en su consideración como origen de la posterior cooperación policial internacional en materia de comunicación e intercambio de información, que hasta entonces se realizaba de forma esporádica e intermitente[43]. Tales acuerdos se plasman en un protocolo anti anarquista firmado en San Petersburgo el 14 de marzo de 1904, tras los asesinatos del rey Humberto I de Italia en 1900 y del presidente de Estados Unidos William McKinley un año más tarde, ambos en manos de anarquistas. A pesar de la repercusión para Italia y Estados Unidos, ninguno de estos ratifica dicho acuerdo[44]. Aunque Theodore Roosevelt, el sucesor de McKinley, lidera este primer intento a nivel mundial de acabar con el terrorismo, la dificultad de implementación, así como las diferencias políticas impiden su objetivo. Al mismo tiempo que se gesta el germen de la futura cooperación en materia policial, se llevan a cabo otro tipo de políticas contraterroristas, entre las que se incluyen el desarrollo de nuevas tácticas por parte de la policía —agentes en cubierto, detenciones secretas

---

42 B. SAUL (ED.), *Terrorism*, Hart Pub, Oxford ; Portland, OR, 2012, p. xxxvii.

43 R. B. JENSEN, «The International Anti-Anarchist Conference of 1898 and the Origins of Interpol.», *Journal of Contemporary History*, vol. 16, 2, 1981, pp. 323-324, en www.jstor.org/stable/260577.

44 R. B. JENSEN, «The United States, International Policing and the War against Anarchist Terrorism, 1900-1914», *Terrorism and Political Violence*, vol. 13, 1, 2001, p. 15, en http://www.tandfonline.com/doi/abs/10.1080/09546550109609668.

etc—, la creación de nuevas agencias —FBI en EEUU, Ojrana en Rusia—, o el empleo de tribunales militares para mantener en secreto las fuentes de inteligencia.

Aunque los anarquistas se consideran los grupos más activos en esta época, no son los únicos: la primera oleada finaliza con el asesinato del archiduque Francisco Fernando de Austria y su mujer, la duquesa Sofía Chotek en Sarajevo, el 28 de junio de 1914, a manos de un grupo nacionalista Serbio-bosnio —la Mano Negra—. Este hecho desencadena una respuesta militar que desemboca en la primera Guerra Mundial. Es pertinente plantearse si un mejor servicio de inteligencia o una mayor comunicación entre los Estados hubiera permitido al gobierno serbio demostrar su falta de implicación en el asesinato y evitar así dicho acontecimiento.

b) Los "*freedom fighters*" como símbolo de resistencia frente a las potencias coloniales

A diferencia de la primera etapa, que surge tras un acontecimiento político de carácter interno, la "oleada anticolonial" se gesta en un contexto internacional: la firma del Tratado de Paz de Versalles en el año 1919 como acto que pone fin a la I Guerra Mundial. A través del principio de auto determinación de los pueblos, los vencedores del conflicto disuelven los imperios de las potencias perdedoras en el continente europeo, redistribuyen los territorios y crean nuevos Estados. Sin embargo, no ocurre lo mismo con las zonas situadas fuera de Europa, que continúan bajo la administración de las potencias vencedoras. Esta ambivalencia merma la legitimidad de su actuación, un hecho que se acentúa aún más tras la II Guerra Mundial. En ese contexto, el terrorismo se utiliza como mecanismo de respuesta a la política colonialista, de ahí que los grupos nacionalistas —tanto de izquierda como de derecha— sean los preponderantes en esta época; su objetivo último es la independencia de los territorios. En el periodo de entreguerras, se suceden numerosos levantamientos. Si bien algunos fracasan —India, Irlanda del Norte, Chipre y Palestina—, otros logran objetivos importantes, entre ellos la creación del Estado irlandés en 1922 a partir de la lucha llevada a cabo por el Ejército Republicano Irlandés (IRA). Sin embargo, el fenómeno terrorista tiene sus mayores repercusiones tras la II G.M. En este caso, a diferencia de lo acontecido en la I G.M., no se establecen mandatos coloniales, sino que directamente se crean nuevos estados o se incorporan territorios a otros ya establecidos. El problema surge en aquellas áreas cuya cesión del control puede desencadenar consecuencias a nivel internacional, como lo ocurrido entre judíos y árabes en Palestina respecto al dominio británico, lo referente a Francia en territorio argelino, o los asuntos políticos entre Irlanda del Norte y Reino Unido[45]. Por este motivo, las víctimas de los terroristas en esta oleada son principalmente miembros de la policía y las fuerzas del orden. Si con la comisión de tales ataques se logra la sobrerreacción estatal, se asegura el debilitamiento de la imagen gubernamental y obtienen mayor apoyo popular[46], de ahí la importancia de cambiar la denominación de terroristas por la de *freedom fighter*[47], ya que la primera tiene connotaciones negativas y repercusiones de ca-

---

[45] D. C. Rapoport, «Terrorism», cit., p. 2093.

[46] L. De la Corte Ibáñez, *La lógica del terrorismo*, cit., p. 28.

[47] El grupo sionista revisionista Lehi (también conocido como la "Banda de Stern"), es la última organización que califica su actividad como terrorista. A partir de entonces, los miembros del grupo Irgún Zvai Leumi, comúnmente conocido como Irgún, se describen a sí mismos como *freedom fighters* o "luchadores por la libertad", una descripción que continúan los grupos posteriores. Estos se unen al ejército israelí en 1948, y, tras la independencia, con Menachem Begin a la cabeza, crean un partido político de derechas. En este sentido, vid. D. C. Rapoport, «The Fourth Wave: September 11 in the History of Terrorism», *Current History*, vol. 100, 650, 2001, p. 420, en https://online.ucpress.edu/currenthistory/article/100/650/419/107778/The-Fourth-Wave-September-11-in-the-History-of; «Terrorism», cit., p. 2088.

rácter político, mientras que la segunda les permite ganar más adeptos para la consecución de sus objetivos. Sin embargo, este cambio en la nomenclatura sigue resultando difícil de aplicar, ya que los gobiernos continúan denominando como terroristas a todo rebelde que utiliza la violencia.

En relación con la estructura organizativa, el fracaso del modelo descentralizado y el auge del esquema piramidal iniciado a finales de la época anterior da lugar al conocido como modelo militar[48], en el que se produce un nivel mucho mayor de centralización, la departamentalización y la formalización de las tareas, lo que supone grandes ventajas operativas y una mayor planificación y dirección de las campañas terroristas prolongadas en el tiempo. Está liderada por un sujeto que dirige las acciones; no obstante, las células cuentan con mayor autonomía, entre otras cosas debido al incremento del número de integrantes. La metodología también se adapta a las circunstancias: con una estrategia menos llamativa pero más táctica, perpetran las acciones de tal forma que puedan llevar a cabo una posterior huida, a diferencia del método utilizado en la oleada previa, en la que la mayoría de individuos mueren tras la comisión del delito. El componente internacional en este periodo es fundamental. Por un lado, la influencia ejercida por la diáspora proporciona recursos humanos, financieros y materiales, además de ejercer como grupo de presión ante las acciones de otros gobiernos. Por otro lado, Estados que comparten raíces étnicas, lingüísticas o religiosas también se respaldan mutuamente, como por ejemplo el apoyo político que recibe el Frente de Liberación Nacional (FLN) por parte de los Estados árabes. Un último componente es la introducción de organismos supranacionales al escenario político: tras el asesinato del rey Alejandro I de Yugoslavia y del ministro de exteriores francés Louis Barthou por parte de separatistas

---

48 L. De la Corte Ibáñez, *La lógica del terrorismo*, cit., p. 284.

croatas y macedonios en octubre de 1934, la Liga de las Naciones responde adoptando la Convención para la Prevención y represión del terrorismo[49] y proponiendo una Corte Penal Internacional. Aunque nunca llegan a entrar en vigor por falta de ratificación, marcan el inicio de la posterior regulación internacional en esta materia, tal como se analiza en capítulos posteriores.

En este periodo se incorpora además el ejército como actor en un intento de obtener información para prevenir ataques. Para ello se reestablece el uso de la tortura como técnica de interrogatorio, a pesar de su abolición un siglo antes, así como el uso de legislaciones militares de emergencia, que se mantienen a lo largo del periodo posterior. Durante esta oleada también se producen importantes innovaciones tecnológicas que favorecen la comunicación y difusión de la información de un modo nunca visto anteriormente, en este caso a partir de la invención del teléfono y la radio.

En definitiva, las campañas terroristas anticoloniales son determinantes en la evolución y desarrollo del terrorismo moderno. Son las primeras en reconocer el valor inherente de la publicidad en los actos terroristas, así como en redirigir su violencia a una audiencia más allá de los lugares geográficos inmediatos de sus respectivas luchas. La habilidad de estos grupos para movilizar y conseguir el apoyo fuera de sus fronteras sirve de ejemplo para otras causas y proporciona los instrumentos necesarios para convertir un conflicto interno en un asunto de carácter internacional[50]. Tanto es así, que las posteriores reivindicaciones anticoloniales se canalizan a través de la

---

49 League of Nations, *Convention pour la prévention et la répression du terrorisme (Lon Doc. C.546.M.383.1937.V)*, 1937, en https://legal.un.org/avl/pdf/ls/RM/LoN_Convention_on_Terrorism.pdf.

50 B. Hoffman, *Inside terrorism*, Third Edition, Columbia University Press, New York, 2017, pp. 63-64.

incorporación de nuevos estados a la ONU, lo que les confiere cierta estructura y carácter oficial. A partir de entonces, podría cuestionarse si el terrorismo ha pasado de ser un fenómeno geográficamente delimitado a un problema de seguridad de proporciones globales.

c) Las oleadas revolucionarias del S.XX

Dos de los eventos más importantes que precipitan el surgimiento de la tercera etapa (la oleada de la nueva izquierda) es la Revolución de Castro en Cuba en la década de 1950 y, sobre todo, la guerra de Vietnam, uno de los conflictos de mayor relevancia dentro del periodo de la Guerra Fría. La efectividad de la estrategia del Frente Nacional de Liberación de Vietnam —también conocido como Việt Cộng— frente a la potencia estadounidense, destapa ciertas vulnerabilidades del sistema occidental. Dicha situación, unida a la sucesión en paralelo de diversas revueltas de carácter político, social y cultural en todo el mundo, provoca un clima de inestabilidad generalizado, que desemboca en el surgimiento de organizaciones terroristas con base en determinadas motivaciones políticas radicales vinculadas a círculos intelectuales y universitarios, entre otras cosas debido a la dificultad de los movimientos de masas[51]. Las aspiraciones revolucionarias se complementan con el sentimiento de autoafirmación nacional preexistente y con corrientes ideológicas de extrema izquierda, representadas tanto por organizaciones de la anterior oleada —IRA—, como por otras surgidas con posterioridad —ETA, OLP, etc—. Durante esta etapa, el carácter internacional del terrorismo alcanza su punto más álgido: por un lado, debido a la existencia de algunos grupos que operan en el extranjero con más asiduidad que en su propio país. En este sentido, la OLP nace como una confederación

---

51 L. De la Corte Ibáñez, *La lógica del terrorismo*, cit., p. 29.

de grupos palestinos, pero evoluciona en una organización terrorista que entrena a bandas extranjeras en el Líbano y es más activa en Europa que en su propia región. Por otro lado, debido al objeto de ciertas ofensivas, de especial relevancia internacional. Entre ellas, las embajadas extranjeras[52] o determinadas instalaciones de Estados Unidos, todo ello como reflejo de su creciente importancia en el panorama internacional.

También se da el caso de alianzas entre diferentes grupos de carácter nacional para atacar países extranjeros, dando lugar a hechos como los acontecidos en las olimpiadas de Múnich en el año 1972, que se salda con el asesinato de once atletas israelíes; o con la toma de rehenes tras el asalto a la sede de la OPEP tres años más tarde. Por último, otro fenómeno recurrente que se observa en esta época es el uso de grupos terroristas como instrumento de política exterior por parte de los Estados, como es el caso de Libia o Siria entre otros, que deriva en importantes conflictos diplomáticos[53]. Aquellos que operan hasta la década de 1990 suelen limitar su actuación al territorio nacional en el que se asientan. Con un diseño piramidal y una cúpula que, en la mayoría de los casos, es la que ejerce el control estratégico y operativo del resto de miembros. Dicho modelo organizativo permite una especialización con unos límites y roles perfectamente definidos y un procedimiento formal de

---

52 Para una mayor profundización sobre el tema, vid. el extenso estudio sobre manifestaciones, asaltos y atentados acontecidos contra embajadas extranjeras realizado por M.P. Andrés Sáenz de Santa María en su obra «La crisis de la inviolabilidad de las misiones diplomáticas. Una perspectiva estructural del análisis», *Revista de Estudios Internacionales*, 2, 1981, Centro de Estudios Políticos y Constitucionales, en http://www.cepc.gob.es/publicaciones/revistas/fondo-historico?IDR=14&IDN=1203&IDA=34993.

53 En la época de los 80, Reino Unido rompe relaciones diplomáticas con Libia y Siria por promocionar el terrorismo en suelo británico D. C. Rapoport, «The Four Waves of Modern Terrorism», cit., p. 59.

toma de decisiones que requiere de mecanismos de información detallados[54]. En esta oleada, las innovaciones tecnológicas vuelven a jugar un papel crucial: la proliferación en el uso del transporte aéreo hace que el secuestro de aviones y la toma de rehenes sean dos de las tácticas más recurrentes y la extorsión el mecanismo de presión y financiación preferido; si bien no es el único. A los métodos clásicos de obtención de recursos —robo de bancos— se incorporan también otras fuentes procedentes del tráfico de drogas o de donaciones, en muchos casos forzadas. En todas las épocas, ciertos Estados extranjeros promueven la financiación encubierta a determinados grupos, aunque dicha práctica se hace pública en este periodo, con la promesa de la Liga Árabe del pago de 250 millones de dólares anuales a la OLP para, entre otros asuntos, establecer el predominio de *Fatah*[55]. Este hecho condiciona la propia agenda política de las organizaciones a favor de los intereses de las fuentes financiadoras. Dicho acontecimiento, unido a la invención de la televisión, le proporciona al fenómeno un carácter aún más internacional si cabe. Los atentados de esa naturaleza se suceden de forma reiterada durante toda esta etapa, destacando, entre otros, el secuestro de un avión de la aerolínea israelí El Al en julio de 1968 y un ataque en Atenas tan solo cinco meses después. Tales hechos dan lugar a la destrucción de trece aviones de la aerolínea Middle East en el aeropuerto de Beirut como respuesta del gobierno israelí, lo que deriva en una intervención de Naciones Unidas[56]. La continuidad de tales acciones en el transcurso de los años posteriores genera

---

54 W. W. Powell, «Neither market nor hierarchy: Network forms of organization», *Research in Organizational Behaviour*, vol. 12, 1990, p. 303.

55 D. C. Rapoport, «Terrorism», cit., p. 2097.

56 Tales acciones dan lugar a la Resolución 262 de 31 de diciembre de 1968 adoptada por el Consejo de Seguridad por la que se condena a Israel por la violación premeditada de sus obligaciones internacionales. Vid. CSNU, *Resolución 262 (1968) Aprobada por el Consejo de Seguridad en su 1462ª*

una respuesta internacional que desemboca en la adopción del Convenio para la represión del apoderamiento ilícito de aeronaves, en diciembre de 1970[57] y al Convenio para la represión de actos ilícitos contra la seguridad de la aviación civil[58] tan solo un año después.

Sin embargo, no son los únicos textos que se elaboran. Si los movimientos insurgentes de la segunda ola se entienden como una lucha con aspiraciones nacionalistas, en esta tercera se perciben como una amenaza para los propios intereses nacionales e internacionales, lo que deriva en la mayor compilación regulatoria en materia antiterrorista conocida hasta entonces, tal y como se profundiza en el siguiente capítulo. Sin embargo, los grupos revolucionarios y separatistas no son los únicos que operan en este periodo. La frustración surgida tras las dos oleadas previas desemboca en el surgimiento de grupos terroristas de derechas que provocan un número aún mayor de víctimas que sus contrapartes revolucionarias, aunque sus acciones tienen menor publicidad, entre otras cosas debido al apoyo sostenido de ciertas ramas de la fuerza pública[59]. La tercera oleada finaliza como consecuencia de un conjunto de factores que acontecen de forma simultánea: en general se produce un debilitamiento de los movimientos revolucionarios iniciados décadas atrás. Pero es que, además, la invasión

---

sesión, de 31 de diciembre de 1968, Doc. S/RES/262, en https://digitallibrary.un.org/record/90758.

57 NU, *Convenio para la represión del apoderamiento ilícito de aeronaves (OACI Doc. 8920), hecho en La Haya el 16 de diciembre de 1970 y ratificado por España el 6 de octubre de 1972 (BOE núm. 13, de 15 de enero de 1973, páginas 742 a 743).*

58 NU, *Convenio para la represión de actos ilícitos contra la seguridad de la aviación civil (OACI Doc. 8966), hecho en Montreal el 23 de septiembre de 1971 y ratificado por España el 6 de febrero de 1972 (BOE núm. 9, de 10 de enero de 1974, páginas 551 a 553).*

59 D. C. Rapoport, «Terrorism», cit., p. 2094.

del Líbano por parte del gobierno israelí en 1982 imposibilita que la OLP continúe entrenando a terroristas extranjeros, por lo que los recursos humanos y operativos de diversos grupos se ven gravemente afectados. Todo ello unido a un incremento de la respuesta internacional contra el terrorismo —el bombardeo, con ayuda de Reino Unido, por parte de Estados Unidos a Libia en 1986 por su rol como Estado patrocinador del terrorismo o el embargo de armas impuesto por la Comunidad Europea— así como una mayor eficacia en la cooperación internacional en materia policial y judicial —la creación del Grupo Trevi[60]— pone fin a dicha etapa de actividad terrorista. No obstante, el final de ésta se superpone con el inicio de la siguiente, conocida como "oleada religiosa".

d) La religión y su relación con el desarrollo de la cuarta oleada

Siguiendo la lógica de RAPOPORT, el periodo actual se enmarca dentro de la cuarta oleada, si bien algunos autores afirman que los acontecimientos acaecidos en los últimos años invitan a pensar acerca de la existencia de una quinta[61]. En

---

[60] El grupo Trevi (Terrorisme, Radicalisme, Extrémisme et Violence internationale) se crea como espacio de intercambio de información y buenas prácticas en materia de cooperación policial para luchar contra el terrorismo. Nace a partir de la conferencia del Consejo Europeo en el año 1975 en Roma y se formaliza en la reunión del Consejo en Luxemburgo en 1976. En este sentido, vid. A. M. DÍAZ FERNÁNDEZ, «Evolución de la cooperación europea en inteligencia», *Varia Historia*, vol. 28, 47, 2012, p. 164, en http://www.scielo.br/scielo.php?script=sci_arttext&pid=S0104-87752012000100008&lng=es&tlng=es.

[61] Para ciertos autores, la quinta ola nace a partir del levantamiento de los Jemeres Rojos en Camboya en la década de los setenta; sin embargo, el primer movimiento terrorista considerado como tal en dicho periodo es el Ejército de Resistencia del Señor en el norte de Uganda. Para mayor profundización en la materia, vid. J. KAPLAN, «Terrorism's Fifth Wave: A Theory, a Conundrum and a Dilemma», *Perspectives on Terrorism*, vol.

cualquier caso, ésta supone el inicio del terrorismo contemporáneo y está marcada por el debilitamiento de los elementos seculares como principios legitimadores en Oriente Medio en contraposición con la expansión de la religión como poderosa fuerza política. Se encuadra en un contexto marcado por la Guerra de los Seis Días y tiene como detonante tres hitos que suceden durante el periodo comprendido entre 1978 y 1989; el más relevante, la revolución iraní liderada por el ayatolá Jomeini, quién promueve la redención a través de la actividad política[62]. Transforma el Estado secular iraní en uno religioso y da lugar a la república islámica vigente en la actualidad. Este hecho marca el cambio en las relaciones de los países musulmanes, así como entre estos y el resto del mundo. También ejercen cierta influencia los acuerdos de Camp David firmados entre Egipto e Israel en el año 1978. El último, aunque de carácter laico, condiciona sobremanera el panorama político: la invasión de Afganistán por parte de la Unión Soviética en 1979 en un esfuerzo por mantener un gobierno marxista. En las etapas previas, aunque los aspectos religiosos también se encuentran presentes, están vinculados a la identidad étnica de cada grupo. De este modo, aunque la religión condiciona las tácticas y técnicas utilizadas, las campañas políticas van dirigidas a crear Estados laicos. Por el contrario, en esta época dicho elemento cobra un significado totalmente diferente: el objetivo de los actores es expandir sus dogmas e instaurar gobiernos cuyas directrices sigan ciertos principios religiosos, independientemente de los métodos utilizados para ello. Como afirma De La Corte Ibáñez, "al contemplar la violencia como un deber religioso o un mandato divino, la capacidad destruc-

---

2, 2, 2010, pp. 12-24, en http://www.terrorismanalysts.com/pt/index.php/pot/article/view/26.

62 Y. Schweitzer; S. Shay, *The globalization of terror: the challenge of Al-Qaida and the response of the international community*, Transaction Publishers, New Brunswick [N.J.], 2003, p. 19.

tiva de los extremistas religiosos ha resultado muy superior a la de los protagonistas de otras campañas terroristas de índole exclusivamente política y laica[63]".

Aunque los grupos terroristas de este periodo se clasifican en función de la religión que los inspira, el islam juega un papel fundamental en toda la etapa. Se producen actividades insurgentes vinculadas a otras religiones, como por ejemplo la sij en India: el intento independentista por parte de grupos nacionalistas en la década de los 80 se salda con cientos de víctimas tras el asalto al Templo Dorado de Amritsar por parte del ejército en junio de 1984. Pocos meses después, la ministra Indira Gandhi es asesinada por sus guardaespaldas sijs, lo que ocasiona la persecución y asesinato de casi 5.000 personas de dicha religión. Del mismo modo, dos grupos sij y otro separatista de Cachemira se atribuyen el atentado al avión de Air India en el que mueren 329 pasajeros en junio de 1985. Por su parte, los grupos terroristas judíos tampoco cesan su actividad: dos de las actuaciones más relevantes son la Masacre de Hebrón en 1994 perpetrada por un miembro de un grupo ultraderechista que se salda con la muerte de 29 palestinos o el asesinato del primer ministro israelí Isaac Rabin en 1995 como represalia a su participación en los Acuerdos de paz de Oslo alcanzados entre Israel y la OLP en un intento de poner fin al conflicto palestino-israelí. Otro caso con tintes religiosos es el ataque perpetrado con gas sarín en el metro de Tokio por el grupo Aum Shinrikyo en marzo de 1995.

Durante esta época también surgen grupos de carácter secular, véase por ejemplo los Jemeres Rojos en Camboya o Sendero Luminoso en Perú y continúan activos otros cuyo origen proviene de una etapa previa, como la banda terrorista Euskadi Ta Askatasuna (ETA) o los Tigres de Liberación del

---

63 L. De la Corte Ibáñez, *La lógica del terrorismo*, cit., p. 31.

Eelam Tamil o Tigres Tamiles (LTTE). En este último caso, la sofisticación y eficacia de sus métodos destacan por encima de su ideología[64]: alternan diferentes técnicas —guerra de guerrillas, atentados suicidas, etc— que se cobran la vida de más de 18.000 combatientes entre 1987 y 2002, entre otros la del ex primer ministro indio Rajiv Ghandi en mayo de 1991[65].

Sin embargo, son los grupos islamistas los que llevan a cabo los ataques terroristas de mayor relevancia y repercusión internacional, causando a su vez un número de víctimas sin precedentes[66]. La nueva república iraní promueve y financia el terrorismo de mano de grupos chiitas en Iraq, Arabia Saudí, Kubait o Líbano, contemplándolo como una herramienta de diplomacia[67]. De entre estos, uno de los más característicos es Hezbollah —o Partido de Dios—, un movimiento creado en 1982 con el objetivo de destruir Israel, que destaca por su método relativamente innovador en el terrorismo moderno[68]:

---

64 B. Hoffman, «Rethinking Terrorism and Counterterrorism Since 9/11», *Studies in Conflict & Terrorism*, vol. 25, 5, 2002, p. 305, en http://www.tandfonline.com/doi/abs/10.1080/105761002901223; W. Laqueur; B. Hoffman, *A history of terrorism*, cit.

65 S. Hopgood, «Tamil Tigers, 1987-2002», en Diego Gambetta (ed.) *Making sense of suicide missions*, Oxford University Press, Oxford ; New York, 2005, p. 44.

66 D. C. Rapoport, «The Four Waves of Modern Terrorism», cit., p. 61. Para autores como Hoffman, las razones por las que los incidentes terroristas perpetrados por motivos religiosos se traducen en tantas muertes pueden encontrarse en los "sistemas de valores, mecanismos de legitimación y justificación, conceptos de moralidad y visiones del mundo radicalmente diferentes" que adoptan el terrorista religioso. En este sentido, vid. *Inside terrorism*, cit., p. 90.

67 Vid. T. Copeland, «Is the "New Terrorism" Really New?», cit., p. 14.

68 Para Rapoport, en esta etapa se recupera un *modus operandi* que de algún modo ya se utilizaba en la primera oleada y que pierde relevancia en el segundo y tercer periodo, el martirio con fines políticos a partir de ataques con explosivos. En este sentido, vid. «Terrorism», cit., p. 2095.

además de la toma de rehenes y el secuestro de aviones ya vistos en épocas anteriores, hace uso por primera vez de los ataques suicidas con bomba, la técnica distintiva de esta etapa. El terrorista en este caso se inmola mediante el uso de explosivos que lleva en su cuerpo o en algún tipo de vehículo. Dicha técnica destaca por su simpleza y bajo coste económico; sin embargo cuenta con una capacidad destructiva dificilmente equiparable a cualquier otra utilizada en épocas anteriores. Facilita la adecuada localización del autor, causando los mayores daños posibles de forma indiscriminada. No requiere de una planificación de huida posterior ni es necesario tener en cuenta las consecuencias de su detención por parte de las fuerzas públicas, por no hablar de la visibilidad que brinda tal acto, en el que muchos se posicionan como mártires o héroes. Tales características le otorgan una efectividad única en la consecución de los objetivos, convirtiéndose en un instrumento de uso

---

Otros autores afirman el uso del suicidio como técnica ya en sectas originarias como la *Sicari* o los *Assassin.* Vid. S. ATRAN, «Genesis of Suicide Terrorism», *Science,* vol. 299, 5612, 2003, American Association for the Advancement of Science, p. 1534, en https://science.sciencemag.org/content/299/5612/1534; B. HOFFMAN, «Rethinking Terrorism and Counterterrorism Since 9/11», cit., p. 305. Sin embargo, una de las investigaciones más ilustrativas es la realizada STEPHEN DALE en 1988, que ayuda a comprender los orígenes de las dinámicas de comportamiento actuales. Este sostiene el uso extendido del suicidio por parte de ciertas comunidades asiáticas musulmanas localizadas en diferentes regiones del Océano Índico en el transcurso del S. XX: en la costa Malabar, al suroeste de la India; en la provincia de Aceh, al norte de Sumatra y en las islas de Mindanao y Sulú en Filipinas. Aunque dichos ataques no tienen el mismo objetivo político que los actuales, ya que estas lo utilizaban como arma de lucha contra las potencias coloniales americanas y europeas, representan un fenómeno equiparable: la resistencia contra la hegemonía occidental o el dominio colonial. En este sentido, vid. "Religious Suicide in Islamic Asia: Anticolonial Terrorism in India, Indonesia, and the Philippines", *The Journal of Conflict Resolution,* vol. 32, 1, 1988, Sage Publications, Inc., pp. 38-39, en https://www.jstor.org/stable/174087.

generalizado que diversas organizaciones en todo el mundo han ido perfeccionando. A través de este método, en octubre de 1983 Hezbollah lleva a cabo una serie de atentados simultáneos con camiones bomba que acaban con la vida de 241 militares estadounidenses y 58 franceses que realizaban misiones de paz tras la invasión del Líbano por parte de Israel en 1982. Tal ataque, unido a los atentados suicidas cometidos en la embajada de Israel en Buenos Aires y en una comunidad judía de dicha capital, en 1992 y 1994 respectivamente, los consolida en el panorama nacional libanés —donde logra modificar los equilibrios de poder— e internacional, hasta tal punto que su infraestructura llega hasta el Sudeste Asiático. Actualmente se considera un contingente armado que tiene el potencial armamentístico de un ejército regular gracias a la financiación de Iran y Siria[69].

Sin embargo, es el terrorismo suní el que utiliza los atentados con bomba de forma más recurrente y con mayor efectividad. Aunque surgen diversos grupos en países como Egipto, Siria, Túnez, Marruecos, Argelia, Filipinas o Indonesia, es la célula fundamentalista Hamás, la que destaca entre el resto, al menos durante esta etapa inicial. También conocido como Harakat Al-Muquwama Al-Islamiyya o Movimiento de resistencia islámica, es el primer grupo en adoptar el concepto de *istishhadia* —sacrificio de uno mismo en nombre de Alá— como arma tras el fracaso acontecido durante el transcurso de la primera Intifada[70], que supone una gran pérdida de combatientes pa-

---

69 Y. Schweitzer, «Terrorismo en Oriente Medio», en *Causas y consecuencias del terrorismo: II Jornadas internacionales sobre terrorismo, 2006, págs. 1-12,* Fundación Manuel Giménez Abad de Estudios Parlamentarios y del Estado Autonómico, 2006, p. 4 y ss., en https://dialnet.unirioja.es/servlet/articulo?codigo=5767207.

70 En este sentido, es relevante destacar que, en occidente, el concepto palestino de *Istishhadia* (autosacrificio en el camino de Dios) se ha equiparado en cuanto a su significado y extensión a un ataque suicida, considerando

lestinos en relación con los caídos del bando israelí. La inferioridad en número les obliga a buscar un método para infligir el mayor daño posible con las menores pérdidas. Sin embargo, dicho *modus operandi* tiene efectos colaterales: el impacto psicológico generado logra una cobertura más allá de las fronteras nacionales, lo que acerca su causa independentista a la agenda internacional. De este modo, el empleo de dicha táctica se convierte en un símbolo de resistencia frente a un adversario más fuerte. Lo que comienza como una estrategia de Hamás ante la inferioridad frente al bando israelí es oficialmente acogido por otras organizaciones islamistas, sirviendo, en muchos casos, como arma de represalia en lugar de herramienta para alcanzar un objetivo estratégico o político concreto. A este contexto ya inestable marcado por el conflicto entre Irán e Iraq durante la década de 1980, se le suma la guerra de Afganistán. Conduce a una movilización masiva de voluntarios que, apoyados entre otros por Estados Unidos a través del servicio de inteligencia pakistaní, se unen a las filas de la resistencia guerrillera de los *muyaidines* para luchar primero contra la URSS y después en la

---

terrorista suicida únicamente a aquel que transporta cargas explosivas bien en su propio cuerpo o a través de un vehículo motorizado (coche, avión, barco, etc). Sin embargo, para los seguidores de esta doctrina, el autosacrificio tiene una visión más amplia, con repercusiones directas en la actualidad: cualquiera que intenta un ataque armado contra israelíes es un *istishhadi* o mártir, siempre que esté decidido a morir en el intento, con efectos idénticos que el uso de explosivos. De modo que la distinción que se realiza en cuanto al modus operandi no se tiene en cuenta por las organizaciones terroristas. En muchos casos, la decisión de operar con armas pequeñas no es tanto un criterio estratégico como operativo: la escasez o la dificultad de obtener material explosivo o vehículos, la dificultad de transportarlos o incluso, la propia decisión de quien lo realiza. Por tanto, si se pasa por alto esta distinción, se corre el riesgo de subestimar el verdadero alcance del fenómeno. Y. Schweitzer, «Palestinian Istishhadia: A Developing Instrument», *Studies in Conflict & Terrorism*, vol. 30, 8, 2007, Routledge, pp. 670-671, en https://doi.org/10.1080/10576100701435761.

guerra civil afgana. Dicho grupo de "alumnos" está conformado en su mayoría por miembros suníes de Estados árabes que participan en la Yihad afgana contra el régimen comunista de Kabul, así como por voluntarios y reclutas que llegan al país con posterioridad y se entrenan en el terror y la guerra de guerrillas[71]. Tras la derrota y posterior desintegración de la URSS, se produce también la creación de nuevos Estados de población musulmana, algunos de los cuales quedan como bastiones para los rebeldes islamistas o incluso como santuarios de entrenamiento y práctica.

Al-Qaida (La Base) se desarrolla en medio de este panorama como un centro estratégico de formación de dichos voluntarios los cuales, gracias a las capacidades tácticas adquiridas, son clave en el desarrollo de posteriores conflictos, entre ellos el de Cachemira o Somalia. A diferencia de grupos terroristas previos, cuyos reclutas provienen de una base nacional concreta, ésta está conformada por suníes de al menos sesenta países diferentes[72]. Sirve simultáneamente como grupo terrorista y organización de techo para las redes de terror instruidas en Afganistán, cuyos líderes están a cargo de la capacitación de las fuerzas militares/terroristas de dicho frente[73]. Su líder, Osama Bin Laden, si bien no crece en un ambiente religioso, se ve influenciado por el jeque palestino Abdullah Azzam, uno de los financiadores de Hamás y el principal ideólogo y formulador de la percepción de la Yihad en Afganistán[74]. Antes de

---

71 Y. Schweitzer; S. Shay, *The globalization of terror*, cit., p. 3.

72 D. Rapoport, «Las cuatro oleadas del terrorismo moderno», 2004, p. 64.

73 Y. Schweitzer; S. Shay, *The globalization of terror*, cit., p. 4.

74 Para mayor profundización acerca de los orígenes de Osama Bin Laden y su influencia por parte de Abdullah Azzam, vid. A. Maliach, «Abdullah Azzam, al-Qaeda, and Hamas: Concepts of Jihad and Istishhad», *Military and Strategic Affairs*, vol. 2, 2010, en https://www.inss.org.il/publication/abdullah-azzam-al-qaeda-and-hamas-concepts-of-jihad-and-istishhad/.

dirigir su propio grupo, este proporciona recursos humanos y financieros a las guerrillas afganas. Su gran riqueza personal es un factor, pero la hábil gestión de las inversiones y la amplia participación de la diáspora son cruciales para inyectar fondos a la organización. Nunca antes un grupo terrorista había ayudado a subvencionar a un Estado (Afganistán) ni había distribuido tan libremente dinero para proyectos propuestos por otros grupos[75]. De este modo, logra aglutinar todos aquellos recursos (de carácter material, financieros, logísticos, técnicos y humanos) que otros tratan de reunir sin éxito durante décadas. Esto conduce, no a la conformación de un grupo grande y disciplinado, sino a una concentración temporal de muchas corrientes diferentes dentro de la militancia islámica moderna en Afganistán[76].

Con el auge del terrorismo transnacional[77], la estructura de carácter piramidal que prima en épocas anteriores pierde pro-

---

75 D. C. Rapoport, «Terrorism», cit., p. 2098.

76 J. Burke, *Al-Qaeda: the true story of radical Islam,* 3. ed., Penguin Books, London, 2007, p. 34.

77 M. A. Cano Paños, en su obra *Generación yihad: la radicalización islamista de los jóvenes musulmanes en Europa,* Dykinson, Madrid, 2010, p. 21., denomina terrorismo transnacional o terrorismo global a aquel fenómeno terrorista surgido a partir de los años 90 que se caracteriza por su esfera de acción mundial. Este, no solo traspasa a nivel operativo las fronteras de un país específico, sino que su objetivo último es modificar el orden internacional en su conjunto; a diferencia del terrorismo internacional que no hace sino "trasladar a un escenario internacional las pretensiones y objetivos nacionales que motivan su lucha armada". Esta conceptualización se contrapone con la establecida por F. Reinares, «Conceptualizando el terrorismo internacional», en *Boletín Elcano,* Real Instituto Elcano, Madrid, p. 2., el cual defiende que el terrorismo transnacional atraviesa fronteras estatales porque quienes lo ejecutan mantienen sus entramados organizativos o desarrollan sus actividades violentas en más de un país, en contraste con el terrorismo internacional, que pretende afectar la estructura y distribución del poder en regiones enteras del planeta,

tagonismo y da paso a una red de células repartidas por todo el mundo unidas por un mismo programa o ideología. Este modelo se corresponde con el que ARQUILLA Y RONFELDT denominan *hub, star, or wheel network*[78]. Comparte los rasgos propios de movimientos sociales menos regulados, donde las relaciones informales cobran cada vez mayor importancia y se fomenta la descentralización y la espontaneidad. La red de actores desplegada está vinculada a un líder central —que no jerárquico— por el que pasa todo tipo de comunicación y que opera como instancia de coordinación[79]. No obstante, los diferentes nodos gozan de autonomía individual; pueden proponer sus propios planes y llevar a cabo su actividad terrorista cotidiana. Este último elemento salva los problemas que implica la identificación y persecución del líder por parte de las autoridades; ya que en épocas anteriores dicha situación provocaba el desmantelamiento del grupo en su totalidad.

De este modo, Al-Qaida en este periodo se caracteriza por tres elementos básicos. Por un lado, la existencia de un "núcleo duro" de la organización. Siguiendo la estructura de "estrella o rueda" este está liderado por Bin Laden, aunque le acompaña su consejo consultivo o *shura,* un grupo de máxima confianza que dispone de formación doctrinal y un alto grado de experiencia en actividades subversivas. En los niveles inferiores, aunque aún en el centro de la figura, radican una serie de comités que coordinan las diversas actividades de las diferentes redes: comité militar, financiero, de asuntos religio-

---

por lo que las áreas geopolíticas sobre las que asienta su actividad va en consonancia con sus objetivos. Por lo tanto, para dicho autor, no todo terrorismo transnacional es terrorismo internacional, aunque si a la inversa.

78 J. ARQUILLA; D. F. RONFELDT; UNITED STATES (EDS.), *Networks and netwars: the future of terror, crime, and militancy*, Rand, Santa Monica, CA, 2001, pp. 7-8.

79 *Ibid.*, p. 316.

sos y de información o propaganda[80]. Sin embargo, la solidez de tal configuración no radica tanto en su homogeneidad en cuanto al modo de actuar y pensar, como en la lealtad y agenda común, lo que nos acerca al segundo elemento: la red de grupos terroristas. Esta tiene una estrategia que funciona con múltiples niveles y un enfoque bidireccional. A diferencia de lo que cabría esperar, Bin Laden no se erige como símbolo de una lucha colectiva, sino que estos grupos tienen sus propios líderes y agendas marcadamente locales. Ostenta una figura más cercana a la de un director de una empresa multinacional, definiendo objetivos y metas específicas, dando órdenes y asegurando su aplicación. Al mismo tiempo, opera como un capitalista de riesgo, solicitando ideas y fomentando enfoques creativos. En estos términos, la organización juega un papel de "empresa" que financia proyectos que considera prometedores presentados por diversos grupos e individuos con el objetivo último de obtener rentabilidad, de ahí que no se pueda hablar de una red de Al-Qaida, sino de una "red de redes" [81] de carácter más informal.

Esta multiplicidad de alianzas se produce, entre otras cosas, ante la dificultad operativa para atentar y mantenerse impune, pero también debido a los beneficios que conlleva la sociedad de la información en cuanto al surgimiento de formas más seguras de promover y ejecutar acciones terroristas, así como a una mejora en los métodos de difusión de información e ideas. Uno de los rasgos más característicos es el patrón novedoso que promueve y que difiere respecto a sus predecesores. Por

---

80 L. De la Corte Ibáñez, *La lógica del terrorismo*, cit., pp. 297-298.

81 J. Burke, *Al-Qaeda*, cit., p. 39. Este nivel operativo es lo que HOFFMAN denomina *walk-ins*: grupos locales de radicales islámicos que conciben una idea de ataque terrorista por su cuenta e intentan obtener financiación de Al-Qaida para ello. En este sentido, vid. «Rethinking Terrorism and Counterterrorism Since 9/11», cit., p. 310.

lo general las células terroristas permanecen constantemente activas; esto les obliga a dotarse de mayor autonomía para que, en caso de que se produzca una incursión por parte de los servicios de seguridad, el núcleo central no se quede al descubierto. Por el contrario, Al-Qaida utiliza células durmientes repartidas por multiplicidad de países que permanecen inactivas hasta recibir instrucciones. Están conformadas por miembros entrenados y son lo suficientemente grandes como para operar sin necesidad de contacto con otras células, lo que les proporciona una ventaja operativa adicional. Es más, por cuestiones de seguridad, solo los miembros de mayor rango conocen todos los detalles de cada operación y es revelada al resto en momentos previos a la intervención[82]. Dicho *modus operandi* se ve alterado tras su auge en Afganistán: la necesidad de gestionar sus masivos campos de operaciones impone la adopción de un papel más visible, lo que a su vez le ocasiona mayor vulnerabilidad ante cualquier ataque. Junto a los dos elementos anteriores, existe un tercero: la ideología o visión mantenida por Al-Qaida[83] entendida no tanto como el sentimiento de formar parte un grupo, sino como el modo de pensar, de entender ciertos acontecimientos o de actuar ante determinadas situaciones. En este sentido, proporciona entrenamiento, armas o incluso orientación espiritual a determinados grupos insurgentes o terroristas como parte de una "filantropía revolucionaria"[84] a

---

82 En marzo del 2000, la policía británica descubre el *Manual de la Yihad* en el disco duro del ordenador de un miembro de Al-Qaida, donde se detalla la seguridad operativa de sus intervenciones. En este sentido, vid. *Military Studies in the Jihad against the Tyrants: The Al-Qaeda Training Manual*, U.S. Government, Department of Defense, Alabama, 2004, p. 70, en https://www.airuniversity.af.edu/Portals/10/CSDS/Books/alqaedatrainingmanual2.pdf.

83 En este sentido, vid. J. Burke, *Al-Qaeda*, cit., p. 40.

84 Entre ellas las fuerzas insurgentes de Uzbekistán, Indonesia, Chechenia, Filipinas, Bosnia o Cachemira. En este sentido, vid. B. Hoffman, «Rethinking Terrorism and Counterterrorism Since 9/11», cit., p. 310.

favor de la Yihad global. Éste es el elemento que unifica las diversas corrientes de pensamiento radical islámico y es el que perdura en la etapa posterior.

Tanto Irán como Al-Qaida contemplan dos objetivos comunes: los musulmanes que no comparten sus creencias como opositores más próximos y las potencias occidentales como enemigo lejano; no obstante, las divisiones tradicionales religiosas entre los chiitas y los suníes, unidas al contexto bélico predominante en la zona, crean un escenario prolífico para el fortalecimiento de Al-Qaida en su objetivo de proporcionar unidad política a través del fundamentalismo islámico. Aun así, su primer intento fracasa debido a la cooperación de los Estados musulmanes para defenderse del terror islamista, cuya réplica se plasma en la Resolución 19/5-P de la Organización de la Conferencia Islámica (OCI) de 29 de enero de 1987[85]. A través de esta se condenan todas las formas de terrorismo y se reafirma la Resolución 40/61 de la Asamblea General de Naciones Unidas en materia de prevención del terrorismo internacional[86]. Siguiendo esta línea, se produce también un hecho sin precedentes en materia de cooperación internacional: la petición a Libia de extraditar los sospechosos del atentado de

---

85 ORGANIZATION OF THE ISLAMIC CONFERENCE (OIC), *OIC Resolution 19/5-P (IS): International terrorism el All Types and Forms, 29 January 1987*, en https://www.oic-oci.org/page/?p_id=168&p_ref=57&lan=en.

86 AGNU, *Resolución 40/61 de 9 de diciembre de 1985. Medidas para prevenir el terrorismo internacional que pone en peligro vidas humanas inocentes o causa su pérdida, o compromete las libertades fundamentales, y estudio de las causas subyacentes de las formas de terrorismo y los actos de violencia que tienen su origen en las aflicciones, la frustración, los agravios y la desesperanza y que conducen a algunas personas a sacrificar vidas humanas, incluida la propia, en un intento de lograr cambios radicales.Doc. S/A/RES/40/61.*

Lockerbie tras conocer la implicación de las fuerzas oficiales del país[87].

Históricamente, Estados Unidos ha sido un blanco determinante para los grupos islamistas. Sin embargo, el liderazgo de éste en la operación "Tormenta del Desierto", así como su apoyo e incluso presencia en otros conflictos regionales, le otorga un papel aún más preponderante como amenaza exterior. A partir de entonces se percibe como la potencia que simboliza la cultura secular occidental, lo que hace de este el objetivo principal de diversos grupos islamistas: en febrero de 1993 extremistas islámicos detonan una bomba en el garaje del World Trade Center que acaba con la vida de 6 personas y deja a más de 1.000 heridos. Pocos meses después, las autoridades logran frustrar un intento de atentado en la sede de Naciones Unidas, así como en diversos túneles de Nueva York. El 23 de agosto de 1996, a través de unas *fatwas* —decretos religiosos—, Al-Qaida le declara expresamente la guerra en el empeño de que el país abandone ciertas bases militares del Golfo donde tiene tropas asentadas y en febrero de 1998, Bin Laden junto a líderes de otros grupos integristas hacen un llamamiento internacional para una "Yihad contra los judíos y los cruzados". Lo que en un principio se configura como un intento de expulsión de las potencias extranjeras de la región, se va desvirtuando hasta llegar a una persecución con el objetivo de lograr un único Estado islámico bajo la *Sharía.* En agosto de ese mismo año, dicho grupo perpetra los ataques terroristas de mayor repercusión hasta entonces contra blancos aleatorios que representan el poder estadounidense atacando sus embajadas en Nairobi, Kenia, y Dar es Saalam, Tanzania, matando a 263 personas e hiriendo a más de 5.000 (se consigue frustrar un tercer ataque en la emba-

87 CSNU, *Resolución 731 (1992) Jamahiriya Árabe Libia Popular y Socialista, Aprobada por el Consejo de Seguridad en su 3033ª sesión de 21 de enero, Doc. S/RES/731.*

jada situada en Kampala, Uganda). Dichos atentados suscitan un fortalecimiento de la cooperación regional a través de la adopción de la Convención sobre la prevención y lucha contra el terrorismo de junio de 1999 por parte de la Organización para la Unidad Africana (OUA)[88] pero también una reacción bélica de Estados Unidos en algunas zonas de Afganistán y Sudán: por primera vez tiene lugar un ataque con misiles a objetivos de un grupo específico y no a un Estado, entre ellos, una fábrica sospechosa de producir armamento en Jartúm. Este hecho tiene una repercusión directa sobre Bin Laden: pasa de ser una figura marginal en el mundo musulmán a un personaje reconocido a nivel global[89]. Por último, en octubre del 2000, un atentado suicida por parte de una célula de Al-Qaida atenta contra el US Cole en el puerto de Adén, Yemen, matando a 17 marineros e hiriendo a otros 39. Es la primera vez que un grupo terrorista ataca un buque de guerra naval estadounidense.

Sin embargo, el que más destaca sin duda es el perpetrado el 11 de septiembre de 2001 contra las Torres Gemelas y el Pentágono, que se reconoce como el ataque terrorista más mortífero de la historia. Marca un punto de inflexión en el terrorismo internacional, entre otros aspectos, debido al alcance y dimensiones de la operación, la coordinación y sincronicidad de los ataques o la determinación de sus perpetradores. También en términos de gravedad y letalidad del suceso: desde 1968, el número de ciudadanos norteamericanos asesinados en ataques terroristas no había superado el millar. Tampoco ningún ataque previo había ocasionado la muerte de más de

---

88 Organization of African Unity (OAU), *OAU Convention on the Prevention and Combating of Terrorism*, 1999, en https://au.int/en/treaties/oau-convention-prevention-and-combating-terrorism.

89 P. L. Bergen, *Holy war, inc.: inside the secret world of osama bin laden*, Free Press, Place of publication not identified, 2014, p. 125, en http://www.myilibrary.com?id=893706.

500 personas al mismo tiempo[90]. Sin embargo, dicho suceso acaba con la vida de casi 3.000 ciudadanos y hiere a más de 6.000, produciendo así más víctimas que el ataque japonés a Pearl Harbor en 1941, que lleva a Estados Unidos a la Segunda Guerra Mundial. También supone un hito en la política contraterrorista: por un lado, precipita una respuesta global sin precedentes: más de 100 países llevan a cabo un ataque rápido y decisivo que supone el fin del régimen talibán en Afganistán y el debilitamiento de Al-Qaida. Conduce a la eliminación de sus bases de operaciones y cuarteles generales de mando, a la destrucción de sus campos de entrenamiento y al asesinato o detención de líderes y miembros del grupo. Los "prisioneros de guerra"[91] afganos son trasladados a la Bahía de Guantánamo en Cuba, donde se les priva de los derechos establecidos en los Convenios de Ginebra, permitiendo amplios y controvertidos interrogatorios.

Por otro lado, supone el mayor cambio en materia de seguridad interna de la historia de EEUU. Hasta entonces, el país no cuenta con la voluntad política necesaria para mantener una campaña antiterrorista global y sistemática. Tras el 11-S se crea un Departamento de Seguridad Nacional en un intento de mejorar los servicios de inteligencia y paliar las carencias en materia de intercambio de información entre las diferentes agencias del país. Dicho hito tiene también repercusiones directas en la política contraterrorista europea. Dos años después, en noviembre de 2002, una carta a Estados Unidos enviada por Osama Bin Laden explicaría los motivos de dichos

---

90 B. HOFFMAN, «Rethinking Terrorism and Counterterrorism Since 9/11», cit., p. 304.

91 D. C. RAPOPORT, «Terrorism», cit., p. 2102. En este sentido, cabe resaltar que Estados Unidos no les atribuye la calificación de "prisioneros de guerra" sino de "combatientes ilegales" para, de este modo, evitar la aplicación del DIH.

ataques, entre los que se recoge el apoyo a Israel en Palestina, así como a diversos países en conflictos regionales; la ocupación militar en ciertas áreas de Oriente Medio o las muertes producidas tras las sanciones a Iraq[92].

e) El yihadismo global tras el 11-S

Tras el 11-S algunos autores critican la atención excesiva que recibe la prevención de ataques de gran calado con armas químicas, biológicas, radiológicas o nucleares en detrimento de potenciales amenazas que, aunque no poseen el mismo grado de visibilidad que los hechos acontecidos en Nueva York y Washington, cuentan con una enorme capacidad para infligir dolor; entre otras las incursiones con métodos más convencionales, armas más sencillas y fáciles de conseguir, atentados en medios de transporte masivos o ciberataques. Asimismo, vaticinan también un cambio de tácticas, *modus operandi* o incluso armamento debido a la necesidad de adaptarse a la pérdida de sus santuarios físicos y campos de entrenamiento tras la invasión de Afganistán[93]. Dos décadas después cabe decir que dicho pronóstico no se aleja de la realidad actual.

Desde entonces, numerosas investigaciones tratan de dar respuesta al fenómeno terrorista liderado por Al-Qaida y analizar su continuidad en el tiempo. Tal discusión doctrinal pivota sobre dos hipótesis. La primera sostiene que la invasión de Afganistán por parte de EEUU en 2001 debilita de tal forma la red terrorista que esta deja de ser una entidad organizada y jerárquica para convertirse en un movimiento que mantiene una ideología, pero sin una estrategia ni mando definidos. Algunos

---

92 The Observer, «Full text: bin Laden's "letter to America"», *the Guardian*, 2002, en http://www.theguardian.com/world/2002/nov/24/theobserver.

93 B. Hoffman, «Rethinking Terrorism and Counterterrorism Since 9/11», cit., p. 313.

autores afirman que, si bien los ataques terroristas yihadistas durante los años posteriores perpetúan las dinámicas previas al 11-S bajo el liderazgo de miembros de su núcleo «duro», la política contraterrorista global dificultad cada vez más la comunicación y desplazamiento de sus miembros. Esta situación genera en sus predecesores una pérdida del vínculo cada vez mayor con el eje central de la organización[94]. Desde entonces, la amenaza la conforman las células locales independientes y autoconstituidas formadas por individuos aislados, reclutados y auto radicalizados.

El posicionamiento contrario defiende la supervivencia de esta como organización terrorista articulada y activa, con un liderazgo y una cadena de mando identificables, compuesta por una serie de grupos heterogéneos dirigidos por diferentes líderes que atienden a determinados patrones organizativos, y cuyos ataques responden a una estrategia y organización orquestadas años antes[95]. Por consiguiente, si bien en el primer caso se produce un desarrollo temporal marcado por la cada vez mayor dificultad de establecer vínculos con el núcleo central de Al-Qaida, la segunda postura sostiene la coexistencia de múltiples redes que se vinculan en mayor o menor medida con dicha base. Ambas formulaciones son el resultado directo de la pérdida de territorios físicos, lo que incide de forma crucial en sus operaciones cotidianas; sin embargo, la evolución tendente a una estructura cada vez más descentralizada, sumado a la influencia que ejerce en territorios limítrofes, inclina la balanza hacia esta última hipótesis.

---

94 M. Sageman, *Leaderless jihad: terror networks in the twenty-first century*, University of Pennsylvania Press, Philadelphia, 2008, pp. 133-134.

95 B. Hoffman; F. Reinares (eds.), *The evolution of the global terrorist threat: from 9/11 to Osama bin Laden's death*, Columbia University Press, New York, 2014, pp. x-xii.

Tras la invasión de Afganistán la organización se reconfigura como un entramado terrorista global conformado por un núcleo liderado por Bin Laden —conocido como Al-Qaida Central o AQC— y una serie de facciones regionales. De este modo, impulsa una simbiosis donde ésta proporciona recursos a sus "brazos operativos" para fortalecer sus capacidades tácticas y, a cambio, recupera espacios físicos desde donde actuar.

De este modo, su estructura organizativa global se sintetiza en cuatro grandes grupos[96]:

1. Al-Qaida Central conformada por aquellos miembros del núcleo de la organización previa al 11-S. Liderada inicialmente por Bin Laden y posteriormente por Aymán al-Zawahirí.

2. Aquellas *extensiones territoriales* que, aunque operan de forma independiente al núcleo central, están directamente vinculadas a este. Dichas redes regionales tienen un origen diverso:

Por un lado, surgen a partir de ciertas estructuras asentadas en la zona, como es el caso de Al-Qaida en la Península Arábiga (AQPA) en 2009 al fusionarse las ramas saudí y yemení de la organización. El contexto de inestabilidad política de Yemen facilita el asentamiento de combatientes que regresan de Afganistán, caracterizados por una ideología extremadamente marcada y, además, con contactos transnacionales. Aunque dicho grupo no destaca por su táctica, si lo hace por su campo de acción en la Península Arábiga o África. Se considera uno de los que ostenta mayor proyección internacional y supone una potencial amenaza para occidente debido a su liderazgo y estrategia de comunicación[97].

---

96 *Ibid.*, p. 620 y ss.

97 Para mayor detalle sobre el grupo terrorista Al-Qaida en la Península Arábiga (AQPA), vid. J. ALONSO BLANCO, «Al Qaeda en la Península Arábiga», *Revista del Instituto Español de Estudios Estratégicos*, vol. 2, 2014, Instituto Español de Estudios Estratégicos (Grupos militantes de ideología

Por otro, se vincula con organizaciones yihadistas preexistentes y geográficamente dominantes a través de acuerdos de conveniencia mutua: en primer lugar, Al-Qaida en la Tierra de los Dos Ríos o Al-Qaida en Iraq (AQI) [98] nace de un acuerdo con el grupo militar yihadista Yama'at Al-Tawid wal-Jihad en 2004. Esto se debe al intento de AQC de ostentar cierta presencia en el país tras la invasión estadounidense y de Abu Musad Al-Zarqawi, el líder de dicho grupo, de beneficiarse de la imagen que ésta le proporciona. Dicho grupo representa una vertiente cada vez más radical y violenta que confronta a todo aquel que no acepta su autoridad y alimenta la lucha sectaria entre chiitas y sunníes. En 2006 se vincula con cinco grupos insurgentes de mayoría iraquí dando lugar al Consejo de la *Shura de los Muyaidín,* los cuales, meses más tarde establecen el Estado Islámico de Iraq (ISI), presidido por Abu Omar Al Baghdadí. En palabras de Jordán Enamorado, "pasan de ser un grupo insurgente con visibilidad y acciones de guerrilla combinadas con atentados terroristas a convertirse en una organización especializada en acciones terroristas altamente letales"[99], con métodos de financiación propios de una organización criminal, utilizando tácticas inspiradas en la mafia tales como extorsiones, secuestros, contrabando de petróleo o chantaje[100].

---

radical y carácter violento. Región "MENA" y Asia Central), pp. 1-19, en https://dialnet.unirioja.es/servlet/articulo?codigo=7600022.

98 Los autores realizan un exhaustivo análisis acerca de la evolución de dicho grupo y su relación con el Estado Islámico. En este sentido, vid. Z. Gold; P. G. Faber, *Al-Qaeda in Iraq (AQI): An Al-Qaeda Affiliate Case Study,* Center for Naval Analyses Arlington United States, 2017, en https://apps.dtic.mil/sti/citations/AD1041735. En este mismo sentido, J. Jordán Enamorado, «El Daesh», en *Cuadernos de estrategia,* Ministerio de Defensa: Instituto Español de Estudios Estratégicos, Madrid, 2015 (La internacional yihadista), pp. 113-114.

99 «El Daesh», cit., p. 116.

100 M. Levitt, «Declaring an Islamic state, running a criminal enterprise», *The Hill,* 2014, en https://thehill.com/blogs/pundits-blog/211298-

En segundo lugar, Al-Qaida en el Magreb Islámico (AQMI) surge en 2007 a raíz de un pacto con el Grupo Salafista para la Predicación y el Combate (GSPC)[101]. Cuenta con gran influencia en ciertas áreas del Sahel, Mauritania, Nigeria o Malí y tiene vínculos directos con el grupo terrorista nigeriano Boko Haram, formalmente conocido como Jama'tu Ahlis Sunna Lidda'awati wal-Jihad (Grupo de la Gente de la Sunna para la Predicación y la Jihad).

3. Entidades aliadas y asociadas, compuestas principalmente por grupos insurgentes o terroristas que se benefician de los recursos humanos, técnicos, financieros o armamentísticos de Al-Qaida o de sus extensiones territoriales. Se vinculan con AQC a través del fortalecimiento de lazos asociativos informales con otros grupos yihadistas ya existentes o de creación más reciente entre los que destacan: el Emirato Islámico de Afganistán; Tehreek-e-Talibán Pakistán (TTP)[102] o Harkat-ul-Mujahideen en Pakistán; Al Shabbaab en Somalia; Lashkar-e-Toiba en Cachemira; Jemaah Islamiyah en la zona asiática sudoriental; el Movimiento Islámico de Uzbekistán (MIU) en algunos países de la antigua URSS; o la Unión Yihad Islámica, un movimiento escindido de este último con base en Pakistán. De esta forma,

---

declaring-an-islamic-state-running-a-criminal-enterprise.

101 Para mayor profundización en la materia, vid. C. ECHEVERRÍA, «La vigencia del terrorismo de Al Qaida en las tierras del Magreb Islámico (AQMI): Ejemplo de supervivencia y de adaptabilidad», *Revista del Instituto Español de Estudios Estratégicos*, 0, 2012, Instituto Español de Estudios Estratégicos, pp. 173-188, en https://dialnet.unirioja.es/servlet/articulo?codigo=4098400.

102 El autor realiza un detallado análisis de los talibanes de Pakistán como un factor de desestabilización regional. En este sentido, vid. L. DE LA CORTE IBÁÑEZ, «Tehreek-e-Taliban Pakistán y los talibán pakistaníes», *Revista del Instituto Español de Estudios Estratégicos*, vol. 3, 2014, Instituto Español de Estudios Estratégicos (Grupos militantes de ideología radical y carácter violento. Región "MENA" y Asia Central), pp. 1-28, en https://dialnet.unirioja.es/servlet/articulo?codigo=7639109.

la organización se dota de redes de influencia en África, Oriente Medio y Asia[103].

4. *Células independientes, individuos autorradicalizados o "lobos solitarios"* localizados en países occidentales. Esta categoría se subdivide en tres tipologías diferenciadas: en primer lugar, ciertos grupos con una conexión previa con Al-Qaida, bien por formar parte de campañas yihadistas anteriores o ser entrenados en sus instalaciones. Los líderes de dichas células, gracias a un contacto previo, crean redes transnacionales de mando, control y comunicación que dependen de AQC. En segundo lugar, aquellos en los que no subyace ningún vínculo directo con la organización ni sus filiales, pero que comparten una orientación ideológica y una agenda política común. La vinculación se realiza a partir de la ideología y el carácter violento como mecanismo para alcanzar la Yihad, pero desarrollan estrategias de liderazgo independientes. En tercer lugar, aquellos individuos autorradicalizados que operan por su cuenta y no tienen un nexo de unión más allá que el ideológico[104].

---

103 M. Bourekba, «Al Qaeda después de Bin Laden: descentralización y adaptación», *CIDOB*, 2021, (CIDOP Opinión), p. 2, en http://www.cidob.org/es/publicaciones/serie_de_publicacion/opinion_cidob/2021/al_qaeda_despues_de_bin_laden_descentralizacion_y_adaptacion.

104 Algunos autores entienden al "lobo solitario" como aquel individuo que actúa de forma independiente, en respuesta a la ideología de un grupo terrorista más amplio (por ejemplo, Al Qaeda), sin pertenecer específicamente a una red o grupo terrorista organizado. Sus métodos suelen concebirse sin ningún mando directo externo, pero pueden estar influenciados por los miembros de la red más amplia. Dentro de estos distinguen entre cuatro tipologías: buscadores de gloria, adoradores de héroes, románticos solitarios y altruistas radicales. Para mayor profundización, vid. J. M. Post; C. McGinnis; K. Moody, «The Changing Face of Terrorism in the 21st Century: The Communications Revolution and the Virtual Community of Hatred: The changing face of terrorism in the 21st century», *Behavioral Sciences & the Law*, vol. 32, 3, 2014, pp. 321-326, en http://doi.wiley.com/10.1002/bsl.2123.

Asimismo, la financiación de dichos grupos, además del patrimonio personal de Bin Laden u otros líderes, proviene de donaciones de organizaciones de caridad islámicas, movimientos religiosos y comunidades musulmanas que reciben y gestionan el *Zakat*, uno de los pilares del islam, o recursos carácter privado, bien de simpatizantes de Al-Qaida enviados a través del sistema *hawala*[105] o camuflados en partidas presupuestarias destinadas a la construcción de mezquitas u orfanatos, en su mayoría de Arabia Saudí[106].

Desde los atentados del 11-S hasta la muerte de Bin Laden en mayo de 2011, AQC es responsable o sospechosa de perpetrar al menos 83 ataques terroristas de diferente magnitud a nivel mundial, con un resultado de 837 muertos y 4.267 heridos. Por su parte, en las mismas fechas, las extensiones territoriales de dicha organización realizan más de 470 incursiones, ocasionando en algunos casos más de 40 muertos en un mismo ataque, como es el caso del acontecido en Issers, Argelia, en 2008, ideado por AQMI o el del distrito de Dhanyan, Yemen, del año 2010 orquestado por AQPA[107]. Sin embargo, los perpetrados por el ISI tan solo durante los tres años posteriores a su aparición ascienden a 143, cobrándose la vida de más de 1.400 personas. De entre éstos destaca el doble atentado de Bagdad, Iraq, del 25 de octubre de 2009, que se salda con 150

---

105 La *hawala* -también denominada banca clandestina o sistema informal de transferencia de valores (IVTS por sus siglas en inglés)- es un sistema informal de envío de remesas basado en redes de personas de confianza en los países de los que proceden los fondos y en aquellos a los que se envían, sin necesidad de una transferencia real de los mismos. En este sentido, vid. EUROPOL, *European Union Terrorism Situation and Trend Report (TE-SAT) 2021*, Publications Office, Luxembourg, 2021, p. 33, en https://data.europa.eu/doi/10.2813/677724.

106 J. ALONSO BLANCO, «Al Qaeda en la Península Arábiga», cit., p. 13. Z. GOLD; P. G. FABER, *Al-Qaeda in Iraq (AQI)*, cit.

107 Global Terrorism Database (2021); https://www.start.umd.edu/gtd/

víctimas. Dichas cifras muestran le evolución en la hegemonía de Al-Qaida como red terrorista a favor de la eficacia de la descentralización como estrategia operativa.

f) Las "Primaveras Árabes" como marco del terrorismo global actual

Las "Primaveras Árabes" marcan otro punto de inflexión en el terrorismo de Oriente Próximo. El suceso acontecido en Sidi Bouzid en diciembre de 2010 da lugar a una serie de manifestaciones que desembocan en diversas protestas con cambios gubernamentales en Kuwait, Omán o Jordania; caídas de gobierno en Túnez, Egipto, Yemen o Libia y un conflicto armado en Siria. Dicho escenario de inestabilidad afianza el yihadismo en la zona, ampliando la libertad de movimiento de los grupos allí establecidos y creando nuevas estructuras locales. La guerra civil siria precipita el desplazamiento de combatientes extranjeros que hasta entonces luchan con AQI en Iraq y, junto con miembros de AQC, configuran un nuevo grupo yihadista independiente: Jabhat Al-Nusra. En abril de 2013, el líder del ISI anuncia la incorporación de dicha organización a sus filas —que en ese momento cuenta con gran capacidad paramilitar— y de nuevo cambia su denominación, calificándose como Estado Islámico de Iraq y Levante (ISIL en inglés o Daesh en árabe). Las reticencias de dicha incorporación, así como las diferencias con AQC durante el transcurso de los meses posteriores generan la ruptura definitiva de su vínculo con la organización de Bin Laden, configurándose, a partir de entonces, como la fuerza dominante de la resistencia al régimen de Al Assad. Tanto es así que en enero de 2014 arrebata la ciudad de Raqqa a Jabhat Al-Nusra y la convierte en la capital de su emirato en un intento de expansión por la zona de levante. Uno de los factores claves que explica la expansión y consolidación del Daesh durante los años posteriores es la fortaleza paramilitar surgida a partir de la incorporación de oficiales del antiguo ejército de Sadam Hussein[108], que pone en marcha un proceso de movilización de voluntarios sin precedentes —más de 42.000 sujetos provenientes de 120 países diferentes entre 2011 y 2016[109]— y logra extender su influencia a lo largo de 100.000 km^2 de territorio[110].

Desde entonces, Daesh y Al-Qaida —junto a sus filiales— se disputan la hegemonía del yihadismo tanto en la región como a nivel global, dando lugar al panorama terrorista en la actualidad.

Desde la muerte de Bin Laden hasta el 31 de diciembre de 2019, AQC y sus ramificaciones perpetran más de 1.500 ataques terroristas entre los que destaca el cometido por AQPA en Zinjibar, Yemen, en abril de 2012, que causa 210 bajas militares. Por su parte, Daesh lleva a cabo más de 7.000 ataques terroristas, resaltando el secuestro y matanza de casi 1.700 soldados iraquíes del campamento Speicher de Tikrit, Iraq, en diciembre de 2014 en represalia por el asesinato de su líder Abdul-Rahman al-Beilawy[111]. Dichas cifras lo sitúan como responsable de, al menos, el 17% de los asesinatos acontecidos durante la última década, concretamente de 31.516, aunque la tendencia varía en función del año: en el punto más álgido de su actividad (2016), es responsable de un 34% de las muertes globales por terrorismo; mientras que tres años después tal proporción disminuye de forma notable hasta el 4% gracias a las operaciones contraterroristas en Iraq y Siria, que logran

---

108 J. Jordán Enamorado, «El Daesh», cit., p. 120.

109 Radicalisation Awareness Network, *Responses to returnees: Foreign terrorist fighters and their families*, European Commission, 2017, p. 15, en https://ec.europa.eu/home-affairs/orphan-pages/page/manual-responses-returnees-foreign-terrorist-fighters-and-their-families-july_en.

110 S. G. Jones y otros, *Rolling Back the Islamic State*, RAND Corporation, Santa Monica, Calif, 2017, p. ix.

111 Global Terrorism Database (2021); https://www.start.umd.edu/gtd/

reducir su alcance e impacto en la región[112]. Sin embargo, y a pesar de su declive en Oriente Medio, su influencia continúa expandiéndose en el resto del mundo: con una evolución similar a Al-Qaida, pasa de ser un grupo que actúa en un territorio delimitado a convertirse en un movimiento "ideológico" más amplio y difuso. No obstante, y a diferencia de su predecesor, la estructura militar jerarquizada[113] que lo caracteriza responde a las reivindicaciones territoriales del autoproclamado califato. Para ello, despliega su influencia a través de las denominadas *wilayats* o provincias localizadas en el África subsahariana, el sur de Asia, ciertas regiones del Pacífico y algunos países de la antigua URSS. Estas se encuentran formalmente consolidadas y cuentan con un gobernador (*vali*), un liderazgo religioso (Consejo de la *Shura*) y una estrategia militar que garantiza el control territorial y aplica su versión de la *Sharía.* La más destacada es la Provincia de África Occidental del Estado Islámico (ISWAP), que hasta 2019 es responsable de más de 4.200 muertes en Camerún, Nigeria, Níger y Chad[114]. Además, goza también del apoyo de ciertas redes o individuos afiliados —directa o indirectamente— al núcleo central de la organización, como el Estado Islámico de Jorasán, con 3.134 muertes a su cargo en

---

112 *Global Terrorism Index 2020: Measuring the Impact of Terrorism*, p. 54.

113 A. Salinas de Frías; P. Neumann, *Report on the links between terrorism and transnational organised crime*, Committee of Experts on Terrorism (CODEXTER), Estrasburgo, 2017, p. 8, en https://rm.coe.int/report-on-the-links-between-terrorism-and-transnational-organised-crim/1680711352.

114 Formalmente es considerada como una de las facciones de Boko Haram. Esta jura lealtad al Daesh y es aceptada como provincia regional en marzo de 2015, fecha en la que pasa a denominarse ISWAP. Fuera de las fronteras sirias e iraquíes, es una de las provincias de mayor influencia y número de miembros. Vid. CSNU, *Undécimo informe del Secretario General sobre la amenaza que plantea el EIIL (Dáesh) para la paz y la seguridad internacionales y la gama de actividades que realizan las Naciones Unidas en apoyo de los Estados Miembros para combatir la amenaza, de 4 de agosto de 2020. Doc. S/2020/774*, párr. 18, en https://digitallibrary.un.org/record/3874983.

Afganistán, India y Pakistán en esa misma fecha y, hasta donde se conoce, autor del atentado del aeropuerto de Kabul el 26 de agosto de 2021[115]. Por último, se beneficia de la acción de otros grupos que, sin llegar a tener un vínculo directo con la organización, les promete lealtad o apoyo. La construcción de este entramado es posible, entre otros factores, gracias a la readaptación de sus métodos de financiación, con actividades más próximas a la criminalidad organizada que a las propias de los grupos terroristas previos, destacando, entre otras, el tráfico de drogas, armas, órganos humanos, patrimonio y bienes culturales o productos médicos falsificados; el secuestro, explotación y trata de mujeres y niños con fines sexuales o de adiestramiento y el tráfico de inmigrantes que intentan escapar de zonas de conflicto[116]. A fechas del último informe del IEP (The Institute for Economics & Peace) del año 2023, el Estado Islámico sigue conformándose como el primer grupo terrorista que más decesos ocasiona a escala global, siendo responsable de 1.636 muertes. Sin embargo, su actividad ha disminuido desde su punto álgido en 2016. El país más afectado ha sido Siria, donde se han registrado 224 atentados en 2023, lo que supone un aumento respecto a los 152 atentados de 2022[117]. Por debajo de este se sitúa Hamas, un grupo terrorista responsable de nueve atentados terroristas que han causado 1.209 bajas. Hasta los atentados del 7 de octubre de 2023, se consideraba una organización terrorista relativamente inactiva, ya que, durante

---

115 A. Paybarah, «Esto es lo que sabemos sobre el Estado Islámico Jorasán, autor del atentado de Kabul», *The New York Times*, 2021, en https://www.nytimes.com/es/2021/08/27/espanol/ISIS-K-que-es.html.

116 Para un completo estudio de los vínculos entre terrorismo y crimen organizado transnacional, vid. A. Salinas de Frías; P. Neumann, *Report on the links between terrorism and transnational organised crime*, cit., pp. 8-25.

117 En este sentido, vid. *Global Terrorism Index 2024–Measuring the Impact of Terrorism*, p. 14. En este informe, cuando se habla de Estado Islámico, incluye las siguientes filiales: ISKP, IS-SP, ISIL e ISWAP.

los 7 años previos, habían ocasionado 14 atentados y una única víctima mortal.

Por debajo de éste se sitúa Jamaat Nusrat Al-Islam wal Muslimeen (JNIM), un grupo formado en 2017 en la región del Sahel del África subsahariana como una coalición de grupos insurgentes salafistas yihadistas. Este último año ha alcanzado su pico máximo, con un total de 1.099 muertes en 112 atentados. De éstas, alrededor del 56% se han producido en Burkina Faso, mientras que el 24% han tenido lugar en Mali. A pesar de su carácter local, el JNIM continúa su campaña para ampliar sus actividades fuera del Sahel, llevando a cabo atentados en Togo por segundo año consecutivo[118]. Por último, Al-Shabaab, un grupo militante salafista y filial de AQC, activo en África Oriental que ha generado 227 atentados y 499 muertes durante este último año. De éstas, el 86% se han producido en Somalia y el 14% restante en Kenia.

Estas cifras reflejan la disminución de la actividad terrorista en Oriente Medio y su desplazamiento a la región del África subsahariana, con un incremento del 21% respecto a 2022. Sin embargo, la mayor parte del impacto del terrorismo en la región se concentra en la zona del Sahel, ya que cinco de los diez países más afectados por el terrorismo se encuentran en dicha región. También es importante, a la hora de analizar estos datos, tener en cuenta el cambio en el panorama político de algunos países, como es el caso de Afganistán. Si bien el grupo Talibán, antes de llegar al gobierno, ha liderado los registros durante las últimas décadas, su incorporación como agentes gubernamentales los excluye de algunas de las estadísticas[119].

---

118 *Ibid.*, p. 16.

119 Por ejemplo, para el IEP, los atentados producidos por el grupo Talibán quedan fuera del ámbito de la definición de terrorismo que recoge el "Global Terrorism Index". No obstante, sí se encuentran en otros índices, como por ejemplo, el "Global Peace Index". *Ibid.*, p. 12.

III. EL IMPACTO DEL TERRORISMO EN EUROPA

3. Caracterización y evolución del yihadismo en Europa Occidental

A) Orígenes del yihadismo en Europa

Aunque el yihadismo global como movimiento nace con la creación de Al-Qaida en 1988, sus orígenes en Europa se remontan a la década de 1990 de mano de grupos de similar procedencia que atienden a una agenda de carácter marcadamente nacional[120]; por lo general, está ligada a actividades de agitación política violenta en sus países de origen, entre otros, Marruecos, Túnez, Libia, Arabia Saudí o Siria. Si bien el terrorismo que destaca en esa época es el perpetrado por grupos nacionales con reivindicaciones internas, también se producen los primeros atentados promovidos por organizaciones terroristas involucradas en conflictos todavía activos de Oriente Próximo. Y es que, la particularidad de esta tipología de terrorismo se fundamenta en su propia idiosincrasia: dichos grupos participan en conflictos bélicos en el seno de Estados en descomposición como "parte combatiente no estatal", pero, *de facto,* funcionan como organización estatal con la potencialidad suficiente como para alterar el escenario geopolítico. Esta caracterización promueve en la comunidad internacional aliada un marco eminentemente novedoso en tanto que es, al uní-

---

120 J. Jordán Enamorado, «Estructura organizativa del terrorismo de inspiración yihadista en Europa: retos para los servicios de inteligencia», en *La inteligencia, factor clave frente al terrorismo internacional,* Ministerio de Defensa, Secretaría General Técnica, Madrid, 2009 (Cuadernos de estrategia), p. 72.

sono, "jueza" para definir a los enemigos y, asimismo, "parte" del mismo conflicto contra combatientes no estatales[121].

De este modo, dicha tipología de terrorismo comienza a vislumbrarse en España a partir del atentado acontecido en el restaurante "El Descanso" en Madrid el 12 de abril de 1985 por grupos de orientación yihadista[122] donde mueren 18 personas y otras 82 resultan heridas. Desde entonces, comienza a apreciarse un creciente número de desplazamientos de combatientes yihadistas que huyen a Europa tras haber luchado en diversos conflictos armados, entre ellos la invasión de Afganistán, la guerra civil argelina o los conflictos en Bosnia-Herzegovina y Chechenia. En este periodo, el continente sirve como *escenario para la Yihad local*, un espacio donde llevar a cabo redes de proselitismo y realizar aportaciones económicas y humanas a la causa de Al-Qaida, convirtiéndolo en la *principal base logística y propagandística del salafismo radical en el mundo no musulmán*[123]. El objetivo último es internacionalizar conflictos internos, colaborar con el pueblo palestino en su lucha contra Israel y combatir a las potencias occidentales, tal y como Bin Laden promulga en sus *fatwas*.

El primer intento de atentado iniciado fuera del continente y cometido contra objetivos europeos tiene lugar en diciembre de 1994 por el Grupo Islámico Armado (GIA) argelino: el secuestro de un avión en Argel con el objetivo de estrellarlo

---

121 E. Pomares Cintas, *La deriva del Derecho Penal y la democracia: la lucha antiterrorista como rastreo de embriones de sospecha*, Dykinson, 2022, pp. 49-50.

122 La base de datos *Global Terrorism Database* otorga la autoría de dicho atentado a Hezbollá; https://www.start.umd.edu/gtd/

123 L. De la Corte Ibáñez, «La yihad de Europa: desarrollo e impacto del terrorismo yihadista en los países de la Unión Europea (1994-2017)», *Informe del Centro Memorial de las Víctimas del Terrorismo*, 4, 2018, Fundación Centro Memorial de las Víctimas del Terrorismo, p. 22, en https://dialnet.unirioja.es/servlet/articulo?codigo=6403966.

en París. Si bien éste es liberado por las fuerzas de seguridad francesas en una escala en Marsella, marca el origen de la primera serie de ataques yihadistas en Europa: entre 1994 y 1996 Vaulx-en-Velin, una red activista vinculada a dicho grupo y liderada por Khaled Kelkal, así como otras relacionadas con éste, llevan a cabo 10 atentados con explosivos contra metros, trenes y otros objetivos civiles en diferentes ciudades de Francia y Bélgica que se cobran la vida de 10 personas y dejan más de 250 heridos. El fin último de tales reivindicaciones es frenar el apoyo francés al régimen militar argelino en el conflicto con los islamistas locales.

Por su parte, en España la primera célula terrorista de Al-Qaida se implanta en el año 1994 y se configura como una de las más importantes de Europa Occidental por los vínculos de su líder, Abu Dahdah, con la célula de Hamburgo, promotora del 11-S. Dos años después se asienta otra liderada por el GIA, entidad afiliada a Al-Qaida con presencia en el Magreb.

Desde 1998 hasta la invasión de Iraq por parte de Estados Unidos se produce en Europa un segundo periodo diferenciado que se caracteriza por la disminución de la actividad terrorista del GIA, el incremento de la eficacia de las agencias de seguridad a la hora de frustrar ataques terroristas y la intensificación de los lazos de cooperación entre diferentes redes nacionales que hasta entonces mantienen relaciones de carácter meramente informal. Esto último se debe sobre todo a tres aspectos fundamentales: la movilización a Afganistán de radicales de todo el mundo y el incremento de la actividad en los campos de entrenamiento; el papel protagonista del movimiento radical en Reino Unido —convertido en el enclave internacional más relevante del extremismo islámico— y el liderazgo proporcionado por Al-Qaida a la hora de coordinar a nivel global la actividad de radicales de diferente procedencia[124]. A partir de entonces, Europa funciona como *escenario para la Yihad global*, donde diferentes redes terroristas vinculadas y entrenadas por la organización de Bin Laden planean y preparan ataques contra intereses y ciudadanos de Estados Unidos, Israel o Francia[125]. Uno de los más destacados es el intento frustrado contra el mercado de navidad de Estrasburgo en el año 2000. Es orquestado por argelinos asociados con Al-Qaida, GSPC y GIA que forman parte de la red Abu-Doha. Esta opera desde el campo de entrenamiento de Khalden, uno de los más famosos de Afganistán, y está compuesta por varias células que planifican y preparan atentados en Europa y Estados Unidos. Este ataque supone el primer intento por parte de yihadistas de orientación global de ejecutar una incursión de estas características en suelo europeo[126].

Desde los atentados del 11-S hasta la invasión de Iraq por parte de Estados Unidos en el año 2003, la política contraterrorista y la cooperación internacional juegan un papel fundamental a la hora de prevenir multitud de ataques contra objetivos estadounidenses y europeos en el continente. Entre éstos, la desarticulación de una red terrorista asociada con Al-Qaida y diversas organizaciones yihadistas del norte de África en septiembre y octubre de 2001; el intento de Richard Colvin Reid

---

[124] J. Jordán Enamorado, «Estructura organizativa del terrorismo de inspiración yihadista en Europa: retos para los servicios de inteligencia», cit., p. 72. Dicho autor realiza un profundo y detallado análisis de la evolución del entramado yihadista en España en el citado periodo en su obra: «The Evolution of the Structure of Jihadist Terrorism in Western Europe: The Case of Spain», *Studies in Conflict & Terrorism*, vol. 37, 8, 2014, en http://www.tandfonline.com/doi/abs/10.1080/1057610X.2014.921770.

[125] P. Nesser, «Chronology of "Jihadism" in Western Europe 1994–2007: Planned, Prepared, and Executed Terrorist Attacks», *Studies in Conflict & Terrorism*, vol. 31, 10, 2008, p. 925, en http://www.tandfonline.com/doi/abs/10.1080/10576100802339185.

[126] *Ibid.*, pp. 929-930.

de inmolarse en un avión procedente de Francia con destino a Miami en diciembre de ese mismo año, o la tentativa de atentado frustrada en el Aeropuerto de Heathrow en noviembre de 2002[127], todos ellos orquestados por grupos yihadistas y dirigidos por Bin Laden. España sigue una tendencia similar en esa época, con algo más de cien detenciones por actividades relacionadas con terrorismo yihadista, la primera de ellas a un miembro del GIA en 1995[128].

b) El yihadismo de Al-Qaida tras la invasión de Iraq

La invasión de Iraq por parte de EEUU marca un punto de inflexión en el fenómeno terrorista europeo. El apoyo brindado a la potencia estadounidense sitúa al viejo continente en el punto de mira de la Yihad global, convirtiéndolo en un objetivo primordial. También se aprecia un cambio sustancial en la estructura organizativa de la red: hasta 2003, la mayor parte de las operaciones terroristas en Estados Unidos y Europa están dirigidas por el núcleo duro de Al-Qaida. Sin embargo, su fracaso a la hora de replicar otro 11-S, debido en parte a las nuevas medidas antiterroristas unidas a la pérdida de su santuario en Afganistán, les obliga a transformar el *modus operandi* utilizado.

Si bien Bin Laden sigue conformando la cabeza visible de AQC, comienza a vislumbrarse un cambio en su configuración

---

127 Para obtener una relación completa de los intentos de atentado en Europa por parte de grupos yihadistas durante esa época, vid. *Ibid.*, pp. 930-934.

128 F. Reinares; C. García-Calvo; Á. Vicente, *Yihadismo y yihadistas en España. Quince años después del 11-M–Elcano*, Real Instituto Elcano, Madrid, 2019, p. 11, en http://realinstitutoelcano.org/wps/portal/rielcano_es/publicacion?WCM_GLOBAL_CONTEXT=/elcano/elcano_es/publicaciones/yihadismo-yihadistas-espana-quince-anos-despues-11-M.

organizativa[129]. A partir de entonces se perfilan una serie de grupos terroristas independientes que no hacen sino determinar el comportamiento de la red en su conjunto. Por lo general no reciben entrenamiento o soporte logístico, sino que se sirven de las nuevas tecnologías para llevar a cabo el proceso de reclutamiento y adiestramiento. A priori puede parecer que los líderes espirituales pierden protagonismo, pero nada más lejos de la realidad: esta distribución permite un posicionamiento más estratégico que dificulta su identificación respecto del resto de miembros de la organización[130]. Este punto de inflexión genera una serie de consecuencias no del todo previstas por el panorama político internacional: se intensifica la cooperación horizontal entre redes vinculadas a organizaciones yihadistas; se incrementa el apoyo logístico en zonas de conflicto como Iraq, Argelia o Afganistán; se eleva el número de individuos radicalizados en Europa que se incorporan tanto a redes integradas en organizaciones superiores como a células

---

129 Cuando se hace referencia a una estructura organizativa, lo que se pretende identificar es el modo en que un grupo distribuye, asigna y coordina las tareas que deben ser desempeñadas por sus miembros para lograr determinados objetivos, de forma que tales condiciones garanticen el cumplimiento de ciertos propósitos organizacionales. En este sentido, vid. S. P. Robbins; T. A. Judge, *Comportamiento organizacional*, 10, Pearson Educación, México, 2004, p. 425. Por ello, es conveniente tener presente tres aspectos básicos a la hora de revisar dicha evolución: el nivel de especialización o fragmentación del grupo, el grado de formalización de las tareas, incluyendo la forma de interactuar ante pautas establecidas y el nivel de centralización o descentralización en la toma de decisiones estratégicas, además del número de personas que participan en ellas. Esto dará lugar a diferentes tipologías. En este sentido, vid. J. Kilberg, «A Basic Model Explaining Terrorist Group Organizational Structure», *Studies in Conflict & Terrorism*, vol. 35, 11, 2012, p. 813, en http://www.tandfonline.com/doi/abs/10.1080/1057610X.2012.720240.

130 B. Hoffman; F. Reinares (eds.), *The evolution of the global terrorist threat*, cit., pp. ix-x.

independientes y, en general, se produce un recrudecimiento de la hostilidad contra objetivos europeos[131].

Esta evolución trae consigo una serie de ventajas que favorecen su perpetuidad en el tiempo y se pueden resumir en términos de seguridad, resiliencia, expansión e innovación[132]. En este sentido, es fundamental que el aumento del número de miembros y conexiones dentro de la organización no repercuta negativamente en la seguridad de las operaciones. Por ello, en la mayoría de los casos, los enlaces no se conocen en persona, lo que dificulta enormemente su identificación; por no hablar de la utilización de herramientas e instrumentos de un solo uso que impiden su localización. Además, debe contar con la capacidad de adaptación al entorno en el que opera, ya que es constantemente mutable, por lo que requiere de la habilidad suficiente para sobreponerse a ciertas adversidades o fracasos sin que ello suponga su debilitamiento. Por consiguiente, esta nueva forma de operar dificulta enormemente la completa desaparición del grupo terrorista; aunque se elimine al líder, surgen otras organizaciones capaces de actuar sin la necesidad de alguien que los dirija, lo que les proporciona un nivel de resiliencia superior al resto.

Un tercer elemento particularmente relevante que caracteriza al terrorismo yihadista de esta época, es el intento de expansión a toda costa como principio rector estratégico en un esfuerzo por alcanzar sus objetivos.

Por último, el uso de las herramientas tecnológicas más avanzadas se torna imprescindible no solamente a nivel de captación de miembros, comunicación o coordinación, sino que

---

131 J. Jordán Enamorado, «Estructura organizativa del terrorismo de inspiración yihadista en Europa: retos para los servicios de inteligencia», cit., p. 72.

132 L. De la Corte Ibáñez, *La lógica del terrorismo*, cit., pp. 301-304.

influye de forma transversal en el entramado organizativo y en la capacidad operativa de los grupos. La gestión compartida del conocimiento permite el aprovechamiento intensivo de la experiencia y los recursos humanos acumulados por sus acólitos. Además, a diferencia del terrorismo clásico, que dispone de una capacidad operativa supeditada a los medios logísticos disponibles, el fenómeno actual cuenta con recursos humanos y materiales sin precedentes. La mejora de las comunicaciones, del acceso a materiales e información o la existencia de nuevos métodos de transferencia de activos —materiales, humanos y financieros—, no hacen sino multiplicar la capacidad operativa de estos grupos. De este modo, Bin Laden incorpora la tecnología comunicacional y armamentística del siglo XXI a la visión más radical de la Guerra Santa[133].

A partir de esta idea general, siguiendo el planteamiento de Jordán Enamorado, se establece una doble clasificación en función de si estos grupos actúan por cuenta propia o, por el contrario, mantienen una comunicación continuada y una coordinación con alguna organización superior[134]:

---

133 P. L. Bergen, *Holy war, inc.*, cit., p. 28.

134 Cabe aclarar que, si bien el autor se centra en la estructura organizativa de las redes yihadistas europeas, ésta va en consonancia con la desarrollada en el apartado anterior en relación con la caracterización del yihadismo como fenómeno global. En este sentido, vid. J. Jordán Enamorado, «Estructura organizativa del terrorismo de inspiración yihadista en Europa: retos para los servicios de inteligencia», cit., p. 73 y ss.

1. Redes de base o redes yihadistas no integradas en otras organizaciones superiores

La característica principal de las redes de base —también denominadas *self-starters*[135]— es su capacidad de actuación de forma autónoma e independiente, sin comunicación o coordinación con ninguna organización superior. No obstante, si se pueden ver influenciadas por el núcleo central del movimiento yihadista global y por sus líderes estratégicos e ideológicos, sobre todo a nivel propagandístico u operacional. Por lo general son grupos autofinanciados a través de donaciones personales o con recursos provenientes de la delincuencia común y gozan de preparación técnica y autonomía logística. Su entramado, formado por círculos concéntricos o anillos, está liderado por aquellos individuos que coordinan la actividad principal. El segundo escalafón lo integran las personas comprometidas con la causa, pero con menor implicación operativa. El último peldaño está compuesto por aquellos simpatizantes que gozan de una relación más informal con el grupo. Dicha composición permite una división interna de tareas acorde al grado de compromiso y confianza y, al mismo tiempo, dificulta la identificación de los individuos y la presentación de cargos contra éstos, ya que la mayor parte de las actividades no constituyen un delito como tal. El punto débil de esta tipología es su necesidad de interactuar con el entorno social del país para poder infiltrarse en los diferentes ámbitos sociales donde operan. Estas redes, a diferencia de aquellas integradas en otras organizaciones supe-

---

135 La Comisión Europea hace referencia a dicho término a partir del informe realizado por el King's College de Londres. En este sentido, vid. International Centre for the Study of Radicalisation and Political Violence (ICSR), *Recruitment and Mobilisation for the Islamist Militant Movement in Europe*, King's College London, United Kingdom, 2007, p. 23, en https://ec.europa.eu/home-affairs/sites/homeaffairs/files/doc_centre/terrorism/docs/ec_radicalisation_study_on_mobilisation_tactics_en.pdf.

riores, ostentan un papel más instrumental en las nuevas formas de terrorismo[136].

2. *Redes yihadistas integradas en otras organizaciones superiores*

Para profundizar en tal configuración, se parte del modelo organizativo de la "adhocracia", un término acuñado por Henry Mintzberg en los años 80 que surge a partir de la necesidad de responder adecuadamente a las cada vez mayores innovaciones de la época. Según este autor, "hace falta una configuración estructural que combine expertos provenientes de distintos campos para formar equipos de proyecto ad hoc que funcionen sin impedimentos"[137]. De ahí que la característica preeminente sea la escasa formalización de su composición orgánica, además de la distribución horizontal del poder con equipos de trabajo autoorganizados que responden a las prioridades estratégicas de la organización. En todo caso, para con-

---

136 C. del Prado Higuera; E. Sánchez de Rojas Díaz, *Terrorismo Islamista: el Caso de al Gamaá al Islamiyya,* Tirant lo Blanch, Valencia, 2018, p. 67.

137 En este sentido, vid. H. Mintzberg, *La estructuración de las organizaciones,* Ariel, Barcelona, 1988, p. 480. Sumado a los rasgos previamente mencionados, hay otros distintivos de este modelo que, además, coincide con alguna de las particularidades más relevantes de las redes yihadistas integradas en organizaciones superiores. Cabe destacar por ejemplo la división de los equipos de trabajo: los especialistas se agrupan en unidades funcionales a nivel interno, pero, al mismo tiempo, se encuentran desplegados en diferentes equipos de proyectos. Tal descentralización permite la distribución del poder de decisión en todos los niveles jerárquicos en función de la naturaleza de las medidas adoptadas. De ahí la importancia de aquellos que operan como "enlace"; deben fomentar la adaptación mutua como principal mecanismo de coordinación dentro y entre dichos grupos. Esta mecánica proporciona a los expertos tal capacidad de maniobra que, en último término, las estrategias se van formulando de forma implícita conforme se ejecutan las acciones previstas.

siderar que una red yihadista está integrada en otra superior se requieren dos elementos básicos:

- *Comunicación frecuente o contacto habitual con la citada red*

Esta comunicación nace a partir de una identidad colectiva reforzada fundamentada en una serie de creencias compartidas básicas que operan a nivel inconsciente y que, de algún modo, definen la misión de la organización. De igual manera, ejerce un papel fundamental como forma de control indirecto, ya que la interiorización de ciertos valores y creencias compartidas genera un alto grado de compromiso en el individuo. Se fortalece además con los continuos avances tecnológicos, que favorecen la inmediatez en cuanto al contacto y la comunicación entre los miembros al mismo tiempo que permiten altos niveles de seguridad. Estos atributos proporcionan al grupo la heterogeneidad necesaria para cubrir todas sus necesidades.

- *Acción coordinada estable*

Este criterio atiende más a razones funcionales que formales. Una red forma parte de otra organización en tanto que participa de sus actividades de un modo continuado. Ya sea de forma horizontal y directa o de un modo indirecto, esta cooperación facilita que sus miembros realicen funciones especializadas, lo que multiplica la fuerza organizativa. Esto, por un lado, beneficia al conjunto y, por otro, propicia una mayor adaptabilidad a ciertos entornos de mayor complejidad. En este caso, es fundamental el papel que ejercen los coordinadores, los cuales deben tener un gran dominio de las relaciones humanas, ya que es primordial mantener el clima de confianza necesario para integrar las actividades de los diferentes grupos a la vez que obtiene de ellos el máximo potencial. Por tanto, la estructura y funcionamiento interno de las redes yihadistas se ven condicionados por los objetivos que pretenden lograr y el entorno donde opera la organización. Esta situación requiere de un gran control y, simultáneamente, de la flexibilidad e innovación suficiente en la toma de decisiones operacionales y tácticas. Esto demuestra que su elección es, a fin de cuentas, de carácter pragmático y no religioso o ideológico.

Dos de los atentados que se sirven de este entramado son los acontecidos en diferentes transportes públicos de Madrid el 11 de marzo de 2004 y Londres el 7 de julio de 2005. El primero, cuyas deflagraciones se cobran la vida de 191 personas[138] e hiere a otras 1.857, supone un claro ejemplo de la compleja estructura operativa que caracteriza por aquel entonces a la red terrorista, que no es sino una muestra de la exitosa infiltración de Al-Qaida durante años previos, así como de una cada vez mayor sofisticación de sus capacidades operativas. El núcleo central de la red del 11-M está compuesto por aquellos integrantes de la primera célula en España que consiguen escapar tras la detención de su líder y el desmantelamiento de la misma con la "Operación Dátil" en noviembre de 2001; entre ellos, Sarhane ben Abdelmajid Fakhet (el "tunecino"), Jamal Zougam y Said Berraj. Estos se sirven de una segunda célula para la planificación y preparación del atentado: el Grupo Islámico Combatiente Marroquí (GICM), otra entidad yihadista asociada a AQC que opera fundamentalmente en Bélgica y Francia. A dicha red se incorpora también una banda de delincuentes comunes especializados en el seguimiento de drogas ilegales y vehículos robados. Por último, una figura clave —que además supone un vínculo directo con AQC— es Amer Azizi, uno de los miembros de la primera célula en España. Recibe entrenamiento en Afganistán y en el momento del desmantelamiento

138 Algunos autores incluyen dos muertes más causadas por dicho ataque: una niña a la que inducen en coma y finalmente falleció y un agente del Cuerpo Nacional de Policía que fallece al dar captura a los autores de dicho atentado días más tarde. En este sentido, vid. L. De la Corte Ibáñez, «La yihad de Europa», cit., p. 25.

de ésta se encuentra en Irán coordinando el traslado de yihadistas reclutados[139].

El segundo atentado, acontecido tan sólo un año más tarde, causa 52 bajas y hiere a más de 700 individuos. Dicho atentado demuestra la capacidad de la organización para ejercer el control y la comunicación sobre el reclutamiento, entrenamiento y dirección de operativos locales a la hora de perpetrar ataques terroristas de forma coordinada. En el alistamiento y adiestramiento de los cuatro autores participan diversas redes independientes pero interconectadas: Rashid Rauf, un ciudadano británico de origen pakistaní miembro de un antiguo operativo de Al-Qaida recluta y facilita el viaje a Pakistán de dos de ellos para su formación en fabricación de bombas y usos de explosivos. Allí les espera una red de yihadistas pakistaníes que los acoge durante su estancia. Su entrenamiento es realizado por operativos de AQC que, además, los pone en contacto con Abu Ubaydah al-Masri, jefe de las operaciones exteriores y coordinador del plan de ataque frustrado contra aviones estadounidenses y canadienses en Londres en el año 2006. Este entramado evidencia la dimensión organizativa de la red, fortalecida por el nexo de unión con las diferentes células operativas en Reino Unido, además de su relación con Pakistán. Más allá de un ataque de ira como al principio se argumenta para hacer referencia al suceso, existe detrás toda una trama directamente relacionada con los atentados yihadistas frustrados gracias a la "Operación Crevice" en 2004, el intento de réplica de lo acontecido en Londres el 21 de julio de 2005, la incursión frustrada en Heathrow en agosto de 2006 e incluso los ataques suicidas

---

139 F. Reinares, «The 2004 Madrid Train Bombings», en Bruce Hoffman, Fernando Reinares (eds.) *The evolution of the global terrorist threat: from 9/11 to Osama bin Laden's death,* Columbia University Press, New York, 2014 (Columbia studies in terrorism and irregular warfare), pp. 33-43.

llevados a cabo por dos musulmanes británicos en Israel tres años antes.

También se suceden una serie de atentados perpetrados por un único actor que inicialmente hacen cuestionarse la existencia de individuos autorradicalizados que actúan por su cuenta. Sin embargo, investigaciones posteriores alertan de sus conexiones con redes yihadistas. Una de las muertes de mayor repercusión mediática es la de Theo Van Gogh en 2004 por Muhammad Bouyeri, un holandés de origen marroquí vinculado al grupo Hofstadt, una red yihadista situada en Holanda. Sin embargo, no es el único: a este le sucede tan sólo un año después en Dinamarca otro, que demuestra la existencia de vínculos individuales con filiales de AQC, concretamente con Al Shabbaab. Un tercer ejemplo es el cometido en 2010 por Taymur Abdulwahab, un sueco nacido en Iraq que hace detonar varias bombas en el centro de Estocolmo acabando con su vida e hiriendo a varias personas. Investigaciones posteriores dejan en evidencia el entrenamiento de éste por parte del ISI. Dichos casos continúan hasta mayo de 2013, fecha en la que se produce el asesinato de Lee James Rigby, un soldado británico al que le asestan varias puñaladas con arma blanca en el distrito de Woolwich, Londres, Reino Unido. Uno de los atacantes pretendía llegar a Somalia para unirse a la filial local. En el transcurso de esta década (2003-2013) se producen un total de 16 incidentes, 15 de los cuales son perpetrados o están relacionados con AQC.

c) Daesh como representante del terrorismo yihadista en Europa tras las "Primaveras Árabes"

Los movimientos revulsivos que las "Primaveras Árabes" despiertan en ciertas regiones del Magreb y Oriente Próximo tienen repercusión directa en el continente europeo. La ocupación de la ciudad de Mosul y la declaración del nuevo califato por parte del recién surgido Estado Islámico acaba con la hegemonía de Al-Qaida en Europa y, al mismo tiempo, multiplica las fuentes de amenaza: a las actuaciones de los militantes directos de ésta o de alguna de sus filiales se añade el riesgo que suponen los incidentes perpetrados por los seguidores de la causa del Daesh; por aquellos grupos o individuos radicalizados de forma independiente con lazos comunicativos o vínculos con tales organizaciones; por los actores que, si bien no son reclutados por éstas, se inspiran en su propaganda para llevar a cabo una Yihad global[140]; y por algunos de los sujetos que regresan de zonas de conflicto, sobre todo de Siria e Iraq. Las cifras avalan dicha hipótesis: desde 2014 hasta finales de 2019, de los 21 incidentes registrados en la Base de Datos de Terrorismo Global[141], tan sólo uno está relacionado con AQC,

---

140 Del mismo modo que Bin Laden lo proclama en su momento, a principios de 2015, el portavoz del Daesh, Abu Muhammad al-Adnani, insta a los grupos a atacar a los "cruzados" en sus países, "dondequiera que se encuentren". Posteriormente, el líder del grupo Abubakr al-Baghdadi hace explícito que sus partidarios deben elegir entre viajar para unirse al EI o perpetrar un ataque terrorista en sus países de origen. Vid. EUROPOL, *European Union terrorism situation and trend report (TE-SAT) 2016*, Publications Office, Luxembourg, 2016, p. 26, en https://data.europa.eu/doi/10.2813/525171.

141 Dicho análisis recoge los datos de los atentados producidos entre 2014 y 2019 reivindicados tanto por AQC o alguna de sus filiales (AQI, AQPA, AQMI) como por el Daesh, sin incluir aquellos incidentes perpetrados por grupos o individuos que dicha base categoriza como "extremistas musulmanes" o "extremistas de inspiración yihadista" debido a la dificultad para demostrar su conexión con dichas redes. Vid. Global Terrorism Database (2021); https://www.start.umd.edu/gtd/. Es pertinente destacar que algunos de los atentados más relevantes de dicho periodo, entre los que se encuentran el atentado de Niza de julio de 20156, el atropello del puente de " Westminster Bridge", Londres en marzo de 2017; el acontecido en el "London Bridge", Londres y posterior ataque en el mercado de Borough en junio de 2017 o los atentados de Barcelona y Cambrils de agosto de ese mismo año, se encuentran recogidos en dicha base de datos como incidentes perpetrados por extremistas musulmanes

concretamente el atentado cometido por los hermanos Kouachi en las oficinas de Charlie Hebdo en julio de 2015, y cuya autoría está reivindicada por AQAP; el resto están perpetrados por miembros vinculados al Daesh. Dicha cifra se cuadriplica si se tienen en cuenta no sólo los ataques orquestados, sino también los inspirados por éste[142]. En cualquier caso, se confirma su papel destacado en el panorama europeo. Desde entonces, éste representa la cabeza visible de una nueva tipología de terrorismo que se distingue del anterior en al menos dos aspectos —la concepción del fenómeno como tal y los modos de comisión utilizados[143]— y se acerca a una modalidad híbrida en la que se aprecian rasgos propios de una criminalidad trans-

---

o de inspiración yihadista y, por tanto, no incluidos en el repertorio de ataques producidos por Daesh, a pesar de que este ha reivindicado su autoría, arguyendo que no es posible demostrar la veracidad de la conexión de los autores con dicho grupo. Esta situación plantea dos hipótesis que, en cualquier caso, se deben tener en cuenta a la hora de desarrollar determinadas políticas contraterroristas, puesto que suponen serias limitaciones a las mismas. En el primer caso -partiendo del supuesto de que dichos actos sean cometidos por miembros o individuos con vinculación a Daesh- la dificultad de identificación de los nexos de estos con las redes operativas en Europa, revela ciertas lagunas en los mecanismos de rastreo y seguimiento de las agencias de inteligencia y demanda un refuerzo del trabajo conjunto y la cooperación en ese ámbito. Por el contrario, si finalmente se demuestra que, a pesar de la atribución de la autoría por parte del Daesh, los autores no tienen vinculación -directa o indirecta- con estos, el acento se debe poner en valorar hasta qué punto la estrategia de visibilidad del grupo distorsiona la correcta identificación de sus integrantes. Esta afirmación demanda una redefinición y actualización constante de los objetivos y las líneas de actuación hacia la dirección correcta.

142 *Global Terrorism Index 2020: Measuring the Impact of Terrorism*, p. 5.

143 A. Salinas de Frías, «Prólogo», en *Las obligaciones de cooperación penal de los estados en la acción contra el terrorismo,* Tirant lo Blanch, Valencia, 2020 (Monografías), p. 15.

nacional organizada que, si bien opera fuera del perímetro de la UE, tiene una incidencia directa en el ámbito comunitario.

Sus orígenes siguen una tendencia similar: en ambos casos se constituyen como grupos insurgentes de dos conflictos armados fuera del continente europeo, lo que representa una amenaza explícita para su seguridad, entre otros aspectos, debido a la multitud de voluntarios que acuden a su llamada y al riesgo que conlleva su regreso. En este sentido, cabe decir que Daesh logra una movilización sin precedentes: 42.000 voluntarios de 120 países diferentes, de los cuales 5.000 provienen de Europa Occidental; la mayor parte de Francia, Alemania, Reino Unido y Bélgica[144]. La disyuntiva que supone el regreso de dichos individuos —se estima que en 2017 un 30% de estos ya se encuentran de nuevo en suelo europeo[145]— obliga a hacer frente a una situación inédita hasta la fecha, pero con grandes repercusiones en la esfera de los derechos y libertades fundamentales.

Adicionalmente a la brecha entre ambas organizaciones en términos cuantitativos, lo que realmente diferencia a Daesh u otros grupos coetáneos de Al-Qaida es la forma de concebir el fenómeno terrorista: mientras que esta última exige de sus miembros un nivel alto de formación y unas pautas de vida acordes con su fe, la dinámica de actuación del primero se asemeja más a un terrorismo de franquicia que busca merce-

---

144 Concretamente, dicho estudio sitúa a Francia a la cabeza, con más de 900 combatientes extranjeros desplazados, seguido de Alemania (con unas cifras que oscilan entre 720 y 760), Reino Unido (700-760) y Bélgica (420-510). En este sentido, vid. B. van Ginkel y otros, «The Foreign Fighters Phenomenon in the European Union. Profiles, Threats & Policies», *Terrorism and Counter-Terrorism Studies,* 2016, editado por Eva Entenmann, p. 50, en http://icct.nl/publication/report-the-foreign-fighters-phenomenon-in-the-eu-profiles-threats-policies/.

145 Vid. Radicalisation Awareness Network, *Manual 'Responses to returnees,* cit., p. 15.

narios que estén "a su servicio", sin requerirles conocimiento religioso alguno ni preocuparse por las complejidades del discurso teológico[146]. Eso sí, todo ello difuminado bajo un discurso legitimador y reivindicativo de supresión de las fronteras establecidas por los acuerdos Sykes-Picot[147]. Esta concepción distorsiona la diferenciación clásica entre terrorismo —cuyas acciones tienen una fundamentación de carácter ideológico— y criminalidad organizada —que presupone el beneficio económico como fin último[148]— y lo convierte en un fenómeno aún más difuso y amorfo[149]. Asimismo, aunque las sinergias entre los ámbitos de actuación criminales y terroristas no son un asunto novedoso, se aprecian de un modo más evidente y constante en el *modus operandi* del Daesh. No se trata tanto de una cooperación sistemática, como del uso compartido de recursos en la ejecución de sus actividades en un intento de obtener el mayor rédito posible. Dicho vínculo se observa en lo referente a las fuentes de financiación, obtención de armamento o reclutamiento —sobre todo en las prisiones[150]— pero también en la interacción en espacios que hasta ahora servían

---

146 Vid. A. Salinas de Frías; P. Neumann, *Report on the links between terrorism and transnational organised crime*, cit., p. 5.

147 En 2014, Daesh difunde un vídeo titulado "The End of Sikes-Picot" en el que suprime una línea imaginaria que separa la frontera entre Siria e Iraq como forma de impugnar el reparto realizado por las potencias coloniales a partir de los acuerdos Sykes-Picot. En este sentido, vid. A. Segura i Mas, «Del Acuerdo Sykes-Picot al Estado Islámico», *Política Exterior*, vol. 30, 171, 2016, Estudios de Política Exterior S. A., p. 50, en https://www.jstor.org/stable/26450701.

148 Consejo de Europa, *Libro blanco sobre el crimen organizado transnacional*, 2014, p. 18, en https://rm.coe.int/168070afba.

149 B. Hoffman, *Inside terrorism*, cit., p. 298.

150 Uno de los nexos más relevantes entre las bandas criminales y las terroristas se produce en las prisiones. Es más, a menudo, los propios reclusos radicalizados tienen antecedentes de delincuencia no organizada. En este sentido, vid. Europol, *TE-SAT 2021*, cit., p. 31.

únicamente a los intereses de las bandas criminales. La necesidad de la población civil de huir de zonas de violencia estructural —ya sea como resultado de un conflicto armado o debido a la ocupación de ciertos grupos terroristas— o el intento de estos últimos de cometer atentados en suelo europeo, hace de las rutas y corredores migratorios que originariamente estaban controlados por las mafias, un espacio de interacción y beneficio mutuo, que además los yihadistas utilizan para disimular su presencia al mezclarse con la migración irregular[151]. Al mismo tiempo, deja en evidencia una situación que plantea un gran reto en materia legislativa y de cooperación para las autoridades europeas, pero que se torna imprescindible regular para garantizar la protección jurídica de un grupo poblacional que, en multitud de ocasiones, acaba siendo víctima de trata[152].

En lo que respecta a la financiación del terrorismo yihadista en Europa, este no se sustenta gracias a los grandes patrimonios que manejan sus líderes en Oriente Medio a pesar de que, tal y como se analiza anteriormente, se encuentran implicados en actividades propias del crimen organizado para sufragar sus actos. Es más, el discurso que se fomenta es el de la autofinanciación de sus actuaciones, bien a través de la ejecución de crímenes clásicos de menor entidad como pueden ser robos, extorsiones o contrabando de determinados productos o a partir de actuaciones de carácter legal, ya sean actividades empresariales, patrimonios personales, prestaciones sociales, préstamos

---

151 A. Salinas de Frías, «Málaga es un sitio estratégico en la ruta yihadista para adentrarse en Europa», 2021, en https://cadenaser.com/emisora/2021/10/26/ser_malaga/1635259256_004437.html.

152 Para una mayor profundización sobre la carencias de instrumentos jurídicos aplicables a los migrantes irregulares víctimas de trata vid. A. Salinas de Frías, «La insuficiente protección jurídica internacional de los migrantes irregulares víctimas de trata», *Revista Española de Derecho Internacional*, vol. 73/2, julio-diciembre 2021, 2021, (Migraciones y asilo: análisis y perspectivas), pp. 161-175.

o, incluso, recaudación de fondos o donaciones[153]. La obtención de recursos financieros de origen lícito supone una gran ventaja en materia de seguridad en tanto que permite la transferencia de activos sin levantar sospecha; sin embargo, también implica un riesgo en cuanto al mayor control al que están sujetos. No se recurre a dicho entramado únicamente para cubrir necesidades operativas, sino también para la propaganda, el reclutamiento o la formación de sus miembros[154]. A esto hay que sumar el aprovechamiento de dichas actividades para la satisfacción de sus propias necesidades logísticas. Por ejemplo, la venta de documentos falsificados, como visados o pasaportes, proporciona recursos económicos y, a la vez, facilita el traslado del propio terrorista, lo que incrementa aún más el valor de dichos recursos. Una de las dinámicas más recurrentes detectada en los últimos años es la recaudación de fondos por medio de organizaciones benéficas o mediante el uso de internet para su remisión a zonas de conflicto bajo la figura de donaciones. El objetivo último es contribuir a la fuga de combatientes terroristas europeos detenidos en prisiones improvisadas al noreste de Siria —entre ellas, Hasakah— o de sus familias, localizadas en campamentos de refugiados —principalmente en Al-Hol—. Aunque es difícil cuantificar con exactitud, se estima que a fi-

---

153 El instituto de investigación noruego Forsvarets Forskningsinstitutt *(FFI)* realiza un minucioso estudio en el que toma como muestra 40 células terroristas que operan en Europa occidental entre 1993 y 2013. Entre sus principales hallazgos, destacan los siguientes: 1) el 73% de las células terroristas generan al menos una parte de sus ingresos de fuentes legales, y el 38% participan en actividades delictivas para recaudar dinero; 2) únicamente el 25% de estas ha recibido apoyo de redes terroristas internacionales; 3) el 90 % de estas se dedican a actividades legales y/o ilegales que les generan sus propios ingresos, y la mitad se autofinancian por completo. En este sentido, vid. E. Oftedal, *The financing of jihadi terrorist cells in Europe*, Norwegian Defence Research Establishment, 2015, p. 26.

154 Europol, *TE-SAT 2016*, cit., p. 11.

nales de 2020 todavía se encuentran retenidos en dichos asentamientos alrededor de 13.500 mujeres y niños de al menos 60 nacionalidades distintas a la siria o la iraquí. Del millar de europeos contabilizados, alrededor del 65% tiene menos de 18 años[155]. Dichas transacciones se realizan a partir del envío de dinero en efectivo por mensajería o a través de empresas fantasma, transferencias bancarias o mediante el sistema *hawala* que, si bien en un principio no es una actividad ilegal, puede constituir un recurso de financiación indirecto para el retorno a Europa de combatientes terroristas[156].

Del mismo modo, se vislumbra una evolución en los métodos e instrumentos utilizados tendente a la comisión de actos de cada vez menor valor económico y mayor facilidad de ejecución. Lo acontecido en Reino Unido en julio de 2005 sirve como ejemplo para sustentar dicho planteamiento: una de las alternativas al atentado del metro de Londres es la cumbre del G-8 que tendría lugar en Escocia entre el 6 y 8 de julio. Finalmente, Al-Qaida descarta dicha opción porque requiere de un uso excesivo de explosivos[157], lo que implica mayores dificultades a la hora de diseñar y perpetrar el ataque. En el caso del Daesh se fomenta con más énfasis si cabe el uso de técnicas y materiales de fácil adquisición, tanto a nivel global como euro-

---

155 Se estima que hay al menos 600 menores europeos retenidos en dichos campamentos. Estos proceden fundamentalmente de Francia, Alemania, Holanda y Suecia. En este sentido, vid. R. Coolsaet; T. Renard, *From bad to worse: The fate of European foreign fighters and families detained in Syria, one year after the Turkish offensive*, Egmont Institute, 2020, p. 5, en https://www.egmontinstitute.be/from-bad-to-worse-the-fate-of-european-foreign-fighters-and-families-detained-in-syria/.

156 Europol, *TE-SAT 2021*, cit., p. 32.

157 B. Hoffman, «The 7 July 2005 London Bombings», en Bruce Hoffman, Fernando Reinares (eds.) *The evolution of the global terrorist threat: from 9/11 to Osama bin Laden's death*, Columbia University Press, New York, 2014 (Columbia studies in terrorism and irregular warfare), p. 205.

peo: en términos generales, el atentado suicida con bomba es la táctica a la que recurre con mayor asiduidad; sin embargo, en 2019 dicho método es utilizado en tan solo un 13% de sus ofensivas, aunque genera el 53% de muertes atribuidas al grupo a nivel global [158]. Las cifras en Europa siguen una tendencia similar; ya en 2015 EUROPOL advierte acerca del auge de nuevas tácticas y procedimientos en el uso de explosivos. Uno de los ataques de mayor relevancia es el perpetrado de forma simultánea en un estadio de fútbol, un teatro y diversos cafés y restaurantes de París el 13 de noviembre de ese mismo año, que deja 130 víctimas y casi 400 heridos en represalia por la incursión francesa contra objetivos del grupo en Siria e Iraq. Es la primera vez que se lleva a cabo en el continente un atentado a gran escala combinando el uso de armas de fuego y de artefactos caseros transportados por personas[159]. Un año más tarde esta metodología sigue representando una gran amenaza, ya que se utiliza en al menos el 40% de las agresiones. Sin embargo, se vislumbra una evolución que sigue un patrón dual[160]:

En primer lugar, tal y como se adelanta con anterioridad, se aprecia una continuidad en el uso de maquinaria explosiva improvisada con diseño y construcción similar a la utilizada en zonas de conflicto, aunque, en algunos casos, modificada atendiendo a los recursos y contexto de la UE. El *modus operandi* de algunos de estos ataques se asemeja a los acaecidos fuera del continente, lo que lleva a plantearse una transferencia de conocimiento técnico en la elaboración de dichos artefactos facilitado, en muchas ocasiones, por los combatientes terroris-

---

158 Esto es un indicativo evidente de su gran eficacia a la hora de lograr los mayores daños posibles. En este sentido, vid. *Global Terrorism Index 2020: Measuring the Impact of Terrorism*, p. 17.

159 Europol, *TE-SAT 2016*, cit., p. 12.

160 Europol, *European Union terrorism situation and trend report (TE-SAT) 2017*, Publications Office, Luxembourg, 2017, p. 15, en https://data.europa.eu/doi/10.2813/237471.

tas retornados. Este método es utilizado principalmente por grupos terroristas y actores solitarios dirigidos por Daesh. Durante este periodo, cobra también importancia el tráfico ilícito de munición militar procedente de regiones en conflicto, así como la recogida ilegal de restos de explosivos de guerra y artilugios sin detonar de antiguas zonas de combate, lo que representa una importante amenaza para la UE [161].

En segundo lugar, la utilización de dispositivos más rudimentarios y de fácil obtención en el mercado que no requieren de ninguna capacidad técnica, planificación o apoyo logístico, el tráfico y uso de armas blancas o de corto alcance o, incluso, el robo de vehículos para la comisión de sus ataques. Estas modalidades de actuación son las técnicas predilectas de los pequeños grupos terroristas o de individuos autorradicalizados que, aunque no siempre tienen un vínculo directo con Daesh, se inspiran en este gracias al discurso promotor de sus líderes en cuanto al empleo de dichas técnicas como método para la consecución de sus objetivos. Este cambio en la forma de operar se debe en parte al incremento de la presión militar ejercida en los territorios controlados por dicho grupo y a las cada vez mayores medidas de control de cara a prevenir los viajes con fines terroristas, lo que les obliga a modificar sus tácticas de reclutamiento. Desde entonces, el discurso que se promueve es el de la comisión de ataques en los lugares de residencia respectivos, utilizando para ello los medios que dispongan a su alcance [162].

Esta doble tendencia explica por qué un mismo grupo puede atribuirse la titularidad de dos tipologías de ataque con características que difieren tanto entre sí: por un lado, incursiones con un alto nivel de sofisticación y apoyo logístico como los atentados con explosivos acontecidos en el aeropuerto de

---

161 EUROPOL, *TE-SAT 2016*, cit., p. 13.

162 EUROPOL, *TE-SAT 2017*, cit., pp. 25-26.

Zaventem y la estación de metro de Maelbeek el 22 de marzo de 2016[163] o el perpetrado en el concierto de Ariana Grande en el Manchester Arena el 22 de mayo de 2017[164]; por otro, determinados asaltos producidos con vehículos que, de primeras, pueden sugerir unos patrones menos sistemáticos o con un menor grado de preparación, pero que comparten entre sí una metodología común: atropellos indiscriminados en enclaves turísticos concurridos con el objetivo de causar el mayor número de víctimas civiles posibles. Entre estos destaca el perpetrado en el Paseo des Anglais, Niza, el 14 de julio de 2016, coincidiendo con una de las celebraciones más importantes del país[165]; el asalto a un mercado navideño repleto de turistas

---

163 El 22 de marzo, Bélgica sufre dos atentados terroristas a gran escala. Ambos ataques son coordinados y cuidadosamente preparados con un alto nivel de sofisticación y apoyo logístico. En el primero de ellos, dos terroristas detonan sus maletas en uno de los mostradores de facturación del aeropuerto de Bruselas en Zaventem, Flandes (Bélgica). Además de estos, fallecen al menos 16 personas. Un tercer artefacto explosivo es descubierto y desactivado por la seguridad tras el incidente. En el segundo atentado, aproximadamente una hora más tarde, un artefacto explosivo improvisado es detonado en el vagón central de un tren en la estación de Maelbeek (cerca de varias instituciones de la Unión Europea). Ambos incidentes causan al menos 35 víctimas mortales y 270 personas resultan heridas. Daesh reivindica la autoría y declara que los atentados se perpetran en represalia por la participación de Bélgica en una coalición contra estos.

164 Un terrorista suicida, identificado como Salman Abedi, se inmola en el Manchester Arena tras un concierto de Ariana Grande en Manchester, Inglaterra, Reino Unido. Además del atacante, al menos 22 personas fallecen y 119 resultan heridas en la explosión. Daesh reivindica la autoría y afirma que el atentado se lleva a cabo en respuesta a las "transgresiones contra las tierras de los musulmanes".

165 En la noche del 14 de julio, el agresor identificado como Mohamed Lahouaiej-Bouhlel embiste con un camión a una multitud que se encuentra celebrando el Día de la Bastilla en el Paseo des Anglais, Niza,

en Breitscheidplatz, Berlín, el 19 de diciembre de ese mismo año[166]; los atropellos sucedidos en los puentes "Westminster Bridge" y "London Bridge" de Londres en marzo y junio de 2017[167] respectivamente; el ataque en Norrmalm, Estocolmo

---

Francia. Mata a 85 personas, entre ellas 10 niños, y deja 201 heridos. Daesh reivindica la autoría del incidente; sin embargo, no se llega a confirmar la conexión de Bouhlel con este.

166 Un asaltante, identificado como Anis Amri, se estrella con un camión contra un mercado navideño cerca de la iglesia Kaiser Wilhelm en Breitscheidplatz, Berlín, Alemania, causando 12 muertes y casi 50 heridos. Daesh reivindica la autoría del ataque a través del medio de comunicación A'maq News un día después, calificando al autor como un "soldado", que "lleva a cabo el ataque en respuesta a los llamamientos para atacar a los ciudadanos de la coalición internacional". El atacante, un ciudadano tunecino de 24 años con antecedentes penales en Túnez e Italia, entra a Europa en 2011 y solicita asilo político en Alemania.

167 El 22 de marzo, un hombre de 52 años identificado como Khalid Masood, arrolla con un vehículo a los peatones que se encuentran en ese momento en el "Westminster Bridge", Londres, Reino Unido y apuñala a un policía que custodia el Parlamento antes de ser abatido por la policía. Dicho incidente causa la muerte de 5 personas y deja al menos 50 heridos. El autor declara que el atentado se lleva a cabo en represalia por las ofensivas militares occidentales en Oriente Medio. El 13 de junio de ese mismo año, tres asaltantes atropellan con una furgoneta a los peatones que circulan por el "London Bridge", Reino Unido. Los autores, que portan chalecos suicidas falsos, estrellan el vehículo y se dirigen al mercado de Borough apuñalando a todo aquel que encuentran a su paso. Causan un total de 8 muertes y casi 50 personas resultan heridas. Son identificados como Khuram Butt, Rachid Redouane y Youssef Zaghba. En ambos casos, Daesh reivindica la autoría de los atentados a través de un mensaje de noticias de última hora emitido por A'maq News.

en abril[168] o el suceso acontecido en Las Ramblas de Barcelona y Cambrils pocos meses después[169].

En el transcurso del lustro posterior, se consolida la tendencia que aboga por una cada vez menor sofisticación en la preparación y ejecución de los ataques[170], la cual perdura hasta hoy día. Si bien se aprecia una disminución de atentados con explosivos respecto a años anteriores, los sujetos que todavía apuestan por dicho método optan por artefactos de baja potencia o precursores obtenidos a partir de artículos comerciales frente al uso del triperóxido de triacetona (TATP) o la construcción de dispositivos más sofisticados, preferidos en épocas previas[171]. De este modo, se facilita la consecución de sus fines sin grandes costes humanos o materiales, proporcio-

---

168 El 7 de abril de 2017, un asaltante secuestró un vehículo y lo empotró contra unos grandes almacenes en el barrio de Norrmalm, Estocolmo (Suecia). Al menos cinco personas murieron y otras 14 resultaron heridas en el atentado. Tras el asalto se descubrió un artefacto explosivo en la cabina del vehículo. El agresor, identificado como Rakhmat Akilov, se declaró simpatizante del Estado Islámico de Irak y el Levante (EIIL), afirmando que el ataque se había perpetrado en venganza por los atentados en Siria

169 El autor del suceso, identificado como Younes Abouyaaqoub, embiste con una furgoneta a una multitud de peatones en Las Ramblas de Barcelona, España. Quince personas mueren y más de 130 resultan heridas. Ocho horas más tarde, cinco asaltantes embisten con un vehículo a una multitud de peatones en Cambrils, España. Los autores, que portan cinturones suicidas falsos, dejan el vehículo y atacan a civiles cercanos con cuchillos. Una persona muere y seis más, entre ellas un agente de policía, resultan heridas en el asalto antes de que estos sean abatidos por la policía. Daesh afirma la autoría de los ataques en su intento de vengarse de los países que participan en la coalición liderada por Estados Unidos contra estos.

170 Europol, *European Union terrorism situation and trend report (TE-SAT) 2018*, Publications Office, Luxembourg, 2018, p. 5, en https://data.europa.eu/doi/10.2813/00041.

171 Europol, *TE-SAT 2021*, cit., pp. 28-29.

nando además una doble ventaja: al igual que con el tráfico de documentos falsificados, el contrabando de armas pequeñas y ligeras facilita la financiación de los grupos y, de forma paralela, provee las herramientas necesarias para la comisión de delitos[172]. Si se atienden a los datos facilitados por el último informe de EUROPOL, los 28 atentados terroristas comunicados por los Estados miembros en el año 2022 consolidan este *modus operandi*: el armamento utilizado por los autores incluye armas de fuego, artefactos explosivos improvisados, artefactos incendiarios improvisados, aceleradores de incendios y armas blancas. De los tres atentados con víctimas mortales, dos de ellos son perpetrados por terroristas yihadistas, los cuales se valen de armas blancas o de sus propias manos como método de comisión. El último, ejecutado por un terrorista de derechas, emplea armas de fuego para su realización[173].

Esta evolución, en parte condicionada por unas medidas de control más estrictas, tiene una consecuencia no del todo prevista: el menor impacto y letalidad de los atentados en comparación con los perpetrados utilizando ataques suicidas con bomba como táctica preferente. Las cifras ilustran la diferencia: mientras que entre 2007 y 2022 se producen en Europa 2.840 ofensivas que causan 2.478 víctimas mortales, en la región MENA (Oriente Medio y el Norte de África), zona en la que se utiliza el atentado con explosivos como táctica más recurrente, se contabilizan un total de 23.108 ataques que provocan 51.679 decesos[174]. Estas cifras muestran que un aten-

172 A. Salinas de Frías; P. Neumann, *Report on the links between terrorism and transnational organised crime*, cit., p. 11.

173 *European Union Terrorism Situation and Trend report 2023 (TE-SAT)*, Publications Office, Luxembourg, 2023, p. 18, en https://www.europol.europa.eu/publication-events/main-reports/european-union-terrorism-situation-and-trend-report-2023-te-sat.

174 Esta tendencia se mantiene en las regiones del África subsahariana y el Sudeste asiático a diferencia de Asia-Pacífico, Sudamérica y Norteamérica,

tado en dicha zona ocasiona el doble de víctimas que en suelo europeo.

4. Otras formas de terrorismo: terrorismo de extrema derecha, etnonacionalista o separatista y de extrema izquierda.

Las mayores cifras de muertes y ataques terroristas en occidente[175] se producen poco después del pico alcanzado en el año 2014 a nivel global: en 2015 se registran 340 atentados y el año 2016 se salda con 233 víctimas. Tal y como se analiza a lo largo del capítulo, un alto porcentaje se corresponde con aquellos actos perpetrados por el terrorismo radical yihadista. Sin embargo, de modo paralelo se produce un incremento

---

cuyos datos reflejan la situación opuesta. Las cifras del último informe reflejan sutiles diferencias: en Europa, entre 2007 y 2022 se perpetran 2.840 ataques que se cobran la vida de 2.478 personas; sin embargo, en Oriente Medio y el Norte de África se reduce la proporción entre el número de ataques y el de bajas; esto es, 23.208 ataques frente a 51.679 muertes. El descenso del terrorismo en Occidente coincide con la pandemia de COVID-19. Las restricciones a la libertad de circulación, los viajes y la amenaza inmediata para la salud personal pueden ayudar a explicar este descenso, así como las restricciones a la libertad de circulación, las reuniones públicas, los viajes y una amenaza inmediata sobre la salud personal. *Global Terrorism Index 2023–Measuring the Impact of Terrorism*, Institute for Economics & Peace., 2023, p. 42 en https://reliefweb.int/report/world/global-terrorism-index-2023.

175 Es relevante destacar que no existe una definición homogénea en lo que respecta a qué países comprenden la expresión “occidente”. Para el Instituto para la Economía y la Paz, dicho término engloba los siguientes: Andorra; Alemania; Portugal; Australia; Islandia; España; Austria; Irlanda; Suecia; Bélgica; Italia; Suiza; Canadá; Luxemburgo; Reino Unido; Dinamarca; Países Bajos: Estados Unidos de América; Finlandia; Nueva Zelanda; Ciudad del Vaticano; Francia; Noruega; Alemania Occidental (1970-1990). En este sentido, vid. *Global Terrorism Index 2020: Measuring the Impact of Terrorism*, p. 61.

cada vez mayor del terrorismo político de extrema derecha[176] que, si bien no tiene tanta letalidad como este último, entraña una amenaza emergente. Tanto es así que, mientras que entre 2002 y 2014 dichos actos no suponen más del 14% de las cifras totales, estos se triplican en 2019. Esto supone un incremento de casi un 250% durante ese periodo de tiempo[177]. Dos de los casos más significativos son los acontecidos ese año en Nueva Zelanda y Estados Unidos respectivamente: el primero, que tiene lugar en dos mezquitas de Christchurch, acaba con la vida de 51 personas y hiere a otras 49; el segundo, ocurrido en El Paso, Texas, tiene un recuento final de 46 afectados, la mitad de los cuales fallecen. Esto supone que, de los 108 asesinatos terroristas en el transcurso de ese año, 89 de ellos están motivados por el extremismo de derechas. Es más, en el último lustro se produce un incremento del 709% de estos ataques, pasando de 11 fallecidos en 2014 a 89 en 2019[178]. Esto abre el debate a valorar si efectivamente se está produciendo un cambio en la tendencia del fenómeno terrorista y cómo abordar dicho asunto.

En el caso de Europa, si bien EUROPOL diferencia el terrorismo de extrema derecha de aquel con raíces etno-nacio-

---

176 El Instituto para la Economía y la Paz categoriza, dentro del concepto de violencia política de extrema derecha, una serie de grupos entre los que destacan: neofascistas; extremistas neonazis; extremistas de derechas y nacionalistas o separatistas; Por el contrario, EUROPOL individualiza este último grupo y lo diferencia de dicha categoría general, analizando de forma separada sus tendencias y dinámicas. Es destacado mencionarlo puesto que un análisis comparado de ambas fuentes puede dar lugar a confusión si no se tiene en cuenta dicho aspecto.

177 Del mismo modo, la proporción de muertes atribuidas a grupos e individuos de extrema derecha se incrementa del 26% en 2014, al 82% en 2019.*Global Terrorism Index 2020: Measuring the Impact of Terrorism*, p. 62.

178 *Ibid.*, p. 40.

nalistas o separatistas, se aprecia un patrón similar. La primera categoría engloba a grupos neonazis, neofascistas o formaciones ultranacionalistas ideológicamente motivadas por lo que se conoce como "nacionalismo cultural y étnico o supremacismo blanco" [179]. En cambio, el terrorismo etno-nacionalista o separatista, si bien puede contener algunos elementos propios del fenómeno terrorista extremista, busca la creación de nuevos Estados, de países de mayor tamaño o la anexión de territorios de una región a otra. Entre estos, destacan grupos como IRA, ETA, o las organizaciones kurdas del PKK[180].

En relación con el primero, aunque en 2014 no se aprecia ningún ataque terrorista de extrema derecha, si comienza a vislumbrarse un incremento de incidentes perpetrados por grupos antisemitas y anti islamistas que se saldan con 34 detenidos, una diferencia notable respecto al año previo que se cierra con solo tres detenciones[181]. Esta tendencia se aprecia en el contexto del conflicto entre Israel y Palestina, que sufre un

---

179 EUROPOL engloba dentro del término "nacionalismo cultural" a toda creencia que defiende que la "cultura occidental" está en riesgo ante la inmigración masiva en Europa, al mismo tiempo que aboga por la falta de integración de ciertos grupos étnicos y culturales. Del mismo modo, denomina "nacionalismo blanco o étnico" a todo pensamiento que sostiene que dicha inmigración y el cambio demográfico que este puede generar supone un riesgo para la "raza blanca". Por último, califica como "supremacismo blanco" a la idea de que la "raza blanca" tiene ciertas características físicas y mentales inalienables que la hacen superior a otras razas. En este sentido, vid. EUROPOL, *European Union Terrorism Situation and Trend report (TE-SAT) 2020,* Publications Office, Luxembourg, 2020, p. 75, en https://www.europol.europa.eu/activities-services/main-reports/european-union-terrorism-situation-and-trend-report-2021-tesat.

180 EUROPOL, *TE-SAT 2021,* cit., pp. 108-109.

181 EUROPOL, *European Union terrorism situation and trend report (TE-SAT) 2015,* Publications Office, Luxembourg, 2015, p. 34, en https://data.europa.eu/doi/10.2813/648066.

recrudecimiento en julio de ese mismo año y como respuesta al miedo que genera la propaganda del Daesh y la incipiente actividad yihadista en el continente. Desde entonces, el fenómeno migratorio y el terrorismo yihadista se configuran como dos de los temas más recurrentes en la agenda política de la extrema derecha, en un intento de legitimar su posición xenófoba e islamófoba. Sin embargo, no son los únicos aspectos sobre los que inciden: asuntos como la diversidad social, sexual o la igualdad de derechos de las minorías también son frecuentes. Durante los 5 años posteriores se produce un incremento del número y la violencia de actos criminales con motivaciones religiosas o de carácter racial, lo que da lugar a una serie de arrestos que alcanzan su pico máximo en el año 2018, los cuales están liderados por Francia, que encabeza la lista con 32 de las 44 detenciones[182]. El último informe de EUROPOL recoge una tendencia ligeramente a la baja con relación al año previo: en 2021 se contabilizan 4 ataques, sobre todo en Alemania, Holanda, Francia y España; sin embargo, en 2022, se produce un único atentado en Eslovaquia, junto a dos ataques frustrados en Francia y uno en Alemania. El número de arrestos de sujetos implicados por actividades de extremas derecha durante el año 2022 es de 45 en total. Se trata de una disminución con respecto a las 64 detenciones de 2021, pero superior a las 34 detenciones efectuadas en 2020[183]. Los sospechosos son predominantemente varones (27) y nacionales del país donde son detenidos. Estos tienen edades comprendidas entre los 15 y 75 años. Uno de los aspectos que más preocupa en relación con este fenómeno es el perfil demográfico de los individuos que se unen a comunidades virtuales de carácter violento, que en

---

182 EUROPOL, *European Union Terrorism Situation and Trend Report (TE-SAT) 2019*, Publications Office, Luxembourg, 2019, pp. 61-62, en https://data.europa.eu/doi/10.2813/788404.

183 *EUROPEAN UNION TERRORISM SITUATION AND TREND REPORT 2023 (TE-SAT)*, p. 44 y ss.

muchos casos no alcanzan la mayoría de edad. Esto se debe, en parte, al uso de internet como herramienta de difusión y propaganda; en especial a la utilización de determinadas aplicaciones y videojuegos. Todo ello acelerado por la situación de confinamiento durante la pandemia[184]. Otra de las cuestiones que también inquieta es la relación o, incluso, solapamiento entre grupos de delincuencia organizada y extremistas de derecha, en particular en lo que respecta a la adquisición de armas y al tráfico de drogas[185]. Como se puede apreciar, no es un aspecto vinculado únicamente al fenómeno terrorista yihadista. Esto evidencia un entramado aún más complejo si cabe.

En lo referente a la existencia de grupos nacionalistas o separatistas, a pesar de ser los que —tras el terrorismo yihadista— lideran las cifras de ataques en Europa, tienen mayor recorrido en ciertos países como Francia, España o Reino Unido. Esto se debe principalmente a la evolución de sus conflictos regionales, tal y como se detalla en capítulos previos. Por este motivo, el cese al fuego de ETA en octubre de 2011 y su disolución en 2018[186] incide sobremanera en las estadísticas terroristas comunitarias. Su último atentado tiene lugar en agosto de 2009; desde ese momento, sus actividades se centran en la propaganda política, la demanda de amnistía para los presos que continúan en prisión, el control de la venta de su arsenal etc., y su discurso separatista se alinea con la estrategia política de la Izquierda Abertzale. A partir de entonces, se aprecia un descenso generalizado de la actividad terrorista de esta tipología, alcanzando su cota más baja en 2015, con 65 incursiones. Desde ese momento se produce un punto de inflexión que alcanza su punto álgido en el año 2017, donde se llegan a contabilizar 137 incidentes. Durante los años siguientes, las cifras oscilan

---

184 EUROPOL, *TE-SAT 2021*, cit., p. 78.

185 *Ibid.*, p. 31.

186 En este sentido, vid. *Ibid.*, pp. 23-24.

entre los 83 ataques en 2018 y los 70 en 2020. Muchos de ellos se relacionan con grupos disidentes republicanos de Irlanda del Norte, entre los que destacan el Nuevo Ejército Republicano Irlandés (NIRA) y el Ejército Republicano Irlandés de la Continuidad (CIRA). Aunque en 2019 se produce una disminución de sus actuaciones debido a las restricciones impuestas a raíz del COVID-19, la reactivación de la actividad comunitaria unida al contexto del Brexit incide de forma directa en sus operaciones, que recuperan los niveles alcanzados durante los años previos a la pandemia. Otra de las agrupaciones que también se ve afectada por las medidas adoptadas durante este periodo es el Partido de los Trabajadores de Kurdistán (en kurdo, Partiya Karkerên Kurdistan) o PKK. Se configura como un partido político que lucha por la independencia del Estado kurdo y juega un papel fundamental en la guerra contra el Daesh. Utiliza el territorio comunitario como escenario para la propaganda, reclutamiento y apoyo logístico y financiero de las actividades de sus agentes en Turquía. Por lo general, las protestas que realizan contra las intervenciones militares turcas en Siria y las políticas en relación con la cuestión kurda son de carácter pacífico, aunque, en algunas ocasiones, derivan en disturbios violentos.

Por último, los grupos terroristas de ideología anarquista y de extrema izquierda tienen mayor presencia en determinados países, entre ellos, España, Grecia o Italia. Poseen características, *modus operandi* y agendas similares. Mientras que en 2014 y 2015 se aprecian los valores más bajos recogidos desde 2006 (13 ataques), un año más tarde se duplican las incursiones, con unas cifras que alcanzan los 27 casos. Tal tendencia se mantiene relativamente estable hasta la fecha. Sin embargo, el aspecto más característico de dichos movimientos es el incremento de detenciones producidas a lo largo del año 2019 con 111 arrestos, triplicando las cifras de años anteriores (34 en 2018, 36 en 2017). De estos, al menos 71 están relacionados con demostraciones violentas y confrontaciones con las fuerzas de seguridad en Italia[187]. Algunos de los temas más relevantes tienen que ver con aspectos migratorios, el apoyo a la independencia del Estado kurdo, el escepticismo acerca de ciertos avances científicos y tecnológicos o determinados asuntos medioambientales. Desde entonces se observa una tendencia a la baja de las actuaciones policiales, con unas cifras que giran en torno a los 20 detenidos tanto en el año 2021 como 2022[188].

IV. EL TERRORISMO ACTUAL: ¿FENÓMENO NOVEDOSO O EVOLUCIÓN DEL ANTERIOR?

Al inicio del capítulo se hace referencia a los *assassins* como el primer grupo que utiliza el terrorismo como medio para matar de forma sistemática a sus adversarios. Desde entonces, diversos grupos llevan a cabo multitud de ataques caracterizados por una idiosincrasia particular que, al mismo tiempo, se asemejan en tiempo y forma a otros perpetrados en diferentes partes del mundo. Ahora bien, la amenaza híbrida que supone el fenómeno actual trasciende de lo tradicionalmente conocido y lo convierte en una cuestión más peligrosa que nunca. En este sentido, mientras que algunos autores defienden la existencia de un nuevo paradigma que incluye actores, motivaciones, tácticas y resultados diferentes y representa un peligro potencialmente mucho más letal que los adversarios terroristas tradicionales[189], otros afirman que no es un fenómeno cualitativamente innovador, sino un asunto basado en un contexto histórico en evolución[190]. Es más, parte de la doctrina que

---

187 EUROPOL, *TE-SAT 2020,* cit., p. 58.

188 *EUROPEAN UNION TERRORISM SITUATION AND TREND REPORT 2023 (TE-SAT),* p. 55.

189 B. HOFFMAN, *Inside terrorism,* cit., p. 328.

190 M. CRENSHAW, «The Debate over "New" vs. "Old" Terrorism», en Ibrahim A. Karawan, Wayne McCormack, Stephen E. Reynolds (eds.) *Values and Violence,* vol. 4, Springer Netherlands, Dordrecht, 2009 (Studies in Global

defiende esta última postura, afirma que no se trata tanto de "viejos" ni "nuevos" terrorismos, sino "viejos" y "nuevos" etiquetamientos sobre lo que se considera que gira la fenomenología del terrorismo[191]. No obstante, para asumir cualquiera de estos posicionamientos es necesaria una mirada transversal previa que permita valorar si lo etiquetado bajo el título de "novedoso" carece de precedentes suficientes que impidan afirmar su continuidad en el tiempo.

Como se aprecia lo largo del texto, cada una de las etapas surge a raíz de acontecimientos de gran trascendencia que marcan el punto de inicio del fenómeno: la oleada de la época anarquista tiene lugar a raíz de la catástrofe de la Comuna de París de 1871; los movimientos de resistencia frente a las potencias coloniales responden a la distribución realizada por el Tratado de Versalles tras las I G.M.; la oleada revolucionaria del siglo XX tiene su eclosión a raíz de la Revolución de Castro en Cuba y el desastre de EEUU en Vietnam y la oleada religiosa comienza con la revolución iraní y la invasión de la URSS por parte de Afganistán[192]. Dicha tendencia continúa en el siglo XXI tras los ataques del 11-S, que concentran la actividad terrorista global en Iraq y Afganistán con Al-Qaida a la cabeza. Las "Primaveras Árabes" y el surgimiento del ISIS suponen otro punto de inflexión y desplazan el fenómeno a Oriente Medio, sobre todo a Siria e Iraq, con un incremento simultáneo en Nigeria y Mali. En la actualidad, la actividad terrorista se concentra en el sur de Asia y en el África subsahariana, desplazando del primer puesto a la región MENA desde 2018, debido sobre todo a ciertos desequilibrios políticos de carácter interno que favorecen la ocupación de espacios de poder e influencia por parte de determinados grupos.

Justice), p. 120, en http://link.springer.com/10.1007/978-1-4020-8660-1_8.

191 E. Pomares Cintas, *La deriva del Derecho Penal y la democracia*, cit., p. 25.

192 D. C. Rapoport, «Terrorism as a Global Wave Phenomenon», cit., p. 5.

En general, las organizaciones modernas tienen un *periodo de actividad* mucho más corto que aquellas otras más tradicionales; sin embargo, las de mayor duración en el tiempo son aquellas que comparten una base étnica[193] o, en épocas más recientes, un vínculo religioso. Es lo que proporciona estabilidad al grupo, incrementando el tiempo de vida del mismo respecto a etapas previas. Dicho aspecto tiene una incidencia directa en la *agenda política*, que puede ser al mismo tiempo, detonante y propósito de sus acciones. Las razones que motivan la comisión de tales actos tienen diverso origen: intenciones revolucionarias, lucha contra la ocupación extranjera desde un enfoque nacionalista, minorías separatistas que tratan de combatir regímenes tradicionales, reformistas, anarquistas o reaccionarios que actúan para impedir el cambio desde arriba, entre otros[194]. En multitud de ocasiones subyace una motivación ideológica que influye de forma directa en las dinámicas de comportamiento y que Reich agrupa en dos grandes categorías: la primera, las dinámicas sociales de los ideólogos-anarquistas. Utilizan el terrorismo como mecanismo para subvertir el orden instaurado, entendiéndolo como un acto de sublevación que busca precipitar la caída del régimen social instituido. Un ejemplo de esta categoría es la Facción del Ejército Rojo en Alemania o las Brigadas Rojas en Italia. La segunda, los nacionalistas-secesionistas, que propugnan las ideas de sus antecesores y dirigen su represalia contra el sistema preeminente en un intento de perpetuar la "lucha" iniciada por sus progenitores. Entre ellos se encuentran ejemplos tan cercanos como Euskadi Ta Askatasuna (ETA) en el País Vasco o aquellos grupos terroristas que operan bajo el paraguas de la Organización para la

193 D. C. Rapoport, «Terrorism», cit., p. 2097.

194 Vid. M. Crenshaw, «The Causes of Terrorism», *Comparative Politics*, vol. 13, 4, 1981, pp. 385-386, en https://www.jstor.org/stable/421717?origin=crossref.

Liberación de Palestina[195]. Aunque ambas perspectivas tienen motivaciones y dinámicas que difieren entre sí, ven en el fenómeno una herramienta para lograr determinados objetivos que, en muchos casos, no son otros que captar la atención o lograr el reconocimiento de determinados grupos; desacreditar procesos políticos o sociales; provocar una sobrerreacción gubernamental que legitime la causa terrorista o generar ciertas actitudes por parte de la sociedad.

A pesar de que cada oleada se caracteriza por un centro geográfico concreto, la *dimensión global* del fenómeno es evidente, ya sea por el carácter transnacional de sus operaciones, las diversas nacionalidades de sus líderes, la influencia de los flujos migratorios y las diásporas en su continuidad o el apoyo armamentístico, económico y logístico proporcionado por ciertos Estados a entes externos al mismo. Bajo estos términos, las relaciones internacionales juegan un papel fundamental. En algunos casos como promotoras del fenómeno: las leyes promulgadas para impedir la extradición de delincuentes políticos favorecen la aparición de santuarios desde donde dirigir la actividad terrorista. En otros como instrumento para reforzar las relaciones en materia de cooperación policial y judicial,

---

195 W. Reich; Woodrow Wilson International Center for Scholars (eds.), *Origins of terrorism: psychologies, ideologies, theologies, states of mind*, Woodrow Wilson International Center for Scholars ; Cambridge University Press, [Washington, D.C.] : Cambridge [England] ; New York, 1990, pp. 29-30. Otra clasificación es la realizada por Post, que incluye las siguientes categorías: nacionalistas-separatistas, religiosos fundamentalistas, otros grupos religiosos extremistas (incluidos los extremistas religiosos no tradicionales), revolucionarios sociales y los grupos de extrema derecha. En este sentido, vid. J. M. Post; K. G. Ruby; E. D. Shaw, «The Radical Group in Context: 1. An Integrated Framework for the Analysis of Group Risk for Terrorism», *Studies in Conflict & Terrorism*, vol. 25, 2, 2002, p. 75, en http://www.tandfonline.com/doi/abs/10.1080/105761002753502466. Del mismo modo, A. P. Schmid y A. J. Jongman recogen otras clasificaciones en su obra *Political terrorism*, cit., p. 45 y ss.

bien a través de regulaciones comunes o a partir de la creación de cuerpos policiales conjuntos.

Además, dicho fenómeno *utiliza el terror y la violencia* siguiendo la lógica establecida en la revolución francesa; esto es, redefiniendo el concepto de inocencia, difuminando de forma arbitraria la distinción entre combatientes y no combatientes y justificando el uso de ciertos métodos y tácticas siempre y cuando atiendan a un fin "legítimo". Los grupos insurgentes de las tres primeras etapas se presentan como la "cara visible" y defensora del pueblo, sobre todo de aquellos colectivos que no se encuentran representados por el Estado. Por lo general su discurso hace referencia a cambios relacionados con aspiraciones democráticas que los gobiernos no llevan a cabo, bien por imposibilidad, bien por rechazo. En algunos casos, lo que pretenden es captar la atención o conseguir el reconocimiento de sus causas o derechos; en otros, lograr la autoridad necesaria para incidir sobre la gobernanza de una región como fin último. Esto los lleva a aplicar un concepto más acotado de enemigo: por lo general, sus acciones van dirigidas contra un objetivo que, de algún modo, representa el poder estatal establecido, lo que limita en gran medida el uso indiscriminado de la violencia como técnica recurrente. En cualquier caso, dichos cambios tienen una orientación predominantemente laica, aspecto que no se aprecia de igual forma en la última etapa. En la medida en que los grupos terroristas posteriores pretenden modificar la esfera política estatal e incluir un componente confesional concreto, el concepto de enemigo es más amplio e indiscriminado: cualquier persona que no siga el dogma preestablecido por estos puede ser considerado un objetivo potencialmente válido. Sin embargo, cabe decir que, aunque con mayor o menor preeminencia, ya desde la tribu de los zelotes en el siglo I el componente religioso juega un papel relevante como elemento legitimador de la violencia. Además, en otras ocasiones se instrumentaliza en pro de un fin superior: a partir de la cuarta oleada juega un papel aglutinador que puede equipararse a una versión contemporánea del principio de autodeterminación advertida en periodos previos. Con lo cual, la relación entre violencia, terrorismo y religión no es tan novedosa como algunos autores argumentan.

Los *avances tecnológicos* condicionan la evolución del fenómeno en todas las etapas, sobre todo en aquellos ámbitos relativos a la comunicación y el transporte, pero también en lo que respecta a las fuentes de financiación y las técnicas utilizadas, tal y como se analiza a continuación. En relación con el primer aspecto, los grupos terroristas se sirven de los medios de difusión como "caja de resonancia[196]"; bien para obtener la mayor visibilidad posible, trasladar sus reivindicaciones y exigencias o notificar la autoría de los hechos. Para ello recurren a la prensa o los panfletos en sus fases más tempranas y a los canales de transmisión masiva de información como la radio, la televisión o internet en épocas posteriores, convirtiéndolos en el principal conducto comunicativo y, por tanto, en una pieza esencial de su estrategia política. También son utilizados como método para promover sus agendas, reclutar miembros, inspirar atentados en otras partes del mundo o hacer llamamientos a sus simpatizantes. Cabe señalar que estos aspectos no son propios únicamente de las etapas iniciales del terrorismo "moderno"; tanto es así que según el informe del GTI del año 2020, durante el periodo de auge del Dáesh —entre 2014 y 2017— éste inspira atentados en al menos 12 países occidentales, entre ellos Australia, Francia, Alemania, España, Reino Unido y Estados Unidos. Al mismo tiempo, consolida su posición territorial fuera de sus áreas de influencia directa a través de la creación formal de provincias. Del mismo modo, otros grupos

---

196 A. Cuerda Riezu, «Los medios de comunicación y el Derecho Penal», en *Homenaje al Dr Marino Barbero Santos: in memoriam*, vol. I, Universidad de Castilla-La Mancha Universidad de Salamanca, Cuenca, 2001 (Homenajes), p. 192.

yihadistas también les prometen lealtad o apoyo en ciertos países de Oriente Medio, Magreb, África subsahariana y Sudeste Asiático[197]. Esto pone de manifiesto la capacidad de los flujos trasnacionales de información como elemento catalizador de dicho fenómeno[198]. Por otro lado, se sirven de las innovaciones tecnológicas para adaptar sus sistemas de comunicación interna: desde el telégrafo o el teléfono en las fases iniciales hasta los aparatos satelitales, de un solo uso o las propias redes sociales en las últimas etapas. En otros casos, además, como instrumento para llevar a cabo ataques terroristas —dinamita, transporte aéreo, etc—. En cualquier caso, aunque depende del periodo en cuestión, los terroristas tratan de utilizar los recursos tecnológicos y materiales que tienen a su alcance para incrementar en la medida de lo posible la eficacia, repercusión e impacto de sus actos.

En relación con las *fuentes de financiación* de los grupos, estas experimentan una constante adaptación al contexto y a las necesidades particulares de quienes se sirven de ellas: al robo de bancos, utilizado como método recurrente durante todas las épocas, se incorporan algunos más novedosos que incluyen, entre otros, fraudes a través de internet o mediante tarjetas de crédito gracias a las cada vez mayores innovaciones tecnológicas. Los recursos de las diásporas o de ciertas redes de apoyo, así como el patrocinio estatal se mantienen en el transcurso del tiempo, si bien suponen un recurso económico fundamental para determinados grupos, entre ellos, Al-Qaida. En general se aprecia una cada vez mayor diversificación de las fuentes

---

197 *Global Terrorism Index 2020: Measuring the Impact of Terrorism*, p. 54.

198 Ya en la década de los 70, Redlick destaca el papel del flujo transnacional de información como uno de los factores que propician el terrorismo. En este sentido, vid. A. S. Redlick, «The Transnational Flow of Information as a Cause of Terrorism», en *Terrorism: theory and practice*, Westview Press, Boulder (CO), 1979, pp. 75-95.

de ingresos tanto de carácter legal como ilegal que, en algunos casos, incluye la cooperación con bandas criminales transnacionales. Es más, grupos como Dáesh se sirven de actividades relacionadas con el tráfico de drogas, armas, órganos, patrimonio y bienes culturales o productos médicos falsificados como fuentes de obtención de recursos financieros; no obstante, esta interdependencia ya se aprecia en algunos ejemplos del "viejo terrorismo", entre ellos la relación sostenida entre las Fuerzas Armadas Revolucionarias de Colombia (FARC) y el Movimiento 19 de abril (M-19) con los cárteles de la droga colombianos o el vínculo de Sendero Luminoso con los narcotraficantes peruanos.

Algunos autores marcan una ruptura en las dinámicas del terrorismo internacional tras el 11-S debido a los cambios en la *estructura organizativa* y, sobre todo, a los *métodos* innovadores de los que se sirven para la comisión de dicho ataque: un atentado suicida simultáneo utilizando explosivos en un avión secuestrado previamente como símbolo de lucha frente a las potencias occidentales. No obstante, lo que de primeras parece una táctica novedosa, no es tal cuando se desgranan cada uno de sus componentes. El suicidio como herramienta no es un fenómeno reciente: este se remonta al siglo XI con la secta de los *assassins*. Tampoco es original como forma de lucha contra la hegemonía occidental: aunque no se aprecia como un instrumento de carácter político, ya se utiliza como arma de resistencia ante las potencias coloniales en ciertas comunidades musulmanas de Asia durante el siglo XX[199]. Por su parte, los ataques con explosivos también sirven como recurso al terrorismo anarquista a raíz de la invención de la dinamita, aunque se perfecciona en épocas posteriores. Igualmente, a lo largo del texto se mencionan multitud de ejemplos en los que el secuestro de aviones se configura como el método preferido para la consecución

---

199 S. F. Dale, «Religious Suicide in Islamic Asia», cit., p. 39.

de los objetivos terroristas[200]; tanto es así que dicha situación da lugar al Convenio de Montreal, adoptado en la Haya en diciembre de 1970. El último aspecto es el de la simultaneidad de los ataques. Si bien no es una técnica recurrente, ya se observa en incursiones previas, destacando la de los cuarteles militares de Beirut en 1983 o las embajadas norteamericanas de Kenia y Tanzania en 1998. La poca asiduidad de un método de tales características puede deberse más a la imposibilidad de superar ciertos obstáculos logísticos y organizativos por parte de grupos menos sofisticados que a una elección propia[201]; esto demuestra que la selección de instrumentos en muchos casos atiende más a razones prácticas que a aspectos técnicos. Así pues, el componente novedoso en este caso es la estrategia metodológica para la consumación del atentado, no los métodos como tal. Tampoco ciertos *modus operandi* calificados como innovadores en el terrorismo actual tienen un recorrido tan corto como se les atribuye inicialmente. Un ejemplo de ello es lo que comúnmente se conoce como "lobo solitario": ya en la década de 1960 se habla de la "resistencia sin líder" para hacer referencia al método empleado por la derecha radical estadounidense como forma de lucha contra las tropas comunistas[202]. Es más, Timothy McVeigh ya utiliza esta táctica en el año 1995 en la ciudad de Oklahoma, en el atentado más mortífero de la

---

200 Para un análisis pormenorizado del fenómeno terrorista en relación con el secuestro de pesonas y la seguridad de la navegación aérea, vid. A. M. Salinas de Frías, «La práctica convencional multilateral de los estados en materia de cooperación judicial internacional contra el terrorismo», en *Anuario Argentino de Derecho Internacional XV*, 1, Córdoba, Argentina, 2007, p. 74 y ss.

201 B. Hoffman, «Rethinking Terrorism and Counterterrorism Since 9/11», cit., p. 304.

202 J. Kaplan, «'Leaderless resistance'», *Terrorism and Political Violence*, vol. 9, 3, 1997, p. 80, en http://www.tandfonline.com/doi/abs/10.1080/09546559708427417.

historia de Estados Unidos hasta el 11-S[203]. El desarrollo de esta tendencia se incrementa de forma exponencial gracias al uso de internet, que permite a los sujetos autodidactas conocidos como "*self-starters*" un método para operar de forma autónoma. Sin embargo, para algunos autores este fenómeno es parte de una evolución que alcanza un nuevo umbral crucial en un entorno preexistente, más que una ruptura radical con todos los patrones anteriores[204].

Como se observa tras el análisis, las diferencias entre grupos y patrones terroristas a lo largo del tiempo no solamente dependen de decisiones racionales de carácter interno, sino que también responden a diversos factores externos ajenos a estos, entre otros: el entorno cambiante surgido a raíz de determinados procesos relacionados con la globalización, la creación de estructuras de oportunidad específicas —espacios protegidos en determinados países; uso de internet como medio transnacional de comunicación, reclutamiento, adoctrinamiento o recaudación de fondos; conflictos políticos y militares etc,— el conocimiento adquirido a partir de las experiencias tanto propias como ajenas o las respuestas suscitadas ante ciertas acciones gubernamentales y sociales[205]. Dicha actividad se basa en motivaciones políticas, religiosas o, incluso, económicas que, en algunos casos, perpetúan tendencias previas y en otros, incorporan a su *modus operandi* ciertas peculiaridades, lo que desemboca en nuevas formas híbridas de terrorismo, tal y como acontece en la actualidad.

---

203 D. C. Rapoport, «It Is Waves, Not Strains», *Terrorism and Political Violence*, vol. 28, 2, 2016, p. 222, en http://www.tandfonline.com/doi/full/10.1080/09546553.2015.1112278.

204 A. Kirby, «The London Bombers as "Self-Starters": A Case Study in Indigenous Radicalization and the Emergence of Autonomous Cliques», *Studies in Conflict & Terrorism*, vol. 30, 5, 2007, Routledge, p. 416, en https://doi.org/10.1080/10576100701258619.

205 M. Crenshaw, «The Debate over "New" vs. "Old" Terrorism», cit., p. 135.

Este rasgo distintivo impide su clasificación en función de los criterios de clasificación tradicionales. Asimismo, es fundamental no olvidar su naturaleza cíclica y evitar caer en una "amnesia histórica[206]", ya que este fenómeno está íntimamente relacionado con la naturaleza cambiante del contexto político internacional, así como con las transformaciones sufridas, muchas de ellas de forma imprevista. Por tanto, rechazar el conocimiento acumulado argumentando su obsolescencia conlleva un grave riesgo, puesto que dicha evolución puede deberse a una capacidad de adaptación y regeneración más que a una ruptura con el proceso previo. De este modo, es fundamental aprovechar los beneficios que reporta esa "lección aprendida" en vez de tratar de categorizarlo en compartimentos estancos, ya que una evaluación errada del fenómeno actual no solo limita la forma de hacerle frente, sino que, además, puede generar deficiencias de tal magnitud en el pronóstico que impidan la identificación de las amenazas reales.

---

[206] D. C. Rapoport, «It Is Waves, Not Strains», cit., p. 218.

CAPÍTULO II.

LA INDEFICIÓN DEL TÉRMINO "TERRORISMO" Y SU REPERCUSIÓN EN LA REGULACIÓN INTERNACIONAL

I. TERRORISMO Y JURISDICCIÓN PENAL INTERNACIONAL

1. Convenciones de la Sociedad de Naciones de 1937

Por lo general, la asistencia y cooperación entre Estados se ha articulado como respuesta a ciertos acontecimientos históricos y el fenómeno terrorista es una prueba fehaciente de ello. Basta con atender al origen de su regulación para comprobar dicha afirmación. El intento más significativo de definir el terrorismo como un delito penal internacional nace a raíz del asesinato del rey Alejandro I de Yugoslavia y del ministro francés Louis Barthou por parte de separatistas croatas y macedonios en octubre del año 1934 en la ciudad francesa de Marsella. Hasta entonces, la petición de Rumanía en 1926 de redactar un texto que universalizara su represión no había prosperado y, a pesar de que fue un tema central en las Conferencias para la Unificación del Derecho penal realizadas entre los años 1930 y 1935, tampoco se alcanzó ningún acuerdo definitivo[207]. Sin embargo, en este caso y tan solo tres años después de dicho atentado, la Sociedad de Naciones, a petición del gobierno francés y gracias al impulso de Vespasien V. Pella, entonces representante de Rumanía, convoca en Ginebra una Conferencia intergubernamental donde se adoptan dos textos internacionales: la Convención para la prevención y represión del terrorismo (I Convención de 1937)[208] en el que se definen los delitos de terrorismo internacional, y la Convención para la creación de un Tribunal Penal Internacional (II Convención de 1937)[209] a fin de juzgar a los autores de las tipologías recogidas en el primer texto. A pesar de que ninguno de los dos llegó a entrar en vigor[210] se consideran un hito histórico por la superación de la clásica resistencia estatal a ceder su propia soberanía a un tercero que interprete y aplique el Derecho, en especial el Derecho penal, con un fuerte componente territorial.

---

207 El terrorismo fue un tema de discusión en muchas de las Conferencias Internacionales para la Unificación del Derecho penal; concretamente en la tercera (Bruselas, 1930); cuarta (París, 1931); quinta (Madrid, 1933) y sexta (Copenhague, 1935). Para mayor detalle vid, B. SAUL, «Attempts to define 'terrorism' in international law», *Netherlands International Law Review,* vol. 52, 1, 2005, pp. 58-61, en http://www.journals.cambridge.org/abstract_S0165070X05000574.

208 LEAGUE OF NATIONS, *Convention pour la prévention et la répression du terrorisme du 1937,* cit.

209 LEAGUE OF NATIONS, *Convention pour la création d'une cour pénale internationale (LoN Doc. C.547.M.384.1937.V),* 1937, en https://legal.un.org/avl/pdf/ls/RM/LoN_Convention_for_ICC.pdf.

210 La I Convención fue firmada por 24 Estados, 12 de ellos europeos y ratificada solamente por la India en 1941. Entre los Estados firmantes se encontraban: Albania, Argentina, Bélgica, Bulgaria, Checoslovaquia, Cuba, Ecuador, Egipto, España, Estonia, Francia, Grecia, Haití Mónaco, India, Noruega, Países Bajos, Perú, República Dominicana, Rumanía, Turquía, la URSS, Yugoslavia y Venezuela. La segunda fue firmada por 13 Estados, pero no ratificada por ninguno.

Así, la I Convención asienta la primera definición consensuada de terrorismo plasmada en un acuerdo internacional: constituyen terrorismo todos los "actos criminales dirigidos contra un Estado, con la intención o el propósito de crear un estado de terror en la mente de un individuo, de un grupo de personas o del público en general y reafirma la obligación de los gobiernos de abstenerse de todo acto destinado a fomentar las actividades terroristas dirigidas contra otro Estado e impedir los actos en que se concreten tales actividades"[211]. Además, recoge un listado de actuaciones que, dirigidas contra otro Estado parte, pueden considerarse terroristas; entre otras, la tentativa o consecución efectiva de la muerte, lesión o pérdida de libertad de jefes de Estado o funcionarios; la destrucción o daño de bienes públicos o aquellos otros destinados a dichos fines; la puesta en peligro de la vida de ciudadanos de las partes firmantes o la fabricación, obtención, posesión o suministro de armas, municiones, explosivos o sustancias nocivas con el objetivo de cometer alguno de los anteriores delitos[212]. En este

---

211 La redacción original del artículo 1 de la I Convención establece lo siguiente: "1. The High Contracting Parties, reaffirming the principle of international law in virtue of which it is the duty of every State to refrain from any act designed to encourage terrorist activities directed against another State and to prevent the acts in which such activities take shape, undertake as hereinafter provided to prevent and punish activities of this nature and to collaborate for this purpose. 2. In the present Convention, the expression "acts of terrorism" means criminal acts directed against a State and intended or calculated to create a state of terror in the minds of particular persons, or a group of persons or the general public".

212 Así, la redacción original del artículo 2 de la mencionada Convención reza así: "Each of the High Contracting Parties shall, if this has not already been done, make the following acts committed on his own territory criminal offences if they are directed against another High Contracting Party and if they constitute acts of terrorism within the meaning of Article 1: (i) Any willful act causing death or grievous bodily harm or loss of liberty to: (a) Heads of States, persons exercising the prerogatives of the head of the State, their hereditary or designated successors; (b) The wives or

caso, lo que se pretende es la tipificación a nivel interno de una serie de actos que, cometidos en territorio nacional, generan una situación de terror para un sujeto en particular o para la sociedad en general de otro Estado Parte.

El hecho de no cuestionar la motivación política o social que hay detrás de dichos actos evidencia el énfasis de la comunidad internacional en el objetivo, los medios y los efectos que generan dichas acciones, y no tanto en su fundamento. Es más, a pesar del riesgo que supone que el elemento más relevante de tal tipología penal sea el causar un "estado de terror" debido a la inoperatividad que puede suponer, prevalece frente a otras propuestas que abogan por una definición que entiende el terrorismo como un medio para conseguir un fin político[213]. Tampoco se explicita si la ofensiva tiene que ver con un intento de derrocar de forma directa a un Estado o están incluidos también ataques a intereses más amplios y abstractos del mismo como pueden ser el honor, la seguridad o el orden público.

Para suplir las posibles lagunas regulatorias, el texto propone también incorporar tal categoría delictiva a los tratados de extradición actuales o futuros, así como a la práctica de aquellos Estados que todavía no ha ratificado ningún instrumento

---

husbands of the above-mentioned persons; (c) Persons charged with public functions or holding public positions when the act is directed against them in their public capacity. (2) Willful destruction of, or damage to, public property or property devoted to a public purpose belonging to or subject to the authority of another High Contracting Party. (3) Any willful act calculated to endanger the lives of members of the public. (4) Any attempt to commit an offence falling within the foregoing provisions of the present article. (5) The manufacture, obtaining, possession, or supplying of arms, ammunition, explosives or harmful substances with a view to the commission in any country whatsoever of an offence falling within the present article."

213 B. SAUL, «Attempts to define 'terrorism' in international law», cit., p. 64.

de dicha naturaleza[214], siguiendo la tendencia iniciada por la cláusula belga *attentat*. De este modo, dichos textos no solamente cobran gran importancia simbólica en cuanto que marcan el punto de inicio de la cooperación internacional en este ámbito, lo que es aún más destacable dado el contexto de crisis global en el que se enmarcan, sino que, además, concretan una serie de cuestiones de fondo que sirven de referencia para posteriores regulaciones[215].

2. Proyectos de Código de la Comisión de Derecho Internacional de 1954, 1991 y 1996

Tras la Segunda Guerra Mundial, y en un contexto de rechazo a los crímenes de guerra, el entonces presidente de la Asociación Internacional de Derecho Penal y asesor de la Secretaría de las Naciones Unidas, V. Pella, reaviva el interés y

---

214 Así, la redacción original del artículo 8 de la mencionada convención señala lo siguiente: "1. Without prejudice to the provisions of paragraph 4 below, the offences set out in Articles 2 and 3 shall be deemed to be included as extradition crimes in any extradition treaty which has been, or may hereafter be, concluded between any of the High Contracting Parties. 2. The High Contracting Parties who do not make extradition conditional on the existence of a treaty shall henceforward, without prejudice to the provisions of paragraph 4 below and subject to reciprocity, recognise the offences set out in Articles 2 and 3 as extradition crimes as between themselves.".

215 La definición de terrorismo consensuada en la I Convención sirve de referencia para la redacción del Proyecto de Código de Delitos contra la Paz y la Seguridad de la Humanidad de 1954. Del mismo modo, la Asamblea General también se refiere a esa en su Declaración de 1994. Dos años más tarde, la definición es aprobada por un juez inglés para limitar el alcance de las cláusulas de exclusión de la Convención de Refugiados de 1951. Vid. M. D. DUBIN, «Great Britain and the anti-terrorist conventions of 1937», *Terrorism and Political Violence*, vol. 5, 1, 1993, p. 24, en http://www.tandfonline.com/doi/abs/10.1080/09546559308427194.

el esfuerzo por instituir una jurisdicción penal internacional. Esto se concreta por parte de la Comisión de Derecho Internacional (en adelante, CDI) en el Proyecto de Código de delitos contra la paz y la seguridad de la humanidad de 1954[216]. En este caso, la definición de terrorismo se vincula al concepto de agresión, como se aprecia en la redacción de su art. 2.6:

> "Son delitos contra la paz y la seguridad de la humanidad los siguientes actos:
>
> La realización o el fomento por parte de las autoridades de un Estado de actividades terroristas en otro Estado, o la tolerancia por parte de las autoridades de un Estado de actividades organizadas destinadas a realizar actos terroristas en otro Estado."[217]

Se basa en la definición de terrorismo establecida en la Convención de 1937 e incorpora a la misma el término "actividad terrorista". Aunque no explicita qué se entiende por actividad o acto terrorista, evidencia el énfasis en la naturaleza de éstos, pues centra la atención en el *jus ad bellum* (recurso a la fuerza) frente al *jus in bello* (medios utilizados en el uso de la fuerza). No obstante, bajo este precepto, el delito sólo cubre la conducta de aquellos que actúan para un Estado y siempre y cuando dichas actividades estén los suficientemente organizadas como para afectar a la paz, excluyendo tanto los actos de un solo in-

---

216 NU, *Draft Code of Offences against the Peace and Security of Mankind, 1954*, en https://legal.un.org/ilc/texts/instruments/english/draft_articles/7_3_1954.pdf.

217 La redacción original del artículo 2.6 del Proyecto de Código establece lo siguiente: "The following acts are offenses against the peace and security of mankind: The undertaking or encouragement by the authorities of a State of terrorist activities in another State, or the toleration by the authorities of a State of organized activities calculated to carry out terrorist acts in another State."

dividuo "no organizado", como aquellas otras acciones que no estén directamente dirigidas contra otro gobierno[218].

También fracasan los dos posteriores intentos de regular el terrorismo internacional por parte de la CDI, debido a la falta de acuerdo. La postura internacional de aquel entonces pasa desde incluirlo como un tipo autónomo en el Proyecto de Código de 1991, a subsumirlo como una tipología más dentro de la categoría de crímenes de guerra en el artículo 20.f.4 del Proyecto de 1996. Esto último no hace sino limitarlo a un contexto de conflicto armado.

3. Proyecto de Convención para la Prevención y el castigo de ciertos actos de terrorismo internacional y Comité Ad Hoc sobre terrorismo internacional de 1972

Menos de dos décadas después del primer proyecto de la CDI y a raíz de los asesinatos contra atletas israelíes en los Juegos Olímpicos de Múnich de septiembre de 1972, y de unos ataques previos en un aeropuerto israelí y a un diplomático soviético en Nueva York, Estados Unidos presenta ante la AGNU un Proyecto de Convención para la prevención y el castigo de ciertos actos de terrorismo Internacional. El primer artículo regula tres delitos (matar, causar lesiones corporales graves o secuestrar a otra persona), a los que se les presume importancia internacional si tienen por objeto "perjudicar los intereses de un Estado o de una organización internacional u obtener concesiones de estos"[219]. Aunque el texto contiene términos de gran amplitud y ambigüedad que dificultan el acuerdo entre

---

218 B. SAUL, «Attempts to define 'terrorism' in international law», cit., p. 66.

219 *US DRAFT CONVENTION FOR THE PREVENTION AND PUNISHMENT OF ACTS OF TERRORISM*, International Legal Materials 11, 1972, art. 1. d.

las partes[220], es el contexto político de la Guerra Fría el que impide el apoyo necesario para su aprobación.

Aprovechando el creciente interés por ese fenómeno, la AGNU en 1972 propone la creación de un comité *ad hoc* de 35 Estados a través de la Resolución 3034(XXVII) para la realización de ciertas recomendaciones sobre la materia[221]. Este elaborará tres informes fundamentales en los que, entre otros aspectos, se examinan la definición de terrorismo, sus causas y las posibles medidas preventivas. Sin embargo, se abstiene de proponer una definición debido al constante desacuerdo de los Estados: para algunos, la violencia tiene que ver con fines políticos; para otros, no necesariamente siempre y cuando los fines sean coercitivos. Algunas propuestas especifican los perpetradores o las víctimas del terrorismo; otras enumeran actos violentos graves junto con elementos genéricos o, sin ellos, dependiendo del caso[222]. Tampoco hay consenso en cuanto a la fórmula utilizada para la definición[223]: unos representantes consideran que no es necesaria una definición abstracta para la identificación de los actos de terrorismo internacional y que

---

220 El texto contempla la responsabilidad penal por el mero acto de dañar, sin la necesidad de que se requiera un mínimo grado de severidad.

221 AGNU, *Medidas para prevenir el terrorismo internacional que pone en peligro vidas humanas inocentes a causa su pérdida, o compromete las libertades fundamentales, y estudio de las causas subyacentes de las formas de terrorismo y los actos de violencia que tienen su origen en las aflicciones, la frustración, los agravios y la desesperanza y que conducen a algunas personas a sacrificar vidas humanas, incluida la propia, en un intento de lograr cambios radicales. Resolución 3034 (XXVII) de. 18 de diciembre de 1972. Doc. A/RES/3034(XXVII)*, párr. 9.

222 B. Saul (ed.), *Research handbook on international law and terrorism*, Second edition, Edward Elgar Publishing, Cheltenham, UK ; Northampton, MA, USA, 2020, p. 206.

223 *Informe del Comité ad hoc sobre terrorismo internacional No. 37 Doc. A/34/37.*, AGNU, 1979, párr. 33 y 34.

es mejor adoptar un enfoque más pragmático[224]; otros abogan por una definición mixta que parta de un texto genérico que describa las características de la noción de terrorismo internacional, y al que acompañe una enumeración de actos concretos dados como ejemplo[225]. Además, el comité detecta tres temas especialmente controvertidos que volverán a aparecer en posteriores propuestas.

El primero tiene que ver con el terrorismo de Estado. Mientras que algunos representantes lo consideran como la forma más peligrosa de terrorismo internacional y lo incluyen dentro de la definición, otros opinan que no entra en el ámbito competencial del Comité[226].

El segundo hace referencia a los actos de las fuerzas armadas durante las operaciones militares. Aunque se han planteado algunas discusiones sobre la necesidad o no de aplicar un régimen separado y autónomo que complemente el Derecho Internacional Humanitario (en adelante, DIH) en el caso de las actuaciones de las fuerzas armadas estatales fuera de sus funciones oficiales, lo cierto es que la mayoría de conductas calificadas como terroristas relacionadas bajo una situación de esta categoría ya están criminalizadas bajo la denominación de "crímenes de guerra", incluyendo la propagación del terror entre la población civil[227]. De ahí que algunos Estados consideren que el tema ya es objeto de tratamiento por aquellos textos que regulan la protección de los derechos humanos en situaciones

---

224 *Informe del Comité ad hoc sobre terrorismo internacional No. 28. Doc. A/9028,* AGNU, Nueva York, 1973, párr. 15..

225 *Ibid.*, p. 36.

226 *Informe del Comité ad hoc sobre terrorismo internacional No. 37 Doc. A/32/37.,* AGNU, 1977, párr. 37 y 38,; *Ibid.*, párr. 11.

227 The International Criminal Tribunal for the former Yugoslavia (ICTY), *Prosecutor V. Stanislav Galíc, IT-98-29-T,* 2003, párr. 65-66.

de conflicto armado[228], entre ellos, el IV Convenio de Ginebra de 12 de agosto de 1949[229], relativo a la protección debida a las personas civiles en tiempo de guerra, que establece la prohibición expresa de cualquier tipo de castigo colectivo, así como de toda medida de intimidación o terrorismo[230].

Por último, la exclusión o no de los movimientos de liberación del catálogo de delitos considerados de terrorismo. Para ciertos países "los actos cometidos por los ciudadanos de los Estados que se encuentran en guerra y que resisten al agresor en el territorio ocupado o que luchan por su liberación nacional no pueden ser considerados como actos de terrorismo internacional"[231].

Para algunos autores, dicha iniciativa fue especialmente relevante en tanto que "no sólo se pretendió deslindar el concep-

---

228 *Informe del Comité ad hoc sobre terrorismo internacional No. 37 Doc. A/32/37.*, párr. 24; *Ibid.*, párr. 14.

229 NU, *Convenio IV de Ginebra relativo a la protección debida a las personas civiles en tiempo de guerra, hecho en Ginebra el 12 de agosto de 1949 y ratificado por España el 4 de julio de 1952 (BOE núm. 246, de 2 de septiembre de 1952, páginas 3997 a 4017).*

230 Artículo 33.1 *Ibid.* Dicha restricción se perfila aún más en sus protocolos adicionales y se amplía a todos los "actos o amenazas de violencia cuya finalidad principal sea aterrorizar a la población civil", de forma que ya no es únicamente el acto lo que se castiga, sino también la amenaza de cometerlo. Sin embargo, la regulación del terrorismo por medio del DIH tiene un alcance restringido: su estudio y aplicación se reduce a este ámbito sectorial del derecho internacional, el cual está regido por el principio de especialidad. En este sentido, vid. F. Vacas Fernández, *El terrorismo como crimen internacional: definición, naturaleza y consecuencias jurídicas internacionales para las personas*, Tirant lo Blanch, Valencia, 2011, p. 25.

231 *Informe del Comité ad hoc sobre terrorismo internacional No. 28. Doc. A/9028*, párr. 37; *Informe del Comité ad hoc sobre terrorismo internacional No. 37 Doc. A/32/37.*, párr. 37 (Haití); *Informe del Comité ad hoc sobre terrorismo internacional No. 37 Doc. A/34/37.*, párr. 82.

to de delito de terrorismo del delito político y de la legítima resistencia frente a prácticas imperialistas y regímenes totalitarios, sino que, además, se intentó desentrañar, por primera, y, seguramente, última vez, el origen de las prácticas terroristas y sus verdaderas causas"[232].

4. Proyecto de Estatuto de Roma de 1998

También se ven frustrados los posteriores intentos regulatorios a nivel internacional, entre ellos, la inclusión de esta tipología delictiva dentro de los delitos juzgados por la Corte Penal Internacional (en adelante, CPI). La posibilidad de que la CPI abordara esta tipología de delitos ayudaba a evitar disputas jurisdiccionales entre Estados y proporcionaba al CSNU un instrumento con el que hacer frente a esta amenaza, de ahí que se incluyera como delito internacional en el art. 5 del primer borrador de *Estatuto de Roma de 1998*. Este artículo constaba de tres delitos diferenciados: el primero tiene que ver con la definición de terrorismo tan discutida en textos previos. En este caso, incorpora aspectos de la Convención de 1937 y del proyecto de la CDI de 1991 para castigar toda conducta que implique actos de violencia de tal naturaleza que creen terror, miedo o inseguridad al que la sufre, independientemente de los motivos o propósitos detrás de los mismos y sin la necesidad de que sea dentro del contexto de un conflicto armado. El segundo apartado es una mera remisión a todos los delitos recogidos en alguno de los tratados sectoriales promulgados hasta entonces. El tercero alude al uso de armas o sustancias como medio para perpetrar actos de violencia indiscriminada que cause la muerte o lesiones

---

232 G. Portilla Contreras, «Prólogo», en *La deriva del Derecho Penal y la democracia: la lucha antiterrorista como rastreo de embriones de sospecha*, Dykinson, 2022, p. 18.

graves a sus víctimas[233]. No obstante, y a pesar de su relevancia, se excluye de la versión final del Convenio, entre otras razones, por la falta de una definición previa, los desacuerdos en cuanto a la violencia relacionada con la liberación nacional o el miedo a la politización del tribunal[234].

---

233 El art. 5 del borrador establece como crímenes de terrorismo los siguientes preceptos:
1) Cometer, organizar, promover, ordenar, facilitar, financiar, alentar o tolerar actos de violencia contra otro Estado dirigidos contra las personas o los bienes y cuya naturaleza sea tal que creen terror, miedo o inseguridad en la mente de figuras públicas, grupos de personas y la población o poblaciones en general, cualesquiera sean los motivos y propósitos que se hagan valer para justificarlos, ya sean éstos de índole política, filosófica, ideológica, racial, étnica o religiosa o de naturaleza similar;
2) Un crimen que contravenga alguno de los instrumentos siguientes: a) Convenio para la represión de actos ilícitos contra la seguridad de la aviación civil; b) Convenio para la represión del apoderamiento ilícito de aeronaves; c) Convención sobre la Prevención y el Castigo de Delitos contra Personas Internacionalmente Protegidas, inclusive los agentes diplomáticos; d) Convención internacional contra la toma de rehenes; e) Convenio para la represión de actos ilícitos contra la seguridad de la navegación marítima; f) Protocolo para la represión de actos ilícitos contra la seguridad de las plataformas fijas emplazadas en la plataforma continental;
3) Un delito que entrañe la utilización de armas de fuego, armas, explosivos, o sustancias peligrosas como medio para perpetrar actos de violencia indiscriminada que causen la muerte o lesiones físicas graves a personas, grupos de personas o poblaciones o daños materiales graves. Vid. AGNU, *Acta final de la Conferencia Diplomática de Plenipotenciarios de las Naciones Unidas sobre Unidas sobre el establecimiento de una CPI. Roma, 15 Junio-17 Julio 1998, Doc. A/Conf.183/2/Add.1*, p. 27.

234 Cfr. A. Salinas de Frías, «Lucha contra el terrorismo internacional: no solo del uso de la fuerza pueden vivir los Estados», *Revista española de derecho internacional*, vol. 68, 2, 2016, p. 248, en https://dialnet.unirioja.es/servlet/articulo?codigo=5644753.

5. Convención general sobre el terrorismo internacional de 2000[235]

La propuesta de Convención general para la represión del terrorismo presentada por India el 1 de noviembre de 1996 ante la Asamblea General[236] también encuentra limitaciones ligadas al contexto político y social de la época. Esta iniciativa surge a raíz de la Declaración sobre medidas para eliminar el terrorismo internacional de 1994 de la AGNU [237] y su Declaración complementaria de 1996[238]. Mientras que esta última se enfoca en temas como la extradición o el enjuiciamiento, su predecesora se centra en la cooperación interestatal en lo referente al intercambio de información sobre actividades terroristas y la adopción de medidas en la esfera nacional a partir de las disposiciones de Derecho internacional. Como aspecto relevante, y siguiendo la estela de otros textos mencionados con anterioridad, la Declaración de 1994 alude al delito de terrorismo a partir del "estado de terror" que generan dichos actos[239], aunque en este caso el *mens rea* es de carácter mera-

---

235 AGNU, *Sexta Comisión. Acta de la 55a sesión. Proyecto de convención general sobre el terrorismo internacional. Documento de trabajo presentado por la India. Doc. A/C.6/55/1*, UN, 2000.

236 AGNU, *Letter dated 1 November 1996 from the Permanent Representative of India to the United Nations addressed to the Secretary-General. Draft international convention on the suppression of terrorism. Doc. A/C.6/51/6.*

237 AGNU, *Resolución 49/60 (1995), de 9 de diciembre de 1994. Medidas para eliminar el terrorismo internacional. Doc. A/RES/49/60*, párr. 5.c).

238 AGNU, *Resolución 51/210 de 17 de diciembre de 1996. Declaración complementaria de la Declaración de 1994 sobre medidas para eliminar el terrorismo internacional. Doc. A/RES/51/210.*

239 El apartado 3 de la Declaración de 1994 establece la siguiente definición: "Los actos criminales con fines políticos concebidos o planeados para provocar un estado de terror en la población en general, en un grupo de personas o en personas determinadas son injustificables en todas las circunstancias, cualesquiera sean las consideraciones políticas, filosóficas, ideológicas, raciales, étnicas, religiosas o de cualquier otra índole que se hagan valer para justificarlo."

mente político a diferencia de los tratados anteriores, que amplían el abanico a fines de cualquier otra índole. Por último y en relación con el tema que nos concierne, incorpora también la petición de "concertar (...) acuerdos especiales bilaterales, regionales y multilaterales y preparar, para esos efectos, modelos de acuerdos de cooperación".

El proyecto, tras múltiples revisiones, incorpora la definición con mayor consenso internacional hasta la fecha. El elemento objetivo incluye causar (i) la muerte o lesiones corporales graves a cualquier persona; (ii) daños graves a la propiedad pública o privada; (iii) daños a la propiedad pública o privada que provoquen o puedan provocar graves pérdidas económicas. Como elemento subjetivo, los actos han de ser cometidos de forma dolosa y con la intención de (i) intimidar a una población u (ii) obligar a un gobierno o una organización internacional a hacer o abstenerse de hacer cualquier acto. Incluye también la tentativa y castiga tanto la autoría como la participación bajo determinadas condiciones[240].

---

240 AGNU, *Sexta Comisión. Acta de la 55a sesión. Proyecto de convención general sobre el terrorismo internacional. Documento de trabajo presentado por la India. Doc. A/C.6/55/1*, cit. Artículo 2:
"1. Comete delito en el sentido de la presente Convención quien ilícita e intencionadamente y por cualquier medio realice una acción que tenga por objeto: a) Causar la muerte o lesiones corporales graves a otra persona o personas, o b) Causar daños graves en una instalación pública gubernamental, una red de transporte público, un sistema de comunicaciones o una instalación de infraestructura, con la intención de causar una destrucción significativa en ese lugar, instalación o red, o de que esa destrucción produzca o pueda producir un gran perjuicio económico, si el propósito de tal acción es, por su naturaleza o contexto, intimidar a la población u obligar a un gobierno o una organización internacional a hacer o dejar de hacer algo.
2. También constituirá delito la tentativa de cometer cualquiera de los delitos enunciados en el párrafo 1 del presente artículo o la complicidad en ellos.

Sin embargo, la demanda por parte de la Organización de Cooperación Islámica (en adelante, OCI) de excluir la lucha por la libre determinación de los pueblos de la categoría de terrorismo supone una seria limitación a dicho proyecto, a pesar de que ya se habían rechazado otras peticiones similares en textos anteriores por considerarse incompatibles con el propio objeto y propósito del texto. Un ejemplo de ello es el caso de la reserva realizada por Pakistán relativa al Convenio internacional para la represión de los atentados terroristas cometidos con bombas de 1997[241]. A esta problemática le acompañan otros temas controvertidos como es bajo qué casos podrían

---

3. También comete delito quien: a) Organice, dirija o instigue a otros a los efectos de la comisión de uno de los delitos indicados en los párrafos 1 o 2 del presente artículo; o b) Ayude o encubra al autor o aconseje o facilite la comisión del delito; o c) Contribuya de algún otro modo a la comisión de uno o más de los delitos enunciados en los párrafos 1 o 2 del presente artículo por un grupo de personas que actúe con un propósito común; la contribución deberá ser intencional y hacerse con el propósito de colaborar con los fines o la actividad delictiva general del grupo con conocimiento de la intención del grupo de cometer el delito o los delitos de que se trate."

241 Pakistán presenta una reserva al Convenio internacional para la represión de los atentados terroristas cometidos con bombas de 1997, argumentando la falta de distinción entre el terrorismo y la lucha legítima de los pueblos por la libre determinación. Por ello propone modificar el Preámbulo y suprimir los párrafos 4 y 2 de los artículos 1 y 19 respectivamente. En este sentido, vid. AGNU, *Proposed amendments to the draft resolution proposed by Costa Rica / Pakistan Doc. A/C.6/52/L.13*, 1997, p. 1; *72ª sesión plenaria del quincuagésimo segundo período de sesiones. Doc A/52/PV.72*, 1997, p. 14 y ss. No obstante, diversos Estados se oponen, puesto que la reserva es contraria al objeto y propósito del texto, por lo que no cabría aceptarla en virtud de lo dispuesto en el art. 17.c) del Convenio de Viena: "Un Estado podrá formular una reserva en el momento de firmar, ratificar, aceptar o aprobar un tratado o de adherirse al mismo, a menos: que, en los casos no previstos en los apartados a) y b), la reserva sea incompatible con el objeto y el fin del tratado." NU, *Convenio de Viena sobre el Derecho de los Tratados, adoptado en Viena el 23 de mayo de 1969*

considerarse delitos de terrorismo ciertos actos de las fuerzas armadas durante un conflicto armado, qué papel otorgarle al denominado "terrorismo de Estado" o cómo se relaciona dicha Convención con los tratados sectoriales. Si bien la propuesta de proyecto integral se ve respaldada tanto por el CSNU en la Resolución 1566 (2004) de 8 de octubre[242], como por la AGNU a través de diversos informes elaborados por el Grupo de alto nivel sobre las amenazas, los desafíos y el cambio[243] y por el Secretario General [244], todavía no se ha alcanzado un acuerdo que permita su aprobación.

Para solventar algunas de estas cuestiones, autores como Schmid abogan por una definición jurídica de los actos de terrorismo equiparables a los crímenes de guerra, pero en tiempos de paz, haciendo hincapié no tanto en los fines como en las tácticas para así salvar la confusión entre *freedom fighters* y terroristas. Si los primeros se adhieren a las reglas de la guerra deberían ser tratados como soldados; si, por el contrario, atacan a los civiles podrían considerarse criminales de guerra y juzgarse como tal[245]. La misma categorización se podría aplicar

---

y ratificado por España el 10 de junio de 1980 (BOE núm. 142, de 13 de junio de 1980, páginas 13099 a 13110).

242 CSNU, *Resolución 1566 (2004). Amenazas a la paz y la seguridad internacionales causadas por actos terroristas. Adoptada por el Consejo de Seguridad en su 5053ª sesión, el 8 de octubre de 2004. Doc. S/RES/1566 (2004).*, párr. 5.

243 AGNU, *Informe del Grupo de Alto Nivel sobre las amenazas, los desafíos y el cambio «Un mundo más seguro: la responsabilidad que compartimos», de 2 de diciembre de 2004, Doc. A/59/565,* AGNU, 2004, párr. 159 y ss., en https://www.resdal.org/ultimos-documentos/main-un-informe-seguridad-04.html.

244 AGNU, *Informe del Secretario General «Un concepto más amplio de la libertad: desarrollo, seguridad y derechos humanos para todos». Doc. A/59/2005,* 2005, párr. 91, en https://www.un.org/spanish/largerfreedom/report-largerfreedom.pdf.

245 Para una mayor profundización acerca de los efectos de las medidas antiterroristas adoptadas, vid. A. S. Sánchez Frías, «From dangerous

a aquellos soldados que actúan en nombre del gobierno. Al fin y al cabo, "una causa justa no excusa los actos de violencia contra civiles desarmados y población neutra"[246]. Esta última afirmación va en consonancia con la postura mantenida por el Secretario General en su informe de 2004, que defiende la necesidad de "complementar el estricto y claro marco normativo de las Naciones Unidas aplicable al uso de la fuerza por los Estados con un marco normativo del mismo peso aplicable al uso de la fuerza por actores no estatales. Todos deben condenar clara e inequívocamente los atentados dirigidos específicamente contra civiles y no combatientes inocentes"[247].

II. TERRORISMO EN EL DERECHO INTERNACIONAL CONSUETUDINARIO. EL CASO DEL TRIBUNAL ESPECIAL PARA EL LÍBANO

Otra opción que se contempla es entender el terrorismo como un delito que forma parte del Derecho Internacional consuetudinario. Dicho planteamiento se concreta a partir de una propuesta del Tribunal Especial para el Líbano, el primer órgano de carácter internacional que, tras el intento de la CPI, juzga delitos de terrorismo. Se constituye en 2007 a través de la Resolución 1757 (2007), de 30 de mayo, para juzgar a los

---

citizens to foreign criminals: effects on human rights and state sovereignty of recent international and European responses to the terrorist threat.», *Revista de estudios europeos*, 75 (Enero-Junio), 2020, Instituto de Estudios Europeos, p. 114 y ss., en https://dialnet.unirioja.es/servlet/articulo?codigo=7216845.

246 A. P. Schmid, «The problems of defining terrorism», en *International encyclopedia of terrorism*, Fitzroy Dearborn, Chicago, Ill., 1997, p. 21.

247 AGNU, *Informe del Secretario General «Un concepto más amplio de la libertad: desarrollo, seguridad y derechos humanos para todos». Doc. A/59/2005*, cit., párr. 161.

responsables del asesinato de 22 personas por parte de *Hezbollah*, entre ellas el ex primer ministro de Líbano, Rafiq Hariri el 14 de febrero de 2005 tras apreciarse una serie de deficiencias en el proceso de investigación nacional[248]. En la decisión de 16 de febrero de 2011, la Sala de Apelaciones del Tribunal y su entonces presidente Antonio Cassese determinan la existencia de una norma consuetudinaria de Derecho Internacional relativa al delito de terrorismo transnacional. En este caso, lo que el Tribunal pretende no es tanto aplicar directamente la responsabilidad penal internacional por terrorismo en el Líbano, sino utilizar el Código penal libanés interpretado de conformidad con las normas internacionales. El efecto que genera es una ampliación del alcance de la responsabilidad penal explícitamente impuesta por el Código Penal libanés para abarcar elementos de responsabilidad previstos en el derecho internacional, dicho con otras palabras, se tipifica como hecho delictivo una nueva conducta y, por lo tanto, se introduce un nuevo delito en la legislación libanesa[249].

El argumento se sustenta en una práctica consolidada por parte de los Estados que demuestra la convicción de éstos de que dicha sanción responde a una necesidad social (*opinio iuris sive necessitatis*) y, por tanto, se convierte en obligatoria por la

---

[248] CSNU, *Resolución 1595 (2005) Aprobada por el Consejo de Seguridad en su 5160ª sesión, celebrada el 7 de abril de 2005. Doc. S/RES/1595 (2005).*

[249] B. Saul, «Legislating from a Radical Hague: The United Nations Special Tribunal for Lebanon Invents an International Crime of Transnational Terrorism», *Leiden Journal of International Law*, vol. 24, 3, 2011, Cambridge University Press, p. 679,680, en https://www.cambridge.org/core/journals/leiden-journal-of-international-law/article/legislating-from-a-radical-hague-the-united-nations-special-tribunal-for-lebanon-invents-an-international-crime-of-transnational-terrorism/045D641D5847AD86B2E507B3A5E2CC40.

existencia de una regulación que la exige (*opinio juris*)[250]. Para el tribunal, la norma impone tanto a los actores estatales como los no estatales la obligación de (i) abstenerse de participar en actos de terrorismo y (ii) prevenir y reprimir el terrorismo, en particular, perseguir y juzgar a los presuntos autores. Además, otorga el derecho a perseguir y reprimir el delito de terrorismo perpetrado en su territorio (o en el territorio bajo su control) por nacionales o extranjeros, y la correlativa prohibición de cualquier otro Estado de oponerse u objetar dicha persecución y represión contra sus propios nacionales[251]. Para ello deben existir tres elementos clave: (i) la perpetración de un acto delictivo (como el asesinato, el secuestro, la toma de rehenes, los incendios provocados, etc.), o la amenaza de cometer tal acto; (ii) la intención de sembrar el miedo entre la población (lo que generalmente supondría la creación de un peligro público), o de coaccionar directa o indirectamente a una autoridad nacional o internacional para que adopte alguna medida o se abstenga de hacerlo; (iii) y ello cuando el acto implica un elemento transnacional[252].

La Sala respalda su argumento basándose en la criminalización generalizada del terrorismo a través de multitud de convenios multilaterales. Sin embargo, dicho planteamiento es más que cuestionable por varios motivos.

Por un lado, el consenso respecto de la relevancia del terrorismo más allá del ámbito interno no implica que sea un delito internacionalmente regulado. Es más, el hecho de que finalmente se opte por excluirlo del Tratado de Roma a pesar de que estaba prevista su inclusión dentro de los delitos juzgados

---

250 Special Tribunal for Lebanon, *Tribunal Especial para el Líbano. STL-11-01/1/AC/R176bis*, 2011, párr. 102, en https://www.legal-tools.org/doc/ceebc3/pdf/.

251 *Ibid.*, p. 102.

252 *Ibid.*, párr. 85.

por la CPI la comunidad internacional rechaza considerarlo como un crimen internacional por derecho propio. Bajo estas condiciones, aunque los convenios sectoriales tipifican una serie de delitos que revisten carácter internacional, no generan una responsabilidad penal individual *per se*, como puede darse en los delitos fundamentales de los artículos 5 a 8 del Estatuto de la CPI, sino que dependen de la implementación nacional. Las convenciones obligan a los Estados a tipificar las conductas en el ámbito nacional y la responsabilidad por violar una obligación de carácter internacional recae sobre éstos, no sobre el individuo[253]. Por otro, la adopción de ese enfoque sectorial se debe a una falta de consenso por parte de los Estados a la hora de elaborar una definición integral. Prueba de ello es que dichos tratados mencionan métodos concretos para la comisión de actos realizados por terroristas, pero no evitan la referencia a dicho término.

Además, la Sala también alude a las constantes condenas al fenómeno que tanto la AGNU como el CSNU realizan a través de sus resoluciones. Reafirma su postura sosteniendo la amenaza que supone para la paz y la seguridad según el CSNU, a diferencia de otros delitos de carácter transnacional[254]. Pero dichos argumentos no tienen la suficiente solidez. Las declaraciones de la AGNU expresan una voluntad general o un interés común; pueden ayudar a desarrollar y consolidar normas consuetudinarias o promover la adopción de tratados que desarrollen los principios que propugnan, pero no son formalmente vinculantes. Aunque pueden ser un reflejo de un consenso in-

---

253 K. Ambos; A. Timmermann, «Terrorism and customary international law», en *Research handbook on international law and terrorism*, Second edition, Edward Elgar Publishing, Cheltenham, UK; Northampton, MA, USA, 2020 (Research handbooks in international law), p. 19.

254 Special Tribunal for Lebanon, *Interlocutory Decision on the Applicable Law*, cit., párr. 104 y 110.

ternacional respecto a la condena del terrorismo, éste no constituye un argumento suficiente que respalde la responsabilidad penal individual. Lo mismo ocurre con los pronunciamientos del CGNU. Si se hace referencia a la Resolución 1566 como la base para una definición común, hay que advertir que tampoco tipifica ninguna conducta adicional que no haya sido previamente calificada como criminal en dichos convenios, sino que únicamente clasifica como terrorismo ciertos delitos ya existentes cuando su objetivo es *aterrorizar, intimidar u obligar*[255]. Además, de nuevo engloba dichas acciones dentro del marco de delitos definidos en los convenios, las convenciones y los protocolos internacionales relativos a este tema y comprendidos en su ámbito. Finalmente, la reticencia a considerar los actos terroristas como amenazas a la paz y la seguridad hasta 1990 no se debe a la ausencia de amenazas terroristas, sino más bien al intento de evitar una confrontación política, dado el contexto de Guerra Fría que adolece[256].

Lo mismo ocurre si se revisan con detenimiento los tratados de ciertas organizaciones regionales, a pesar de lo sostenido por el Tribunal. Su argumento se basa en la afirmación de que *numerosos tratados regionales han definido el terrorismo como actos criminales destinados a aterrorizar a la población o a coaccionar a una*

---

255 CSNU, *Resolución 1566 (2004). Amenazas a la paz y la seguridad internacionales causadas por actos terroristas. Adoptada por el Consejo de Seguridad en su 5053ª sesión, el 8 de octubre de 2004. Doc. S/RES/1566 (2004).*, cit., párr. 3.

256 Cabe recordar que los ataques a los atletas israelíes en los Juegos Olímpicos de 1972 no generan ninguna acción del Consejo. Por otro lado, la violencia estatal contra aeronaves civiles y el secuestro y toma de rehenes de aeronaves no estatales se regula a través de los marcos legales sobre el uso de la fuerza y sobre los Convenios de aviación civil internacional, sin referencia al terrorismo. Todo ello para evitar una confrontación política e ideológica en torno a esa cuestión. Vid. B. SAUL (ED.), *Research handbook on international law and terrorism*, cit., p. 216..

autoridad[257]. Sin embargo, si se atiende con mayor detalle a los preceptos de los diferentes textos, se aprecian claras diferencias en su definición: mientras que algunos se centran en los métodos terroristas sin definir el terrorismo como tal —como puede ser la Convención Interamericana de 2002— otros contienen definiciones vagas en exceso, como es el caso de las contenidas en la Convención de la Organización para la Unidad Africana de 1999 o la propia Decisión Marco de 2002 de la UE. La clave es que, aunque todos tratan de regular el fenómeno, tampoco existe un consenso respecto a su contenido material. Por todo ello, si ya de por sí parece inviable la posibilidad de plasmar en un tratado una definición nacida de un acuerdo, difícilmente se puede plantear fuera de dicha esfera.

No obstante, este no es el único inconveniente. Aunque el Derecho Internacional consuetudinario es una de las principales fuentes del Derecho Internacional[258], requiere del cumplimiento de unos requisitos mínimos más allá de la mera práctica de los Estados en relación con la *opinio iuris*. En este caso, al tratarse de una materia penal, debe respetar además ciertos principios fundamentales que garanticen el principio de legalidad. De este modo, la conducta debe ser objeto de una prohibición penal escrita (*lex scripta*) vigente en el momento de la comisión de la misma (*lex praevia*) y sus elementos delictivos han de encontrarse clara e inequívocamente definidos (*lex certa*). Por ello, parece bastante improbable, incluso dejando de

---

257 SPECIAL TRIBUNAL FOR LEBANON, *Interlocutory Decision on the Applicable Law*, cit., párr. 88.

258 El art. 38.1.b del Estatuto de la Corte Internacional de Justicia recoge la costumbre internacional como una "práctica generalmente aceptada como derecho" NU, *Estatuto de la Corte Internacional de Justicia*, 1945, en https://www.icj-cij.org/public/files/statute-of-the-court/statute-of-the-court-es.pdf.

lado el requisito de la *lex scripta,* que una regla de Derecho Internacional consuetudinario pueda cumplir estos requisitos[259].

III. LA REGULACIÓN DEL TERRORISMO EN LOS TRATADOS SECTORIALES DE NACIONES UNIDAS

A lo largo del texto se ha destacado la dificultad para lograr una definición consensuada de terrorismo y, como se aprecia en apartados anteriores, tanto la AGNU como el CSNU se han hecho eco de ello. Mientras tanto, y de forma paralela, esta carencia se ha ido supliendo a través de la elaboración de una serie de tratados sectoriales que, si bien no establecen una definición general, sí articulan diversos mecanismos de colaboración a partir de un listado de delitos considerados de terrorismo que varían en función del tratado en cuestión.

1. Convenios relacionados con la seguridad aérea y marítima

a) Seguridad aérea

La reactivación de la cooperación interestatal recobra su importancia tras la II G.M., especialmente a partir de los años 60 del siglo XX y en relación con la actividad aeronáutica de manos de la Organización de Aviación Civil Internacional (en adelante, OACI), el organismo especializado en ese ámbito. Hasta entonces el espacio aéreo se regula por el Convenio Internacional de Navegación Aérea de 13 de octubre de 1919

259 K. Ambos; A. Timmermann, «Terrorism and customary international law», cit., p. 18.

(Convenio de París)[260] y el Convenio sobre Aviación Civil Internacional, de 7 de diciembre de 1944 (Convenio de Chicago)[261]. Sus cometidos principales pasan por establecer normas técnicas de aviación y regular el transporte aéreo en lo que a procedimientos de actuación entre Estados se refiere, pero no hacen referencia alguna a cómo intervenir ante el apoderamiento ilícito de una aeronave, a pesar de que en esa fecha ya se tiene constancia de algún caso en América y Europa. El primer texto que trata de regular este fenómeno es el Convenio sobre las infracciones y ciertos otros actos cometidos a bordo de las aeronaves, de 14 de septiembre de 1963 (también conocido como Convenio de Tokio)[262]. No obstante, se centra en reglamentar las facultades del comandante de la aeronave, así como los derechos y obligaciones de los Estados, pero relega a un papel secundario la actuación ante una situación de apoderamiento ilícito que, en cualquier caso, debe realizarse mediante el uso de violencia e intimidación[263].

---

260 NU, *Convenio Internacional de Navegación Aérea, firmado en París el 13 de octubre de 1919 y ratificado por España el 14 de noviembre de 1934 (BOE núm. 325, de 22 de noviembre de 1934, páginas 1450 a 1473).*

261 NU, *Convenio sobre Aviación Civil Internacional (OACI Doc 7300), firmado en Chicago el 7 de diciembre de 1944 y ratificado por España el 21 de febrero de 1947 (BOE núm. 55, de 24 de febrero de 1947, páginas 1338 a 1351).*

262 NU, *Convenio sobre las infracciones y ciertos otros actos cometidos a bordo de las aeronaves (OACI Doc 8364), hecho en Tokio el 14 de septiembre de 1963 y ratificado por España el 25 de agosto de 1969 (BOE núm. 308, de 25 de diciembre de 1969, páginas 20078 a 20081).*

263 El art. 1 del citado convenio establece lo siguiente: "1. Cuando, mediante violencia o intimidación. una persona cometa a bordo cualquier acto ilícito de apoderamiento, interferencia o ejercicio del control de una aeronave en vuelo, o esté a punto de cometer tales actos, los Estados Contratantes tomarán todas las medidas necesarias para que el legítimo comandante de la aeronave recupere o conserve el control. 2. En los casos previstos en el párrafo anterior, el Estado Contratante en que aterrice la aeronave

El incipiente incremento de estos sucesos durante los años posteriores obliga a los Estados a ocuparse de dicho fenómeno de forma explícita y a responder de un modo conjunto. Así surge el Convenio para la represión del apoderamiento ilícito de aeronaves, de 16 de diciembre de 1970 (Convenio de la Haya)[264]. Este aborda la definición de apoderamiento ilícito (art. 1), regula el procedimiento de extradición en dichos casos (arts. 6-8) e invita a la cooperación en materia penal (art. 10). Sin embargo, hasta la fecha, únicamente se contemplan los delitos cometidos a bordo de aeronaves, pero no se tienen en cuenta aquellos otros acontecidos en instalaciones aeroportuarias. Esta limitación se solventa con el Convenio para la represión de actos ilícitos contra la seguridad de la aviación civil, de 23 de septiembre de 1971 (Convenio de Montreal)[265] y su protocolo complementario del año 1988[266]. En este caso, ya no se está haciendo referencia únicamente a un delito de apoderamiento ilícito, sino que abarca también la destrucción o daño de la aeronave mediante artefactos u otras sustancias, de las instalaciones y servicios de la navegación aérea o la comunicación de informes falsos, siempre y cuando dichos actos supongan un peligro para la seguridad del avión[267]. Pocos años después, otro incidente marca la respuesta internacional:

---

permitirá a los pasajeros y tripulación que continúen su viaje lo antes posible y devolverá la aeronave y su carga a sus legítimos poseedores".

264 NU, *Convenio para la represión del apoderamiento ilícito de aeronaves de 1970,* cit. *supra.*

265 NU, *Convenio para la represión de actos ilícitos contra la seguridad de la aviación civil de 1971,* cit. *supra.*

266 NU, *Protocolo para la represión de actos ilícitos de violencia en los aeropuertos que presten servicio a la aviación civil internacional complementario del Convenio para la represión de actos ilícitos contra la seguridad de la aviación civil (OACI Doc. 9518), hecho en Montreal el 23 de septiembre de 1971, firmado en Montreal el 24 de febrero de 1988 y ratificado por España el 8 de abril de 1991 (BOE núm. 56, de 5 de marzo de 1992, páginas 7565 a 7567).*

267 Art. 1 del Convenio de Montreal de 1971

el ataque a un avión civil sobre el Sáhara en el que fallecen 400 personas. Este acontecimiento impulsa una resolución del CSNU que plantea las implicaciones de los actos de terrorismo para la seguridad internacional en el contexto de la detección de explosivos plásticos e insta a la OACI a intensificar sus esfuerzos para "prevenir todos los actos de terrorismo contra la aviación civil internacional"[268]. Tan solo dos años después se firma el Convenio sobre la marcación de explosivos plásticos para los fines de detección, de 1 de marzo de 1991[269]. En este caso, lo que destaca tanto la Resolución como el Convenio posterior es el uso de ciertos medios —en este caso explosivos plásticos— para cometer actos de terrorismo, lo que se desvía de las posturas que abogan por una definición de terrorismo centrada en los motivos políticos o fines intimidatorios o coercitivos que se persiguen.

Cabe destacar que desde el registro del primer atentado en 1931 hasta la firma del Convenio de la Haya en 1970 se tienen constancia de 101 casos de interferencia ilícita. Sin embargo, tan solo durante las tres décadas posteriores las cifras ascienden a 942 casos[270]. Este incremento exponencial, unido al progreso tecnológico y a la repercusión del atentado contra las Torres Gemelas, obliga a replantear la respuesta a dicho fenómeno. De ahí la elaboración de dos nuevos instrumentos: Convenio para la represión de actos ilícitos relacionados con la seguridad de la aviación civil internacional de 2010 (Convenio

---

268 CSNU, *Resolución 1595 (2005), aprobada por el Consejo de Seguridad en su 5160ª sesión, celebrada el 7 de abril de 2005. Doc. S/RES/1595 (2005).*, cit. *supra.*

269 NU, *Convenio sobre la marcación de explosivos plásticos para los fines de detección (OACI Doc. 9571), hecho en Montreal el 1 de marzo de 1991 y ratificado por España el 23 de febrero de 1994 (BOE núm. 288, de 2 de diciembre de 1998, páginas 39525 a 39529).*

270 G. Herraiz Gil, *Actos de interferencia ilícita en la aviación civil*, Círculo Rojo SL, España, 2022, pp. 35-37.

de Beijing)[271] y su Protocolo complementario[272]. El primero actualiza y consolida el Convenio de Montreal y su Protocolo, incorporando nuevas conductas típicas como es (i) el uso de una aeronave para generar daños a bienes o al medio ambiente; (ii) la utilización o transporte de armas biológicas, químicas o nucleares o (iii) la realización de cualquier otra acción que facilite el diseño, traslado o fabricación de estas o los daños a un aeropuerto (art. 1). Con ello se tratan de suplir las lagunas regulatorias detectadas tras el 11-S referentes al uso de aeronaves civiles como armas. También establece la responsabilidad penal de todo aquel que instigue u organice un delito, incluyendo las personas jurídicas si así lo prevé la legislación nacional (art. 4). Además, amplía los fundamentos relativos a la jurisdicción previstos en los documentos anteriores, permitiendo que sea el Estado Parte quien la establezca cuando la víctima sea uno de sus nacionales (art. 8.2). Por su parte, el protocolo complementario amplía el ámbito de aplicación del Convenio de La Haya para abarcar otras formas de apoderamiento ilícito de aeronaves, incluyendo los medios tecnológicos modernos. El último de los instrumentos vigentes relativos a esta materia es el Protocolo que modifica el Convenio de Tokio de 1963, hecho en Montreal el 4 de abril de 2014[273]. Entra en vigor el 1 de enero de 2020 tras la ratificación de Nigeria a finales del año previo con el objetivo de ampliar la jurisdicción

---

271 NU, *Convenio para la represión de actos ilícitos relacionados con la seguridad de la aviación civil internacional, hecho en Beijing el 10 de septiembre de 2010, firmado por España el 10 de septiembre de 2010 pero no ratificado. OACI Doc. 9960.*

272 NU, *Protocolo complementario del Convenio para la represión del apoderamiento ilícito de aeronaves (OACI Doc. 9959), hecho en Beijing el 10 de septiembre de 2010, firmado por España el 10 de septiembre de 2010 pero no ratificado.*

273 NU, *Protocolo que modifica el Convenio sobre las infracciones y ciertos otros actos cometidos a bordo de las aeronaves (OACI Doc. 10034), hecho en Montreal el 4 de abril de 2014, firmado por España el 9 de septiembre de 2015 pero no ratificado,* en https://www.icao.int/secretariat/legal/Docs/Protocole_mu.pdf.

de los Estados sobre las infracciones y actos pertinentes al Estado de aterrizaje y el Estado del explotador (art. 3.1 bis y 3.2 ter, entre otros) debido a la gravedad y frecuencia de comportamientos insubordinados a bordo de las aeronaves, así como para proporcionar el reconocimiento y la protección jurídica a los oficiales de seguridad de a bordo (art. 6).

b) Seguridad marítima

A pesar de la relevancia de los medios aeronáuticos para la materia de estudio, la colaboración internacional aborda también otros ámbitos, entre los que destaca el naval. Su regulación se centra en garantizar que se imponen las sanciones oportunas a aquellos que llevan a cabo actos ilícitos contra buques. Si se atiende a las cifras, podría afirmarse que la reglamentación de esta materia no tiene tanta repercusión en el tema de estudio. En efecto, según la base de datos de la RAND, los incidentes de terrorismo marítimo representan sólo el 2% del total registrado en los últimos 30 años[274], entre otras razones por la falta de incentivos estratégicos u operativos que le reportan a los perpetradores y a la dificultad de operar en dicho entorno frente a otros medios como el terrestre[275]. Además, su regulación por lo general es de carácter regional, sobre todo tras los ataques del 11-S[276]. No obstante, varias décadas antes

---

274 https://www.rand.org/nsrd/projects/terrorism-incidents.html

275 M. N. MURPHY, *Contemporary piracy and maritime terrorism: the threat to international security*, Routledge for the International Institute for Strategic Studies, Abingdon, 2007, p. 45.

276 En el año 2001, se crea el Centro Regional del Sudeste Asiático contra el Terrorismo (SEARCCT por sus siglas en inglés) dentro de la Asociación de Naciones de Asia Sudoriental (ASEAN) con el objetivo de proteger la navegación marítima en su área de influencia. Para ello, despliegan patrullas combinadas de Singapur, Indonesia y Malasia. En ese mismo año, la OTAN, crea la Operación *Active Endeavour* para asegurar el trán-

de dicho acontecimiento se firman dos de los convenios más relevantes que regulan la respuesta internacional ante ataques en el ámbito marítimo: el Convenio para la represión de actos ilícitos contra la seguridad de la navegación marítima (o Convenio SUA) y su Protocolo, ambos de 1988[277]. Su origen tiene que ver con el secuestro en 1985 del crucero Achille Lauro en el Mediterráneo a manos de unos terroristas de la facción Abu Abbas del Frente de Liberación de Palestina, Su objetivo era lograr la liberación de prisioneros palestinos por parte de Israel. Como respuesta, la AGNU invita al más alto órgano técnico de la Organización Marítima Internacional (en adelante, OMI) a seguir los pasos de la OACI en la elaboración de normas para salvaguardad la seguridad marítima[278], lo que impulsa la creación de dichos textos. El Convenio SUA se concibe para hacer frente a la violencia por motivos políticos en el

---

sito de barcos militares. 15 meses después amplía dicha operación para incluir la escolta del tráfico comercial a través de los estrechos. Además de dichas iniciativas existen también otras propuestas unilaterales como la establecida por EE.UU. a través del Programa de Seguridad Costera de África con la finalidad de proteger los recursos marítimos y sobre todo el flujo del petróleo. Por último, establecen patrullas marítimas conjuntas en otros puntos calientes del mundo para reforzar las leyes del mar e impedir actos de piratería como, por ejemplo, las Fuerzas Combinadas del Cuerno de África y la Unión de Patrullas Marítimas establecida en Australia para disuadir a los piratas en el mar de Timor. Vid. J. F. Vázquez, «La amenaza del terrorismo en el ámbito marítimo», *Boletín de Información*, 304, 2008, Centro Superior de Estudios de la Defensa Nacional, pp. 19 y 20, en https://dialnet.unirioja.es/servlet/articulo?codigo=2864596.

277 NU, *Convenio para la represión de actos ilícitos contra la seguridad de la navegación marítima y Protocolo para la represión de actos ilícitos contra la seguridad de las plataformas fijas emplazadas en la plataforma continental, hechos en Roma el 10 de marzo de 1988 y ratificado por España el 15 de junio de 1989 (BOE núm. 99, de 24 de abril de 1992, páginas 13842 a 13846).*

278 AGNU, *Resolución 584(14), de 20 de noviembre de 1985. Medidas para prevenir los actos ilícitos que amenazan la seguridad del buque y la salvaguardia de su pasaje y tripulación. Doc. A/RES/584/14.*

mar, ya que aborda actos como el apoderamiento de buques y la violencia a bordo, así como los daños a éstos y a su carga. Lo que se pretende con ello es establecer una diferenciación de lo tradicionalmente tipificado como piratería por la Convención de Naciones Unidas sobre el desarrollo del mar (en adelante, CNUDM)[279]. Esta se diferencia del delito recogido por el Convenio SUA en varios aspectos fundamentales: por un lado, la piratería está restringida a actos "privados", lo que excluye de la tipificación cualquier motivación de carácter político dada su naturaleza colectiva. Por otro, requiere la existencia de "dos barcos", de ahí que el apoderamiento interno no se incluya en la definición. Además, el SUA también se aplica a las aguas territoriales, siempre que la nave atacada proceda o se dirija a un destino internacional, a diferencia de la restricción geográfica de la piratería plasmada en la CNUDM, que la limita a alta mar. El segundo tratado hace referencia a los actos cometidos a bordo de plataformas fijas emplazadas en la plataforma continental o en contra de éstas. Aunque en general el objetivo de ambos es la persecución y no la prevención, tratando de garantizar que los Estados puedan enjuiciar o extraditar a los autores de dichos delitos, el Convenio SUA contiene un artículo destinado a la cooperación por parte de los Estados Partes en la prevención de los delitos enunciados en el artículo 3[280]. Sin

---

279 El término se encuentra recogido en el art. 101 de la CNUDM. Según este, constituye piratería cualquiera de los actos siguientes:" a) Todo acto ilegal de violencia o de detención o todo acto de depredación cometidos con un propósito personal por la tripulación o los pasajeros de un buque privado o de una aeronave privada y dirigidos: i) Contra un buque o una aeronave en la alta mar o contra personas o bienes a bordo de ellos; ii) Contra un buque o una aeronave, personas o bienes que se encuentren en un lugar no sometido a la jurisdicción de ningún Estado". NU, *Convención de las Naciones Unidas sobre el Derecho del Mar, hecho en Montego Bay el 10 de diciembre de 1982 y ratificado por España el 20 de diciembre de 1996 (BOE núm. 39, de 14 de febrero de 1997, páginas 4966 a 5055).*

280 Vid. Art. 13 de la Convención.

embargo, presentan una limitación crucial: no pueden invocarse si la violencia no es lo suficientemente significativa como para comprometer la seguridad marítima[281].

Los protocolos del año 2005 incorporan preceptos que tratan de actualizar la metodología utilizada por los terroristas: el uso o transporte de explosivos, material radioactivo o armas biológicas, químicas y nucleares (BQN); la descarga de hidrocarburos, gas natural licuado u otra sustancia peligrosa y el transporte de materiales o tecnología que contribuya a la fabricación o envío de armas BQN, siempre y cuando el daño generado tenga el propósito de intimidar a una población u obligar a un gobierno u organización internacional a realizar un acto o abstenerse de hacerlo[282]. Todo ello a raíz de varios atentados, que dejan en evidencia las lagunas normativas en la materia y entre los cuales se cuentan el ataque al USS Cole en el puerto de Adén por parte de Al Qaeda en octubre del año 2000, en el que mueren 17 marineros y otros 39 resultaron heridos, así como la explosión del SuperFerry 14 en el puerto de Manila el 27 de febrero de 2004, que se salda con centenares de víctimas, cuya autoría se la atribuye el grupo terrorista Abu Sayyaf.

---

281 M. N. MURPHY, *Contemporary piracy and maritime terrorism*, cit., pp. 13-14.

282 Vid. art. 3 bis del *Protocolo de 2005 relativo al Convenio para la represión de los actos ilícitos contra la seguridad de la navegación marítima, hecho en Londres el 14 de octubre de 2005 y ratificado por España el 31 de marzo de 2008 (BOE núm. 170, de 14 de julio de 2010, páginas 61810 a 61827).* Del mismo modo, vid. art. 2 bis y 2 ter del *Protocolo de 2005 relativo al Protocolo para la represión de actos ilícitos contra la seguridad de las plataformas fijas emplazadas en la plataforma continental, hecho en Londres el 14 de octubre de 2005 y firmado por España el 31 de marzo de 2008. (BOE núm. 171, de 15 de julio de 2010, páginas 61914 a 61919).*

2. Convenios relativos a la protección de colectivos especialmente vulnerables: personas internacionalmente protegidas y rehenes

a) Convención sobre la prevención y el castigo de delitos contra personas internacionalmente protegidas, inclusive los agentes diplomáticos

Las décadas de los 60 y 70 del S. XX están marcadas por el auge de atentados contra agentes diplomáticos debido a la cobertura mediática e impacto que generan a nivel social. Entre ellos cabe mencionar el asesinato de John Gordon Mein, embajador estadounidense en Guatemala por las Fuerzas Armadas Rebeldes (FAR) en agosto de 1968; el secuestro de su homólogo en Brasil, Charles Burke Elbrick, en septiembre de 1969 por un grupo de revolucionarios marxistas conocidos como MR-8; el ataque a Karl von Spreti, embajador de la República Federal Alemana en Guatemala en abril de 1970 de nuevo por parte de las FAR; el atentado contra el cónsul brasileño Aloysio Dias Gomide en Uruguay por parte del Movimiento de Liberación Nacional en julio de ese mismo año; el asesinato de Cleo A. Noel, Jr., embajador de Estados Unidos en Sudán durante una misión en Arabia Saudí en marzo de 1973 a manos de la organización palestina Septiembre Negro; o el secuestro de Terrance George Leonhardy, cónsul norteamericano en México por parte de las Fuerzas Revolucionarias Armadas del Pueblo tan solo dos meses después. Esta cadena de acontecimientos obliga a tipificar ciertos tipos penales que salvaguarden la integridad de dichas figuras diplomáticas. Hasta entonces, el único texto que, de algún modo, la regulaba era la Convención de Viena sobre Relaciones Diplomáticas de 1961[283], un texto destinado

---

283 NU, *Convención sobre Relaciones Diplomáticas, firmado en Viena el 18 de abril de 1961 y ratificado por España el 21 de noviembre de 1967 (BOE núm. 21, de 24 de enero de 1968, páginas 1031 a 1036).*

a blindar los privilegios e inmunidades del personal frente a procedimientos penales en el desempeño de sus funciones, pero que nada tenía que ver con su protección como sujetos especialmente vulnerables. En ese contexto, la CDI, a petición de la AGNU[284] prepara un proyecto que se basa en la regulación regional de la OEA relativa a la protección de los agentes diplomáticos[285] y en otros tratados sectoriales previos que reglamentan delitos de terrorismo, entre ellos los realizados por la OACI pocos años antes. Tras varias discusiones, el 14 de diciembre de 1973 se adopta en Nueva York la Convención sobre la prevención y el castigo de delitos contra personas internacionalmente protegidas, inclusive los agentes diplomáticos (Convención de Nueva York)[286]. El objetivo fundamental de ésta es impedir el asilo para sujetos declarados culpables de atentar gravemente contra las personas especialmente protegidas por el Derecho Internacional, de ahí que, tal y como afirma Gutiérrez Espada, el texto asiente sus "columnas maestras" en dos disposiciones: por un lado, ofrece a todo Estado parte una base jurídica para reivindicar su jurisdicción sobre esos delitos, y, por otro, deja en manos del Estado en cuyo territorio se encuentra el presunto culpable la alternativa entre extraditarlo o, en caso contrario, procesarlo según sus leyes"[287]. Un elemento

---

284 AGNU, *Resolución 2780(XXVI), de 3 de diciembre de 1971. Informe de la Comisión de Derecho Internacional. Doc. S/A/RES/2780(XXVI).*

285 Organización de Estados Americanos (OEA), *Convención para prevenir y sancionar los actos de terrorismo configurados en delitos contra las personas y la extorsión conexa cuando estos tengan trascendencia internacional (OEA Doc A-49).*

286 NU, *Convención sobre la prevención y el castigo de delitos contra personas internacionalmente protegidas, inclusive los agentes diplomáticos, hecha en Nueva York el 14 de diciembre de 1973 y ratificada por España el 26 de julio de 1985 (BOE núm. 33, de 7 de febrero de 1986, páginas 5064 a 5070).*

287 C. Gutiérrez Espada, «A propósito de la adhesión española a la Convención sobre prevención y el castigo de delitos contra personas internacionalmente protegidas», *Revista española de derecho internacional,* vol. 38,

destacable es el carácter preventivo del texto y se centra en la cooperación (a) a la hora de adoptar medidas que impidan la preparación de tales actos en sus respectivos territorios con independencia de si el atentado se ejecuta dentro o fuera del país; (b) en el intercambio de información y coordinación de mecanismos para impedir la comisión efectiva de dichos delitos[288]. No obstante, la regulación del fenómeno no evita la sucesión de atentados posteriores de similar naturaleza entre los cuales se cuentan el bombardeo de la embajada estadounidense en Lima a manos del Movimiento Revolucionario Tupac Amaru en enero de 1990, el ataque a la embajada de Israel en Argentina en marzo de 1992 por parte de *Hezbollah*, que deja 29 víctimas mortales y 242 heridos, o el propio caso del Líbano mencionado con anterioridad. Estos atentados no se centran únicamente en el personal diplomático e incluso a lo largo de 1993 mueren al menos 202 trabajadores de NU. Esta situación impulsó la elaboración de una convención que velara por la seguridad del personal de las NU, la cual se adopta tan solo un

1, 1986, Asociación Española de Profesores de Derecho Internacional y Relaciones Internacionales, p. 14. En relación con el primer aspecto, el art. 3.1 de la Convención de Nueva York establece que: cada Estado Parte dispondrá de lo que sea necesario para instituir su jurisdicción sobre los delitos previstos en el párrafo 1 del artículo 2 en los siguientes casos: a) cuando el delito se haya cometido en el territorio de ese Estado o a bordo de un buque o aeronave matriculado en ese Estado; b) cuando el presunto culpable sea nacional de ese Estado; c) cuando el delito se haya cometido contra una persona internacionalmente protegida, según se define en el artículo 1, que disfrute de esa condición en virtud de las funciones que ejerza en nombre de dicho Estado". En relación con el segundo aspecto, el art. 7 del Convenio de Nueva York establece lo siguiente: "el Estado parte en cuyo territorio se encuentre el presunto culpable, de no proceder a su extradición, someterá el asunto, sin ninguna excepción ni demora injustificada, a sus autoridades competentes para el ejercicio de la acción penal, según el procedimiento previsto en la legislación de ese Estado".

288 Vid. artículo 4 de la citada Convención.

año más tarde: la Convención sobre la Seguridad del Personal de las Naciones Unidas y el Personal Asociado de 1994[289].

b) Convención Internacional contra la toma de rehenes

Del mismo modo que la Convención de Nueva York de 1973, el siguiente texto aprobado bajo el paraguas de NU[290] surge de nuevo para dar respuesta a un fenómeno recurrente: el secuestro y toma de rehenes. En este caso es la propia Organización de Países Exportadores de Petróleo (OPEP) la que sufre un asalto en su sede de Viena en diciembre de 1975. En ésta se encontraban más de 60 personas celebrando su reunión semestral, de las cuales 3 fallecieron y otras tantas resultaron heridas durante el asalto. A este incidente le suceden otros en los que Alemania se ve especialmente involucrada: en primer lugar, el ataque de su embajada en Suecia por parte de la Facción del Ejército Rojo en abril de 1977; seguidamente, el asesinato del presidente de la asociación de empresarios alemanes en septiembre de este mismo año y, por último, el secuestro de un avión de Lufthansa tan solo un mes después. Estos actos obligan al país a acudir a la AGNU para tratar de solventar el problema. Esta última, a través de su Resolución 31/103[291], establece un comité *ad hoc* para la elaboración de la Convención Internacional contra la toma de rehenes que se aprueba

---

289 NU, *Convención sobre la Seguridad del Personal de las Naciones Unidas y el Personal Asociado, hecha en Nueva York el 9 de diciembre de 1994 y ratificado por España el 11 de diciembre de 1997 (BOE núm. 124, de 25 de mayo de 1999, páginas 19556 a 19560).*

290 NU, *Convención Internacional contra la toma de rehenes, hecha en Nueva York el 17 de diciembre de 1979 y ratificada por España el 9 de marzo de 1984 (BOE núm. 162, de 7 de julio de 1984, páginas 19989 a 19991).*

291 AGNU, *Resolución 31/103 de 15 de diciembre de 1976. Elaboración de una convención internacional contra la toma de rehenes. Doc. A/RES/31/103.*

el 17 de diciembre de 1979[292]. Siguiendo la estela del resto de tratados, el Convenio castiga la autoría o participación en el apoderamiento de una persona, la detención y la amenaza de muerte, lesión o mantenimiento de la privación de libertad a un rehén con el objetivo de que un tercero —Estado, Organización Internacional o persona natural o jurídica— realice o se abstenga de realizar ciertos actos como condición para su liberación[293]. Del mismo modo, y siguiendo con la línea de los convenios de Nueva York y Roma, impone a los Estados la obligación de cooperar en la prevención de los delitos a través (1) de la adopción de medidas para impedir la preparación y comisión de dichos delitos y (2) el intercambio de información y adopción de medidas de forma coordinada[294].

c) Atentados cometidos con bombas

Como viene siendo habitual en la regulación de este fenómeno, toda respuesta internacional viene precedida de ciertos incidentes de especial relevancia. En este caso, uno de los de mayor repercusión, tal y como se menciona en capítulos ante-

---

292 NU, *Convención Internacional contra la toma de rehenes, hecha en Nueva York el 17 de diciembre de 1979 y ratificada por España el 9 de marzo de 1984 (BOE núm. 162, de 7 de julio de 1984, páginas 19989 a 19991).*

293 Art. 1 de la citada Convención.

294 Concretamente, el art. 4 de la citada Convención establece lo siguiente: Los Estados Partes cooperarán en la prevención de los delitos previstos en el artículo 1, en particular: a) Adoptando todas las medidas factibles a fin de impedir que se prepare en sus respectivos territorios la comisión de tales delitos, tanto dentro como fuera de ellos, en particular medidas para prohibir en los mismos las actividades ilegales de personas, grupos u organizaciones que alienten, instiguen, organicen o cometan actos de toma de rehenes. b) Intercambiando información y coordinando la adopción de medidas administrativas y de otra índole, según proceda, para impedir que se cometan esos delitos.)

riores, es el asesinato del primer ministro indio Rajiv Gandhi en un atentado suicida perpetrado por los Tigres Tamiles en mayo de 1990. Sin embargo, no es el único. Piénsese en la detonación cometida por islamistas extremistas en el garaje del World Trade Center de Nueva York en 1993, que acaba con 6 muertos y más de 1.000 heridos, el ataque suicida con bomba cometido en una comunidad judía de Buenos Aires en julio de 1994, que hiere a 240 personas y acaba con la vida de 85 más, la explosión con coche bomba contra la sede del Banco Central de Sri Lanka, en Colombo, en enero de 1996, donde se ven afectadas más de 1.400 personas o el ataque con un camión bomba colocado en las instalaciones de la fuerza aérea de EE.UU. en Dhahran, Arabia Saudí en junio de 1996, que provocó la muerte de 19 militares e hirió a otros 500.

Menos de un mes después de este último acontecimiento, Estados Unidos promueve la negociación de un convenio para regular una respuesta conjunta a dichos actos en el seno de una reunión entre el grupo de expertos antiterroristas del G7 y la Federación Rusa. En enero de 1997, la AGNU impulsa la iniciativa a través de la propuesta de creación de un comité especial para que redacte tanto el borrador de un convenio internacional para la represión de los atentados terroristas cometidos con bombas como otro referente a la persecución de los actos de terrorismo nuclear[295]. Dicho grupo de trabajo, basándose en un texto elaborado por Francia, redacta un borrador que finalmente se aprueba a finales de ese mismo año: el Convenio internacional para la represión de los atentados terroristas cometidos con bombas de 1997[296].

---

295 AGNU, *Declaración complementaria de la Declaración de 1994 sobre medidas para eliminar el terrorismo internacional,* cit., párr. 9.

296 NU, *Convenio internacional para la represión de los atentados terroristas cometidos con bombas, hecho en Nueva York el 15 de diciembre de 1997 y ratificado*

El documento final sigue la estructura básica de convenciones previas: sin llegar a definir el delito de terrorismo, incluye la obligación de los Estados de tipificar en su normativa interna y sancionar ciertas conductas que, independientemente de su motivación, están calificadas como delito. Además, impone el procesamiento o extradición del autor de las mismas y la cooperación en la investigación y persecución de estos comportamientos y limita el ámbito de aplicación a aquellas situaciones en las que existe un componente internacional[297]. No obstante, también incorpora ciertas novedades que lo hacen especialmente relevante en la materia. Si bien es cierto que ya existen diversos tratados que tratan de perseguir conductas muy específicas, hasta el momento no hay ninguno que aborde el problema de los asaltos en espacios públicos, de ahí su aspecto más característico: el texto tiene como objetivo principal proteger estos espacios por considerarse especialmente susceptibles de ser objeto de un ataque. Para ello, equipara la muerte o las lesiones corporales a la destrucción significativa de un lugar, instalación o red siempre y cuando este hecho

por España el 22 de abril de 1999 (BOE núm. 140, de 12 de junio de 2001, páginas 20547 a 20553).

297 Si bien todos los tratados previos requieren un elemento internacional, dicha convención excluye de forma expresa su aplicación si las víctimas y el presunto delincuente son nacionales del Estado en que se ha cometido el delito y si este último se encuentra en dicho territorio. Vid. art. 3 de la citada convención. Los tratados previos contemplan limitaciones similares. Por ejemplo, el art. 3 de la Convención de la Haya limita su aplicación a los casos en los que "el lugar de despegue o el de aterrizaje real de la aeronave, a bordo de la cual se cometa el delito, está situado fuera del territorio del Estado de su matrícula". Lo mismo ocurre con la Convención contra la toma de rehenes, la cual no será de aplicación si el delito se comete "dentro de un solo Estado, el rehén y el presunto delincuente sean nacionales de dicho Estado y el presunto delincuente sea hallado en el territorio de ese Estado." (art. 13).

pueda llegar a generar un perjuicio económico[298]. Del mismo modo, aunque la comisión puede llevarse a cabo en calidad de autor o partícipe al igual que el resto de convenciones, el texto desarrolla con especial atención esta segunda categoría. En este sentido, también comete delito quien:

> "a) Participe como cómplice en la comisión de un delito enunciado en los párrafos 1 o 2, u
>
> b) organice o dirija a otros a los efectos de la comisión del delito enunciado en los párrafos 1 o 2, o
>
> c) contribuya de algún otro modo a la comisión de uno o más de los delitos enunciados en los párrafos 1 o 2 por un grupo de personas que actúe con un propósito común."[299]

De este modo, mientras que las convenciones de La Haya, de Montreal o la Convención contra la toma de rehenes regulan únicamente la participación como cómplice, en este caso, la tipificación abarca más conductas e incluye a todo aquel que organice, dirija a otros o contribuya a la comisión de algún otro modo[300], siempre y cuando sea intencional y con el objetivo de colaborar en los fines o la actividad delictiva. Lo que se

---

298 Según el art. 2.1 de la presente convención, "comete delito [...] quien *ilícita e intencionadamente entrega, coloca, arroja o detona* un artefacto o sustancia explosivo u otro artefacto mortífero en o contra un *lugar de uso público, una instalación pública o de gobierno, una red de transporte público o una instalación de infraestructura*: a) Con el propósito de *causar la muerte o graves lesiones corporales*, 3 b) Con el propósito de causar una *destrucción significativa* de ese lugar, instalación o red que produzca o pueda *producir un gran perjuicio económico.*"

299 Art. 2.3 de la citada Convención.

300 S. M. Witten, «The International Convention for the Suppression of Terrorist Bombings», *American Journal of International Law*, vol. 92, 4, 1998, p. 776, en https://www.cambridge.org/core/product/identifier/S0002930000028335/type/journal_article.Cabe recordar que las tres convenciones regulan la complicidad utilizando la siguiente estructura: "sea cómplice de la persona que los cometa o intente cometerlos...".

pretende con este precepto es ampliar la capacidad de los Estados a la hora de investigar, perseguir o juzgar a aquellos sujetos que, si bien no han perpetrado el ataque de forma directa, han contribuido en la ejecución del mismo.

Otro aspecto relevante se aprecia al hacer referencia al método de comisión del acto. En este caso, aunque la aplicación del tratado está limitada a ataques con artefactos explosivos o mortíferos, no se está aludiendo únicamente a métodos convencionales, sino que incluye también armas químicas, biológicas o nucleares[301], lo que se acerca más a la técnica legislativa de las posteriores convenciones que a sus predecesoras, en un intento de recoger la variedad de técnicas utilizadas para la comisión de dichos ataques.

También es llamativa la inclusión de un doble elemento intencional: por un lado, el propósito que se pretende lograr con la entrega, colocación o detonación del artefacto; por otro lado y aún más relevante, la "intención o el propósito de crear un estado de terror en la población en general, en un grupo de personas o en determinadas personas" plasmado en su art. 5[302].

---

301 El art. 1.3 entiende por "artefacto explosivo u otro artefacto mortífero" a toda (a) arma, artefacto explosivo o incendiario o (b) El arma o artefacto que [...] pueda causar la muerte o graves lesiones corporales [...] mediante la emisión, la propagación o el impacto de productos químicos tóxicos, agentes o toxinas de carácter biológico o sustancias similares o radiaciones o material radiactivo."

302 El art. 5 establece lo siguiente: " Cada Estado Parte adoptará las medidas que resulten necesarias, incluida, cuando proceda, la adopción de legislación interna, para que los actos criminales comprendidos en el ámbito del presente Convenio, en particular los que obedezcan a la intención o el propósito de crear un estado de terror en la población en general, en un grupo de personas o en determinadas personas, no puedan justificarse en circunstancia alguna por consideraciones de índole política, filosófica, ideológica, racial, étnica, religiosa u otra similar y sean sancionados con penas acordes a su gravedad".

Esta disposición se acerca más a los proyectos de convenciones sobre terrorismo internacional desarrollados en los apartados anteriores que a los propios tratados sectoriales previos[303].

Aunque el tratado tiene diversas limitaciones, en general ha servido para el propósito que estaba previsto: como instrumento de fortalecimiento del derecho interno nacional y en los casos de asistencia jurídica internacional y extradición. Por este motivo, puede considerarse un éxito, dada la prontitud de su elaboración y la dificultad para negociar ciertos detalles, como pueden ser la definición de los delitos, la inclusión de los daños materiales sin pérdida de vidas o la forma de redactar la excepción de las actividades militares[304].

d) Financiación del terrorismo

Ya en su Resolución 49/60 de 1994, la AGNU explicita la prohibición de "organizar o instigar actos de terrorismo en el territorio de otros Estados, de colaborar o participar en su

---

303 Recordemos que la propia Convención de 1937 considera terrorismo todos los "actos criminales dirigidos contra un Estado, con la intención o el propósito de crear un estado de terror en la mente de un individuo, de un grupo de personas o del público en general. Lo mismo ocurre con la Declaración de 1994 sobre medidas para eliminar el terrorismo internacional, cuyo apartado 3 establece la siguiente definición: "Los actos criminales con fines políticos concebidos o planeados para provocar un estado de terror en la población en general, en un grupo de personas o en personas determinadas son injustificables en todas las circunstancias, cualesquiera sean las consideraciones políticas, filosóficas, ideológicas, raciales, étnicas, religiosas o de cualquier otra índole que se hagan valer para justificarlo".

304 S. Witten, «The International Convention for the Suppression of Terrorist Bombings», en *Research handbook on international law and terrorism,* Second edition, Edward Elgar Publishing, Cheltenham, UK ; Northampton, MA, USA, 2020 (Research handbooks in international law), p. 119.

comisión, o de tolerar o alentar que se lleven a cabo en su territorio actividades que apunten a la comisión de esos actos así como a abstenerse de organizar, instigar, facilitar, financiar, alentar o tolerar actividades terroristas y adoptar medidas prácticas adecuadas para velar por que no se utilicen sus respectivos territorios para instalaciones terroristas o campamentos de adiestramiento o para la preparación u organización de actos terroristas que hayan de perpetrarse contra otros Estados o sus ciudadanos"[305]. La formulación asertiva de este discurso se debe a la multitud de Estados que, bien para inquietar a los enemigos políticos (Libia), o para promover las aspiraciones políticas en regiones particulares (Siria e Irán respecto a la influencia chiita de Oriente Medio), se dedican a financiar actividades terroristas durante la década de los 90 del S. XX. No obstante, los Estados no son los únicos que aprovisionan de fondos a las organizaciones terroristas. En efecto, existen ciertos grupos regionales que se financian a través de actividades propias del crimen organizado (las FARC con el cultivo y tráfico de drogas o Al Qaeda y los talibanes con la producción de opio), a partir de dinero facilitado por comunidades de expatriados (el IRA en Irlanda del Norte) o a través de organizaciones benéficas. Si el origen es ilícito, el marco legal aplicable tiene que ver con la regulación en materia de prevención de blanqueo de capitales, incluyendo las recomendaciones del Grupo de Acción Financiera Internacional (GAFI). El problema se plantea cuando la fuente de ingresos es legal, lo que requiere de un delito de financiación del terrorismo independiente de la mera recaudación de fondos. En ese momento, aparte de una serie de condenas por parte del CSNU, no existe un instrumento internacional que dé respuesta a esta situación. De ahí que la AGNU pida al mismo comité *ad hoc* encargado de redactar el

---

305 Vid. arts. 4 y 5.a de la Declaración sobre medidas para eliminar el terrorismo internacional contenida en la *Declaración de 1994*, cit. *supra*.

Convenio para la represión de los atentados terroristas cometidos con bombas que elabore el borrador de un convenio para reprimir la financiación del terrorismo[306]. Todo ello porque entiende que una de las formas para prevenir dicho fenómeno es limitando el acceso a recursos económicos con los que actuar.

Así pues, el art. 2.1 establece lo que para algunos autores se considera una de las definiciones de terrorismo más detalladas hasta entonces:

> "Comete delito en el sentido del presente Convenio quien por el medio que fuere, directa o indirectamente, ilícita y deliberadamente, provea o recolecte fondos con la intención de que se utilicen, o a sabiendas de que serán utilizados, en todo o en parte, para cometer:
>
> a) Un acto que constituya un delito comprendido en el ámbito de uno de los tratados enumerados en el anexo y tal como esté definido en ese tratado;
>
> b) Cualquier otro acto destinado a causar la muerte o lesiones corporales graves a un civil o a cualquier otra persona que no participe directamente en las hostilidades en una situación de conflicto armado, cuando, el propósito de dicho acto, por su naturaleza o contexto, sea intimidar a una población u obligar a un gobierno o a una organización internacional a realizar un acto o a abstenerse de hacerlo"[307].

En este caso y siguiendo la propuesta de Bassiouni, lo que se utiliza es una fórmula mixta que combina un enunciado general con algunas aplicaciones ilustrativas específicas en cuan-

---

306 AGNU, *Resolución 53/108, de 8 de diciembre de 1998. Medidas para eliminar el terrorismo internacional. Doc. A/RES/53/108*, párr. 11.

307 NU, *Convenio internacional para la represión de la financiación del terrorismo, hecho en Nueva York el 9 de diciembre de 1999 y ratificado por España el 1 de abril de 2002 (BOE núm. 123, de 23 de mayo de 2002, páginas 18361 a 18369)*, art. 2.1.

to a la conducta proscrita[308]. Sin embargo, cabe recordar que, en este caso, no se está tipificando el delito de terrorismo como tal, sino su financiación. En cualquier caso, para que la conducta sea abarcable por la Convención es necesario el cumplimiento de una serie de requisitos: en primer lugar, debe existir un delito de terrorismo independiente del propio delito de financiación; en segundo lugar, la recolección de fondos tiene que estar destinada a cometer (a) un acto tipificado en alguna de las convenciones internacionales previstas en el anexo del texto o (b) cualquier otro acto destinado a causar la muerte o lesionar siempre y cuando se realice con la intención de intimidar a una población u obligar a un gobierno o una OO.II. a realizar un acto o a abstenerse de hacerlo (*dolus specialis*). Una vez cumplidos los dos elementos previos, no es necesario más que la intención o el conocimiento de que tales fondos van a ser utilizados para dicho fin por parte del sujeto, con independencia del delito originario[309]. En este caso, además, se castiga tanto la consumación como la tentativa, así como la autoría y participación como cómplice, organizador o simplemente contribuyendo de forma intencionada a la comisión de dichos actos, bien con la intención de facilitar la actividad delictiva o simplemente conociendo la intención del grupo (art. 2.5). Del mismo modo que las convenciones anteriores, el texto también proporciona diversos mecanismos de intercambio de información —que en este caso incluye también a la Interpol (art. 18.4)— extradición y otras formas de asistencia legal entre los Estados Partes. Un aspecto destacable es la cláusula que incorpora en el art. 12.2 limitando la posibilidad de que cual-

---

308 M. C. Bassiouni, «Methodological Options For International Legal Control of Terrorism», *Akron Law Review*, vol. 7, 1974, p. 389.

309 I. Bantekas, «The international law on terrorist financing», en *Research handbook on international law and terrorism*, Second edition, Edward Elgar Publishing, Cheltenham, UK ; Northampton, MA, USA, 2020 (Research handbooks in international law), p. 99.

quier Estado niegue la asistencia legal amparado en el secreto bancario. De un modo similar, el art. 13 imposibilita que un Estado invoque el carácter fiscal del delito como único motivo para rechazar una solicitud de asistencia judicial recíproca o de extradición. Otros aspectos novedosos son la obligación de las partes de imponer sanciones efectivas penales civiles o administrativas a las personas jurídicas (art. 5), así como a congelar o confiscar aquellos activos utilizados para cometer delitos terroristas (art. 8). Respecto a esto último, era fundamental establecer un mecanismo internacional que permitiera a los Estados congelar los activos de personas o entidades designadas como terroristas, ya que, hasta entonces, el procedimiento se limita a las resoluciones del CSNU[310]. Aunque no se puede valorar la eficacia e impacto de la Convención, su importancia radica en el impulso a tipificar dichas conductas en las legislaciones nacionales ya que, al no tratarse de actos violentos, muchas de ellas no estaban incluidas en las leyes internas.

e) Terrorismo nuclear

El desarrollo y uso de armas de destrucción masiva ha constituido un elemento usual en el debate político. No obstante, tras la Guerra Fría se incorpora también a la agenda de seguridad, pues uno de los mayores temores de la época es la adquisición ilícita de armas soviéticas por parte de Estados o terroristas tras el colapso de la Unión Soviética. Hasta entonces, el único instrumento multilateral que regula la materia es el Tratado sobre la no proliferación de las armas nucleares de 1968[311].

---

310 CSNU, *Resolución 1267 (1999) Aprobada por el Consejo de Seguridad en su 4051ª sesión, celebrada el 15 de octubre de 1999. Doc S/RES/1267 (1999)*, párr. 4.b.

311 NU, *Tratado sobre la no proliferación de las armas nucleares, hecho en Londres, Moscú y Washington el 1 de julio de 1968 (Doc. INFCIRC/140) y ratificado por*

Este obliga a los Estados a participar en el control de armas con vistas a un eventual desarme, pero no contiene disposición alguna referente al terrorismo ni a actores no estatales. Tienen que pasar varias décadas para que se apruebe un instrumento internacional jurídicamente vinculante que, si bien no se refiere de forma expresa al terrorismo nuclear, si se aplica a actos asociados con este: la Convención sobre protección física de los materiales nucleares (Convención de Viena)[312], adoptada en el marco del Organismo Internacional de Energía Atómica (en adelante, OIEA) y que busca garantizar la seguridad durante el transporte internacional de material nuclear utilizado con fines pacíficos. Siguiendo la línea de las otras convenciones, incorpora medidas relacionadas con la tipificación, jurisdicción y cooperación entre las Partes, incluyendo la obligación de asistencia legal mutua en procedimientos penales. A finales de la década de 1980, únicamente 26 Estados la habían ratificado, cifra que se ha incrementado de forma exponencial durante los últimos años, alcanzando los 157 signatarios, lo que evidencia la cada vez mayor preocupación por el tema. Tras los atentados del 11-S, se introduce una enmienda[313] con el objetivo de abarcar la protección de instalaciones y el medio ambiente. Además, prevé un régimen de protección física ante hurtos y apropiación de materiales, e incluye la adopción de medidas para localizar y recuperar material perdido y proteger

---

España el 13 de octubre de 1987 (BOE núm. 313, de 31 de diciembre de 1987, páginas 38243 a 38256).

312 NU, *Convención sobre protección física de los materiales nucleares (INFCIRC/274/Rev.l), hecha en Viena y Nueva York el 3 de marzo de 1980 y ratificado por España el 20 de abril de 1987 (BOE núm. 256, de 25 de octubre de 1991, páginas 34558 a 34562).*

313 NU, *Enmienda de la Convención sobre la protección física de los materiales nucleares, hecha en Viena el 8 de julio de 2005 y firmada por España el 25 de octubre de 2007. (BOE» núm. 105, de 2 de mayo de 2016, páginas 29201 a 29216).*

los materiales nucleares e instalaciones nucleares contra el sabotaje (art. 2A).

Como se ha mencionado anteriormente, el mismo comité *ad hoc* que redacta las Convenciones de 1997 y 1999 tiene como encargo promover la elaboración de un texto que cubra las lagunas del Convenio de Viena de 1980 en relación con los medios y formas de comisión del terrorismo nuclear. Las dificultades para su aprobación radican en el trasfondo político que existe en relación con la legalidad del uso y posesión de este tipo de armas. Sin embargo, los atentados de las Torres Gemelas reavivan el temor sobre el terrorismo con armas de destrucción masiva y pone de manifiesto la necesidad de establecer obligaciones vinculantes para los Estados con el objetivo de prevenir que los terroristas obtengan los medios necesarios para desarrollar, adquirir y usar este tipo de armamento. Hasta ahora, los tratados de no proliferación estaban centrados en los Estados. Sin embargo, el CSNU a través de su Resolución 1540 (2004) impone ciertas obligaciones que tienen que ver con los actores no Estatales y enfatiza la prevención del terrorismo más allá del modelo tradicional de aplicación de la ley[314].

Este contexto aceleró la publicación del Convenio internacional para la represión de los actos de terrorismo nuclear un año después[315]. Presenta ciertas similitudes con las otras dos convenciones elaboradas por dicho comité. En primer lugar, se castiga el hecho de poseer o utilizar material radiactivo, fabricar o poseer un dispositivo o utilizar o dañar una instalación

---

314 D. FIDLER, «Nuclear, chemical and biological terrorism in international law», en *Research handbook on international law and terrorism*, Second edition, Edward Elgar Publishing, Cheltenham, UK; Northampton, MA, USA, 2020 (Research handbooks in international law), pp. 88-89.

315 NU, *Convenio internacional para la represión de los actos de terrorismo nuclear, hecho en Nueva York el 13 de abril de 2005 y ratificado por España el 29 de enero de 2007 (BOE núm. 146, de 19 de junio de 2007, páginas 26527 a 26533).*

nuclear en forma tal que provoque la emisión o entrañe el riesgo de provocar la emisión de material radiactivo con el propósito de (a) causar la muerte o lesiones corporales graves; (b) causar daños considerables a los bienes o al medio ambiente; (c) obligar a una persona natural o jurídica, una organización internacional o un Estado a realizar o abstenerse de realizar algún acto[316], siempre que se dé un segundo elemento subjetivo: "la intención o el propósito de crear un estado de terror en la población en general, en un grupo de personas o en determinadas persona"[317]. Uno de los temas más controvertidos es si aplicar o no dicho Convenio a las actividades de las fuerzas armadas estatales o al terrorismo nuclear patrocinado por un Estado. A pesar de que los tratados sectoriales excluyen de su aplicación las actividades de las fuerzas armadas durante un conflicto armado porque ya están regidas por el DIH, este caso podría constituir una excepción, ya que, por lo general, son los Estados los principales poseedores de material nuclear[318]. Finalmente, se decide continuar con las líneas marcadas por los textos precedentes.

---

316 El art. 2.1 establece lo siguiente: "1. Comete delito en el sentido del presente Convenio quien, ilícita e intencionalmente: a) Posea material radiactivo o fabrique o posea un dispositivo: i) Con el propósito de causar la muerte o lesiones corporales graves; o ii) Con el propósito de causar daños considerables a los bienes o al medio ambiente; b) Utilice en cualquier forma material radiactivo o un dispositivo, o utilice o dañe una instalación nuclear en forma tal que provoque la emisión o entrañe el riesgo de provocar la emisión de material radiactivo: i) Con el propósito de causar la muerte o lesiones corporales graves; ii) Con el propósito de causar daños considerables a los bienes o al medio ambiente; o iii) Con el propósito de obligar a una persona natural o jurídica, una organización internacional o un Estado a realizar o abstenerse de realizar algún acto".

317 Art. 6 de la citada Convención.

318 *Informe del Comité ad hoc sobre terrorismo internacionalNo. 53. Doc. A/C.6/53/L.4*, AGNU, 1998, app. III, parr. 40.

El problema que se plantea es el doble uso que se le puede dar a este tipo de material, ya destacado por la Convención de 1980: todos los Estados tienen derecho a desarrollar y emplear la energía nuclear con fines pacíficos y obtener de ello los beneficios potenciales que pueden derivarse de la misma pero, al mismo tiempo, no hay que olvidar el peligro que supone el uso o apoderamiento ilegal de materiales nucleares.

El temor a la tenencia de armas de destrucción masiva por parte de grupos terroristas tras el 11-S alerta de una escasez regulatoria en lo que se refiere a esta modalidad. Para cubrir dicha laguna se opta por una doble fórmula: por un lado, se introducen nuevas enmiendas que complementan los tratados existentes, que tipifican como delito de terrorismo la comisión de ciertos actos perpetrados con estos medios, lo que se refleja en los Protocolos de 2005 relativos al convenio sobre la navegación marítima y su protocolo sobre las plataformas fijas. Por otro lado, se elaboran nuevas convenciones que sí incorporan ya dichos medios de comisión: el Convenio de Beijing de 2010 exige que los Estados tipifiquen el uso de aeronaves para descargar o transportar ilegalmente armas biológicas, químicas o nucleares (art. 1.1.i.2).

IV. LA INDEFINICIÓN DEL DELITO DE TERRORISMO EN LOS CONVENIOS DE LAS ORGANIZACIONES REGIONALES DE AMÉRICA, ASIA Y ÁFRICA

1. Organización de Estados Americanos (OEA)

a) Convención para prevenir y sancionar los actos de terrorismo configurados en delitos contra las personas y la

extorsión conexa cuando estos tengan trascendencia internacional de 1971

El primer acercamiento de la OEA a la tipificación del delito de terrorismo nace a raíz de múltiples episodios de secuestro y extorsión de diplomáticos por parte de diferentes grupos revolucionarios con el objetivo de obtener concesiones políticas durante las décadas de los sesenta y setenta del S. XX. Uno de los más paradigmáticos fue el secuestro y asesinato del embajador de Alemania Occidental en Guatemala en 1970 ya mencionado con anterioridad. Así, en 1971 se adopta una convención cuyo objetivo fundamental es salvaguardar la seguridad de un colectivo que merece protección especial de acuerdo con las normas del derecho internacional[319]. Uno de los temas que generan mayor conflictividad a la hora de redactarlo es determinar qué delitos regula debido al temor generalizado a restringir de forma excesiva la soberanía estatal, lo cual explica el rechazo a la propuesta original del Comité Jurídico Interamericano de incluir una definición general de terrorismo, optando por un enfoque restringido a determinados actos[320]. De este modo, la Convención se limita al "secuestro, homicidio y otros atentados contra la vida y la integridad de las personas a quienes el Estado tiene el deber de extender protección especial" (art. 2). Este mismo artículo configura la ilicitud de la conducta con independencia de la motivación, al igual que hacen convenios internacionales como, por ejemplo, el Convenio de la Haya

---

319 Organización de Estados Americanos (OEA), *Convención para prevenir y sancionar los actos de terrorismo configurados en delitos contra las personas y la extorsión conexa cuando estos tengan trascendencia internacional (OEA Doc A-49),* cit. *supra.*

320 M. Sossai, «The legal response of the Organization of American States in combating terrorism», en *Research handbook on international law and terrorism,* Second edition, Edward Elgar Publishing, Cheltenham, UK; Northampton, MA, USA, 2020 (Research handbooks in international law), p. 631.

de 1970. Además, impone una doble obligación a los Estados: impedir el uso de sus territorios para la preparación de actos terroristas llevados a cabo en otro Estado e intercambiar información y tomar medidas administrativas para proteger a las personas internacionalmente protegidas (art. 8 a y b). Siguiendo la estela del resto de convenios internacionales, incorpora la cláusula *aut dedere aut iudicare* en los artículos 3 y 5, los cuales constituyen una variante de la fórmula establecida por el Convenio de la Haya[321]. Si bien la falta de ratificación por parte de los países signatarios limita su eficacia, al menos sirve de modelo para la Convención para la prevención y sanción de los delitos contra las personas internacionalmente protegidas de 1973.

b) Convención Interamericana contra el Terrorismo de 2002

El final de la Guerra Fría marca un punto de inflexión no solamente en el continente europeo, sino en el panorama político en general. Para hacer frente a este fenómeno calificado como acto criminal por parte de la AGNU, los jefes de Estado que asisten a la Primera Cumbre de las Américas de 1994 llegan a la conclusión de que los actos de terrorismo constituyen "una violación sistemática y deliberada de los derechos de los

[321] El Convenio de la Haya de 1970 plantea la cláusula en un solo artículo estableciendo en su art. 7 que, "si no procede a la extradición del mismo, someterá el caso a sus autoridades competentes a efectos de enjuiciamiento". Sin embargo, la Convención de la OEA distingue dicho principio en dos artículos diferenciados; por un lado, según el art. 3, "las personas procesadas o sentenciadas [...] estarán sujetas a extradición de acuerdo con las disposiciones de los tratados de extradición vigentes". Sin embargo, "cuando no proceda la extradición [...] el Estado requerido queda obligado a someter el caso al conocimiento de las autoridades competentes" (art. 5).

individuos y un asalto a la democracia misma” [322] y que ello requiere de la adopción de acuerdos que enjuicien y penalicen a aquellos que los cometan.

Cuatro años después, a raíz de un compromiso adoptado en el marco de una conferencia especializada sobre terrorismo en Argentina, se crea el Comité Interamericano contra el Terrorismo (en adelante, CICTE) con el propósito de “desarrollar la cooperación a fin de prevenir, combatir y eliminar los actos y actividades terroristas”[323]. Sin embargo, tal y como ocurre en el contexto internacional, son los atentados del 11-S los que impulsan de forma definitiva una respuesta conjunta a dicha amenaza. Así, tan solo 10 días después del ataque, se celebra una reunión de la OEA[324] en la que se adoptan varias decisiones, entre ellas la reactivación del CICTE y la elaboración de un tratado contra el terrorismo, que se aprueba el 6 de marzo de 2002[325] .

Aunque la posibilidad de incorporar una definición integral de terrorismo a esta convención planteaba el mismo debate que ya se suscitó con su predecesora, al final se optó por definir su ámbito de aplicación a partir de los instrumentos internacionales existentes hasta la fecha (art. 2), que abarcan

---

322 *Primera Cumbre de las Américas: Plan de Acción*, OEA, Miami, Florida, EE.UU., 1994, sec. 7.

323 *Segunda conferencia especializada sobre terrorismo: compromiso de Mar del Plata, 23-24 de noviembre de 1998, OEA Doc. OEA/Ser.K/XXXIII.2, CEITE-II/doc.6/98 rev.1*, OEA, Mar del Plata, Argentina, 1998, n.º 7, en http://www.oas.org/juridico/spanish/Docu4.htm.

324 *Reunión de consulta de ministros de relaciones exteriores: Fortalecimiento de la cooperación hemisférica para prevenir, combatir y eliminar el terrorismo OEA. Doc. OEA/Ser.F/II.23, RC.23/RES.1/01*, OEA, Washington, D.C., 2001, en http://www.oas.org/oaspage/crisis/rc.23s.htm.

325 Organización de Estados Americanos (OEA), *Convención interamericana contra el terrorismo (OEA Doc. A-66)*, 2002, en https://www.oas.org/xxxiiga/espanol/documentos/docs_esp/agres1840_02.htm.

desde el Convenio de la Haya de 1970 hasta el Convenio para la represión de la financiación del terrorismo de 1999. Esta nueva Convención pretende garantizar la implementación de la Resolución 1373 (2001) del CSNU[326], de ahí que preste especial atención al embargo y decomiso tanto a los fondos destinados a financiar estos delitos como a los obtenidos con los delitos de terrorismo, así como a los actos de blanqueo (arts. 5 y 6), la implantación de mejoras en el ámbito fronterizo y de aduanas y el control sobre la emisión de documentos de identidad y viaje (art. 7). Además, siguiendo lo establecido por el CSNU, obliga a la denegación de condición de refugiado y a la desestimación de la petición de asilo a todo aquel sospechoso de haber cometido un delito de esta índole (arts. 12 y 13). En lo referente a la motivación de los actos, si ya la Convención de 1971 eliminaba la posibilidad de evitar la extradición por motivos políticos, ahora esto se recoge de forma explícita en su art. 11:

> "Una solicitud de extradición o de asistencia jurídica mutua no podrá denegarse por la sola razón de que se relaciona con un delito político o con un delito conexo con un delito político o un delito inspirado por motivos políticos."

Un último aspecto relevante es la exigencia de que todas las medidas recogidas en la Convención deben respetar los derechos humanos y libertades fundamentales (art. 15). En este sentido, tanto el CICTE como la Comisión Interamericana de Derechos Humanos (en adelante, CIDH) juegan un papel fundamental a la hora de supervisar el cumplimiento de las obligaciones estatales en esta materia[327].

---

326 CSNU, *Resolución 1373 (2001) Aprobada por el Consejo de Seguridad en su 4385ª sesión, celebrada el 28 de septiembre de 2001, Doc. S/RES/1373*, pp. 2 y 3.

327 A raíz de una petición presentada por la sociedad civil, la CIDH ha realizado una serie de declaraciones y ha aprobado diversas resoluciones

2. *Organización para la Unidad Africana (OUA) / Unión Africana (UA): Convención para la prevención y lucha contra el terrorismo de 1999 y su protocolo (2004)*

Desde la fundación de la OUA en 1963, la seguridad es un tema recurrente y esencial de su agenda, debido al predominio de los conflictos y la inestabilidad política tras la creación de nuevos Estados independientes en el continente africano. No obstante, a pesar de la controversia del tema, su carta fundacional no menciona el término terrorismo por la connotación que las potencias coloniales le otorgan al término: consideran como terroristas a los luchadores por la liberación y a la OUA una organización paraguas de dichos grupos. De nuevo, el fin de la Guerra Fría, unido a la proliferación de Estados fallidos y al crecimiento del terrorismo religioso islámico radical en Nigeria, África del Norte y África Oriental en la década de los 90, imponen la adopción de nuevas medidas.

Este contexto emergente da lugar a dos de los hitos más transcendentales en la regulación del terrorismo: por un lado, la Resolución 213 (XXVIII), sobre el Fortalecimiento de la cooperación y la coordinación entre los Estados de África de 1992, que considera el extremismo religioso y el apoyo estatal a

---

relacionadas con la situación de los detenidos en la Bahía de Guantánamo, Cuba. Así, ha pedido a EE.UU. el cierre inmediato del centro de detención en Guantánamo, así como el respeto de las garantías a un juicio justo y el cumplimiento de la obligación de investigar, juzgar y castigar cualquier alegación de tortura u otro trato cruel, inhumano o degradante que supuestamente pueda haber ocurrido en el centro de detención. En este sentido, vid. Comisión Interamericana de Derechos Humanos, *Resolución No. 2/06 Sobre las Medidas Cautelares sobre los detenidos en Guantánamo*, 2006, en http://www.cidh.oas.org/Resoluciones/reso.2.06.sp.htm; *Resolución No. 2/11 Sobre la Situación de los Detenidos de la Bahía de Guantánamo, Estados Unidos. Medidas Cautelares 259-02*, 2011, en https://www.cidh.oas.org/pdf%20files/Resoluci%C3%B3n%202-11%20Guant%C3%A1namo.pdf.

tales actividades como causas fundamentales del terrorismo[328]. Por otro, la Declaración sobre un Código de conducta para las relaciones interafricanas, aprobado en el 30° periodo ordinario de sesiones de la Asamblea de Jefes de Estado[329]. Es la primera vez que se condena el terrorismo por considerarse un acto delictivo en un intento de fortalecer la cooperación en la prevención y lucha contra el extremismo religioso y disuadir a los Estados de apoyar, albergar, patrocinar o facilitar actos terroristas. Sin embargo, el intento de asesinato del presidente de Egipto, Hosni Mubarak, en Addis Abeba el 26 de junio de 1995, evidencia la poca efectividad de dichos instrumentos a la hora de sancionar a Sudán por proporcionar refugio y recursos logísticos y armamentísticos a los militantes de la yihad islámica[330]. De igual modo, el atentado en las embajadas de Kenia y Tanzania pocos años después pone de manifiesto la rápida evolución de dicho fenómeno y su carácter transnacional. De ahí la necesidad de crear un instrumento jurídico vinculante que solvente tales carencias, al menos en lo que respecta al establecimiento de un marco penal sólido, lo que conduce a la aprobación de la Convención para la prevención y lucha contra el terrorismo de 1999[331]. El aspecto más relevante es que

---

328 Organization of African Unity (OUA), *Resolution on the strengthening of cooperation and coordination among African states (1992). Doc. AHG/Res.211 (XXVIII).*, 1992, párr. 2, en https://au.int/sites/default/files/decisions/9537-1992_ahg_res_206-217_xxviii_e.pdf.

329 Organization of African Unity (OUA), *Declaration on a code of conduct for inter-African relations. Doc. AHG/Decl.2 (XXX) 1994.*, en https://au.int/sites/default/files/decisions/9539-1994_ahg_res_228-233_xxx_e.pdf.

330 M. Ewi; A. Du Plessis, «Counter-terrorism and pan-Africanism: from non-action to non-indifference», en *Research handbook on international law and terrorism*, Second edition, Edward Elgar Publishing, Cheltenham, UK; Northampton, MA, USA, 2020 (Research handbooks in international law), p. 654.

331 Organization of African Unity (OAU), *OAU Convention on the Prevention and Combating of Terrorism*, cit. *supra*.

no incluye una definición de terrorismo como tal sino de actos terroristas, comprendidos en su art. 1:

> "(a) cualquier acto que constituya una infracción de las leyes penales de un Estado parte y que pueda poner en peligro la vida, la integridad o la libertad, o causar lesiones graves o la muerte de una o varias personas o cause o pueda causar daños a la propiedad pública o privada, a los recursos naturales, al medio ambiente o al patrimonio cultural, cometido con el propósito o la intención de (i) intimidar, atemorizar, forzar, coaccionar o inducir a cualquier gobierno, organismo, institución, público en general o parte de éste, a hacer o abstenerse de hacer cualquier acto, o a adoptar o abandonar un punto de vista particular, o actuar de acuerdo con ciertos principios; o (ii) interrumpir cualquier servicio público o la prestación del mismo o crear una emergencia pública; o (iii) crear una insurrección general en un Estado.
>
> (b) cualquier promoción, apoyo, colaboración, instrucción, asistencia, incitación, fomento, tentativa, amenaza, asociación, organización o captación de cualquier persona, con la intención de cometer cualquiera de los actos mencionados en los párrafos anteriores[332].

Siguiendo con la iniciativa planteada por la OCI ante NU, el art. 3 de la Convención excluye de la definición las luchas libradas por los pueblos por su autodeterminación. Este aspecto lo introducen para eliminar la estigmatización del término planteado inicialmente por las potencias coloniales. El texto incluye también medidas relativas a la cooperación entre Estados (parte II); la jurisdicción estatal (parte III); la extradición (parte IV) y la asistencia legal mutua (parte V).

En el año 2002, la Unidad Africana (en adelante, UA) reemplaza a la OUA y, como primera medida antiterrorista, organiza la Reunión Intergubernamental de Alto Nivel sobre prevención y lucha contra el terrorismo celebrada en septiembre de

---

332 Vid. Art. 1 de la presente Convención.

ese mismo año. Este acto se celebra como parte de la respuesta al 11-S, que en este caso también tiene una repercusión directa en la política de seguridad de la zona. El documento más relevante de dicha reunión es un Plan de Acción[333] que traduce en recomendaciones prácticas algunas de las disposiciones claves de la Resolución 1373 del CSNU y establece una red de cooperación e intercambio de información entre los Estados Miembros a través de la creación del Centro Africano para el Estudio y la Investigación del Terrorismo.

Dos años más tarde, se adopta un Protocolo adicional para complementar la Convención de 1999[334]. Hasta entonces, el mayor problema tenía que ver con los mecanismos de implementación de la Convención. Esta limitación se solventa con el art. 3 del Protocolo, que identifica al Consejo de Paz y Seguridad de la UA como el órgano que supervisa su puesta en marcha, en un intento de ayudar a mejorar la coordinación y armonización de las actividades. Además, fortalece otras disposiciones relacionadas con la protección de derechos humanos e incorpora nuevos delitos ligados al contexto de la época como, por ejemplo, los referentes a la delincuencia organizada y su relación con el terrorismo, las armas de destrucción masiva u otros delitos de carácter transnacional.

3. Organización de Cooperación Islámica (OCI): Convención sobre la lucha contra el terrorismo internacional de 1999

La OCI es una organización intergubernamental que, más que compartir elementos de identidad regional, se basa en un

---

333 AU, *Plan of action of the African union high-level inter-governmental meeting on the prevention and combating of terrorism in Africa, Doc. Mtg/HLIG/Conv. Terror/Plan.(I)*, Algeria, 2002, párr. 8.

334 Organization of African Unity (OAU), *Protocol to the OAU Convention on the Prevention and Combating of Terrorism*, 2004.

trasfondo común de valores, ideas y objetivos islámicos[335]. Está formada por 57 Estados, incluyendo Palestina, y se crea como respuesta a la desaparición del último califa en 1924 tras la caída del imperio Otomano. Por lo general la respuesta legal al terrorismo se lleva a cabo a través de instrumentos no vinculantes técnicamente, pero de gran repercusión práctica; su reivindicación más relevante en la esfera internacional se centra en la autodeterminación de los pueblos, que queda patente en la discusión planteada a la hora de establecer una definición consensuada de terrorismo internacional. Tal y como se analiza en capítulos previos, la OCI pretende diferenciar los actos criminales ilegítimos de terrorismo de aquellas luchas armadas de los pueblos de carácter legítimo. Teniendo en cuenta que representa casi un tercio de los miembros con derecho a voto en la AGNU, la OCI tiene un papel decisivo a la hora de fortalecer u obstaculizar planteamientos o decisiones adoptados por la comunidad internacional.

Además de las diversas propuestas de *soft law,* la OCI elabora en 1999 la Convención sobre la lucha contra el terrorismo internacional[336]. En este caso, es especialmente característico el modo de definir el terrorismo. Utiliza una fórmula mixta con 3 elementos diferenciados, pero con un alto grado de abstracción, que lo hace poco operativo. En primer lugar, plantea una definición extensa de terrorismo al entender por tal en su art. 1.2 lo siguiente:

> "Cualquier acto de violencia o amenaza de la misma, independientemente de sus motivos o intenciones, perpetrado para

---

335 Organisation of Islamic Cooperation, *Charter of the Organisation of Islamic Cooperation,* 1972, art. 2, en https://www.oic-oci.org/page/?p_id=53&p_ref=27&lan=en.

336 Organisation of the Islamic Conference (OIC), *Convention of the Organisation of The Islamic Conference on Combating International Terrorism,* 1999, en https://www.files.ethz.ch/isn/125385/268.pdf.

> llevar a cabo un plan criminal individual o colectivo con el objetivo de aterrorizar a las personas o amenazar con dañarlas o poner en peligro sus vidas, honor, libertad, seguridad o derechos, o exponer el medio ambiente o cualquier instalación o propiedad pública o privada a peligros u ocuparlos o apoderarse de ellos, o poner en peligro un recurso nacional, o instalaciones internacionales, o amenazar la estabilidad, integridad territorial, unidad política o soberanía de Estados independientes."

Seguidamente, su art. 1.3 se centra en la tipificación del delito como tal. Según éste, se considera terrorismo "cualquier delito consumado, intentado o en el que haya participado para realizar un objetivo terrorista en cualquiera de los Estados contratantes o contra sus nacionales, bienes o intereses o instalaciones y nacionales extranjeros residentes en su territorio, punible por su legislación interna". Por último, indica que son delitos de terrorismo todos aquellos que están mencionados en los convenios internacionales que enumera, comenzando por el Convenio de Tokio de 1963 y finalizando con el Convenio sobre la marcación de explosivos plásticos de 1991. Es interesante apreciar cómo, a través del art. 2.1, el texto excluye de los delitos de esta naturaleza aquellas acciones de lucha armada que tienen como objetivo la liberación o autodeterminación de dicho colectivo en consonancia con la línea defendida ante NN.UU. El resto de las disposiciones hacen referencia a cuestiones de cooperación entre las que se encuentran el establecimiento de procedimientos de extradición, la cooperación judicial, el intercambio de pruebas o las medidas para proteger a testigos.

Aunque es un texto que, en general, goza de poca aceptación, tiene cierta importancia normativa en tanto que refleja el consenso institucional de unos miembros con rasgos muy heterogéneos, lo que permite establecer una base común en los asuntos relacionados con el terrorismo. Además, sirve como punto de referencia para comparar su punto de vista con la definición y alcance de otros mecanismos internacionales[337].

4. Asociación Sudasiática para la Cooperación Regional (ASACR): Convención regional para la represión del terrorismo de 1987 y su protocolo (2004)

Aunque convergen diferentes organizaciones en la región de Asia-Pacífico[338], la única que desarrolla una convención regional para reprimir el terrorismo es la ASACR, en 1987[339], y que se configura como una de las primeras respuestas regionales al terrorismo a nivel mundial. De nuevo dicha Convención establece una fórmula mixta que combina una definición general acompañada de una enumeración de los delitos que recogen diversas convenciones internacionales[340]. A diferencia

---

337 K. Samuel, «The legal response to terrorism of the Organization of Islamic Cooperation», en *Research handbook on international law and terrorism*, Second edition, Edward Elgar Publishing, Cheltenham, UK ; Northampton, MA, USA, 2020 (Research handbooks in international law), p. 652.

338 Entre otras, la Asociación de Naciones de Asia Sudoriental (ASEAN, por sus siglas en inglés), el Foro regional de ASEAN (ARF, por sus siglas en inglésel Foro de Cooperación Económica Asia-Pacífico (APEC, por sus siglas en inglés) , el Foro de las Islas del Pacífico (PIF, por sus siglas en inglés) o la Organización de Cooperación de Shanghái (SCO, por sus siglas en inglés).

339 South Asian Association for Regional Co-operation (SAARC), *SAARC Regional Convention on Suppression of Terrorism*, 1987, en https://treaties.un.org/doc/db/Terrorism/Conv18-english.pdf.

340 Según el art. 1, se considerará como terrorista la "conducta que constituya alguno de los siguientes delitos [...]: a) Un delito comprendido en el ámbito de aplicación del Convenio para la represión del apoderamiento ilícito de aeronaves, firmado en La Haya el 16 de diciembre de 1970; b) Un delito comprendido en el ámbito de aplicación del Convenio para la represión de actos ilícitos contra la seguridad de la aviación civil, firmado en Montreal el 23 de septiembre de 1971; c) Un delito comprendido en

de los textos de la OUA y la OCI, no hace mención expresa a los movimientos de liberación nacional, lo que permite una interpretación acorde a los intereses de cada país. Así, por ejemplo, mientras que India considera a los grupos insurgentes como una forma de terrorismo, Pakistán distingue entre actos de resistencia legítima y lucha por la libertad, y actividades terroristas[341]. A eso se le suman otras limitaciones referentes a la implementación del Convenio: en muchas ocasiones no existen acuerdos de extradición que faciliten la cooperación entre Estados. Otras situaciones tienen que ver con las leyes antiterroristas nacionales, que no se corresponden con los estándares regionales, la falta de capacitación técnica o el enfoque completamente reactivo del propio texto, que deja a la sociedad sin herramientas para luchar contra el reclutamiento.

---

el ámbito de aplicación de la Convención sobre la prevención y el castigo de delitos contra personas internacionalmente protegidas, inclusive los agentes diplomáticos, firmada en Nueva York el 14 de diciembre de 1973; d) Un delito comprendido en el ámbito de aplicación de cualquier Convención en la que sean parte los Estados miembros de la SAARC interesados y que obligue a las partes a enjuiciar o conceder la extradición; e) El asesinato, el homicidio, la agresión que cause lesiones corporales, el secuestro, la toma de rehenes y los delitos relacionados con las armas de fuego, las armas, los explosivos y las sustancias peligrosas cuando se utilicen como medio para perpetrar actos de violencia indiscriminada que impliquen la muerte o lesiones corporales graves a personas o daños graves a la propiedad f) La tentativa o la conspiración para cometer uno de los delitos descritos en los apartados (a) a (e), la ayuda, la incitación o el asesoramiento para la comisión de dicho delito o la participación como cómplice en los delitos así descritos".

341 R. Gunaratna; G. Cheung, «Regional legal responses to terrorism in Asia and the Pacific», en *Research handbook on international law and terrorism,* Second edition, Edward Elgar Publishing, Cheltenham, UK; Northampton, MA, USA, 2020 (Research handbooks in international law), p. 679.

En 2004 se introduce un Protocolo adicional[342] con el objetivo de ampliar el alcance de la Convención en materia de supresión de la financiación del terrorismo (art. 7), la incautación y confiscación de fondos u otros activos (art.8), el lavado de dinero (art. 9), o la cooperación en materia de inmigración y control de aduanas (art. 10). Sin embargo, la problemática sigue siendo la misma: la ambigüedad de los tratados y la poca implicación nacional para adaptar sus leyes internas.

Ya la Convención de 1987 instaba a los gobiernos a cooperar en materia de extradición. Pero el Protocolo permite negarse a "extraditar o prestar asistencia judicial recíproca, si el Estado Parte requerido tiene motivos fundados para creer que la solicitud de extradición o de prestación de asistencia judicial recíproca se ha formulado con el fin de perseguir o castigar a una persona por motivos de raza, religión, nacionalidad, origen étnico u opinión política, o que el cumplimiento de la solicitud podría perjudicar la situación de esa persona por cualquiera de esos motivos" (art. 17). Aunque tal limitación a la cooperación judicial ya está recogida en el Derecho internacional, la vaguedad del artículo supone un riesgo para juzgar a ciertos grupos separatistas violentos que forman parte de la insurgencia. No obstante, en caso de denegar la extradición, es necesario que el sujeto sea juzgado por la ley nacional, siguiendo el principio de "enjuiciar o extraditar" de la Convención.

---

342 South Asian Association for Regional Co-operation (SAARC), *Additional Protocol to the SAARC Regional Convention on Suppression of Terrorism*, 2004, en https://treaties.un.org/doc/db/Terrorism/Conv18-english.pdf.

V. CONCLUSIONES

Como se aprecia a lo largo de la investigación, el fenómeno del terrorismo supone múltiples desafíos en el derecho internacional. Esto se debe, entre otros aspectos, a la ausencia de una definición unificada y aceptada. Es más, las fórmulas utilizadas por los diferentes organismos internacionales para referirse a dicho concepto son, en múltiples ocasiones, un reflejo de su contexto histórico, prioridades e intereses políticos.

En el caso de Naciones Unidas, el esfuerzo por alcanzar un consenso está marcado por múltiples desacuerdos de carácter político e ideológico. Por ejemplo, como se menciona con anterioridad, la Convención de 1937 de la Sociedad de Naciones centra su atención en los efectos que provoca el acto terrorista, dejando a un lado las motivaciones políticas o sociales. A pesar de que dicha Convención no llega a entrar en vigor, marca un precedente al intentar definir el terrorismo como un delito penal de carácter internacional. En la Declaración de 1994, por el contrario, la Asamblea General apela a una fórmula en la que se amplía el alcance de la definición al incorporar una dimensión política en el *mens rea* del acto incluyendo actos "concebidos para provocar un estado de terror en la población general".

Si se atienden a su tenor literal, tales definiciones constituyen un ejemplo de la relevancia que se le otorgan a los efectos del terrorismo frente a sus causas para denominar un acto como tal. Este aspecto genera, por un lado, un amplio margen de interpretación entre los diferentes Estados; por otro, una proliferación de tratados sectoriales que abordan aspectos específicos del terrorismo, como la seguridad aérea, marítima y la protección de agentes diplomáticos.

En estos casos, si bien sirven para promover la cooperación interestatal, al mismo tiempo plantean ciertas limitaciones en lo referente a su implementación de un modo coordinado. Y es que, ante la falta de una definición global, éstos abordan el terrorismo desde perspectivas específicas:

Aquellos relativos a la seguridad aérea y marítima enfatizan la protección de infraestructuras críticas, así como la de los pasajeros, dejando en un segundo plano las posibles motivaciones políticas de los mismos. Prueba de ello es la inclusión de actos como el apoderamiento ilícito de aeronaves (Convenio de La Haya, 1970) o la seguridad de la navegación marítima (Convenio SUA, 1988). En el caso de la protección de diplomáticos y rehenes, tanto la Convención de 1973 sobre personas internacionalmente protegidas como la Convención de 1979 contra la toma de rehenes se centra en los derechos de ciertos grupos vulnerables y la seguridad de figuras clave, pero carecen de una definición amplia del terrorismo.

No obstante, no son las únicas limitaciones que derivan de dicha falta de consenso. Por su parte, la Organización de Cooperación islámica adopta una posición que prioriza los derechos de autodeterminación de los pueblos, lo que excluye de este concepto a cualquier movimiento de liberación nacional y legitima las luchas armadas contra la ocupación extranjera o la "opresión colonial".

El caso del Tribunal Especial para el Líbano es particularmente relevante por cuanto que se considera el primer órgano internacional en proponer que el terrorismo forme parte del derecho internacional consuetudinario. A pesar de que el asesinato del ex primer ministro Rafic Hariri en 2005 marca el punto de partida para dicho posicionamiento, no queda exento de críticas; entre ellas su fundamento a partir de interpretaciones que carecen de consenso universal, la falta de alineamiento con lo establecido en el Estatuto de Roma, que excluye el terrorismo como delito autónomo, o las limitaciones del derecho consuetudinario en casos de terrorismo transnacional.

Como conclusión cabe decir que las divergencias principales observadas entre las múltiples definiciones de terrorismo tienen que ver con aspectos clave como las motivaciones de los actos, el alcance de los mismos o los propios actores que lo perpetran. Si algunos organismos ponen el énfasis en los efectos, otros excluyen aquellos actos motivados por la lucha contra la opresión. Tampoco todos ellos incorporan el terrorismo de Estado dentro de tal concepto. Ni todas las definiciones tienen un enfoque integral. La falta de un consenso global dificulta la implementación de estrategias efectivas y coordinadas para combatir este fenómeno. Alcanzar una definición unificada requiere superar ciertas barreras reconociendo la necesidad de un enfoque inclusivo que muestre las complejidades del terrorismo contemporáneo, al mismo tiempo que equilibre las demandas de soberanía estatal para garantizar una respuesta conjunta e integral.

CAPÍTULO III.

LA RESPUESTA REGULATORIA AL "TERRORISMO MODERNO"

I. CUESTIONES GENERALES: LA "GUERRA DEL TERROR" ESTADOUNIDENSE COMO RESPUESTA AL FENÓMENO ACTUAL

El 11-S no solo marca un punto de inflexión en la política estadounidense, sino que también supone la desestabilización de los mecanismos de poder a nivel mundial. La lucha contra el terrorismo constituye a partir de entonces un eje fundamental en la política criminal internacional ante el interrogante de cómo abordar este nuevo fenómeno. La primera opción pasa por ahondar en las causas que propician este novedoso *modus operandi*, ya que solamente entendiendo las razones que lo alientan se puede combatir con mayor eficacia. Dicha solución —incluso de uso de la fuerza— requiere un trabajo conjunto desde la esfera política y social y, sobre todo, supeditado a los límites y garantías del Estado de derecho, basándose en el respeto de la legalidad como principio básico en el orden internacional [343]. Esta opción, a pesar del reto que entraña, representa también una gran oportunidad para reforzar las relaciones de cooperación internacional entre los Estados.

---

343 Posicionamiento desde una postura moderada y preventiva como contrapeso a la "guerra del terror" de George Bush. En este sentido, vid. A. Aldave Orzaiz, *La guerra global contra el terrorismo: un análisis de la crisis del Derecho Internacional antes y después del 11-S*, Tirant lo Blanch, Valencia, 2018, p. 117.

Pero no es esta la vía que se ha elegido, sino aquella que prioriza una solución que, por sus condiciones e instrumentos, logre los resultados más eficaces para neutralizar dicha amenaza, en lugar de una respuesta que atienda a sus causas. Este enfoque se evidencia tan solo un día después del atentado de las Torres Gemelas, cuando el CSNU adopta la Resolución 1368 (2001), de 12 de septiembre[344] a través de la cual, además de condenar los atentados, evoca el derecho inmanente de legítima defensa individual y colectiva de conformidad con la Carta de NU[345] y se declara dispuesto a tomar las medidas necesarias para responder a los ataques y combatir el terrorismo en todas sus formas.

Sin embargo, es la disposición inmediatamente posterior la que constituye el cimiento de la respuesta antiterrorista global: a través de la Resolución 1373 (2001), de 28 de septiembre, el

344 CSNU, *Resolución 1368 (2001) sobre las amenazas a la paz y la seguridad internacionales creadas por actos de terrorismo, Aprobada por el Consejo de Seguridad en su 4370ª sesión, celebrada el 12 de septiembre de 2001, Doc. S/RES/1368.*

345 Una de las consecuencias más inmediatas y relevantes de este suceso es la profunda reinterpretación del concepto de legítima defensa contenido en el propio artículo 51 de la Carta. Dos de los principios rectores sobre los que se cimenta el ordenamiento jurídico internacional son el principio de no intervención y la prohibición del uso de la fuerza por parte de los Estados. Por tanto, toda actuación legítima que contradiga cualquiera de estos dos pilares, ha de estar recogida en el texto como uno de los supuestos excepcionales a los límites antes mencionados. En este sentido, tras el 11-S se justifican diversas injerencias militares realizando una interpretación expansiva del supuesto de legítima defensa, basándose en el elemento temporal de la misma, dando lugar a la comúnmente conocida como legítima defensa anticipada y preventiva. Para mayor profundización, vid. A. Aldave Orzaiz, *La guerra global contra el terrorismo,* cit., p. 52 y ss.

CSNU hace uso de las atribuciones del capítulo VII de la Carta de NU para imponer a los Estados una serie de obligaciones en materia de terrorismo: la prevención y represión de su financiación, la prohibición de prestar apoyo o cobijo a los sujetos que participen en la comisión de dichos actos, la imposición de controles en fronteras o de documentos de viaje, el fortalecimiento de instrumentos de cooperación e intercambio de información, etc.[346]. El problema radica en que, lo que inicialmente parece una reacción a un ataque concreto a partir de medidas propias de un Derecho penal de excepción, comienza a adquirir un tinte permanente con la adopción de mecanismos internos ofensivos de naturaleza principalmente militar, y deja en segundo plano otros instrumentos centrados en la diplomacia o la inteligencia. En palabras de POMARES CINTAS, lo que se desencadena es "un nuevo paradigma preventivo de cuna estadounidense".

Dado el contexto político, no es de extrañar que dicho país fuese el promotor de tales directrices. Sin embargo, su respuesta es excesiva tanto en extensión como en intensidad: si hasta el 11-S la política antiterrorista americana se regulaba a través de un único plan[347], durante los dos años posteriores el gobierno de Bush publica al menos nueve estrategias relacionadas

---

346 CSNU, *Resolución 1373 (2001), aprobada por el Consejo de Seguridad en su 4385ª sesión, celebrada el 28 de septiembre de 2001, Doc. S/RES/1373*, cit. *supra*.

347 THE ATTORNEY GENERAL, *Five-Year Interagency Counterterrorism and Technology Crime Plan*, Department of Justice, USA, 1999.

con el terrorismo[348] que siguen las pautas de la *Patriot Act*[349], una de las leyes nacionales de mayor incidencia en la esfera internacional. Además, proponen una visión distorsionada de la doctrina clásica de la legítima defensa preventiva[350], puesto

---

348 La Oficina General de Contabilidad de los Estados Unidos (GAO por sus siglas en inglés) recoge al menos 9 estrategias publicadas entre los años 2001 y 2003: National Security Strategy of the United States of America, September 2002; National Strategy for Homeland Security, July 2002; National Strategy for Combating Terrorism, February 2003; National Military Strategic Plan for the War on Terrorism, October 2002; National Strategy to Combat Weapons of Mass Destruction, December 2002; National Money Laundering Strategy, July 2002; National Strategy to Secure Cyberspace, February 2003; National Strategy for the Physical Protection of Critical Infrastructures and Key Assets, February 2003; and: National Drug Control Strategy, February 2002. En este sentido, vid. U.S. GENERAL ACCOUNTING OFFICE (GAO), *Combating Terrorism: Observations on National Strategies Related to Terrorism, GAO Report Nº 03-519T,* 2003, en https://www.gao.gov/assets/a109686.html.

349 La ley otorga potestad a los investigadores para utilizar cualquier herramienta que ya se empleaba para perseguir el crimen organizado y el tráfico de drogas como por ejemplo el uso de la vigilancia indiscriminada, el seguimiento, la realización de investigaciones sin previo aviso o el registro comercial en caso de seguridad nacional; asimismo, facilita el intercambio de información y la cooperación entre las agencias gubernamentales; también actualiza la ley para reflejar en ella medidas relacionadas con las nuevas tecnologías y amenazas, incluyendo una mayor facilidad de obtención de órdenes de registros o incluso permitiendo a las víctimas de piratería informática solicitar asistencia policial para monitorizar a los "intrusos" en sus ordenadores. Por último, introduce un elenco de medidas de carácter penal, entre otras, prohíbe la protección de terroristas; aumenta las penas máximas para varios delitos que puedan ser cometidos por estos; incrementa las sanciones ante una posible conspiración; castiga los ataques terroristas contra los sistemas de transporte público y a los bio-terroristas y, por último, elimina los estatutos de limitaciones para ciertos delitos de terrorismo. Vid. USA–DEPARTMENT OF JUSTICE, *The USA PATRIOT Act: Preserving Life and Liberty,* 2001.

350 El artículo 51 de la Carta de San Francisco de 26 de junio de 1945 establece lo siguiente: "Ninguna disposición de esta Carta menoscabará el

que el preámbulo de la Resolución no explicita el derecho a la autodefensa como respuesta, en tanto que inicialmente el atentado no se considera un "ataque armado" sino una "amenaza para la paz" [351] y promueven la paulatina normalización

---

derecho inmanente de legítima defensa, individual o colectiva, en caso de ataque armado contra un Miembro de las Naciones Unidas, hasta tanto que el Consejo de Seguridad haya tomado las medidas necesarias para mantener la paz y la seguridad internacionales". Bush justifica la guerra en Afganistán e Iraq a partir de una revisión de la legítima defensa preventiva y una reformulación de sus límites para adaptarla a la nueva realidad tras el 11-S. Para ello, sustituye el requisito de inminencia del ataque por un criterio mucho más vago que únicamente requiere una potencial amenaza suficiente para afectar la seguridad nacional. En este sentido es esclarecedor el análisis que efectúa I. Berdugo Gómez de la Torre, «El terrorismo en el siglo XXI: del terrorismo nacional al terrorismo global», en *El terrorismo en la actualidad: un nuevo enfoque político criminal*, Tirant lo Blanch, Valencia, 2018 (Tirant monografías), p. 46 y ss.

351 En la Declaración de la Cumbre de Lisboa de 2010, se aprecia como la OTAN utiliza un discurso similar al estadounidense para justificar el nuevo concepto estratégico de la Alianza. De este modo, afirma que "el terrorismo (...) supone una amenaza real y grave para la seguridad de la Alianza y sus miembros. Todos los actos de terrorismo son criminales e injustificables, independientemente de sus motivaciones o manifestaciones. Seguiremos luchando contra esta lacra, individual y colectivamente, de acuerdo con el derecho internacional y los principios de la Carta de NU. De acuerdo con el Concepto Estratégico, seguiremos mejorando los aspectos políticos y militares de la contribución de la OTAN para disuadir, defender, interrumpir y proteger contra esta amenaza, incluso mediante tecnologías avanzadas y un mayor intercambio de información e inteligencia. Reiteramos nuestro continuo compromiso con el diálogo y la cooperación práctica con nuestros socios en esta importante área. Lamentamos todas las pérdidas de vidas humanas y hacemos llegar nuestras condolencias a las víctimas del terrorismo. Lo que sufren es una demostración visible de la maldad del terrorismo y debería ayudar a movilizar a la sociedad civil contra él". Vid. OTAN, «Lisbon Summit Declaration issued by the Heads of State and Government participating in the meeting of the North Atlantic Council in Lisbon», *OTAN*, párr. 39, en http://www.nato.int/cps/en/natohq/official_texts_68828.htm.

del Derecho penal de excepción[352]. Este planteamiento genera el riesgo de pervertir las garantías de cualquier Estado de derecho y la propia legitimidad del sistema democrático en su conjunto. A nivel interno, este enfoque prioriza una política criminal basada en la percepción de inseguridad, que no hace sino limitar derechos y libertades. En el ámbito internacional divide al mundo en dos bandos: el que "hace el bien" frente a la facción enemiga[353], descartando por completo una posición intermedia y condicionando las relaciones internacionales a dicha decisión. También incide en el papel que detenta la UE o la propia OTAN, la cual, tras la Cumbre de Praga de noviembre de 2002, asume un papel protagonista ampliando su ámbito de intervención[354]. Aunque era evidente la repercusión de tales atentados en materia de restricción de derechos civiles a favor de la seguridad internacional[355], lo relevante era

---

352 A nivel interno, el actuar bajo una lógica de guerra tiende a justificar la aplicación excepcional del Derecho penal del enemigo en aquellas legislaciones que ya cuentan con una normativa antiterrorista, así como su inclusión en las que todavía no la contemplan. En este sentido vid. A. I. Pérez Cepeda, *El terrorismo en la actualidad: un nuevo enfoque político criminal*, Tirant lo Blanch, Valencia, 2018, p. 17.

353 Un grupo de Estados estigmatizados, calificado por Bush como el "eje del mal" y formado por Irán, Iraq y Corea del Norte. Véase la transcripción del discurso en G. W. Bush, «President Delivers State of the Union Address», 2002, en https://georgewbush-whitehouse.archives.gov/news/releases/2002/01/20020129-11.html. Posteriormente, dicha etiqueta se amplía a otros países, entre ellos: Libia, Siria o Cuba. Vid. «US expands "axis of evil"», 2002, en http://news.bbc.co.uk/2/hi/americas/1971852.stm.

354 «Prague Summit Declaration Issued by the Heads of State and Government participating in the meeting of the North Atlantic Council in Prague on 21 November 2002», *NATO Press Release*, 2002, en https://www.nato.int/docu/pr/2002/p02-127e.htm.

355 P. B. Heymann, «Civil Liberties and Human Rights in the Aftermath of September 11», *Human Rights*, vol. 29, 1, 2002, p. 18, en https://booksc.xyz/ireader/27472265.

determinar los límites de tal incursión para poder garantizar la protección de los derechos fundamentales.

II. INSTRUMENTOS DE RESPUESTA DE NACIONES UNIDAS

1. Asamblea General de las Naciones Unidas

Hasta los atentados del 11 de septiembre de 2001, el CSNU adopta un papel secundario a la hora de condenar los ataques terroristas debido al componente político e ideológico que éstos comportan. En este caso, es la AGNU la protagonista de alinear la acción internacional en su prevención y lucha, al considerarse la receptora de las demandas estatales ante la falta de órganos especializados que se encarguen de la elaboración de normas regulatorias en la materia. En su actividad pueden diferenciarse dos fases: inicialmente, su posicionamiento tiene que ver con la repulsa al terrorismo en general, ya sea al protagonizado por los Estados o a aquel otro de carácter internacional. Sin embargo, el enfoque de sus declaraciones cambia tras los atentados de 2001. A partir de entonces, se centra en la condena pública de incidentes particulares y coordina una respuesta operativa conjunta a través de instrumentos como la Estrategia Global contra el terrorismo del año 2006.

a) Las resoluciones de la AGNU antes del 11-S: condena generalizada al terrorismo

Como se ha mencionado anteriormente, el orígen del término "terrorismo" en el ámbito internacional se relaciona con los levantamientos populares en la lucha por la liberación nacional. Todo ello en un mapa político marcado por el dominio de las potencias coloniales. Sin embargo, este término adquiere otro matiz tras los atentados acontecidos en Múnich en el año 1972. En efecto, a través de la Resolución 3034(XXVII), la AGNU hace referencia al terrorismo que los propios regímenes pueden llevar a cabo en lo que se considera como la primera condena explícita al fenómeno[356]. Ya desde entonces se intenta abordar el origen del mismo, de ahí la mención expresa al "estudio de sus causas subyacentes"en el título de la Resolución. Para ello se crea un Comité *ad hoc* sobre terrorismo internacional cuya función es recoger las peticiones de los Estados y presentar algunas recomendaciones que permitan abordar la problemática. Si bien su cometido no tiene carácter preventivo como tal, su actividad es fundamental en la redacción de algunos tratados internacionales previamente detallados.

Desde entonces, numerosas resoluciones denuncian la realización de actos de violencia que se cobran la vida de inocentes, pero sin llegar a definir el concepto de terrorismo. Para algunos Estados, esta condena sin determinar previamente su alcance genera el riesgo de reavivar la tensión entre determinados actores. Para otros, ejerce la influencia moral suficiente[357]. Tienen que pasar siete años para que la AGNU vuelva a denunciar "todos los actos de terrorismo internacional que pon-

---

356 Concretamente, la AGNU "condena la persistencia de los actos represivos y de terrorismo cometidos por regímenes coloniales, racistas y extranjeros al negar a los pueblos su legítimo derecho a la libre determinación y a la independencia". En este sentido, vid. *Resolución 3034(XXVII), de 18 de diciembre de 1972. Medidas para prevenir el terrorismo internacional que pone en peligro vidas humanas inocentes o causa su pérdida, o compromete las libertades fundamentales, y estudio de las causas subyacentes de las formas de terrorismo y los actos de violencia que tienen su origen en las aflicciones, la frustración, los agravios y la desesperanza y que conducen a algunas personas a sacrificar vidas humanas, incluida la propia, en un intento de lograr cambios radicales. Doc A/RES/3034(XXVII)*, párr. 4.

357 *Informe del Comité ad hoc sobre terrorismo internacional No. 28. Doc. A/9028*, párr. 59-60.

gan en peligro o se lleven vidas humanas o pongan en peligro libertades fundamentales" y lo hace a través de su Resolución 34/145 de 17 de diciembre de 1979. En este caso, se amplía el significado del término a cualquier actividad que cause dicho resultado, aunque sin olvidar el terrorismo de Estado ya destacado en resoluciones previas[358].

En la década de 1980, la AGNU designa por primera vez como criminales "todos los actos, métodos y prácticas de terrorismo, dondequiera y por quienquiera que sea cometido"[359], abarcando también el terrorismo de carácter nacional. Desde entonces y a partir de una fórmula acumulativa, sus resoluciones alientan a los Estados a aprehender y enjuiciar o extraditar a los perpetradores[360]; a cooperar o intercambiar

---

358 Concretamente, el apartado 3 condena inequívocamente todos los actos de terrorismo internacional. A este se le suma el apartado 4, a través del cual se vuelve a condenar la "continuación de los actos de represión y terrorismo a que siguen entregados los regímenes coloniales, racistas y extranjeros, privando así a los pueblos de su derecho legítimo a la libre determinación y a la independencia y de otros derechos humanos y libertades fundamentales". En este sentido, vid. *Resolución 34/145, de 17 de diciembre de 1979. Medidas para prevenir el terrorismo internacional que pone en peligro vidas humanas inocentes o causa su pérdida, o compromete las libertades fundamentales. Doc. A/RES/34/145*, 1979, párr. 3 y 4.

359 AGNU, *Resolución 40/61 de 9 de diciembre de 1985*, cit., párr. 1; *Resolución 42/159, de 7 de diciembre de 1987. Medidas para prevenir el terrorismo internacional que pone en peligro vidas humanas inocentes o causa su pérdida, o compromete las libertades fundamentales, y estudio de las causas subyacentes de las formas de terrorismo y los actos de violencia que tienen su origen en las aflicciones, la frustración, los agravios y la desesperanza y que conducen a algunas personas a sacrificar vidas humanas, incluida la propia, en un intento de lograr cambios radicales. Doc. A/RES/42/159*, párr. 1.

360 AGNU, *Resolución 38/130, de 19 diciembre de 1983. Medidas para prevenir el terrorismo internacional que pone en peligro vidas humanas inocentes o causa su pérdida, o compromete las libertades fundamentales, y estudio de las causas subyacentes de las formas de terrorismo y los actos de violencia que tienen su origen en las aflicciones, la frustración, los agravios y la desesperanza y que conducen a*

información[361]; a concertar acuerdos sobre enjuiciamiento y extradición[362]; o a establecer una jurisdicción que permita juzgar como terrorismo aquellos delitos establecidos en los tratados sectoriales[363]. También tratan de subrayar la responsabilidad que supone apoyar o albergar a los perpetradores, organizadores o patrocinadores de dichos actos[364]. En términos generales, sus resoluciones pasan de condenar el fenómeno de forma abstracta a ir recogiendo una gran variedad de actores, medios y tipos particulares; y a exhortar su regulación.

---

algunas personas a sacrificar vidas humanas, incluida la propia, en un intento de lograr cambios radicales. Doc. A/RES/38/130, párr. 6; *Resolución 40/61 de 9 de diciembre de 1985*, cit., párr. 8; *Resolución 42/159, de 7 de diciembre de 1987*, cit., párr. 5 (b); *Resolución 46/51 de 9 de diciembre de 1991. Medidas para eliminar el terrorismo internacional. Doc. A/RES/46/51*, párr. 4(b); *Declaración de 1994*, cit., párr. 5 (b); *Declaración complementaria de la Declaración de 1994 sobre medidas para eliminar el terrorismo internacional*, cit., párr. 5.

361 AGNU, *Resolución 34/145, de 17 de diciembre de 1979*, cit., párr. 11; *Resolución 40/61 de 9 de diciembre de 1985*, cit., párr. 7; *Resolución 42/159, de 7 de diciembre de 1987*, cit., párr. 5 (c) y (d); *Resolución 46/51 de 9 de diciembre de 1991*, cit., párr. 4 (c) y (d); *Declaración de 1994*, cit., párr. 5 (c) y (d); *Resolución 53/108, de 8 de diciembre de 1998*, cit., párr. 4; *Resolución 54/110 de 9 de diciembre de 1999. Medidas para eliminar el terrorismo internacional. Doc. A/RES/54/110*, párr. 4.

362 AGNU, *Resolución 34/145, de 17 de diciembre de 1979*, cit., párr. 11; *Resolución 42/159, de 7 de diciembre de 1987*, cit., párr. 5 (c); *Resolución 46/51 de 9 de diciembre de 1991*, cit., párr. 4(c).

363 AGNU, *Resolución 55/158, de 12 de diciembre de 2000. Medidas para eliminar el terrorismo internacional. Doc. A/RES/55/158*, párr. 7.

364 AGNU, *Resolución 56/1, de 12 de septiembre de 2001. Condena de los atentados terroristas en los Estados Unidos de América. Doc. A/RES/56/1*, párr. 4.

b) El papel de la AGNU tras los ataques del 11-S: la Estrategia Global de las Naciones Unidas contra el Terrorismo

Como se ha mencionado anteriormente, a partir de los ataques de septiembre de 2001, la comunidad internacional, jueza y parte de este asunto, trata de atajar la amenaza "sin precedentes" poniendo al frente al CSNU y relega la actividad de la AGNU a un segundo plano; sin embargo, ésta no cesa su labor. A partir de entonces, sus resoluciones denuncian ciertos sucesos que suponen la "pérdida de vidas humanas, destrucción y daños"[365], entre ellos, los actos terroristas de Bali o Moscú [366], o el ataque a la oficina de NU en Bagdad[367]. Sin embargo, durante esta etapa ejerce un papel fundamental a la hora de coordinar y activar los mecanismos de respuesta a nivel internacional. El instrumento más relevante para su desarrollo es la Estrategia Global de las Naciones Unidas contra el Terrorismo del año 2006. Nace como herramienta para intensificar y armonizar las iniciativas nacionales, regionales e internacionales de lucha. En ella se enmarcan una serie de medidas que van desde la mejora de la coordinación de actividades conjuntas, hasta el propio fortalecimiento de la capacidad de los Estados para afrontar tales amenazas. Su Plan de Acción se apoya en cuatro pilares básicos:

1. Medidas para hacer frente a las condiciones que propician la propagación del terrorismo;
2. Medidas para prevenir y combatir el terrorismo;

---

365 *Ibid.*, párr. 1.

366 AGNU, *Resolución 57/27, de 19 de noviembre de 2002. Medidas para eliminar el terrorismo internacional. Doc. A/RES/57/27*, UN, 2002, párr. Preámbulo.

367 AGNU, *Resolución 57/338, de 15 de septiembre de 2003. Condena del atentado perpetrado contra el personal y los locales de las Naciones Unidas en Bagdad. Doc. A/RES/57/338*, párr. 1.

3. Medidas destinadas a incrementar la capacidad de los Estados para prevenir el terrorismo y luchar contra él, y a fortalecer el papel del sistema de las Naciones Unidas a ese respecto;
4. Medidas para asegurar el respeto de los derechos humanos para todos y el imperio de la ley como base fundamental de la lucha contra el terrorismo[368].

Si bien la AGNU revisa la Estrategia de forma bianual de acuerdo con las prioridades de los Estados y el contexto, la exigencia de aunar esfuerzos contra el extremismo violento como una de las causas que propician dicho fenómeno surge por primera vez de forma explícita en su cuarto examen[369]. Insta a los Estados a combatir sus múltiples formas y manifestaciones, aunque basándose en el respeto y protección tanto de los derechos humanos y libertades fundamentales como del Estado de derecho, a diferencia de otras estrategias que tienen un enfoque más ofensivo. Este planteamiento toma forma gracias al Plan de Acción propuesto por el Secretario General en enero de 2016[370], el cual comienza afirmando que "el extremismo violento es una afrenta a los propósitos y principios de las Naciones Unidas. Socava la paz y la seguridad internacional, los

---

368 AGNU, *Resolución 60/288 de 8 de septiembre de 2006*, cit. *supra.*, Plan de Acción. Su contenido se basa en el compromiso realizado por la AGNU, *Documento final de la Cumbre Mundial 2005–Reunión plenaria de alto nivel del 60ª periodo de sesiones de la Asamblea General, de 14 de septiembre de 2005*, AGNU, Nueva York, en https://www.un.org/spanish/summit2005/fact_sheet.html., así como en el *Informe del Secretario General «Unidos contra el terrorismo: recomendaciones para una estrategia mundial de lucha contra el terrorismo», de 27 de abril de 2006, Doc. A/60/825*, en https://undocs.org/pdf?symbol=es/A/60/825.

369 AGNU, *Resolución 68/127, de 18 de diciembre de 2013. Un mundo contra la violencia y el extremismo violento. Doc. A/RES/68/127*, 2014.

370 AGNU, *Informe del Secretario General «Plan de Acción para Prevenir el Extremismo Violento», de 24 de diciembre de 2015, Doc. A/70/674.*

derechos humanos y el desarrollo sostenible"[371]. De este modo, se evidencia la necesidad de centrarse en las fases anteriores al punto de intervención habitual para contar con mayor capacidad de anticipación, y reafirma la importancia de la prevención ya destacada en los procesos de alto nivel de las operaciones de mantenimiento de la paz[372]. Por otro lado, insiste en adoptar medidas urgentes para prevenir su propagación, en ofrecer un enfoque más integral que incluya medidas de prevención sistemáticas para afrontar directamente los motivos de dicho radicalismo, en atender las causas que generan que determinadas personas se interesen por los grupos extremistas violentos; y en poner fin a la impunidad para los radicalizados implicados en delitos terroristas. El citado Plan contiene también una serie de recomendaciones sobre la prevención del extremismo violento que pasan por establecer un marco internacional, recomendar a los Estados la adopción de planes de acción, movilizar recursos, fortalecer la buena gobernanza, los derechos humanos y el Estado de derecho, capacitar a mujeres

---

371 Vid. introducción *Ibid.*

372 Entre otros, el informe *Informe del Grupo Independiente de Alto Nivel sobre las Operaciones de Paz «Aunar nuestras ventajas en pro de la paz–política, alianzas y personas», de 17 de junio de 2015, Doc. A/70/95 S/2015/446*, Grupo Independiente de Alto Nivel sobre las Operaciones de Paz, 2015, p. 11, en https://undocs.org/pdf?symbol=es/A/70/95. establece que "la prevención del conflicto armado tal vez sea la mayor responsabilidad de la comunidad internacional, a pesar de lo cual todavía no ha sido objeto de suficiente inversión. Hace un decenio, la Cumbre Mundial subrayó que era necesaria una "cultura de prevención". Desde entonces se han incorporado varios cambios, pero la Organización y sus Estados Miembros no han adoptado una cultura de prevención. Los Estados Miembros no han invertido lo suficiente en la lucha contra las causas últimas del conflicto, y, por lo general, las Naciones Unidas no han podido intervenir en fases suficientemente tempranas de las crisis surgidas". En este mismo sentido vid. A. I. Pérez Cepeda, *El pacto antiyihadista: criminalización de la radicalización,* Tirant lo Blanch, Valencia, 2017, p. 65.

y jóvenes, y desarrollar competencias de cara a facilitar el empleo, entre otros aspectos.

A partir de entonces, la prevención de la radicalización violenta como uno de los métodos de prevención del terrorismo cobra cada vez mayor protagonismo, al mismo tiempo que se implementan mecanismos de colaboración relacionados con los desafíos del momento. Así, por ejemplo, la revisión de 2018[373] recoge una serie de medidas centradas en reforzar la cooperación internacional para la asistencia técnica de los Estados que la soliciten, tanto en materia de elaboración y desarrollo de planes de acción nacionales o regionales como en la capacitación de profesionales en los sistemas de justicia penal[374]; todo ello a través de programas de carácter bilateral o multilateral o mediante el intercambio de experiencias. Tal cooperación resulta necesaria también en materia de combatientes terroristas extranjeros: en relación al intercambio de información, seguridad en las fronteras, prevención de la incitación y radicalización y, en general, en la lucha por frenar aquellas condiciones que fomenten la propagación del terrorismo. La colaboración de la sociedad civil cobra también gran

---

373 AGNU, *Resolución 72/284, de 26 de junio de 2018. Examen de la Estrategia Global de las Naciones Unidas contra el Terrorismo. Doc. A/RES/72/284.*

374 Así, por ejemplo, exhorta a la Oficina de las Naciones Unidas contra la Droga y el Delito, a que siga mejorando la asistencia técnica que presta a los Estados Miembros con objeto de desarrollar su capacidad para pasar a ser partes en los tratados y protocolos internacionales relativos a la lucha contra el terrorismo y aplicarlos, así como las resoluciones pertinentes de las Naciones Unidas. Todo ello mediante programas específicos y la capacitación de los funcionarios de justicia penal y aplicación de la ley competentes, a fin de desarrollar su capacidad para responder eficazmente a los actos terroristas, prevenirlos, investigarlos y enjuiciar a sus autores, mediante la preparación de iniciativas pertinentes y la participación en ellas y mediante la elaboración de instrumentos técnicos y publicaciones. Vid. aptdo. 68 de la Resolución.

protagonismo[375]. Señala también la importancia del papel que ocupan otros actores no estatales, entre ellos la mujer, los jóvenes, el sistema educativo, las instituciones religiosas o los propios medios de comunicación para contrarrestar el discurso extremista violento y, en general, en la aplicación de la estrategia. Otro de los acentos recae en el refuerzo de alianzas de carácter público-privados y en el desarrollo de la coordinación de unidades de inteligencia financiera[376]. Por último, hace referencia al vínculo establecido entre el terrorismo y la delincuencia organizada transnacional y a la necesidad de abordar la regulación del uso ilícito de armas pequeñas y ligeras, así como de los artefactos explosivos improvisados. Todo ello sin olvidar aspectos que ya han sido destacados en otras revisiones, como el papel de las nuevas tecnologías en la propaganda, incitación, reclutamiento y financiación del fenómeno, así como la importancia de contrarrestarlo al mismo tiempo que se garantiza el cumplimiento de los derechos fundamentales. En resumidas cuentas, es fundamental que todas las medidas que se tomen contemplen el respeto a los derechos fundamentales, incluida la privacidad. No bastan medidas de represión, sino que es necesario abordar las causas que conducen al extremismo y al terrorismo. Es fundamental tener en cuenta también la importancia que supone el fenómeno de los terroristas ex-

---

375 Concretamente, reconoce el papel que pueden desempeñar las organizaciones de la sociedad civil, en tanto que "es posible que tengan los conocimientos más apropiados y puedan acceder a las comunidades locales y colaborar con ellas para enfrentar los retos que suponen el reclutamiento y la radicalización conducente al terrorismo". Vid. aptdo 39 de la Resolución.

376 En este caso, destaca la necesidad de adoptar medidas para prevenir y reprimir la financiación del terrorismo cooperando con el sector privado en alianzas público -privadas con instituciones financieras y teniendo en cuenta las evaluaciones al respecto de entidades competentes como la Dirección Ejecutiva del Comité contra el Terrorismo. Vid. aptdo. 44 de la Resolución.

tranjeros o de los terroristas solitarios, la necesidad de atajar la propaganda y la de ofrecer contraargumentos, la importancia de evitar que se usen armas pequeñas, armas de destrucción masiva o artefactos explosivos improvisados, entre otros.

El último examen, aprobado en junio de 2023[377], destaca la importancia de tener actualizada la Estrategia y la responsabilidad de los Estados miembros en su aplicación, por lo que les exhorta a seguir elaborando planes multinivel, así como a desarrollar los ya existentes[378]. Además, alienta a la sociedad civil a intensificar la aplicación de la misma, sobre todo en relación con el papel que ostentan las mujeres en la lucha contra el terrorismo y el extremismo violento conducente al terrorismo, sin permitir que se las instrumentalice[379]. El documento también recoge la preocupación por la evolución del uso de las tecnologías de la información y las comunicaciones por parte de los terroristas[380], así como la grave amenaza que siguen planteando los combatientes terroristas extranjeros y, en particular, la financiación del terrorismo. Entre otras cuestiones, la Asamblea también menciona la celebración de la primera Conferencia Internacional de Alto Nivel sobre Derechos Humanos, Sociedad Civil y Lucha contra el Terrorismo, que tuvo lugar en Málaga en mayo de 2022, como medida del IV pilar de la Estrategia. En dicha reunión se aborda la integración eficaz de los derechos humanos, la igualdad de género y el estado de derecho en las respuestas internacionales al terrorismo y al extremismo violento que conduce al terrorismo[381]. Por último, reitera el papel de la Oficina de Lucha contra el Terrorismo

---

377 AGNU, *Resolución 77/L.78, de 21 de junio de 2023. Estrategia Global de las Naciones Unidas contra el Terrorismo: octavo examen. Doc. A/RES/77/L.78.*

378 Apartado 2 y 3 de la Estrategia.

379 Apartado 11 de la Estrategia.

380 Apartado 20 de la Estrategia

381 Apartado 104 de la Estrategia

(UNOCT, por sus siglas en inglés) . Creada en 2017 a partir de la Resolución 71/291, de 15 de junio[382], se configura como el actor que lidera los mandatos de la AGNU, coordina el Equipo Especial sobre la Ejecución de la Lucha contra el Terrorismo, y vela por mantener la lucha contra el extremismo violento como prioridad de la Estrategia Global de NU.

2. Consejo de Seguridad de las Naciones Unidas

a) Las resoluciones del CSNU antes del 11-S: condenas a determinados actos de terrorismo

Como ya se ha mencionado con anterioridad, hasta el 2001 el CSNU prácticamente no se posiciona en temas relacionados con el terrorismo por el componente político e ideológico que comporta. Es más, ni siquiera lo consideraron una amenaza a la seguridad susceptible de respuesta a través del uso de la fuerza hasta la década de 1990. La primera resolución que menciona el término es la 579(1985), de 18 de diciembre, para hacer referencia a una serie de incidentes ocurridos un año antes, donde considera necesario prevenir y combatir todas las tomas de rehenes que constituyan una manifestación de terrorismo[383] . Lo mismo ocurre con los textos posteriores, entre estos la Resolución 618 (1988), de 29 de julio, a través de la cual se denuncia el secuestro del Teniente Coronel Higgins, un sujeto norteamericano secuestrado en Líbano por un grupo chiíta, y

---

382 Vid. en este sentido *Resolución 71/291, de 15 de junio de 2017. Refuerzo de la capacidad del sistema de las Naciones Unidas de ayudar a los Estados Miembros en la aplicación de la Estrategia Global de las Naciones Unidas contra el Terrorismo. Doc. A/RES/71/291*, 2017.

383 CSNU, *Resolución 579 (1985) de secuestro y toma de rehenes, aprobada por el Consejo de Seguridad en su 2637ª sesión, el 18 de diciembre de 1985, Doc. S/RES/579(1985)*, párr. 5.

se pide su puesta en libertad[384]; o la Resolución 635 (1989), de 14 de junio, en la que el CSNU lamenta los actos de injerencia ilícita cometidos contra la seguridad aérea, exhorta a los Estados a cooperar en la adopción de medidas para la prevención de los mismos, e insta a la OACI a la elaboración de un régimen internacional para abordar la cuestión[385]. Como se puede apreciar en todas ellas, el discurso pasa por una condena a ciertas actuaciones, pero sin la adopción de medida alguna más allá de la exigencia de la liberación de las víctimas, la recomendación de la firma de los tratados vigentes o el desarrollo de la cooperación internacional. Una vez que se toma conciencia de la amenaza que supone el fenómeno para la paz y la seguridad internacional, el discurso del CSNU adquiere un matiz cada vez más impositivo al establecer medidas para su observancia. A finales de la década de 1990, sus textos comenzaron a instar al cumplimiento de obligaciones referentes a la extradición. Un ejemplo de ello es la Resolución 1044(1996), de 31 de enero[386], a través de la cual el CSNU pide a Sudán extraditar a los sospechosos del asesinato del presidente de Egipto en Etiopía un año antes. También ponen sobre la mesa otras cuestiones emergentes en el contexto político, como el terrorismo de Estado, ya sea con carácter general[387] o en referencia a los ac-

---

[384] En este sentido, vid. CSNU, *Resolución 618 (1988) aprobada por el Consejo de Seguridad en su 2822ª sesión, el 29 de julio de 1988. Doc. S/RES/618(1988).*

[385] En este sentido, vid. CSNU, *Resolución 635(1989) sobre colocación de marcas en los explosivos plásticos o en láminas a efectos de su detección, aprobada por el Consejo de Seguridad en su 2869ª sesión celebrada el 14 de junio de 1989, Doc. S/RES/635(1989).*

[386] CSNU, *Resolución 1044 (1996) aprobada por el Consejo de Seguridad en su 3627ª sesión, el 31 de enero de 1996 Doc. S/RES/1044(1996),* n.º 4.a.

[387] El CSNU a través de la Resolución 1244(1999) sugiere que el terrorismo también puede ser cometido por actores estatales condenando "los actos terroristas de todas las partes". En este sentido, vid. *Resolución 1244 (1999)*

tos de un determinado Estado[388]. En relación con los sujetos sospechosos de la comisión de actos de dicha naturaleza, sus resoluciones también exigen su entrega [389] o la imposición de determinadas medidas y sanciones[390]. En definitiva, aunque no se alcanza un consenso sobre la definición del delito de terrorismo, sí que se va identificando progresivamente su alcance.

Aprobada por el Consejo de Seguridad en su 4011ª sesión, el 10 de junio de 1999. Doc. S/RES/1244(1999), p. 1.

388 El apartado H de la Resolución 687(1991) "e*xige* que el Iraq informe al Consejo que no cometerá ni apoyará ningún acto de terrorismo internacional ni permitirá que funcione en su territorio ninguna organización orientada hacia la realización de tales actos, y que condene inequívocamente y renuncie a todos los actos, métodos y prácticas propios del terrorismo". En este sentido, vid. *Resolución 687(1991), adoptada por el Consejo de Seguridad en su 2981ª sesión, el 3 de abril de 1991. Doc. S/RES/687(1991)*, UN, 1991, párr. H.

389 A través de la Resolución 1267(1999), el CSNU "exige que los talibanes entreguen sin más demora a Usama bin Laden a las autoridades competentes de un país donde haya sido objeto de un auto de acusación o a las autoridades competentes de un país a donde haya de ser devuelto o a las autoridades competentes de un país donde sea detenido y enjuiciado". Para velar por la aplicación de las sanciones decretadas, dicha resolución crea un comité dependiente del CSNU. En este sentido, vid. *Resolución 1267 (1999), aprobada por el Consejo de Seguridad en su 4051ª sesión, celebrada el 15 de octubre de 1999. Doc S/RES/1267 (1999)*, cit., párr. 2.

390 La Resolución *1333 (2000) plantea la posibilidad de* "imponer otras medidas [...] con el fin de lograr el pleno cumplimiento de la presente resolución y de la resolución 1267 (1999)". En este sentido, vid. *Resolución 1333 (2000) Aprobada por el Consejo de Seguridad en su 4251ª sesión, celebrada el 19 de diciembre de 2000. Doc. S/RES/1333(2000)*, párr. 25.

b. El papel del CSNU tras el 11-S: la lucha conjunta contra el terrorismo

Cabe recordar que las resoluciones del CSNU no crean formalmente Derecho internacional, es decir, no se encuentran dentro de las fuentes previstas en el apartado 1 del artículo 38 del Estatuto de la Corte Internacional de Justicia. No obstante, sí suponen obligaciones normativas de los Estados miembros en virtud de la Carta de Naciones Unidas[391]. De ahí que la Resolución 1373(2001), de 28 de septiembre, marque un punto de inflexión en la materia a nivel mundial. A través de ésta, el CSNU exhorta a los Estados a regular ciertas conductas para reprimir y prevenir la financiación del terrorismo en todas sus formas. Entre otras acciones, insta a que se tipifique como delito la provisión de fondos que pudieran ser utilizados para perpetrar delitos terroristas, a congelar activos financieros o recursos económicos de aquellas personas que cometan o pudieran cometerlos y a prohibir la posibilidad de proporcionar servicios financieros a los referidos sujetos[392]. De igual modo, realiza un llamamiento a los Estados a no colaborar —ya sea por acción u omisión— con el fenómeno terrorista, debiendo reprimir tanto el abastecimiento de armas como el reclutamiento de terroristas, así como a adoptar las medidas necesarias para prevenir la comisión de tales actos, criminalizando ciertas conductas en sus ordenamientos jurídicos internos[393].

---

391 M. P. De Brichambaut, «The Role of the United Nations Security Council in the International Legal System», en Michael Byers (ed.) *The Role of Law in International Politics: Essays in International Relations and International Law,* Oxford University Press, 2001, p. 270, en https://academic.oup.com/book/2181.

392 Vid. apartado primero de la *Resolución 1373 (2001), aprobada por el Consejo de Seguridad en su 4385ª sesión, celebrada el 28 de septiembre de 2001, Doc. S/RES/1373,* cit. *supra.*

393 Vid. apartado segundo de la *Ibid.*

Todo ello respaldado por una política de cooperación que se centra en (i) promover un mayor intercambio de información y asistencia administrativa, (ii) intensificar la colaboración en materia judicial internacional y (iii) elaborar acuerdos bilaterales y multilaterales que prevengan y repriman estos ataques, así como a ratificar los ya existentes[394]. Un último aspecto y no por ello menos importante: a partir de esta Resolución se crea el Comité Antiterrorista (CTC, por sus siglas en inglés) como órgano encargado de supervisar la aplicación de dichas medidas, cuyo fin último no es otro que mejorar la capacidad jurídica e institucional de los Estados parte de cara a hacer frente a las actividades terroristas tanto a nivel nacional como internacional[395].

Tras la invasión de Estados Unidos y el derrocamiento del gobierno de Saddam Hussein en 2003, Iraq se convierte de nuevo en un objetivo clave para la seguridad internacional. Si bien en anteriores ocasiones el gobierno es catalogado como promotor de dichos actos, en este caso el CSNU trata de garantizar la soberanía del país tras los atentados con bombas perpetrados contra la Embajada de Jordania el 7 de agosto de 2003, la sede de NU en Bagdad pocos días después, la mezquita del Imam Ali de Najaf ese mismo mes y la Embajada de Turquía en octubre de ese mismo año, así como el asesinato de un diplomático español y una líder iraquí, también en la misma época. Para ello, a través de la Resolución 1511(2003), de 16 de octubre, el CSNU pide a los Estados que impidan el tránsito hacia Iraq de terroristas, armas destinadas a éstos y financiación que

---

394 Vid. apartado tercero de la *Ibid.*

395 Vid. apartado sexto de la *Ibid.* A través de la *Resolución 1535 (2004) Aprobada por el Consejo de Seguridad en su 4936ª sesión, celebrada el 26 de marzo de 2004, Doc. S/RES/1535*, el CSNU crea la Dirección Ejecutiva del Comité contra el Terrorismo (CTED por sus siglas en inglés), para que apoye al Comité Antiterrorista y coordine el seguimiento de la aplicación de la Resolución 1373 (2001).

les sirva de apoyo y, además, autoriza la creación de una "fuerza multinacional bajo mando unificado", para que garantice la seguridad y estabilidad del país[396]. En este caso no se está haciendo mención expresa al terrorismo, pero sí se está autorizando el uso de la fuerza para frenar todo acto que pueda poner en riesgo dicho *statu quo*. No obstante, lo que en ese momento se menciona de una forma un tanto ambigua, sí se explicita pocos meses después a través de la Resolución 1546 (2004), de 8 de junio de 2004, en la que se autoriza a esta fuerza multinacional a tomar todas las medidas necesarias para contribuir al mantenimiento de la seguridad y la estabilidad en Iraq, "en particular, para la prevención y disuasión del terrorismo"[397]. Aunque limitado al contexto iraquí y supeditado al mantenimiento de dicho grupo, es la primera resolución que autoriza de forma expresa el uso de la fuerza para luchar contra el fenómeno terrorista. Esto a su vez supone un problema, ya que, como se ha destacado a lo largo del texto, al no existir consenso sobre su definición, la autorización implica dar una gran discrecionalidad a sus destinatarios. Desde entonces, la expresión "todas las medidas necesarias" es la fórmula típica utilizada para "autorizar a los Estados el uso de la fuerza armada"[398].

A partir de entonces, el CSNU continúa con la labor iniciada por la AGNU, tratando de establecer órganos de expertos capaces de incrementar la eficacia en la lucha antiterrorista y centrando cada vez más sus esfuerzos en abordar el asunto desde una perspectiva integral. De forma progresiva, el enfoque

---

396 CSNU, *Resolución 1511(2003), adoptada por el Consejo de Seguridad en su 4844ª sesión, el 16 de octubre de 2003. Doc. S/RES/1511(2003)*, párr. 13.

397 CSNU, *Resolución 1546 (2004), aprobada por el Consejo de Seguridad en su 4987ª sesión, el 8 de junio de 2004. Doc. S/RES/1546 (2004)*, párr. 10.

398 A. Cocchini, «¿Cómo interpretar la resolución 2249 (2015) del Consejo de Seguridad?», en *Las amenazas a la seguridad internacional hoy*, Tirant lo Blanch, 2017, p. 173, en https://dialnet.unirioja.es/servlet/libro?codigo=718205.

proactivo va tomando protagonismo como el mecanismo vertebrador de toda actuación de carácter internacional. Mediante la Resolución 1540 (2004), de 28 de abril[399], el CSNU impone a todos los Estados la obligación de adoptar leyes para prevenir la proliferación de armas nucleares, químicas y biológicas, así como de establecer controles internos adecuados sobre los materiales conexos para impedir su tráfico ilícito. Además, crea un comité que se encarga de supervisar su implementación como forma de garantizar la adopción de las medidas planteadas en dicho texto. Un año más tarde, en paralelo a la Cumbre Mundial de 2005[400], el CSNU adopta la Resolución 1624 (2005), de 14 de septiembre[401], por la que insta a todos los Estados a adoptar las medidas necesarias para prohibir la incitación a la comisión de actos terroristas, impedir dicha conducta y denegar protección a toda persona considerada culpable de la misma.

c) El Daesh como nueva amenaza terrorista

Tras un periodo de poca actividad, la "amenaza regional que plantean los grupos terroristas y extremistas de Siria e Iraq"[402] promueve la reactivación de la respuesta antiterrorista. En este caso, toma importancia la lucha contra la radicalización como estrategia de prevención, tal y como se recalca en la

---

399 CSNU, *Resolución 1540(2004), aprobada por el Consejo de Seguridad en su 4956ª sesión, celebrada el 28 de abril de 2004. Doc. S/RES/1540(2004).*

400 AGNU, *Documento final de la Cumbre Mundial 2005–Reunión plenaria de alto nivel del 60º periodo de sesiones de la Asamblea General, de 14 de septiembre de 2005*, cit. *supra*.

401 CSNU, *Resolución 1624(2005) Aprobada por el Consejo de Seguridad en su 5261ª sesión, celebrada el 14 de septiembre de 2005, Doc. S/RES/1624.*

402 *Acta de la 7242ª reunión, celebrada el viernes 15 de agosto de 2014 en Nueva York. Doc. S/PV.7242*, UN, 2014, p. 6, en https://digitallibrary.un.org/record/777418.

Resolución 2178 (2014), de 24 de septiembre[403]. Ésta se centra en los combatientes terroristas extranjeros, destacando los Estados han de prevenir la radicalización que lleva al terrorismo, han de frenar el reclutamiento, han de obstaculizar los viajes y el apoyo financiero a estos combatientes. Por ello, exhorta a los Estados miembros a intensificar sus esfuerzos en la lucha contra este tipo de extremismo (apartado 15) y a cooperar en la formulación de estrategias para contrarrestar la retórica que instigue a la comisión de actos terroristas (apartado 16). Sin embargo, no establece ninguna obligación jurídicamente vinculante al respecto. Este lenguaje se mantiene en las resoluciones que se ocupan de la cooperación en materia de delincuencia organizada[404] o el tráfico de armas[405], donde predominan verbos como "alentar" o "instar", pero no imponen ninguna medida regulatoria al respecto. Sin embargo, actuando en virtud del Capítulo VII de la Carta de las Naciones Unidas, alude a la obligación de los Estados de "prevenir y reprimir el reclutamiento, la organización, el transporte o el equipamiento de las personas que viajan a un Estado distinto de sus Estados de residencia o nacionalidad para cometer, planificar o preparar actos terroristas o participar en ellos, o para proporcionar o recibir adiestramiento con fines de terrorismo, y la financiación de sus viajes y actividades" (apartado 5). Este apartado tiene gran repercusión en la regulación antiterrorista tanto del CoE como de la UE, como veremos más adelante.

Tres años más tarde de la primera referencia a la prevención de la radicalización, la Resolución 2354 (2017), de 24

---

403 CSNU, *Resolución 2178 (2014), aprobada por el Consejo de Seguridad en su 7272ª sesión, celebrada el 24 de septiembre de 2014, Doc. S/RES/2178*, 2014, en https://undocs.org/es/S/RES/2178(2014). *supra.*

404 CSNU, *Resolución 2195 (2014) aprobada por el Consejo de Seguridad en su 7351ª sesión, el 19 de diciembre de 2014. Doc. S/RES/2195 (2014).*

405 CSNU, *Resolución 2220(2015), aprobada por el Consejo de Seguridad en su 7447ª sesión, el 22 de mayo de 2015. Doc S/RES/2220.*

de mayo[406], insiste de nuevo en la adopción de medidas en relación con todos los factores que impulsan el extremismo violento. Sin embargo, en este caso va más allá, realizando un llamamiento al trabajo de contraargumentación conjunta con jóvenes, familias, mujeres, dirigentes de instituciones religiosas, culturales y educativas, y otros grupos interesados de la sociedad civil (apartado 2.f), y ello respetando los derechos humanos, el derecho internacional de los refugiados y el DIH (apartado 2.e). Todo ello en consonancia con lo planteado en los sucesivos exámenes de la Estrategia Global de UN. Las posteriores resoluciones siguen la misma tendencia que sus predecesoras: la Resolución 2396 (2017), de 21 de diciembre [407], se centra en los viajes, el reclutamiento y la financiación de los combatientes terroristas extranjeros e insta a los gobiernos a tipificar como graves dichos delitos para así enjuiciarlos y sancionarlos atendiendo a su transcendencia. También reitera la petición de cooperación y apoyo de los Estados en la lucha contra el extremismo violento que conduce al terrorismo (apartado 1). Este elenco de obligaciones queda también recogido en el marco internacional de lucha contra el discurso terrorista propuesto por el Comité contra el terrorismo[408]. Éste apunta a tres

---

406 CSNU, *Resolución 2354 (2017) Aprobada por el Consejo de Seguridad en su 7949ª sesión, celebrada el 24 de mayo de 2017, Doc. S/RES/2354.* Dicha resolución refuerza el papel predominante de las mujeres y los jóvenes en la lucha contra el extremismo violento ya establecido por la *Resolución 2242 (2015) Aprobada por el Consejo de Seguridad en su 7533ª sesión, celebrada el 13 de octubre de 2015 Doc. S/RES/2242,* y la *Resolución 2250 (2015) Aprobada por el Consejo de Seguridad en su 7573ª sesión, celebrada el 9 de diciembre de 2015,* respectivamente.

407 CSNU, *Resolución 2396 (2017) Aprobada por el Consejo de Seguridad en su 8148ª sesión, celebrada el 21 de diciembre de 2017, Doc. S/RES/2396.*

408 En este sentido, vid. CSNU, *Carta de fecha 26 de abril de 2017 dirigida a la Presidencia del Consejo de Seguridad por el Presidente del Comité del Consejo de Seguridad establecido en virtud de la resolución 1373 (2001) relativa a la lucha contra el terrorismo.*

aspectos fundamentales: el establecimiento de medidas jurídicas y coercitivas acordes con las obligaciones contraídas por los Estados, la importancia de las alianzas público-privadas como mecanismo para contrarrestar la incitación a cometer actos terroristas, y la necesidad de los contraargumentos como parte de un enfoque integral de lucha. Por último, la Resolución 2462 (2019), de 28 de marzo[409], indica lo propio en relación con la prevención y lucha contra la financiación del terrorismo, destacando que el incumplimiento de las garantías por parte de los Estados en materia de derechos humanos propicia la radicalización conducente a la violencia.

Las resoluciones más recientes del CSNU se centran en velar por el cumplimiento de las medidas impuestas a personas y entidades designadas como talibanes[410], en las sanciones contra el EIIL (Dáesh) y Al-Qaida, así como en la persecución de sus miembros[411], o en la prestación de asistencia humanitaria y mantenimiento de medidas impuestas en Afganistán tras el establecimiento del nuevo gobierno talibán a finales de 2021[412].

En junio de 2024, a través de la Resolución 2734 (2024), de 10 de junio, el CSNU vuelve a aludir al Capítulo VII de la

---

409 CSNU, *Resolución 2462 (2019) Aprobada por el Consejo de Seguridad en su 8496ª sesión, celebrada el 28 de marzo de 2019 Doc. S/RES/2462.*

410 CSNU, *Resolución 2557 (2020), aprobada por el Consejo de Seguridad el 18 de diciembre de 2020. Doc. S/RES/2557(2020); Resolución 2611(2021), aprobada por el Consejo de Seguridad en su 8935a sesión, celebrada el 17 de diciembre de 2021. Doc. S/RES/2611 (2021); Resolución 2665 (2022) Aprobada por el Consejo de Seguridad en su 9222a sesión, celebrada el 16 de diciembre de 2022, Doc. S/RES/2665 (2022).*

411 CSNU, *Resolución 2560(2020), aprobada por el Consejo de Seguridad el 29 de diciembre de 2020. Doc. S/RES/2560(2020); Resolución 2697 (2023) Aprobada por el Consejo de Seguridad en su 9419a sesión, celebrada el 15 de septiembre de 2023, Doc. S/RES/2697 (2023).*

412 CSNU, *Resolución 2615 (2021), aprobada por el Consejo de Seguridad en su 8941a sesión, celebrada el 22 de diciembre de 2021. Doc. S/RES/2615 (2021).*

Carta para reiterar el cumplimiento de medidas por parte de los Estados para contrarrestar la financiación del terrorismo. Todo ello a partir de la congelación de activos, el embargo de armas o la prohibición de viajar. Del mismo modo, realiza un examen de la lista de sanciones impuestas a los miembros y aboga por la coordinación interinstitucional en la lucha contra dicho fenómeno[413].

En definitiva, si inicialmente el CSNU apenas hacía referencia al fenómeno terrorista, su discurso tras los atentados del 11-S y, sobre todo, durante la última década se va transformando a favor de un despliegue de medidas proactivas orientadas a un doble objetivo: por un lado, a la imposición de medidas que dificulte la obtención de recursos económicos y materiales de cara a frenar la continuidad de su actividad; por otro, a la prevención del radicalismo violento como método para impedir la captación, planteando el trabajo de reinserción con retornados e incluyendo la participación de la sociedad civil en esta tarea. Este nuevo enfoque deja a un lado las medidas meramente reactivas contempladas hasta entonces, en parte debido al evidente fracaso de la política represiva liderada por Estados Unidos. No obstante, y a pesar de la estrategia contraterrorista generada a partir del 11-S, cabe recordar que, salvo en el caso de las resoluciones del Consejo de Seguridad adoptadas bajo el capítulo VII, tales recomendaciones no son vinculantes. Dicha situación se agrava con las limitaciones técnicas y humanas de los propios Estados de cara a establecer los mecanismos de persecución penal y la predisposición de éstos al respecto, es decir, del interés que cada uno tiene en el tema en relación con su grado de afectación a nivel interno[414].

---

413 CSNU, *Resolución 2734 (2024) Aprobada por el Consejo de Seguridad en su 9649a sesión, celebrada el 10 de junio de 2024, Doc. S/RES/2734 (2024).*

414 Vid. B. García Sánchez, «Instrumentos internacionales en la lucha contra el terrorismo (ONU)», en Ana Isabel Pérez Cepeda (ed.) *El terrorismo en*

III. RESPUESTA JURÍDICA AL TERRORISMO DESDE EL CONSEJO DE EUROPA

1. Cuestiones generales: los objetivos esenciales del Consejo de Europa y su relevancia para la lucha contra el terrorismo

En el ámbito regional europeo cabe destacar el papel preponderante del Consejo de Europa (CoE, por sus siglas en inglés) en la protección de los derechos humanos en general, y en la lucha antiterrorista en particular. Como establece el Informe nº 8 (2006) del Consejo Consultivo de Jueces Europeos, "en el contexto de la lucha contra el terrorismo, el Consejo de Europa, ha centrado sus esfuerzos en la búsqueda de un equilibrio ponderado entre la salvaguardia de los derechos y de las libertades individuales y la protección de la seguridad pública. Su acción está articulada alrededor de tres ejes:

- el fortalecimiento de la acción jurídica contra el terrorismo;
- la salvaguarda de los valores democráticos fundamentales;
- la lucha contra las causas del terrorismo"[415]

Se configura como una organización de cooperación intergubernamental compuesta tradicionalmente por 47 Estados

---

la actualidad: un nuevo enfoque político criminal, Tirant lo Blanch, Valencia, 2018 (Tirant monografías), p. 76. Esta problemática se ve aún más acentuada por la falta de un concepto unívoco de terrorismo internacional que permita desarrollar cualquier tipo de estrategia conjunta.

415 Consejo Consultivo de Jueces Europeos (CCJE), *Informe n° 8 (2006) del Consejo Consultivo de Jueces Europeos (CCJE) a la atención del Comité de Ministros del Consejo de Europa sobre "El papel de los jueces en la protección del Estado de derecho y de los derechos humanos en el contexto del terrorismo"*, sec. a.2, en https://rm.coe.int/1680747c8e.

que incluyen no solamente países de la UE, sino también otros como Turquía o, hasta este mismo año, Rusia. Esta particularidad le otorga especial relevancia estratégica en la materia que se está analizando[416]. La principal fuente de obligaciones nace de los tratados internacionales adoptados, los cuales son de obligado cumplimiento para todos los Estados miembros. Basa sus acciones en la defensa de la democracia, el respeto al Estado de derecho y la protección de los derechos humanos reflejados en el Convenio Europeo de Derechos Humanos de 1950 (en adelante, CEDH)[417], que garantiza a través de las sentencias y dictámenes del Tribunal Europeo de Derechos Humanos (en adelante, TEDH).

Desde su creación el 5 de mayo de 1949[418], el CoE se ha concentrado en la fijación de las bases del Estado de derecho, estableciendo una serie de límites inviolables bajo circunstancias especialmente complejas. En este sentido, el CEDH y el

---

416 Una de las funciones del CoE es incrementar la cooperación intergubernamental en materia de lucha contra el terrorismo, lo que se traduce en la coordinación del trabajo conjunto contra la radicalización y el extremismo violento que conducen al terrorismo o en el establecimiento estándares mínimos de actuación.

417 Consejo de Europa, *Convenio Europeo para la Protección de los Derechos Humanos y de las Libertades Fundamentales (STE nº 005), hecho en Roma el 4 de noviembre de 1950 y ratificado por España el 26 de septiembre de 1979 (BOE núm. 243, de 10 de octubre de 1979).*

418 Consejo de Europa, *Estatuto del Consejo de Europa (STE nº 001), hecho en Londres el 5 de mayo de 1949 y ratificado por España el 22 de noviembre de 1977 (BOE núm. 51, de 1 de marzo de 1978, páginas 4840 a 4844).* España se adhiere al CoE, tras la muerte de Franco y la celebración de las primeras elecciones democráticas tras la dictadura, el 1 de marzo de 1978. En este sentido vid. Jefatura del Estado, *Instrumento de Adhesión de España al Estatuto del Consejo de Europa, hecho en Londres el 5 de mayo de 1949 (BOE núm. 51, de 1 de marzo de 1978, páginas 4840 a 4844).*

Convenio Europeo para la prevención de la tortura de 1987[419] constituyen las dos piedras angulares en la lucha antiterrorista. Ambos se configuran como garantes de los derechos fundamentales frente a aquellas situaciones extremas en las que, basándose en la necesidad de preservar la seguridad internacional, se pretenda legitimar una suspensión transitoria de los derechos y garantías previstos en ellos[420]. Prueba de esto es la sólida jurisprudencia sobre esta materia en la que el TEDH exige el cumplimiento efectivo del CEDH[421]. Además de los dos instrumentos mencionados anteriormente, el CoE elabora multitud de textos jurídicos que versan sobre cooperación internacional en materia penal para fortalecer los mecanismos de asistencia judicial y complementar así los tratados de NU, centrados en regular la extradición como "medio de coopera-

---

419 Consejo de Europa, *Convenio Europeo para la Prevención de la Tortura y de las Penas o Tratos Inhumanos o Degradantes (STE nº 126), hecho en Estrasburgo el 26 de noviembre de 1987 y ratificado por España el 28 de abril de 1989 (BOE núm. 159, de 5 de julio de 1989, páginas 21152 a 21154).*

420 En relación con el primero, aunque el artículo 15 del *Convenio Europeo para la Protección de los Derechos Humanos y de las Libertades Fundamentales (STE nº 005), hecho en Roma el 4 de noviembre de 1950 y ratificado por España el 26 de septiembre de 1979 (BOE núm. 243, de 10 de octubre de 1979),* cit. *supra,* permite la derogación de algunas de las obligaciones del Convenio en caso de guerra u otro peligro público, el propio apartado segundo excluye expresamente la prohibición de derogar ciertos derechos fundamentales, como, por ejemplo, el derecho a la vida (art. 2 CEDH), la prohibición de la tortura (art. 3 CEDH) o la esclavitud (art. 4 CEDH), incluso bajo un Estado de excepción.

421 Hay una extensa jurisprudencia en lo referente a esta materia ante casos de detenidos sospechosos de terrorismo. Vid. TEDH, *Kurt c. Turquía (Gran Sala),núm. 24276/94,* 1998.; TEDH, *El-Masri c. Ex-República Yugoslava de Macedonia, (Gran Sala), núm. 39630/09,* 2012.; TEDH, *Husayn (Abu Zubaydah) c. Polonia (Sección cuarta), núm.7511/13,* 2015. TEDH, *Al Nashiri c. Rumanía (Sección primera), núm. 33234/12,* 2018.

ción preferente y casi único entre los Estados contratantes"[422]. Sin embargo, para no distraer la atención del objeto de estudio, se analizarán únicamente los convenios específicos de lucha contra el terrorismo, dejando a un lado los convenios generales de cooperación penal que complementan la materia de forma transversal, entre ellos el Convenio europeo de extradición[423], el Convenio Europeo de asistencia judicial en materia penal[424] o el Convenio sobre Ciberdelincuencia[425] y sus respectivos protocolos adicionales. De cara al análisis de los instrumentos jurídicos del CoE relacionados con la lucha con-

---

422 A. SALINAS DE FRÍAS, «Lucha contra el terrorismo internacional: no solo del uso de la fuerza pueden vivir los Estados», *Revista española de derecho internacional*, vol. 68, 2, 2016, p. 236.

423 CONSEJO DE EUROPA, *Convenio Europeo de Extradición (STE nº 024), hecho en París el 13 de diciembre de 1957 y ratificado por España el 21 de abril de 1982 (BOE núm. 136, de 8 de junio de 1982, páginas 15454 a 15462).*

424 CONSEJO DE EUROPA, *Convenio Europeo de Asistencia Judicial en Materia Penal (STE nº 030), hecho en Estrasburgo el 20 de abril de 1959 y ratificado por España el 14 de julio de 1982 (BOE núm. 223, de 17 de septiembre de 1982, páginas 25166 a 25174).*

425 CONSEJO DE EUROPA, *Convenio Sobre la Ciberdelincuencia (STE nº 185), hecho en Budapest el 23 de noviembre de 2001 y ratificado por España el 20 de mayo de 2010 (BOE núm. 226, de 17 de septiembre de 2010, páginas 78847 a 78896).* Se configura como el primer tratado internacional sobre delitos cometidos a través de internet y otras redes informáticas. Su principal objetivo consiste en aplicar una política penal común con objeto de proteger a la sociedad frente a este novedoso modo de actuar. Ostenta un papel fundamental en el objeto de este estudio en tanto que el uso de internet y las redes sociales conforman un elemento clave para la propaganda y difusión de la ideología radical, al mismo tiempo que un método para reclutar de forma masiva y anónima. Su Protocolo Adicional establece una serie de límites a la libertad de expresión y palabra con el objetivo de frenar la propagación de esta ideología radical y extremista. En este sentido, vid. CONSEJO DE EUROPA, *Protocolo adicional al Convenio sobre la Ciberdelincuencia relativo a la penalización de actos de índole racista y xenófoba cometidos por medio de sistemas informáticos (STE nº.189).*

tra el terrorismo, cabe distinguir dos etapas, pues, al igual que los convenios ya analizados en capítulos previos, la filosofía que preside los textos elaborados por este organismo regional cambia considerablemente a raíz de los atentados del 11-S[426].

2. *Cooperación antiterrorista temprana: el Convenio Europeo para la represión del terrorismo*

El primer convenio multilateral que versa sobre la cooperación contra el terrorismo en el continente europeo es el Convenio Europeo para la represión del terrorismo[427]. Tiene su origen en la Resolución del Comité de Ministros del Consejo de Europa (74)3 sobre el terrorismo internacional, celebrada el 24 de enero de 1974[428]. Ésta recomienda a los gobiernos de los Estados miembros tener en cuenta ciertos principios al resolver las solicitudes de extradición de personas acusadas de actos terroristas o condenadas por éstos[429]. El Convenio persi-

---

426 A. Remiro Brotóns, «Terrorismo internacional, principios agitados», en Antonio Rafael Cuerda Riezu, Francisco Jiménez García (eds.) *Nuevos desafíos del derecho penal internacional: terrorismo, crímenes internacionales y derechos fundamentales,* Tecnos, 2009, p. 18, en https://dialnet.unirioja.es/servlet/libro?codigo=403271.

427 Consejo de Europa, *Convenio Europeo para la represión del terrorismo (STE nº 90), hecho en Estrasburgo el 27 de enero de 1977 y ratificado por España el 9 de mayo de 1980 (BOE núm. 242, de 8 de octubre de 1980, páginas 22357 a 22360).*

428 Comité de Ministros, *Resolución (74)3 sobre el terrorismo internacional, adoptada por el Comité de Ministros en su 53ª reunión, celebrada el 24 de enero de 1974. Doc. Res(74)3.*

429 Esta resolución se basa en la idea de que ciertos delitos, por sus métodos o resultados en relación a sus móviles, son tan abominables que no se pueden calificar como "delitos políticos" e impedir así su extradición. Por eso se recomienda tener en cuenta la especial gravedad de los actos terroristas sujetos a dicha solicitud. Al igual que los tratados de NU, también rige el principio de *aut dedere aur iudicare,* en tanto que, si no se

gue la adopción de "medidas eficaces para que los autores de tales actos no escapen a la persecución y al castigo" siguiendo el principio de *aut dedere aut iudicare* y partiendo del convencimiento de que la extradición constituye un medio especialmente eficaz para lograr este objetivo. Consta de 16 artículos que se ocupan fundamentalmente de regular la extradición (arts. 1-7 y 13) y la cooperación judicial por delitos de terrorismo (artículo 8), y ofrece una serie de mecanismos para la solución pacífica de controversias (arts. 9 y 10). A partir de aquí, se establece en su artículo 1 un listado de delitos que, a efectos de extradición, no pueden ser considerados como "delitos políticos"[430]. Al igual que los convenios sectoriales de NU, utiliza una fórmula mixta que combina (i) aquellos delitos recogidos por alguno de los tratados aprobados hasta la fecha (concretamente el Convenio de La Haya de 1970 y el de Montreal de 1971) con (ii) otros relacionados con el atentado a personas internacionalmente protegidas, el secuestro o toma de rehenes, o aquellos que implican el uso de bombas o armas de fuego[431]. Esta disposición incluye tanto la tentativa como la

---

concede la extradición, los Estados deben someter el caso a sus órganos competentes para su enjuiciamiento. Además, en la medida en que muchos Estados tienen una jurisdicción limitada sobre los delitos cometidos en el extranjero, se les recomienda extender su jurisdicción para garantizar que los terroristas no puedan escapar tanto a su extradición como a su enjuiciamiento. Cfr. *Explanatory Report to the European Convention on the Suppression of Terrorism*, CoE, 1977, sec. 1 y 2,.

430 Tal exclusión no se realiza únicamente con los delitos de carácter claramente político, sino también con todos aquellos que conexos con un delito político o aquellos otros inspirados por móviles políticos. Vid. art. 1 del citado Convenio.

431 De esta forma, el artículo 1 del citado Convenio posibilita la extradición de toda persona que haya cometido –en grado de comisión o tentativa y bien como autor, coautor o cómplice- los siguientes delitos: "a) Los delitos comprendidos en el ámbito de aplicación del Convenio para la represión de la captura ilícita de aeronaves, firmado en La Haya el 16 de

coautoría y complicidad. Su artículo 2 permite también que, a los efectos de la extradición entre Estados Contratantes, un Estado Contratante podrá no considerar como delito político, como delito conexo con éste o como delito inspirado por móviles políticos, cualquier acto grave de violencia no comprendido en el artículo primero y que esté dirigido contra la vida, la integridad corporal o la libertad de las personas. También para los casos del artículo 2 se incluye la tentativa, la coautoría y la complicidad, así como para actos graves contra bienes que generen un grave riesgo para las personas. Como ha indicado SALINAS DE FRÍAS, "en la práctica este primer Convenio sobre terrorismo tratará básicamente sobre la ampliación de la extradición y la reducción al mínimo posible del delito político, a fin de luchar de la forma más eficiente posible contra un terrorismo crecientemente internacional, cuya mejor arma en contra sería en aquel momento la extradición, entre Estados con concepciones políticas y jurídicas afines y comprometidos sólidamente con la protección de los derechos humanos me-

---

diciembre de 1970; b) Los delitos comprendidos en el ámbito de aplicación del Convenio para la represión de actos ilícitos dirigidos contra la seguridad de la aviación civil, firmado en Montreal el 23 de septiembre de 1971; c) Los delitos graves constituidos por un ataque contra la vida, la integridad corporal a la libertad de las personas que tengan derecho a una protección internacional, incluidos los agentes diplomáticos; d) Los delitos que impliquen rapto, toma de rehenes o secuestro arbitrario; e) Los delitos que impliquen la utilización de bombas, granadas, cohetes, armas de fuego automáticas, o cartas o paquetes con explosivos ocultos, en los casos en que dicha utilización represente un peligro para las personas"; por lo que se refiere al artículo 2, este faculta la aplicación de tal criterio a la comisión o tentativa de "cualquier acto grave contra los bienes, no comprendido en el artículo primero, cuando dicho acto haya creado un peligro colectivo para las personas", aplicando el mismo criterio en caso de la "participación como coautor o cómplice de una persona que cometa o intente cometer dichos delitos".

diante el mecanismo de la Convención de 1950"[432]. De este modo se aborda la cooperación internacional desde un prisma similar al de NU, es decir, a través de una lista de delitos tipificados como terroristas ante la falta de acuerdo para lograr una definición conjunta.

3. Respuesta del CoE al fenómeno terrorista tras el 11-S

a) Creación de comités de expertos en la lucha antiterrorista

Al igual que en el ámbito internacional, el 11-S también influye en la aproximación a la regulación del terrorismo en la esfera regional. Siguiendo la estela de NU de designar a un órgano especializado que se encargue de estudiar en profundidad la materia, el CoE crea dos comités intergubernamentales de expertos a fin de coordinar sus actividades en el marco de las medidas legales contra este fenómeno. El primero de ellos, el Grupo Multidisciplinar de Acción Internacional contra el Terrorismo (en adelante, GMT), surge tras la 109ª sesión del Comité de Ministros[433] con el objetivo de abordar dos asuntos concretos. El primero, la revisión del Convenio Europeo para la represión del terrorismo de 1977, de la que se va a ocupar el subgrupo GMT-Rev. El segundo, la identificación de nuevas propuestas de acción del CoE en esta materia, liderada por el GMT-Rap. Su acción está guiada por unos principios básicos centrados en (i) el pragmatismo, (ii) la evitación de la duplici-

---

432 A. Salinas de Frías, «La obra convencional del Consejo de Europa en la prevención y lucha contra el terrorismo internacional», 2009, Servicio de Publicaciones de la Universidad de Navarra, p. 444, en https://dadun.unav.edu/handle/10171/21371.

433 Comité de Ministros, *Conclusions of the Chair of the 109th Session of the Committee of Ministers (7-8 November 2001)*, CoE, Estrasburgo, 2001, en https://rm.coe.int/0900001680962f89.

dad de su trabajo con el de otros organismos internacionales, (iii) la concentración en aquellos aspectos en los que existe mayor consenso; (iv) la búsqueda de la especificidad de la lucha contra el terrorismo en el CoE y (v) el esfuerzo por mantener el Convenio de 1977 como mecanismo que "despolitice" los delitos de terrorismo y facilite los procedimientos de extradición[434].

Tras expirar su mandato y conscientes de la importancia de continuar con la labor, el Comité de Ministros decide aceptar la propuesta del GMT y crear un comité que lo sustituya a la hora de coordinar las actividades realizadas en los ámbitos identificados por este[435]. Por ello, en febrero de 2003 nace el Comité de Expertos en Terrorismo (en adelante, CODEXTER[436]) que, de nuevo, se subdivide en dos grupos para abordar todas las cuestiones pendientes: por un lado, CODEXTER-Apologie, encargado del estudio de un instrumento jurídicamente vinculante que castigue la apología como laguna identificada por su predecesor; por otro, CODEXTER-Profiler, que se ocupa de la elaboración de informes sobre el estado de la legislación y jurisprudencia en materia de terrorismo en cada país[437], así como del seguimiento de las firmas y ratificaciones de los ins-

---

434 GMT, *3rd meeting of the Multidisciplinary Group on International Action against Terrorism (GMT), Strasbourg, 9–10 April 2002. Doc. CM(2002)61*, CoE, 2002, en https://search.coe.int/cm/Pages/result_details.aspx?ObjectId=09000016804dbf48.

435 A. I. Pérez Cepeda, *El pacto antiyihadista*, cit., p. 82.

436 Comité de Ministros, *Decisions adopted of the 828th meeting of the Ministers' Deputies, of 13 February 2003. Doc. CM/Del/Dec(2003)828*, CoE, Estrasburgo, 2003, en https://search.coe.int/cm/Pages/result_details.aspx?ObjectId=09000016805e0942.

437 A. Salinas de Frías, «Prevención y lucha contra el terrorismo internacional en Europa: ¿competencia o cooperación?», en *La obra jurídica del Consejo de Europa: (en conmemoración del 60 aniversario del Consejo de Europa)*, 2010, p. 747, en https://dialnet.unirioja.es/servlet/libro?codigo=489552.

trumentos elaborados por dicha organización y el intercambio de buenas prácticas desde el respeto a los derechos humanos y al Estado de derecho. No son sus únicas funciones, pues también se encarga de analizar temas tales como la relación entre el fenómeno terrorista e internet, la radicalización violenta que conduce al terrorismo y el adiestramiento para este fin, las técnicas especiales de investigación o las relaciones entre el terrorismo y la delincuencia organizada. Por último, también elabora una base de datos con sentencias del TEDH relacionadas con el terrorismo[438].

Hay que destacar que, desde el año 2018, CODEXTER pasa a denominarse "Comité de lucha contra el terrorismo del Consejo de Europa" (CDCT, por sus siglas en francés) [439] y se configura como el organismo intergubernamental que coordina la acción antiterrorista del CoE y supervisa los procesos de implementación de tales instrumentos por parte de los Estados miembros. Sobre la base de los principios de prevención, persecución y protección, este ente elabora estrategias, recomendaciones y directrices que, si bien no son jurídicamente vinculantes, sirven de guía para abordar esta lucha.

En el contexto del desarrollo de la última estrategia contra el terrorismo, la Estrategia 2023-2027, el CDCT lidera algunas actividades, entre las cuales se encuentra la negociación de una definición jurídica paneuropea revisada de "terrorismo" a efectos del Convenio de Varsovia de 2005; el análisis de nuevas tendencias que tengan que ver con los combatientes terroristas extranjeros y los repatriados o con el uso de internet y las nuevas tecnologías por parte de los terroristas; el desarrollo una serie de herramientas donde se reflejen buenas prácticas re-

---

438 https://www.coe.int/en/web/counter-terrorism/codexter#17711117_17714027_True

439 Originalmente conocido como Comité du Conseil de l'Europe de lutte contre le terrorisme.

ferentes al uso de información recogida en zonas de conflicto como prueba en procesos penales; la elaboración de nuevas estrategias de persecución del extremismo violento conducente al terrorismo o el diseño de orientaciones para que las autoridades de los sectores público y privado incrementen la eficacia en lo referente a la preparación y respuesta de emergencia tras un atentado. En lo referente a la evaluación de su puesta en práctica, es el propio CDCT el encargado de realizar su seguimiento, con la idea de implementar los reajustes necesarios que aseguren su aplicación y la calidad de sus resultados.

Una tarea adicional del CDCT es, junto al TEDH, proporcionar periódicamente notas informativas actualizadas sobre los casos del Tribunal relacionados con la materia, todo ello con el fin de garantizar el pleno respeto de los derechos humanos[440].

b) Instrumentos jurídicos relacionados con la lucha antiterrorista

1. Protocolo de enmienda al Convenio Europeo para la represión del terrorismo de 1977

Tras los atentados del 11 de septiembre de 2001, el CoE pone de relieve tanto en la Declaración del Comité de Ministros de 12 de septiembre de 2001[441] como en su Decisión de 21 de septiembre de 2001 sobre la lucha contra el terrorismo in-

---

[440] Todas las funciones del CDCT se encuentran detalladas en https://www.coe.int/en/web/counter-terrorism/cdct.

[441] COMITÉ DE MINISTROS, *Declaration of the Committee of Ministers on the fight against international terrorism, adopted on 12 September 2001 at the 763rd meeting of the Ministers' Deputies. Doc. Decl(12/09/2001)*, CoE, 2001, en https://search.coe.int/cm/Pages/result_details.aspx?ObjectId=09000016804fc218.

ternacional[442] la necesidad de modificar el Convenio Europeo para la represión del terrorismo. Ello termina desembocando en la aprobación del Protocolo de enmienda, que tiene lugar en Estrasburgo el 15 de mayo de 2003[443].

Este protocolo amplía notablemente el ámbito de aplicación material del Convenio, al tiempo que obliga a los Estados a criminalizar ciertos actos en su legislación nacional. Su objetivo principal es englobar en su artículo 1 todos aquellos delitos recogidos en los convenios y protocolos de NU en materia de lucha contra el terrorismo desde 1970 hasta 1999. Se entiende que la pretensión última es vincular a aquellos Estados europeos que todavía no han ratificado dichos tratados.

Por un lado, se actualizan algunos apartados del art. 1, concretamente los contenidos en las letras c, d, e y f. En el Convenio inicial, dichos preceptos recogían conductas genéricas que, salvo contadas excepciones, todavía no estaban reguladas por los convenios sectoriales de UN; en este caso, la enmienda amplía la consideración de delitos de terrorismo a todos aquellos comprendidos en el ámbito de aplicación (i) del Convenio sobre la prevención y el castigo de delitos contra personas internacionalmente protegidas de 1973; (ii) de la Convención internacional contra la toma de rehenes de 1979; (iii) de la Convención sobre protección física de los materiales nucleares de 1980; (iv) del Protocolo para la represión de actos ilícitos de violencia en los aeropuertos que presten servicio a la aviación civil internacional de 1988. Por otro lado, se añaden cuatro

---

442 Comité de Ministros, *Decisions adopted of the 765th bis meeting of 21 September 2001. Doc. CM/Del/Dec(2001)765bis*, CoE, 2001, en https://search.coe.int/cm/Pages/result_details.aspx?ObjectId=09000016805e28f1.

443 CoE, *Protocolo de enmienda del Convenio Europeo para la represión del terrorismo de 27 de enero de 1977 (STE nº 190), hecho en Estrasburgo el 15 de mayo de 2003 y ratificado por España el 16 de octubre de 2014*, 2003, en https://www.coe.int/en/web/conventions/full-list?module=treaty-detail&treatynum=190.

apartados que incluyen los delitos comprendidos en (i) el Convenio sobre la navegación marítima de 1988, (ii) el Protocolo relacionado con la seguridad de las plataformas fijas de 1988, (iii) la Convención para la represión de atentados con bombas de 1997 y (iv) el Convenio para la represión de la financiación del terrorismo de 1999.

En el apartado segundo del art. 1, además de seguir excluyendo de la consideración de delito político la tentativa de los delitos mencionados en el art. 1.1 y la complicidad, se añade ahora a los organizadores de la perpetración y a los inductores de cualquiera de éstos tanto consumados como intentados[444].

Los siguientes artículos proporcionan una serie de instrumentos con los que combatir dichos actos, en los que de nuevo prevalece la extradición como herramienta para la cooperación en materia penal. De cara a conciliar la eficacia de la lucha antiterrorista con la protección de los derechos fundamentales y, sobre todo, con vistas a la apertura del Convenio a nuevos Estados miembros, se añaden al artículo 5 dos apartados en los que se faculta a un país a negarse a extraditar a una persona ante el riesgo de ser objeto de torturas o ser condenado a pena de muerte o a cadena perpetua sin posibilidad de libertad condicional, siguiendo así la jurisprudencia del TEDH sobre estas cuestiones[445]. Como afirma SALINAS DE FRÍAS, "aunque el tribunal reconoce que el CEDH no confiere a ningún individuo el derecho a que se le conceda asilo, dejando la cuestión en

---

[444] Lo mismo se dice en el apartado tercero del art. 2 respecto de los delitos en los que la exclusión de su carácter de delito político es potestativa.

[445] TEDH, *Saadi c. Italia (Gran Sala), núm. 37201/06*, 2008, párr. 123; *Abdulazhon Isakov c. Rusia (Sección primera), núm.14049/08*, 2010, párr. 110-12; *Yuldashev c. Rusia (Sección primera), núm. 1248/09*, 2010, párr. 83-6; *Gaforov c. Rusia (Sección primera), núm. 25404/09*, 2010, párr. 134-40; *Iskandarov c. Rusia (Sección primera), núm. 17185/05*, 2010, párr. 131-5; *Sultanov c. Rusia (Sección primera), núm. 15303/09*, 2010, párr. 71-4.

manos de los propios estados, las partes contratantes podrían, no obstante, infringir el artículo 3 del CEDH si la deportación, expulsión o devolución del individuo en cuestión le expusiera al riesgo de sufrir violaciones en virtud de este artículo, interpretando esta disposición, a la inversa, como una obligación de los Estados partes de no deportar al individuo a su país de origen o residencia"[446].

Asimismo, tras pasar el contenido del art. 13 al 16 del Convenio, éste recoge un procedimiento simplificado que permite tanto a los Estados firmantes como al Comité de Ministros actualizar la lista de tratados incluidos en el texto. Por último, los textos de los nuevos artículos 15 y 16 restringen considerablemente la posibilidad de realizar reservas al convenio enmendado. Para empezar el art. 15 da por extinguidas todas las reservas formuladas antes de la fecha de apertura a la firma del Protocolo. Los Estados miembros asumen el compromiso de aplicar la reserva hecha al artículo 1 del Convenio "caso por caso, mediante una decisión debidamente motivada y teniendo debidamente en cuenta, al evaluar la naturaleza del delito, todos los aspectos especialmente graves del delito". Las nuevas reservas que se formulen tienen un plazo de vigencia limitado a tres años, si bien es posible volver a formularlas cuando caduquen.

Como se ha indicado, se reafirma el principio *aut dedere aut judicare* ya establecido previamente, aunque con mayor precisión. De este modo, si el Estado requerido niega la extradición en virtud de una reserva al art. 1, tal como indica el nuevo apartado 7 del art. 16, "someterá el caso, sin excepción alguna y sin

---

446 A. Salinas de Frías, *Counter-terrorism and human rights in the case law of the European Court of Human Rights*, Council of Europe Publishing, Strasbourg, 2012, p. 75.

demora injustificada, a sus autoridades competentes a efectos del procesamiento"[447].

El problema que plantea este Protocolo es similar al resto de convenios y radica en la limitación que entraña la inexistencia de una definición general de terrorismo, lo cual es más criticable aún dado el título del Convenio. Y la enmienda no lo resuelve, pues ni define el terrorismo ni efectúa una enumeración de los actos que tienen esta consideración. Por ello, podría considerarse que el objetivo de dicha modificación radica en limitar el ámbito de aplicación de la excepción de delito político y reforzar el de la extradición. Tal y como afirma SALINAS DE FRÍAS:

> "El Convenio europeo para la supresión del terrorismo se fijó como objetivo reducir el ámbito de actuación de la noción de delito político en el caso de ataques terroristas, de manera que la extradición —conforme ésta estaba regulada en el convenio de extradición de 1957, que no pudo excluir totalmente la noción de delito político— fuese aplicable también a estos casos, y entregar a los culpables o bien, tal y como muy sucintamente enunciaba el Convenio sin utilizar aún su redacción más conocida (aut dedere aut iudicare), poder juzgar a los culpables"[448].

---

447 R. A. BENÍTEZ, Secretario del Grupo Multidisciplinar sobre la Acción Internacional contra el Terrorismo (GMT) del Consejo de Europa, en su obra «Un nuevo convenio anti-terrorista para Europa», *Revista electrónica de estudios internacionales (REEI)*, 7, 2003, pp. 11 y ss, en https://dialnet.unirioja.es/servlet/articulo?codigo=792205., realiza una serie de consideraciones generales sobre el contenido y funcionamiento de la nueva enmienda, efectuando después un análisis pormenorizado sobre ciertas disposiciones del Convenio.

448 A. SALINAS DE FRÍAS, «La obra convencional del Consejo de Europa en la prevención y lucha contra el terrorismo internacional», cit., p. 445.

2. Convenio del Consejo de Europa para la prevención del terrorismo de 2005 y su protocolo adicional de 2015.

En el año 2005, el CoE adopta un nuevo instrumento de lucha contra este fenómeno: el Convenio del Consejo de Europa para la prevención del terrorismo[449], que nace a raíz de diversas propuestas de acción ya planteadas en la cumbre ministerial de Vilnius tres años antes[450] y aporta una novedosa perspectiva a la regulación de esta problemática, la prevención como forma de hacer frente al terrorismo. El objetivo del texto es paliar la laguna que el Protocolo de enmienda al Convenio de 1977 no logra solventar hasta entonces, ya que éste se centra en la extradición como instrumento de cooperación, pero no contempla redes específicas que ayuden a construir mecanismos anticipatorios de defensa[451]. Para ello, criminaliza una serie de actos preparatorios que pueden conducir a la comisión de los delitos terroristas contenidos en el anexo: la apología o incitación pública, el reclutamiento y el entrenamiento para la comisión de dichos actos (arts. 5-7 del Convenio). Al igual que en la esfera internacional, el texto tampoco contiene una definición de "delito terrorista", sino que entiende como tal todo aquel incluido en alguno de los convenios de NU, desde el Convenio de la Haya de 1970 hasta el Convenio referente a la represión de actos de terrorismo nuclear de 2005. Esto puede hacer pensar que cualquier país que ratifica este Convenio, im-

---

449 Consejo de Europa, *Convenio del Consejo de Europa para la prevención del terrorismo (STE nº 196), hecho en Varsovia el 16 de mayo de 2005, y ratificado por España el 23 de febrero de 2009 (BOE núm. 250, de 16 de octubre de 2009, páginas 87358 a 87371).*

450 Para un detallado análisis de los planteamientos que justifican la elaboración de dicho Convenio, vid. A. Salinas de Frías, «Prevención y lucha contra el terrorismo internacional en Europa: ¿competencia o cooperación?», cit., pp. 745-752.

451 C. Tomuschat, «On the possible "added value" of a Comprehensive Convention on Terrorism"», *Human Right Law Journal*, vol. 26, 5-8, p. 288.

plícitamente quedaría obligado por los convenios sectoriales independiente de su ratificación; sin embargo, para solventar esa problemática, el apartado segundo del artículo establece lo siguiente:

> "Al depositar su instrumento de ratificación, aceptación, aprobación o adhesión, un Estado o la Comunidad Europea, que no sea parte en alguno de los tratados enumerados en el anexo, podrá declarar que, cuando se aplique el presente Convenio a la Parte correspondiente, se considerará que el mencionado tratado no figura en ese anexo".

Este planteamiento, si bien defiende el respeto a la soberanía de los Estados y facilita la ratificación del propio instrumento por su flexibilidad, dificulta su implementación ya que, aunque sendos países hayan ratificado el Convenio de 2005, para poderse aplicar es necesario que ambos formen parte del respectivo Convenio sectorial al que se refiere el asunto.

Por otro lado, incorpora otros preceptos que fortalecen la cooperación centrados en la prevención —con políticas de carácter interno o acuerdos de asistencia mutua, extradición o cualquier otra herramienta que consolide el respaldo internacional—. Igualmente, contiene varias disposiciones que hacen referencia a la protección e indemnización de víctimas del terrorismo (art. 13) y a la salvaguarda de derechos humanos y libertades fundamentales tanto en términos de promoción del trabajo conjunto como de inclusión de garantías en la penalización de nuevos delitos (arts. 3.1 y 12.1) [452]. Esto supone todo un reto, ya que no es sencillo regular aspectos como la apología, la incitación, el reclutamiento o el entrenamiento desde el respeto de las libertades fundamentales, especialmente la libertad de expresión[453]. Por último, hace también

---

452 A. I. Pérez Cepeda, *El pacto antiyihadista*, cit., p. 83.

453 Existe numerosa jurisprudencia que destaca la disyuntiva que plantea el derecho a la libertad de expresión garantizado por el art. 10 del CEDH

referencia al proceso de radicalización y su prevención, destacando la participación de la sociedad civil y organizaciones no gubernamentales como actores de promoción del diálogo interreligioso (art. 3.3).

Aunque de nuevo se trata de un texto que amplía el catálogo de delitos considerados de terrorismo lo destacable es que, por primera vez, se crea una regulación con carácter proactivo. Ésta, por un lado, incorpora tipos delictivos no contemplados en los convenios internacionales y se adelanta a la Estrategia Global de NU contra el Terrorismo, aprobada un año más tarde, por otro lado, sirve de fundamento para posteriores regulaciones de carácter supranacional, entre ellas la Decisión Marco 2008 de la UE.

Una década después de la publicación de dicho Convenio se aprueba su Protocolo Adicional[454]. Para algunos autores, supone el vehículo de entrada en Europa de una terminología sincrética y de controvertidas modalidades penales anticipatorias que vienen a dilatar las lindes del *ius puniendi*[455]. A raíz de la amenaza que supone el regreso de los combatientes terroristas extranjeros y de cara a aplicar las disposiciones contenidas en la Resolución 2178 (2014) del CSNU, el CoE adopta un instrumento que busca incluir ciertos comportamientos que su-

---

cuando entra en juego la prevención del terrorismo. Para el TEDH, la clave reside en valorar si dichos actos alientan a la violencia o incitan al odio. En este sentido. Vid. TEDH, *Gumus y Otros c. Turquía (Sección segunda), núm. 40303/98*, 2005, párr. 17; *Maraşli c. Turquía (Sección segunda), núm. 40077/98*, 2004, párr. 18; *Gerger c. Turquía (Gran Sala), núm. 24919/94*, 1999, párr. 49.

454 Consejo de Europa, *Protocolo Adicional al Convenio del Consejo de Europa para la Prevención del terrorismo (STE nº 217), hecho en Riga el 22 de octubre de 2015 y aprobado en nombre de la UE el 4 de junio de 2018 (DOUE núm. 159, de 22 de junio de 2018, páginas 15 a 20)*, en https://www.coe.int/en/web/conventions/full-list?module=treaty-detail&treatynum=217.

455 E. Pomares Cintas, *La deriva del Derecho Penal y la democracia*, cit., p. 62.

ponen un adelantamiento de las barreras de protección como participar en una asociación o grupo con fines terroristas (art. 2), recibir adiestramiento para cometer actos de terrorismo (art. 3), viajar al extranjero con fines de terrorismo (art. 4) o la financiación de dichos viajes (art. 5) y la organización o facilitación de los mismos (art. 6).

Pese a que posteriormente se ha ido generalizando la inclusión de comportamientos que adelantan las barreras de protección, tanto el Protocolo como la Resolución del CSNU son criticados por su incidencia en los derechos humanos. Amnistía Internacional alerta de que el Convenio se centra en la "tipificación de delitos accesorios derivados de conductas que, en mayor o menor medida, se alejan del delito principal ("delito de terrorismo") y, por tanto, son más difíciles de identificar con certeza. Esto plantea serias preocupaciones en cuanto al cumplimiento del principio de legalidad". De ahí que insistan en la exigencia de una "conexión suficientemente directa con el acto delictivo principal y una intención clara e inequívoca de cometer todos los elementos". También destaca los problemas relacionados con la libertad de circulación o con la carga de la prueba a la hora de demostrar que los "fondos son proporcionados o recolectados para fines distintos de la comisión de un delito principal, la participación en él o la contribución significativa al mismo"[456]. Pero no son las ONG las únicas que han planteado objeciones. En efecto, el propio relator de NU sobre derechos humanos y lucha contra el terrorismo critica que la Convención "pretende abordar formas de conducta, como los viajes al extranjero, que son ejercidas habitualmente por

---

456 Amnistía Internacional, *Informe presentado por Amnistía Internacional y la Comisión Internacional de Juristas a CODEXTER: Draft Additional Protocol to the Council of Europe Convention on the Prevention of Terrorism, AI index: IOR 60/1393/2015*, 2015, en https://www.amnesty.org/es/documents/ior60/1393/2015/en/.

personas respetuosas de la ley por razones legítimas"[457]. Más contundente si cabe es la postura de parte de la doctrina del TEDH cuando sostiene que "el Convenio no prevé un motivo de privación *ante o praeter delictum* del derecho a la libertad con fines de prevención del delito [...] al basarse en un juicio altamente indeterminado y probabilístico sobre la conducta futura de la persona sospechosa"[458].

Sin embargo, estos reparos no han impedido la expansión de esta tendencia político-criminal de anticipación de las barreras de protección en textos posteriores, de ahí que, tal y como afirma Pomares Cintas, el Convenio de 2005 y su Protocolo Adicional supongan "la primera piedra que transforma, en suelo europeo, el castigo de conductas preparatorias en pieza angular de la política criminal antiterrorista"[459].

Convenio del Consejo de Europa sobre el blanqueo de dinero, seguimiento, embargo y decomiso de los productos del delito y sobre financiación del terrorismo de 2005

A partir del Convenio internacional para la represión de la financiación del terrorismo de Naciones Unidas de 9 de diciembre de 1999[460] y de la Resolución 1373 (2001), de 28 de septiembre se adopta el Convenio del Consejo de Europa so-

---

457 M. Scheinin, «The Council of Europe's Draft Protocol on Foreign Terrorist Fighters is Fundamentally Flawed», *Just Security*, 2015, en https://www.justsecurity.org/21207/council-europe-draft-protocol-foreign-terrorist-fighters-fundamentally-flawed/.

458 Esta es la postura mantenida por el juez Pinto en su voto particular. Cfr. TEDH, *Tommaso v. Italia (Gran Sala), num. 43395/09*, 2017, pp. 63 y 57 respectivamente, en https://hudoc.echr.coe.int/fre?i=001-171804.

459 E. Pomares Cintas, *La deriva del Derecho Penal y la democracia*, cit., p. 63.

460 NU, *Convenio internacional para la represión de la financiación del terrorismo, hecho en Nueva York el 9 de diciembre de 1999 y ratificado por España el 1 de abril de 2002 (BOE núm. 123, de 23 de mayo de 2002, páginas 18361 a 18369)*, cit. *supra*.

bre el blanqueo de dinero, seguimiento, embargo y decomiso de los productos del delito y sobre financiación del terrorismo de 2005[461]. Este trata de actualizar el ya promulgado en 1990[462] con el objetivo de prevenir y de combatir más eficazmente el blanqueo de capitales como forma de financiación de este fenómeno, que hasta entonces se sufraga a través de vías ilegales relacionadas con el secuestro o el tráfico de drogas. Las medidas establecidas son de carácter confiscatorio y de investigación, protagonizadas tanto por las autoridades judiciales y policiales como por las fuerzas de inteligencia. Una cuestión relevante es que, al igual que el Convenio de NU de 1999, excluye la posibilidad de denegación de una solicitud de cooperación contra la financiación del terrorismo utilizando el secreto bancario como argumento. Pero sí se contempla otras causas de denegación, como que la acción sea contraria al ordenamiento jurídico de la parte requerida, que vaya en contra de la soberanía, seguridad u orden público de esta, o que el delito sea de carácter fiscal o político[463].

---

461 Consejo de Europa, *Convenio relativo al blanqueo, seguimiento, embargo y comiso de los productos del delito y a la financiación del terrorismo (STE nº 198), hecho en Varsovia el 16 de mayo de 2005, y ratificado por España el 28 de diciembre de 2009 (BOE núm. 155, de 26 de junio de 2010, páginas 56174 a 56213).*

462 Consejo de Europa, *Convenio relativo al blanqueo, seguimiento, embargo y decomiso de los productos del delito (STE nº 141), hecho en Estrasburgo el 8 de noviembre de 1990 y ratificado por España el 22 de julio de 1998 (BOE núm. 252, de 21 de octubre de 1998, páginas 34713 a 34726).*

463 El artículo 28 del citado Convenio establece los siguientes motivos para la denegación: "1. Se podrá denegar la cooperación prevista en el presente capítulo si:

a) la acción solicitada sería contraria a los principios fundamentales del ordenamiento jurídico de la Parte requerida; o

b) la ejecución de la solicitud sería probablemente perjudicial para la soberanía, seguridad, orden público u otros intereses esenciales de la Parte requerida; o

4. Otros instrumentos del Consejo de Europa relacionados con la lucha antiterrorista: planes de acción, estrategias y recomendaciones.

Junto a los instrumentos jurídicamente vinculantes, cabe mencionar otros que también son fundamentales para la regulación de esta materia, ya que, al adoptarse por consenso en el Comité de Ministros gozan de un cierto refuerzo desde el punto de vista jurídico. Entre ellos sobresale el Plan de Acción del Consejo de Europa sobre la lucha contra el extremismo violento y la radicalización que conducen al terrorismo de 2015[464] y

---

c) en opinión de la Parte requerida, la importancia del caso al que se refiere la solicitud no justifica la adopción de la medida solicitada; o
d) el delito al que se refiere la solicitud es un delito fiscal, con la excepción de la financiación del terrorismo; o
e) el delito al que se refiere la solicitud es un delito político, con la excepción de la financiación del terrorismo; o
f) la Parte requerida considera que la adopción de las medidas solicitadas sería contraria al principio de «ne bis in idem»; o
g) el delito al que se refiere la solicitud no se consideraría delito con arreglo a la legislación de la Parte requerida si se hubiera cometido dentro de su jurisdicción. No obstante, este motivo para la denegación será de aplicación a la cooperación prevista en la sección 2 únicamente cuando la asistencia solicitada requiera coerción. Cuando se exija la doble incriminación para la cooperación en virtud del presente capítulo, se considerará que el requisito ha sido satisfecho, independientemente de si las Partes clasifican el delito dentro de la misma categoría de delitos o utilizan la misma terminología para referirse al delito, siempre que ambas Partes tipifiquen como delito la acción que constituya la base del delito".

464 Comité de Ministros, *Plan de acción del Consejo de Europa sobre la lucha contra el extremismo violento y la radicalización que conducen al terrorismo, adoptada por el Comité de Ministros el 19 de mayo de 2005 en la 125ª reunión de los Delegados de los Ministros, Doc. CM(2015)74 add final*, Consejo de Europa, 2015, en https://www.un.org/sc/ctc/wp-content/uploads/2015/06/CoE-The-fight-against-violent-extremism-and-radicalisation-leading-to-terrorism-Action-Plan.pdf.

su revisión de 2018[465]. Ambos están directamente relacionados con la lucha contra la radicalización como forma de prevención del terrorismo.

El primero de ellos se centra, por un lado, en reforzar el marco legal contra el terrorismo y el extremismo violento y, por otro, en prevenir y luchar contra la radicalización a través de medidas específicas en el sector público, particularmente en escuelas, prisiones e internet. Como se ha profundizado en anteriores capítulos, las redes sociales que interaccionan en estos núcleos urbanos son de vital importancia a la hora de incidir en el proceso de radicalización, ya sea para frenarlo o, por el contrario, para promoverlo. El Plan de Acción marca unas directrices generales basadas en (i) desarrollar herramientas para ayudar a quienes pueden desempeñar un papel crucial en la lucha contra la radicalización sobre el terreno —como los profesores, los trabajadores sociales, las autoridades locales, las mujeres, los representantes de la juventud y el deporte, los líderes religiosos—, (ii) el intercambio de buenas prácticas, tanto en lo que se refiere al contenido de los programas como a la formación y las orientaciones impartidas al personal y (iii) el desarrollo de una contranarrativa convincente[466]. Una de las medidas más relevantes es la aprobación definitiva del documento de Directrices para los servicios penitenciarios y de libertad condicional en relación con la radicalización y el extremismo violento, ya mencionado en capítulos anteriores,

---

465 Comité de Ministros, *Revisión del Plan de Acción del Consejo de Europa sobre la lucha contra el extremismo violento y la radicalización que conducen al terrorismo, de 25 de abril de 2018 Doc. SG/Inf(2018)7,* Consejo de Europa, Bruselas, 2018, en https://rm.coe.int/sg-inf-2018-7-fight-against-violent-extremism-and-radicalisation-leadi/16807c0d4b. *supra.*

466 Comité de Ministros, *Plan de acción del Consejo de Europa sobre la lucha contra el extremismo violento y la radicalización que conducen al terrorismo, adoptada por el Comité de Ministros el 19 de mayo de 2005 en la 125ª reunión de los Delegados de los Ministros, Doc. CM(2015)74 add final,* cit., p. 3.

que se adopta tan solo un año después y cuyo objetivo principal es proporcionar a los servicios penitenciarios y de libertad condicional de los Estados miembros una guía práctica para abordar la prevención, detección y tratamiento de la radicalización que puede conducir al terrorismo. A finales de ese mismo año se publica uno de los documentos más relevantes del CoE en esta materia: el Manual del CoE para los servicios penitenciarios y de libertad condicional sobre radicalización y extremismo violento[467]. Este es un documento que desarrolla con todo lujo de detalle las directrices planteadas en los documentos previos con el objetivo de prevenir la reincidencia, evitar la radicalización violenta y, sobre todo, utilizar la prisión como un instrumento en la estrategia de lucha contra el terrorismo. Todos estos estándares generales complementan lo ya establecido en las Reglas penitenciarias europeas y en las sucesivas recomendaciones del Comité de Ministros en esta materia, pero también van en línea con las directrices de otros órganos internaciones, entre ellos los estándares establecidos por el Comité para la Tortura de Naciones Unidas o la propia jurisprudencia del TEDH.

La revisión del Plan de Acción de 2018, además de realizar un balance en cuanto a la eficacia de su implementación durante los tres años previos, trata de hacer frente a las necesidades emergentes detectadas o a escenarios inicialmente no previstos, complementando el plan inicial con recursos humanos, técnicos o económicos específicos. Entre ellos destaca la firma y ratificación de determinados convenios[468] y la elabora-

---

467 CoE, *Council of Europe handbook for prison and probation services regarding radicalisation and violent extremism. Doc. PC-CP (2016) 2 rev 4,* 2016, en https://rm.coe.int/16806f9aa9.

468 En este sentido, el *Convenio del Consejo de Europa sobre los Delitos relacionados con Bienes Culturales (STE No. 221). No ha sido firmado ni ratificado por España.*, 2017, en https://www.coe.int/en/web/conventions/full-list?module=treaty-detail&treatynum=221. Pretende frenar el tráfico de

ción o revisión de nuevas recomendaciones o directrices. Esto último desde una doble vertiente: afrontando problemas concretos como los llamados "lobos solitarios"[469] o fortaleciendo los equipos y técnicas de investigación y asistencia mutua[470]. También se ocupa del fenómeno de la radicalización desde el sector público, concretamente intensificando las estrategias y campañas en el ámbito educativo, religioso, penitenciario o de internet. Uno de los documentos más relevantes dentro de los recogidos a nivel penitenciario es el documento de Directrices establecidas para los servicios de prisiones y de libertad vigilada relativas a la radicalización y al extremismo violento de 2016[471], que trata de establecer una serie de medidas a adoptar por los organismos para evitar que las personas bajo su responsabili-

---

bienes como forma de financiación del terrorismo. Cabe destacar que es el único texto que regula el trabajo conjunto y asistencia mutua en esta materia.

469 En este sentido, vid. Comité de Ministros, *Recomendación del Comité de Ministros a los Estados miembros sobre los terroristas que actúan en solitario, adoptada por el Comité de Ministros el 4 de abril de 2018 en la 1312ª reunión de representantes de Ministros. Doc. CM/Rec(2018)6*, CoE, 2018, en https://rm.coe.int/09000016807b318d.

470 Una de las herramientas que complementan el *Segundo Protocolo Adicional al Convenio Europeo de Asistencia Judicial en Materia Penal (STE nº 182), hecho en Estrasburgo el 8 de noviembre de 2001 y ratificado por España el 23 de junio de 2017 (BOE núm. 133, de 1 de junio de 2018, páginas 57069 a 57146).* es la *Recomendación del Comité de Ministros a los Estados miembros sobre «técnicas especiales de investigación» en relación con delitos graves, incluidos los actos de terrorismo, adoptada por el Comité de Ministros el 5 de julio de 2017 en la 1291ª reunión de representantes de Ministros, Doc. CM/Rec(2017)6*, CoE, 2017, en https://rm.coe.int/1680730408. Esta incluye, dentro de las técnicas especiales, el uso de técnicas de investigación financieras y informáticas.

471 Representantes de los ministros, *Directrices para los servicios de prisiones y de libertad vigilada relativas a la radicalización y al extremismo violento, adoptadas por el Comité de Ministros en su 1249º reunión, de 2 de marzo de 2016*, Consejo de Europa, Bruselas, en https://rm.coe.int/16806f3d51.

dad se radicalicen, así como para detectar, gestionar y reasentar a extremistas violentos.

Una herramienta que en cierto modo aglutina todo lo realizado hasta ahora es la Estrategia de lucha contra el terrorismo del Consejo de Europa (2018-2022) [472]. Parte de la idea de que el terrorismo actual tiene un carácter multidimensional y sumamente mutable, por lo que es necesario desarrollar una serie de instrumentos que tengan la capacidad de responder a un fenómeno en constante evolución[473]. Se centra en tres de las cuatro metas propuestas por la Estrategia de la Unión Europea de 2005 (prevención del terrorismo, persecución de los terroristas y protección de los ciudadanos), pero difiere en su planteamiento. Los fines generales se desgranan en una serie de objetivos específicos que permiten valorar su cumplimiento y cuyos propósitos se logran a través de la realización de una serie de actividades concretas, cuya justificación, metodología de trabajo, resultados o productos esperados y órgano responsable de su ejecución aparecen detallados en cada propuesta. Esta estructura favorece en gran medida su concreción y seguimiento, y permite evaluar su grado de cumplimiento y eficacia, a diferencia de otras estrategias internacionales. La mayor parte de las actividades se basan en el establecimiento de indicadores, estrategias, directrices, talleres o guías de buenas prácticas como "puentes" que permiten la adquisición e intercambio de información, conocimiento y capacidades entre los diferentes actores internacionales, algunos tan diversos como

---

[472] CONSEJO DE EUROPA, *Council of Europe Counter-Terrorism Strategy (2018-2022) CM(2018)86-addfinal. Approved by the Committee of Ministers at the 1321st meeting of the Ministers' Deputies, Doc. CM/Del/Dec(2018)1321/10.1*, 2018, en https://rm.coe.int/09000016808afc96.

[473] L. DE LA CORTE IBÁÑEZ, «Breve análisis sobre la Estrategia Contraterrorista del Consejo de Europa para 2018-2022», *Instituto Español de Estudios Estratégicos (IEEE)*, 95, 2018, (Documentos de Opinión), p. 10.

las agencias de NU con obligaciones en la materia[474], la UE, la Organización Internacional de Policía Criminal (en delante, Interpol), la Organización para la Seguridad y la Cooperación en Europa (en delante, OSCE), el Comité Internacional de la Cruz Roja (en delante, CICR) o el Foro Global Contra el Terrorismo (GCTF, por sus siglas en inglés).

Uno de los productos más relevantes surgidos como resultado de dicha Estrategia es el Informe sobre las nuevas amenazas terroristas en Europa, publicado en octubre del año 2022. Tal y como indica el propio texto, ofrece una panorámica de las tendencias contemporáneas del extremismo violento que propicia el terrorismo tanto en Europa como en otros contextos relevantes y ofrece una visión general de algunas de las implicaciones políticas clave para los miembros del COE, así como una serie de recomendaciones sobre la mitigación de las amenazas terroristas. Además, apunta hacia algunos aspectos clave a tener en cuenta a la hora de abordar dicho fenómeno.

Especialmente relevante es la llamada de atención que realiza sobre la orientación de las directrices en dicha materia. Destaca el papel preponderante otorgado al Dáesh y a Al-Qaida a la hora de diseñar mecanismos de prevención y advierte acerca de los riesgos que puede suponer el hecho de no tener en cuenta otras amenazas terroristas con un perfil diferente a éste, como es el caso del terrorismo de extrema derecha. De este modo, aboga por un reequilibrio de las amenazas y una revisión de las estrategias acorde a esto último.

El informe hace referencia también a la necesidad de lucha contra el denominado "terrorismo post-organizativo". Hasta

---

[474] Entre otros, el Comité contra el terrorismo (CTC en sus siglas en ingles); la Dirección Ejecutiva del Comité contra el Terrorismo (CTED por sus siglas en inglés) o la Oficina de Lucha contra el Terrorismo (UNOCT por sus siglas en inglés).

ahora, los esfuerzos internacionales de lucha siguen orientados a responder a una amenaza de tipo organizativo. De este modo, es necesario superar las estructuras típicas organizacionales y atender a las nuevas tendencias, que incluyen individuos con pocas o ninguna conexión con grupos conocidos, integrados en comunidades extremistas violentas transnacionales poco estructuradas, o que operan en línea.

Incluye también una mención a la revisión y adaptación de políticas de rehabilitación y reinserción destinadas a la desradicalización y la desvinculación, destacando el papel de las prisiones. Según el informe, es necesario seguir desarrollando el trabajo preventivo en dicha institución, y que este incluya la gestión y evaluación de riesgos, la desradicalización y la desvinculación, la rehabilitación y la reintegración. Todo ello para evitar que dicha institución sea un espacio donde se promueve la radicalización.

Por último, aboga al desarrollo de un enfoque global en la gestión de las mujeres y los niños retornados para aumentar las posibilidades de éxito de su reintegración y propone el trabajo en estructuras en las que intervengan diferentes instituciones, para favorecer así el intercambio de información[475]. Dicho informe es el que sienta las bases de la estrategia actual, la conocida como Estrategia de lucha contra el terrorismo del COE (2023-2027).

Además de los mecanismos mencionados, existen también una serie de recomendaciones del Comité de Ministros que pretenden aportar conocimiento técnico en relación con alguna materia en particular. Entre ellas destacan la Recomenda-

---

475 Council of Europe Committee on Counter-Terrorism (CDCT), *Report on Emerging Terrorist Threats in Europe. Approved by the Committee of Ministers at the 1445th meeting of the Ministers' Deputies. Doc. CM(2022)149-add*, 2022, pp. 33-34..

ción (2005)7 del Comité de Ministros a los Estados miembros sobre identidad y documentos de viaje en la lucha contra el terrorismo[476]; la Recomendación (2005)9 del Comité de Ministros a los Estados miembros sobre la protección de testigos y colaboradores de la justicia[477]; o la Recomendación (2007)1 del Comité de Ministros a los Estados miembros sobre la cooperación contra el terrorismo entre el CoE y la Organización Internacional de Policía Criminal (ICPO-Interpol)[478]. Posteriormente, se han publicado algunas otras relacionadas con cómo abordar las nuevas amenazas que plantea dicho fenómeno, salvaguardando los derechos y libertades fundamentales propias del Estado de derecho. La primera de ellas, la Recomendación (2017)6, recoge una serie de principios y medidas que deben seguirse a la hora de elaborar políticas relacionadas con determinadas técnicas de investigación en el contexto judicial[479]. La

---

476 Representantes de los ministros, *Recomendación Rec(2005)7 del Comité de Ministros a los Estados miembro sobre identidad y documentos de viaje y la lucha contra el terrorismo, adoptada por el Comité de Ministros el 30 de marzo de 2005, en la 921ª reunión de representantes de ministros*, Consejo de Europa, en https://search.coe.int/cm/Pages/result_details.aspx?ObjectId=09000016805da916.

477 Representantes de los ministros, *Recomendación Rec(2005)9 del Comité de Ministros a los Estados miembro sobre la protección de testigos y colaboradores de la justicia, adoptada por el Comité de Ministros el 20 de abril de 2005 en la 924ª reunión de representantes de ministros*, Consejo de Europa, en https://search.coe.int/cm/Pages/result_details.aspx?ObjectId=09000016805b0cf7.

478 Representantes de los ministros, *Recomendación CM/Rec(2007)1 del Comité de Ministros a los Estados miembros sobre la cooperación contra el terrorismo entre el Consejo de Europa y sus estados miembros, y la Organización Internacional de Policía Criminal (ICPO-Interpol), adoptada por el Comité de Ministros el 18 de enero de 2007 en la 984ª reunión de representantes de ministros*, Consejo de Europa, en https://search.coe.int/cm/Pages/result_details.aspx?ObjectId=09000016805d6b86.

479 Comité de Ministros, *Recomendación del Comité de Ministros a los Estados miembros sobre «técnicas especiales de investigación» en relación con delitos graves, incluidos los actos de terrorismo, adoptada por el Comité de Ministros el 5*

segunda, la Recomendación (2018)6, trata de determinar las medidas más eficaces para hacer frente a aquellos terroristas que actúan solos, incluso previniendo todas las formas de radicalización que conducen al terrorismo[480].

Recientemente y como producto de la Estrategia Contraterrorista 2018-2022, se han publicado tres recomendaciones relativas a esta materia:

- Recomendación (2021)7 sobre las medidas destinadas a proteger a los niños contra la radicalización con fines terroristas[481]. Ésta pone el foco de atención en la protección de los niños frente a la radicalización. Ello a través de la participación de los profesionales de primera línea, la sociedad civil y el sector privado, y el desarrollo de estrategias de prevención que tengan en cuenta el interés superior del menor.

- Recomendación (2022)7 sobre la evaluación del riesgo de las personas inculpadas o condenadas por delitos de terrorismo[482]. Dicha Recomendación ofrece orientaciones sobre los instrumentos y procesos considerados más eficaces para eva-

---

de julio de 2017 en la 1291ª reunión de representantes de Ministros, Doc. CM/Rec(2017)6, cit. *supra.*

480 Comité de Ministros, *Recomendación del Comité de Ministros a los Estados miembros sobre los terroristas que actúan en solitario, adoptada por el Comité de Ministros el 4 de abril de 2018 en la 1312ª reunión de representantes de Ministros. Doc. CM/Rec(2018)6,* cit. *supra.*

481 Comité de Ministros, *Recomendación CM/Rec(2021)7 del Comité de Ministros a los Estados miembros sobre las medidas destinadas a proteger a los niños contra la radicalización con fines terroristas, adoptada por el Comité de Ministros el 20 de octubre de 2021 en la 1415ª reunión de los representantes de Ministros. Doc. CM/Rec(2021)7.*

482 Comité de Ministros, *Recomendación CM/Rec(2022)7 del Comité de Ministros a los Estados miembros sobre la evaluación del riesgo de las personas acusadas o condenadas por delitos de terrorismo, adoptada por el Comité de Ministros el 30 de marzo de 2022 en la 1430ª reunión de los representantes de Ministros. Doc. CM/Rec(2022)7.*

luar los riesgos que plantean estas categorías de personas y en los que deben basarse las autoridades competentes para poder encontrar un equilibrio entre las libertades individuales y la garantía de la seguridad del público en general. Incluye todas las fases en las que puede utilizarse una evaluación de este tipo, proporcionando orientaciones sobre cómo realizar correctamente las evaluaciones de riesgo y utilizar los resultados de este proceso para respaldar las decisiones judiciales o las medidas de seguridad.

- Recomendación (2022)8 del Comité de Ministros a los Estados miembros sobre el uso de información recogida en zonas de conflicto como prueba en procesos penales relacionados con delitos de terrorismo. En ésta, lo que se pretende es luchar contra la impunidad a partir del uso efectivo de la información recopilada en zonas de conflicto como prueba en procesos penales relacionados con delitos de terrorismo, respetando al mismo tiempo el Derecho internacional, en particular el derecho a un juicio justo, y la legislación nacional pertinente[483]. Concretamente, el objetivo último es garantizar que la información recogida por el personal militar, los servicios de inteligencia u otras fuentes sean admisibles como prueba con arreglo a las leyes nacionales, considerando incluso la posibilidad de desarrollar marcos jurídicos u otras medidas que permitan compartir la información recopilada para utilizarse como prueba en cualquier proceso penal.

---

483 Comité de Ministros, *Recomendación CM/Rec(2022)8 del Comité de Ministros a los Estados miembros sobre el uso de información recogida en zonas de conflicto como prueba en procedimientos penales relacionados con delitos de terrorismo. Adoptada por el Comité de Ministros el 30 de marzo de 2022 en la 1430ª reunión de los representantes de Ministros, Doc. CM/Rec(2022)8*, 2022, cap. I.1.

IV. REGULACIÓN ANTITERRORISTA DE LA UNIÓN EUROPEA

1. Cuestiones generales: la Unión Europea y sus instrumentos de cooperación

La UE nace como una organización de integración económica, lo que explica la inexistencia de competencias en materia penal en el tratado constitutivo de la Comunidad Económica Europea. Sin embargo, la progresiva eliminación de fronteras para lograr un auténtico mercado común interior genera, a su vez, un mayor carácter transnacional de los crímenes, en especial aquellos relacionados con la delincuencia organizada y el terrorismo. Tal situación obliga a incorporar al Derecho primario una serie de mecanismos que aborden dicho reto. De este modo, el Tratado de Maastricht añade un tercer pilar a los dos ya existentes[484]: la cooperación policial y judicial en materia penal. Es más, el artículo K.1.9 ya especifica dicha colaboración "para la prevención y la lucha contra el terrorismo" [485] e incorpora las acciones comunes como instrumento jurídico para llevarla a cabo.

No obstante, es su sucesor, el Tratado de Ámsterdam, el que consolida dicha tendencia, estableciendo un "espacio de Libertad, Seguridad y Justicia" para la ciudadanía europea, y

[484] Cabe recordar que el Tratado de Maastricht modifica los anteriores tratados europeos y crea una Unión Europea basada en tres pilares: las Comunidades Europeas, la política exterior y de seguridad común (PESC) y la cooperación en los ámbitos de la justicia y los asuntos de interior (JAI).

[485] Consejo de las Comunidades Europeas y Comisión de las Comunidades europeas, *Tratado de la Unión Europea (TUE) (DOUE núm. 191, de 29 de julio de 1992, pp. 1 a 112)*, 1992, art. K.1.9, en http://data.europa.eu/eli/treaty/teu/sign/spa.

determinando una serie de medidas que faciliten su correcto desarrollo. Éstas quedan recogidas en el título VI del texto y se agrupan en dos grandes ámbitos: por un lado, la cooperación entre las fuerzas policiales, judiciales y autoridades aduaneras y, por otro, la aproximación de las normas de los Estados miembros en materia penal. Lo que se pretende es garantizar la libertad deambulatoria dentro de un espacio europeo seguro, un equilibrio muy cuestionado en las últimas décadas precisamente a raíz del auge del terrorismo yihadista.

Para el desarrollo efectivo de la cooperación entre las diferentes fuerzas del Estado es necesario, además de ciertos mecanismos en el ámbito procesal reflejados en los primeros cuatro apartados del art. K.3, la adopción paulatina de medidas que establezcan normas mínimas relativas a los elementos constitutivos de los delitos y las penas[486].

El fundamento sobre el que pivotan los mecanismos generales de cooperación penal es el principio de reconocimiento mutuo, tal y como queda plasmado en el art. 82.1 del Tratado de Funcionamiento de la Unión Europea (en adelante, TFUE)

---

[486] Concretamente, el art. K.3.del Tratado de Ámsterdam establece que la acción en común sobre cooperación judicial en materia penal incluirá: a) la facilitación y aceleración de la cooperación entre los ministerios y las autoridades judiciales o equivalentes competentes de los Estados miembros en relación con las causas y la ejecución de resoluciones; b) la facilitación de la extradición entre Estados miembros; c) la consecución de la compatibilidad de las normas aplicables en los Estados miembros, en la medida necesaria para mejorar dicha cooperación; d) la prevención de conflictos de jurisdicción entre los Estados miembros; e) la adopción progresiva de medidas que establezcan normas mínimas relativas a los elementos constitutivos de los delitos y a las penas en los ámbitos de la delincuencia organizada, el terrorismo y el tráfico ilícito de drogas.

[487]. En este sentido, la Orden europea de detención y entrega y la Orden europea de investigación[488] son dos de los instrumentos fundamentales para su desarrollo. Para implementar las medidas relativas a las normas mínimas, el tratado incorpora ciertos instrumentos jurídicos que permiten armonizar la regulación en esta materia: las Decisiones Marco. Éstas, si

---

[487] El art. 82.1 del TFUE establece lo siguiente:
"1. La cooperación judicial en materia penal en la Unión se basará en el principio de reconocimiento mutuo de las sentencias y resoluciones judiciales e incluye la aproximación de las disposiciones legales y reglamentarias de los Estados miembros en los ámbitos mencionados en el apartado 2 y en el artículo 83. El Parlamento Europeo y el Consejo adoptarán, con arreglo al procedimiento legislativo ordinario, medidas tendentes a:
a) establecer normas y procedimientos para garantizar el reconocimiento en toda la Unión de las sentencias y resoluciones judiciales en todas sus formas;
b) prevenir y resolver los conflictos de jurisdicción entre los Estados miembros;
c) apoyar la formación de magistrados y del personal al servicio de la administración de justicia;
d) facilitar la cooperación entre las autoridades judiciales o equivalentes de los Estados miembros en el marco del procedimiento penal y de la ejecución de resoluciones". UNIÓN EUROPEA, *Versión consolidada del Tratado de Funcionamiento de la Unión Europea (DOUE nº 326, de 26 de octubre de 2012, pp. 47–390)*, vol. 326, 2012, en http://data.europa.eu/eli/treaty/tfeu_2012/oj/spa.Aunque aparece mencionado por primera vez en el TFUE, es el Tratado de Lisboa el que lo incorpora como principio del Derecho primario. En este sentido, vid. PARLAMENTO EUROPEO, CONSEJO Y COMISIÓN DE LA UNIÓN EUROPEA, *Tratado de Lisboa por el que se modifican el Tratado de la Unión Europea y el Tratado constitutivo de la Comunidad Europea, firmado en Lisboa el 13 de diciembre de 2007 (DOUE nº C 306, de 17 de diciembre de 2007, pp. 1–271)*, 2007, art. 61, en https://eur-lex.europa.eu/legal-content/ES/TXT/?uri=celex%3A12007L%2FTXT.

[488] Sobre los instrumentos de cooperación penal en la lucha contra el terrorismo, vid. A. SÁNCHEZ FRÍAS, *Las obligaciones de cooperación penal de los estados en la acción contra el terrorismo*, Tirant lo Blanch, Valencia, 2020.

bien no tienen un efecto directo, sí exigen unos resultados por parte de los Estados miembros a quienes van dirigidas[489]. No obstante, la especial gravedad y la dimensión transfronteriza del terrorismo hace que finalmente, el posterior desarrollo legislativo se incline por la directiva como acto legislativo preferente, tal y como establece el art. 83 del TFUE[490]:

> "1. El Parlamento Europeo y el Consejo podrán establecer, mediante directivas adoptadas con arreglo al procedimiento legislativo ordinario, normas mínimas relativas a la definición de las infracciones penales y de las sanciones en ámbitos delictivos que sean de especial gravedad y tengan una dimensión transfronteriza derivada del carácter o de las repercusiones de dichas infracciones o de una necesidad particular de combatirlas según criterios comunes.

---

489 Vid. Art. 288 (antiguo art. 249 TEC) Unión Europea, *Tratado de Funcionamiento de la Unión Europea. Versión consolidada (DOUE núm. 83, de 30 de marzo de 2010, páginas 1 a 388)*, 1957, en https://www.boe.es/doue/2010/083/Z00001-00388.pdf. RAE, «Definición de decisión–Diccionario del español jurídico–RAE», *Diccionario del español jurídico–Real Academia Española*, 2019, en https://dej.rae.es/lema/decisi%C3%B3n. En este sentido, tal y como establecen A. J. Rodríguez Carrión; A. Salinas de Frías, *Bases de derecho comunitario europeo*, Servicio de Publicaciones e Intercambio Científico de la Univ. de Málaga, Málaga, 2007, p. 188., es un instrumento normativo desarrollado en cuanto a los medios, aunque los Estados tengan libertad para elegir los instrumentos jurídicos de su aplicación en el ordenamiento jurídico interno.

490 Sobre esta cuestión, cfr., por ejemplo, N. Corral Maraver, «La irracionalidad de la política criminal de la Unión Europea», *Indret: Revista para el Análisis del Derecho*, 4, 2016, Universitat Pompeu Fabra, pp. 3 y ss, en https://dialnet.unirioja.es/servlet/articulo?codigo=5740633; M. Acale Sánchez, «Derecho Penal y Tratado de Lisboa», *Revista de Derecho Comunitario Europeo*, vol. 12, 30, 2008, Centro de Estudios Políticos y Constitucionales (España), pp. 349-380, en https://dialnet.unirioja.es/servlet/articulo?codigo=2700398; F. Miró Llinares, «Cooperación judicial en materia penal en la Constitución Europea», en *Comentarios a la Constitución Europea*, Tirant lo Blanch, 2004, pp. 1183-1218, en https://dialnet.unirioja.es/servlet/libro?codigo=9577.

Estos ámbitos delictivos son los siguientes: el terrorismo, la trata de seres humanos y la explotación sexual de mujeres y niños, el tráfico ilícito de drogas, el tráfico ilícito de armas, el blanqueo de capitales, la corrupción, la falsificación de medios de pago, la delincuencia informática y la delincuencia organizada (...).

2. Cuando la aproximación de las disposiciones legales y reglamentarias de los Estados miembros en materia penal resulte imprescindible para garantizar la ejecución eficaz de una política de la Unión en un ámbito que haya sido objeto de medidas de armonización, se podrá establecer mediante directivas normas mínimas relativas a la definición de las infracciones penales y de las sanciones en el ámbito de que se trate. Dichas directivas se adoptarán con arreglo a un procedimiento legislativo ordinario o especial idéntico al empleado para la adopción de las medidas de armonización en cuestión, sin perjuicio del artículo 76."

Aunque finalmente la decisión marco como acto típico legislativo queda abolida por el Tratado de Lisboa, se considera un instrumento de gran relevancia, puesto que constituye el origen de la armonización del Derecho sustantivo en materia de terrorismo[491].

Todo este despliegue normativo tiene su fundamento político-criminal en la política exterior y de seguridad común de

---

491 En general, sobre el Derecho derivado, cfr., por ejemplo, C. F. Molina del Pozo, *Derecho de la Unión Europea*, 6, Editorial Reus, Madrid, España, 2022, pp. 245 y ss, en http://www.marcialpons.es/libros/derecho-de-la-union-europea/9788429025651/; J. Alcaide Fernández y otros (eds.), *Curso de Derecho de la Unión Europea*, 3, Tecnos, 2018, en http://www.dykinson.com/libros/curso-de-derecho-de-la-union-europea/9788430972142/; M. Ortega Gómez, *Derecho de la Unión Europea*, J.M. Bosch Editor, 2019, p. 117 y ss.; A. Salinas de Frías; A. Sánchez Frías (eds.), *Basic concepts of EU law*, Tirant lo Blanch, 2020, en https://dialnet.unirioja.es/servlet/libro?codigo=778791; J. Sarrión Esteve, *Lecciones Fundamentales de Derecho de la Unión Europea*, 1, Tirant lo Blanch, 2017, pp. 70 y ss.

la UE, la cual constituye la base de la Estrategia de la Unión Europea de lucha contra el terrorismo del año 2005[492]; un texto que, previo al adoptado por NU y en sintonía con la política del CoE, tiene como principal compromiso la lucha contra el terrorismo desde el respeto de los derechos humanos, tal y como se desarrolla en el siguiente apartado.

2. *Estrategia de lucha contra el terrorismo. Especial relevancia de la prevención de la radicalización como forma de prevención del terrorismo*

En el año 2003 y de la mano de Javier Solana, entonces Secretario General del Consejo de la UE y Alto Representante de la Política Exterior y de Seguridad Común, se publica un documento que por primera vez evalúa de forma conjunta los retos mundiales y principales riesgos a los que la UE debe hacer frente: la Estrategia Europea de Seguridad. Alude a cuestiones como el terrorismo, la proliferación de armas de destrucción masiva, los conflictos regionales, la descomposición de algunos Estados o la delincuencia organizada. Alberga también un conjunto de objetivos estratégicos que pretenden, entre otros asuntos, mejorar la capacidad de hacer frente a dichas amenazas, fomentar un clima de seguridad en los países vecinos o generar un orden internacional basado en un multilateralismo eficaz[493]. Este documento constituye un hito en el desarrollo de la política exterior y de seguridad de la Unión y a partir de

---

492 Consejo de la Unión Europea, *Estrategia de la Unión Europea de lucha contra el terrorismo, de 30 de noviembre de 2005. Doc. 14469/4/05 REV 4*, cit. *supra.*

493 Consejo de la Unión Europea, *Estrategia europea de seguridad: una Europa segura en un mundo mejor (no publicada en el Diario Oficial).*, EUR-OP, Bruselas, 2003, pp. 33-38, https://eur-lex.europa.eu/legal-content/ES/TXT/?uri=LEGISSUM%3Ar00004.

entonces el asunto del terrorismo está permanentemente en la agenda política[494]; no obstante, no es hasta noviembre de 2005 cuando se adopta el documento más relevante en esta materia, conformándose como la base para toda regulación posterior: la Estrategia de la Unión Europea de lucha contra el terrorismo. Tiene como principal compromiso la lucha contra este fenómeno desde un enfoque multisectorial y tiene cuatro ejes de acción principales:

El primer eje es **prevenir,** abordando los factores o causas profundas que conducen a la radicalización y a la captación de adeptos en Europa y fuera de ella. Se basa en una serie de acciones conjuntas entre las que se encuentran: identificar y limitar aquellas conductas que surjan a raíz de la globalización (desplazamientos, transferencias de dinero o comunicación); evitar las políticas y discursos que fomenten la polarización entre Occidente y el Islam; evitar la desigualdad y la discriminación; fomentar el diálogo intercultural; e intensificar la cooperación con los socios externos en la lucha contra la radicalización[495]. Este pilar se considera clave en la estrategia de

---

494 Esta situación no se debe únicamente a lo acontecido en Estados Unidos, pues los atentados de 2004 en Madrid y 2005 en Londres no hacen sino reafirmar el carácter transnacional de dicho fenómeno terrorista, que demanda una respuesta integral y conjunta. Vid. por ejemplo la *Comunicación de la Comisión al Consejo y al Parlamento Europeo, de 20 de octubre de 2004: Prevención, preparación y respuesta a los ataques terroristas (COM (2004) 698 final)*, 2004, en https://eur-lex.europa.eu/legal-content/es/TXT/?uri=CELEX:52004DC0698., o la *Comunicación de la Comisión al Consejo y al Parlamento Europeo, de 10 de mayo de 2005, «Programa de La Haya: Diez prioridades para los próximos cinco años. Una asociación para la renovación europea en el ámbito de la libertad, la seguridad y la justicia» (COM (2005) 184 final)*, 2005, en https://eur-lex.europa.eu/legal-content/ES/TXT/?uri=LEGISSUM:l16002.

495 Vid. apartado 9, 10, 11 y 12 respectivamente de la *Estrategia de la Unión Europea de lucha contra el terrorismo, de 30 de noviembre de 2005. Doc. 14469/4/05 REV 4*, cit. *supra*.

lucha contra el terrorismo y, sobre todo, denota un punto de inflexión a la hora de abordar dicho fenómeno. Hasta ese momento, la respuesta oficial de la UE se basaba en líneas de acción necesarias, pero más convencionales como, por ejemplo, los acuerdos de extradición, la lucha contra la financiación del terrorismo o la seguridad en los transportes[496]. Sin embargo, a partir de entonces, la prevención adquiere un rol fundamental que permanece en las políticas actuales.

El segundo eje es **proteger,** tanto a los ciudadanos como a las infraestructuras, consolidando la defensa de los objetivos clave (incrementando la seguridad transfronteriza y de sus sistemas de información y control; del transporte marítimo y aéreo y de la infraestructura crítica); y reduciendo la vulnerabilidad de la UE frente a posibles atentados, tanto físicos como electrónicos, así como su impacto[497].

El tercer eje es **perseguir** e investigar a los terroristas más allá de las fronteras europeas, impidiendo la planificación de actividades, viajes y comunicaciones; eliminar las redes de apoyo; dificultar la financiación y el acceso al material para cometer atentados; y conducir a los terroristas ante la justicia, siempre dentro del respeto permanente de los derechos humanos y el Derecho internacional[498]. Para ello promueve el refuerzo de las capacidades nacionales de lucha, el fortalecimiento en el intercambio de información y cooperación judicial y policial

---

496 J. J. Jordán Enamorado, «Políticas de prevención de la radicalización violenta en Europa: elementos de interés para España», *Revista electrónica de ciencia penal y criminología,* 11, 2009, Universidad de Granada, p. 5, en https://dialnet.unirioja.es/servlet/articulo?codigo=3051685.

497 Vid. aptdos 14 al 21 Consejo de la Unión Europea, *Estrategia de la Unión Europea de lucha contra el terrorismo, de 30 de noviembre de 2005. Doc. 14469/4/05 REV 4,* cit. *supra.*

498 En este sentido es interesante apreciar la priorización del respeto de los derechos humanos que defiende la política europea frente a la anteriormente mencionada política estadounidense.

a través de Europol y Eurojust, así como el uso de herramientas de investigación y persecución de carácter supranacional, todo ello valiéndose de los nuevos sistemas de tecnología de la información[499].

Y el cuarto eje es **responder** de forma conjunta, coordinada y solidaria a dicha amenaza, compartiendo información operativa y policial para hacer frente a aquellos casos que, sobrepasando los recursos de un Estado miembro por sí solo, puedan constituir un grave riesgo para toda la Unión[500].

En julio de 2010, la Comisión Europea publica una comunicación[501], evaluando los avances legislativos realizados tras la implementación de la Estrategia, y destaca los principales retos futuros, partiendo de las cuatro líneas de actuación mencionadas con anterioridad. Este documento se configura como el paso previo a la Estrategia de Seguridad Interior[502], la cual, basada en las medidas antiterroristas previstas en el marco del Programa de Estocolmo, complementa a la Estrategia Europea de Seguridad en su vertiente interna.

Casi de forma paralela y a pesar de que la Estrategia de lucha contra el terrorismo ya contempla en sus ejes de intervención el hacer frente a la radicalización violenta como forma de prevención de este, el 24 de noviembre de 2005 se publica la

---

499 Vid. *Estrategia de la Unión Europea de lucha contra el terrorismo, de 30 de noviembre de 2005. Doc. 14469/4/05 REV 4*, cit. aptdos 22 al 31.

500 *Ibid.* aptados. 32 a 38.

501 Comisión Europea, *Comunicación de la Comisión al Parlamento Europeo y al Consejo: La política antiterrorista de la UE: logros principales y retos futuros (COM(2010) 386 final)*, 2010, en http://www.europarl.europa.eu/meetdocs/2009_2014/documents/com/com_com%282010%290386_/com_com%282010%290386_es.pdf.

502 Consejo de la Unión Europea; Secretaria General, *Estrategia de seguridad interior de la Unión Europea: hacia un modelo europeo de seguridad*, Oficina de Publicaciones de la Unión Europea, Luxemburgo, 2010.

Estrategia de la Unión Europea para combatir la radicalización y el reclutamiento terrorista[503], lo que evidencia su prioridad en la agenda política europea. Como acertadamente defiende Salinas de Frías, la llamada a la yihad global o los nuevos fenómenos como el reclutamiento pasivo, el autoadiestramiento o autorradicalización, así como la aparición de los llamados combatientes terroristas extranjeros han provocado que la lucha contra la radicalización y sus causas se convierta en una prioridad en cualquier aproximación política o jurídico-legal a dicho asunto[504]. De este modo, la estrategia pretende frenar

---

503 Vid. *Estrategia de la Unión Europea para la Lucha Contra la Radicalización y la Captación de Terroristas (14781/1/05)*, 2005, en http://register.consilium.europa.eu/doc/srv?l=EN&f=ST%2014781%202005%20REV%201. Dicha estrategia se ha revisado en 2008 y 2014. La última actualización ha quedado recogida en el documento de la *Estrategia revisada de la UE para luchar contra la radicalización y la captación de terroristas. Doc. 9956/14.*, 2014, en https://data.consilium.europa.eu/doc/document/ST-9956-2014-INIT/es/pdf.. Tres años más tarde de la actualización de la Estrategia, sale a la luz el Proyecto de directrices revisadas de la Estrategia de la UE para luchar contra la radicalización y la captación de terroristas, donde se actualizan medidas e iniciativas de respuesta a dicho fenómeno. En este sentido, vid. Consejo de la Unión Europea, *Proyecto de directrices revisadas de la Estrategia de la UE para luchar contra la radicalización y la captación de terroristas. Doc. 9646/17*, UE, 2017, en https://data.consilium.europa.eu/doc/document/ST-9646-2017-INIT/es/pdf.

504 «Lucha contra el terrorismo internacional», cit., p. 232. Ya en la *Comunicación de la Comisión al Consejo y al Parlamento Europeo, de 20 de octubre de 2004: Prevención, preparación y respuesta a los ataques terroristas (COM (2004) 698 final)*, cit., p. 4. se destaca lo siguiente: "La lucha contra la radicalización violenta en nuestras sociedades y el propósito de impedir las condiciones que favorecen la incorporación de nuevos terroristas deben ser prioridades fundamentales en una estrategia para la prevención del terrorismo [...] Su objetivo será, por una parte, establecer dónde pueden desempeñar las políticas europeas y los instrumentos un papel preventivo contra la radicalización violenta y, por otra, examinar cómo proteger mejor los derechos fundamentales y las libertades previstas en el Tratado constitucional europeo contra aquellos –quien sea– que intenten

aquellas actividades que favorecen la aproximación de personas o grupos a actos terroristas desde un contexto de seguridad, justicia, democracia y oportunidades para todos, garantizando el respeto a los derechos humanos[505]. De ahí la necesidad constante de encontrar un equilibrio entre la salvaguarda de los derechos fundamentales y el desarrollo de capacidades que permitan hacer frente a los factores que propician la radicalización y captación de terroristas[506]. Las posteriores revisiones de este instrumento tratan de dar respuesta a las nuevas tendencias emergentes, entre ellas el uso de combatientes retornados de zonas de conflicto, el potencial de las redes sociales como medio de propaganda, la difusión o comunicación, o el fenómeno de los "lobos solitarios"[507].

---

atacarlos a través de la violencia y del terror". En este mismo sentido, la *Comunicación de la Comisión al Parlamento Europeo sobre la captación de terroristas: afrontar los factores que conducen a la radicalización violenta (COM (2005) 313 final)*, 2005, p. 3, en https://eur-lex.europa.eu/legal-content/ES/TXT/PDF/?uri=CELEX:52005DC0313&qid=1563040104444&from=ES., se configura como una contribución inicial de la Comisión al desarrollo de la estrategia de la UE a largo plazo que se publicaría tan solo dos meses después.

505 Consejo de la Unión Europea, *Estrategia de la Unión Europea para la Lucha Contra la Radicalización y la Captación de Terroristas, de 24 de noviembre de 2005. Doc. 14781/1/05 REV I*, cit., p. 3.

506 Vid. Consejo de la Unión Europea, *Estrategia revisada de la UE para luchar contra la radicalización y la captación de terroristas. Doc. 9956/14.*, cit. *supra*.

507 *Ibid.* En este sentido, vid. también la *Comunicación de la Comisión al Parlamento Europeo, al Consejo, al Comité Económico y social Europeo y al Comité de las regiones, de 15 de enero de 2014: Preventing Radicalisation to Terrorism and Violent Extremism: Strengthening the EU's Response (COM(2013) 941 final)*, Bruselas, 2014. Esta constituye la base sobre la que se sustenta la revisión de la citada estrategia y recoge, entre otros aspectos, el papel de la Red para la Sensibilización frente a la Radicalización (RAN, por sus siglas en inglés). Esta red fue creada en 2011 con el objetivo de, a partir de las necesidades de los Estados miembros, fomentar el intercambio de

A partir de entonces las diferentes estrategias y agendas de seguridad[508] tratan de articular unas líneas de acción comunes con el objetivo de adelantarse a una amenaza de evolución cada vez más rápida y carácter más complejo. La respuesta a las necesidades actuales se materializa en la Agenda de lucha contra el terrorismo del año 2020, un documento en el que prima la seguridad y defensa de una sociedad plural, de unos valores comunes y de un modo de vida europeo[509], al mismo

---

ideas y buenas prácticas de cara a enfrentar los desafíos que suponen los procesos de radicalización. Otros mecanismos relevantes, dado su carácter novedoso, son las denominadas "estrategias de salida" que son mecanismos que fomentan la renuncia al extremismo violento, bien a través de la desmovilización o directamente, promoviendo la desradicalización. Dicha prioridad se reflejará en las estrategias y planes de acción elaborados con posterioridad.

508 En este sentido, si bien la Agenda Europea de Seguridad de 2015 contextualiza la prevención violenta dentro de un marco político de acción más amplio, es la comunicación del Consejo de 2016 la que aborda directamente la prevención de la radicalización que conduce al extremismo violento a partir de siete ejes de acción específicos: apoyando la investigación, constitución de pruebas y seguimiento de redes; a través de la lucha contra la propaganda terrorista y el discurso del odio en internet; luchando contra la radicalización en los centros penitenciarios; fomentando una sociedad inclusiva, abierta y resiliente y una adecuada conexión con los jóvenes; enfrentando la radicalización desde la perspectiva de la seguridad y por último, abordando esta desde una dimensión internacional. En este sentido, vid. La *Comunicación de la Comisión al Parlamento Europeo, al Consejo, al Comité Económico y Social Europeo y al Comité de las Regiones: Apoyo a la Prevención de la Radicalización que conduce al Extremismo Violento (COM(2016) 379 final)*, 2016, en https://eur-lex.europa.eu/legal-content/ES/TXT/PDF/?uri=CELEX:52016DC0379&from=ES..

509 *Comunicación de la Comisión al Parlamento Europeo, al Consejo Europeo, al Consejo, al Comité Económico y Social Europeo y al Comité de las Regiones. Agenda de lucha contra el terrorismo de la UE: anticipar, prevenir, proteger, responder (COM(2020) 795 final)*, 2020, en https://eur-lex.europa.eu/legal-content/ES/TXT/PDF/?uri=CELEX:52020DC0795&from=EN.

tiempo que incorpora medidas de mayor concreción de cara a abordar este fenómeno. Ésta tiene su fundamento en la Estrategia de seguridad de la UE para una Unión de la Seguridad del año 2020-2025, la cual dedica uno de sus cuatro pilares de forma extensa a la lucha contra el terrorismo y la delincuencia organizada, y proporciona los objetivos generales y principios guía sobre los que se sustenta[510].

Dicha agenda perfecciona aspectos ya tratados anteriormente como regulación de armas de fuego o precursores de explosivos, el refuerzo de la cooperación policial e intercambio de información, la lucha contra las ideologías extremistas en internet, o el tratamiento de los combatientes terroristas extranjeros. Pero también incorpora otros de carácter más innovador y de creciente relevancia, como es el refuerzo en la evaluación de riesgos y la capacidad de detección temprana, la aplicación de actividades de desmovilización en prisiones, o la conformación de las ciudades como eje de la seguridad urbana. Estas aproximaciones, además de constituirse como fundamento de posteriores líneas de actuación[511], constituyen la base para determinados instrumentos jurídicos que en algunos

---

510 Comisión Europea, *Comunicación de la Comisión al Parlamento Europeo, al Consejo Europeo, al Consejo, al Comité Económico y Social Europeo y al Comité de las regiones sobre la Estrategia de la UE para una Unión de la Seguridad (COM(2020) 605 final)*, 2020, en https://eur-lex.europa.eu/legal-content/ES/TXT/PDF/?uri=CELEX:52020DC0605&from=EN.

511 La guía estratégica para la prevención de la radicalización del año 2021 está basada en el informe del Grupo de Expertos de Alto Nivel de la Comisión sobre Radicalización realizado en el año 2018. Esta recoge las prioridades y acciones clave a tratar en determinados asuntos, entre otros la regulación en materia de prisiones, desradicalización y tratamiento de combatientes retornados y de sus familias, implementación de políticas a nivel local, comunicación y propaganda en línea, atención a grupos especialmente vulnerables o relaciones con terceros países. En este sentido, vid. *Strategic orientations on a coordinated EU approach to prevention of radicalisation for 2021*, Comisión Europea, 2021, en https://ec.europa.eu/home-affairs/

casos son de aplicación directa en la normativa interna, pero en otros casos es el propio Estado el que tiene la potestad para desarrollar su contenido. Es en este último supuesto donde el enfoque político-criminal nacional toma mayor protagonismo, en tanto que condiciona la materialización de dichos instrumentos a nivel interno.

3. Principales instrumentos jurídicos de la Unión Europea en la lucha contra el terrorismo

a) Respuesta legislativa inmediata tras el 11-S: Reglamento 2580/2001 y Decisiones Marco de 2002 y 2008

Como es previsible, el 11-S también generó una respuesta inmediata en el ámbito de la UE. Tan solo diez días después del acontecimiento el Consejo convocó una reunión extraordinaria en la que se establecen unos primeros lineamientos y un plan de acción. Tales directrices se plasman en la Resolución del Parlamento Europeo[512] de 21 de septiembre de 2001, que insta a una acción coordinada, mejorando la cooperación judicial y policial, desarrollando instrumentos jurídicos internacionales, controlando y neutralizando la financiación del terrorismo; y fortaleciendo la seguridad aérea. El primer instrumento jurídico vinculante se publica a finales de ese mismo año: el Reglamento (CE) n°2580/2001 del Consejo, de 27 de diciembre, sobre medidas restrictivas específicas dirigidas a determinadas personas y entidades con el fin de luchar contra el terrorismo

---

sites/homeaffairs/files/pdf/2021_strategic_orientations_on_a_coordinated_eu_approach_to_prevention_of_radicalisation.pdf.

512 Parlamento Europeo, *Resolución del Parlamento Europeo sobre la reunión del Consejo Europeo extraordinario en Bruselas de 21 de septiembre de 2001. Doc. PE 309.503\ 1.*

[513]. Éste prohíbe la financiación de tales actos basándose en la Posición común 2001/931/PESC [514], y define qué acciones concretas quedan recogidas bajo este precepto, así como las medidas restrictivas a adoptar, todo ello con el objetivo de, entre otras cosas, hacer cumplir la Resolución 1373 (2001), de 28 de septiembre, del Consejo de Seguridad. El listado de personas, grupos y entidades que forman parte de ese elenco se actualiza periódicamente a través de reglamentos de ejecución, siendo el último, el Reglamento 2023/1505 del Consejo de 20 de julio de 2023[515].

Sin embargo, es la Decisión Marco 2002/475/JAI, de 13 de junio[516], la que se erige como piedra angular de la respuesta

---

513 COMUNIDADES EUROPEAS, *Reglamento (CE) n° 2580/2001 del Consejo, de 27 de diciembre de 2001, sobre medidas restrictivas específicas dirigidas a determinadas personas y entidades con el fin de luchar contra el terrorismo (DOCE núm. 344, de 28 de diciembre de 2001, páginas 70 a 75).*

514 COMUNIDADES EUROPEAS, *Posición común del Consejo, de 27 de diciembre de 2001, sobre la aplicación de medidas específicas de lucha contra el terrorismo (DOCE núm. 344, de 28 de diciembre de 2001, páginas 93 a 96).*, 2001, en https://eur-lex.europa.eu/legal-content/ES/TXT/?uri=celex%3A32001E0931. Esta Posición contiene una lista de personas, grupos y entidades implicadas en actos terroristas y, por tanto, sujetos a medidas restrictivas. Contempla también los criterios que se han tenido en cuenta para incluirlos Se actualiza periódicamente a través de reglamentos de ejecución.

515 UNIÓN EUROPEA, *Reglamento de Ejecución (UE) 2023/1505 del Consejo de 20 de julio de 2023 por el que se aplica el artículo 2, apartado 3, del Reglamento (CE) no 2580/2001 sobre medidas restrictivas específicas dirigidas a determinadas personas y entidades con el fin de luchar contra el terrorismo, y se deroga el Reglamento de Ejecución (UE) 2023/420. (DOUE núm. 184, de 21 de julio de 2023, páginas 1 a 4).*

516 COMUNIDADES EUROPEAS, *Decisión Marco 2002/475/JAI del Consejo, de 13 de junio de 2002, sobre la lucha contra el terrorismo (DOCE núm. 164, de 22 de junio de 2002, páginas 3 a 7).*, 2002, en https://www.boe.es/buscar/doc.php?id=DOUE-L-2002-81127.

penal europea antiterrorista[517], e introduce un enfoque novedoso respecto al resto de textos internacionales aprobados. Por norma general, NU alude al terrorismo a partir de una fórmula acumulativa en la que considera delito terrorista una serie de actos contenidos en los diferentes convenios sectoriales. Cabe recordar que éstos abordan métodos particulares utilizados por los sujetos (secuestros, ataques a diplomáticos, toma de rehenes, atentados con bomba, etc), pero generalmente omiten el término "terrorismo", y tampoco definen el delito general de terrorismo como tal. También el CoE continúa con esta tendencia, aunque amplía el catálogo de tipologías delictivas a los actos cometidos en fases previas a la ejecución como tal. Esta enumeración de bienes o intereses protegidos es la que por lo general prevalece en la regulación del fenómeno a nivel internacional, dejando en una posición subsidiaria el propósito o finalidad del acto, la cual tampoco es homogénea, sino que varía dependiendo del texto. Concretamente, este elemento subjetivo puede (i) ser de carácter político (como en la Declaración de 1994); (ii) buscar la creación de un Estado de terror (Convención de 1937, Convención sobre los atentados cometidos con bomba de 1997, Convención sobre la represión de los actos de terrorismo nuclear de 2005 o la propia Resolución 1566 (2004) del CSNU) o (iii) pretender intimidar a una población u obligar a un gobierno u organización a una acción u omisión (Convención contra la Toma de Rehenes de 1979, Convención para la represión de la financiación del terrorismo de 1999 o Convenio de Beijing de 2010, entre otros). Es más, en algunos textos como el Convenio de la Haya de 1970 o la

---

517 UNIÓN EUROPEA, *Directiva (UE) 2017/541 del Parlamento Europeo y del Consejo, de 15 de marzo de 2017, relativa a la lucha contra el terrorismo y por la que se sustituye la Decisión marco 2002/475/JAI del Consejo y se modifica la Decisión 2005/671/JAI del Consejo (DOUE núm. 88, de 31 de marzo de 2017, páginas 6 a 21).*, 2017, en http://data.europa.eu/eli/dir/2017/541/oj/spa.

Convención sobre la Prevención y el Castigo de Delitos contra Personas Internacionalmente Protegidas de 1973 ni siquiera se hace referencia al elemento intencional; sin embargo, en este caso, se utiliza una fórmula mixta donde prevalece el elemento subjetivo, tal y como se aprecia en el art. 1 de la Decisión Marco:

> "1. Todos los Estados miembros adoptarán las medidas necesarias para que se consideren delitos de terrorismo los actos intencionados a que se refieren las letras a) a i) tipificados como delitos según los respectivos Derechos nacionales que, por su naturaleza o su contexto, puedan lesionar gravemente a un país o a una organización internacional cuando su autor los cometa con el fin de:
>
> - intimidar gravemente a una población,
>
> - obligar indebidamente a los poderes públicos o a una organización internacional a realizar un acto o a abstenerse de hacerlo,
>
> - o desestabilizar gravemente o destruir las estructuras fundamentales políticas, constitucionales, económicas o sociales de un país o de una organización internacional".

Como se puede apreciar, el precepto no solamente añade los fines previstos en los textos internacionales, sino que además incorpora un tercero no reflejado en los textos anteriores. A pesar de que la DM hace referencia a fines alternativos, este último genera cierta controversia por la entidad exigible en la conducta. Según García-Rivas, "si exigimos «tanto» de la conducta para calificarla como quiere la DM, muy pocos hechos encajarían en esa definición, quizá únicamente los atentados del 11-S"[518].

---

518 N. García-Rivas, «Terrorismo», en *La orden de detención y entrega europea*, Ediciones de la Universidad de Castilla-La Mancha, 2006, p. 130.

La segunda parte del artículo recoge una lista propia de delitos graves que, siempre y cuando pretendan alcanzar una de las finalidades indicadas, tienen la consideración de delitos de terrorismo. Esto también difiere de las regulaciones previas, que circunscriben su ámbito de aplicación material a los actos contenidos en los convenios de NU. De este modo, se consideran delitos terroristas los siguientes actos:

> "a) atentados contra la vida de una persona que puedan tener resultado de muerte;
>
> b) atentados graves contra la integridad física de una persona;
>
> c) secuestro o toma de rehenes;
>
> d) destrucciones masivas en instalaciones gubernamentales o públicas, sistemas de transporte, infraestructuras, incluidos los sistemas informáticos, plataformas fijas emplazadas en la plataforma continental, lugares públicos o propiedades privadas, que puedan poner en peligro vidas humanas o producir un gran perjuicio económico;
>
> e) apoderamiento ilícito de aeronaves y de buques o de otros medios de transporte colectivo o de mercancías;
>
> f) fabricación, tenencia, adquisición, transporte, suministro o utilización de armas de fuego, explosivos, armas nucleares, biológicas y químicas e investigación y desarrollo de armas biológicas y químicas;
>
> g) liberación de sustancias peligrosas, o provocación de incendios, inundaciones o explosiones cuyo efecto sea poner en peligro vidas humanas;
>
> h) perturbación o interrupción del suministro de agua, electricidad u otro recurso natural fundamental cuyo efecto sea poner en peligro vidas humanas;
>
> i) amenaza de ejercer cualesquiera de las conductas enumeradas en las letras a) a h)."

Cabe destacar que algunas tipologías delictivas son de mera actividad, es decir, se consuman con la realización de la conducta; sin embargo, otras exigen un efecto concreto adicional para considerarse delito de terrorismo; este es el caso de los apartados a), d), g) y h), que requieren un resultado de muerte, la puesta en peligro de vidas humanas o la generación de un perjuicio económico. Además de dichos delitos, se suman otros relacionados con un grupo terrorista (art. 2) o aquellos ligados a actividades terroristas (art. 3).

A diferencia de la política y legislación imperante en Estados Unidos[519] y siguiendo la línea del CoE, la DM recoge tanto en sus considerandos como en el apartado segundo del primer artículo la obligación de respetar los derechos fundamentales y principios jurídicos básicos recogidos en el artículo 6 del Tratado de la Unión Europea[520], por lo que "nada de lo dispuesto en la presente Decisión marco podrá interpretarse

---

519 Vid. *The USA PATRIOT Act: Preserving Life and Liberty*, cit. *supra*, y *The National Security Strategy of the United States of América, 2002*, 2002, en https://georgewbush-whitehouse.archives.gov/nsc/nss/2002/.

520 El Artículo 6 del TUE establece como sigue: "1. La Unión reconoce los derechos, libertades y principios enunciados en la Carta de los Derechos Fundamentales de la Unión Europea de 7 de diciembre de 2000, tal como fue adaptada el 12 de diciembre de 2007 en Estrasburgo, la cual tendrá el mismo valor jurídico que los Tratados. Las disposiciones de la Carta no ampliarán en modo alguno las competencias de la Unión tal como se definen en los Tratados. Los derechos, libertades y principios enunciados en la Carta se interpretarán con arreglo a las disposiciones generales del título VII de la Carta por las que se rige su interpretación y aplicación y teniendo debidamente en cuenta las explicaciones a que se hace referencia en la Carta, que indican las fuentes de dichas disposiciones. 2. La Unión se adherirá al Convenio Europeo para la Protección de los Derechos Humanos y de las Libertades Fundamentales. Esta adhesión no modificará las competencias de la Unión que se definen en los Tratados. 3. Los derechos fundamentales que garantiza el Convenio Europeo para la Protección de los Derechos Humanos y de las Libertades Fundamentales y los que son fruto de las tradiciones constitucionales comunes a

como un intento de reducir u obstaculizar derechos o libertades fundamentales"[521]. Al igual que en otros textos de similar naturaleza, el considerando 11 excluye de dicha regulación las actividades de las fuerzas armadas durante el periodo de un conflicto armado en tanto que se rige por el DIH. Un último aspecto relevante que incorpora el artículo 16 de la DM 2002 es la posibilidad de que los Estados introduzcan en su regulación interna una serie de medidas "premiales" si el reo colabora con la justicia. Estas son de carácter facultativo, pero sí establecen los requisitos mínimos, entre ellos el abandono de la actividad terrorista y la colaboración con las autoridades administrativas o judiciales a obtener información que les ayude a: i) impedir o atenuar los efectos del delito; ii) identificar o procesar a los otros autores del delito; iii) encontrar pruebas; o iv) impedir que se cometan otros delitos de los previstos en los artículos 1 a 4.

Seis años después se publica la Decisión Marco 2008/919/JAI, de 28 de noviembre[522], la cual modifica la del año 2002 para adaptar la legislación europea a las obligaciones establecidas por el Convenio Europeo para la prevención del terrorismo de 2005. De este modo, el rasgo esencial de esta reforma es su carácter preventivo, ya que adelanta los límites de lo punible y crea una serie de tipos de peligro abstracto que, según algunos autores, se encuentran lejos de la lesión efectiva de

los Estados miembros formarán parte del Derecho de la Unión como principios generales".

521 Vid. Considerando 10 Comunidades Europeas, *Decisión Marco 2002/475/JAI del Consejo, de 13 de junio de 2002, sobre la lucha contra el terrorismo (DOCE núm. 164, de 22 de junio de 2002, páginas 3 a 7)*, cit. *supra*.

522 Unión Europea, *Decisión Marco 2008/919/JAI del Consejo, de 28 de noviembre de 2008, por la que se modifica la Decisión Marco 2002/475/JAI sobre la lucha contra el terrorismo (DOUE núm. 330, de 9 de diciembre de 2008, páginas 21 a 23).*, 2008, en http://data.europa.eu/eli/dec_framw/2008/919/oj/spa.

cualquier bien jurídico protegido[523]. El objetivo en este caso es criminalizar una serie de actos relacionados con actividades terroristas en fase preparatoria, con la intención de frenar la difusión de materiales que puedan inducir a la realización de delitos terroristas. Para ello, tipifica conductas como la provocación a la comisión, el reclutamiento o el adiestramiento, ya regulados por el CoE años atrás. Es relevante destacar que, en el primer caso, el mero riesgo de comisión del delito es suficiente para criminalizar la conducta, siendo indiferente si ésta promueve o no de forma directa su consumación efectiva[524]. Sin embargo, el artículo segundo recalca que la implementación de dicha decisión no puede suponer la adopción de medidas que contravengan principios fundamentales relativos a la libertad de expresión, siguiendo la jurisprudencia del TEDH, quien argumenta que la clave reside en valorar si dichos actos alientan a la violencia o incitan al odio[525]. Este precepto, en cierto modo, trata de solventar la problemática planteada tanto por la doctrina como por la jurisprudencia al Convenio de 2005 referentes al incumplimiento del principio de legalidad o la vulneración de derechos y libertades fundamentales. Del mismo modo, precisa que la tipificación ha de ser proporcional a los objetivos legítimos perseguidos, y ser necesaria en una

---

523 M. A. Cano Paños, «La nueva amenaza terrorista y sus (negativas) repercusiones en el ordenamiento penal y constitucional. Comentario a la sentencia de la audiencia nacional núm. 39/2016, de 30 de noviembre», *Revista de derecho constitucional europeo*, 27, 2017, Instituto Andaluz de Administración Pública, p. 5, en https://dialnet.unirioja.es/servlet/articulo?codigo=6111317.

524 Vid. art. 1.1.a y 1.3 de la *Decisión Marco 2008/919/JAI del Consejo, de 28 de noviembre de 2008, por la que se modifica la Decisión Marco 2002/475/JAI sobre la lucha contra el terrorismo (DOUE núm. 330, de 9 de diciembre de 2008, páginas 21 a 23).*, cit. *supra*.

525 TEDH, *Gumus y Otros c. Turquía (Sección segunda), núm. 40303/98*, cit., párr. 17; *Gerger c. Turquía (Gran Sala), núm. 24919/94*, cit., párr. 47; *Maraşli c. Turquía (Sección segunda), núm. 40077/98*, cit., párr. 18.

sociedad democrática, excluyendo cualquier forma de arbitrariedad y discriminación[526], lo que resulta especialmente complejo a la hora de su perfeccionamiento a nivel interno.

b) Consolidación del marco jurídico de la UE: Directiva 2017/541 relativa a la lucha contra el terrorismo

En un intento de afianzar la armonización de los tipos penales en el ámbito de la UE, se adopta bajo un procedimiento legislativo ordinario la Directiva 2017/541, relativa a la lucha contra el terrorismo[527], donde participan tanto el Consejo, como la Comisión y el Parlamento Europeo, a diferencia de las Decisiones Marco a las que sustituye.

En este caso, mantiene la fórmula mixta de su predecesora en lo que se refiere a la tipificación de los delitos de terrorismo, se establece una lista de delitos comunes que, si atienden a unos fines concretos, se consideran terroristas. No obstante, y, a diferencia de la anterior, centra la atención en la gravedad de la conducta o el efecto que genera más allá de la finalidad última del acto. Además, incorpora los delitos vinculados con un grupo terrorista ya recogidos en la DM 2002, y añade un título independiente al que denomina "delitos relacionados con actividades terroristas" en el que incluye los tipos de provocación, captación y adiestramiento (artículos 5, 6 y 7) que ya contem-

---

526 Vid. art. 3 de la *Decisión Marco 2008/919/JAI del Consejo, de 28 de noviembre de 2008, por la que se modifica la Decisión Marco 2002/475/JAI sobre la lucha contra el terrorismo (DOUE núm. 330, de 9 de diciembre de 2008, páginas 21 a 23)*, cit. *supra*.

527 Unión Europea, *Directiva (UE) 2017/541 del Parlamento Europeo y del Consejo, de 15 de marzo de 2017, relativa a la lucha contra el terrorismo y por la que se sustituye la Decisión marco 2002/475/JAI del Consejo y se modifica la Decisión 2005/671/JAI del Consejo (DOUE núm. 88, de 31 de marzo de 2017, páginas 6 a 21)*, cit. *supra*.

plaba la DM de 2008, así como los relativos a viajes con fines terroristas reflejados en el Protocolo de Riga de 2015 (art. 9, 10 y 11). Por último, en su artículo 8 recoge una nueva figura, la recepción del adiestramiento para el terrorismo:

> "Los Estados miembros adoptarán las medidas necesarias para garantizar que se tipifique como delito, cuando se cometa intencionadamente, recibir instrucción en la fabricación o el uso de explosivos, armas de fuego u otras armas o sustancias nocivas o peligrosas, o en otros métodos o técnicas concretos, a los fines de la comisión o la contribución a la comisión de cualquiera de los delitos enumerados en el artículo 3, apartado 1, letras a) a i)."

Aunque en principio se pretende con este precepto es cumplir con las exigencias de la Resolución 2178 del CSNU relativa a la tipificación de la "organización, el transporte o el equipamiento de las personas que viajan [...] para cometer, planificar o preparar actos terroristas o participar en ellos, o para proporcionar o recibir adiestramiento con fines de terrorismo"[528], en realidad lo que hace es crear un tipo autónomo que no está sujeto a ninguna limitación relacionada con el desplazamiento de la persona a otro territorio.

Algunos autores consideran que este cambio de enfoque se debe a los ataques acontecidos por aquel entonces en Reino Unido y Francia, que genera una reacción donde toma protagonismo el lenguaje bélico característico de la política norteamericana[529], y ello a pesar de que el art. 23 de la Directiva reitera la obligación de respetar los derechos fundamentales. En

---

528 Vid. párrafo 5 de la citada Resolución,

529 C. Ramón Chornet, «La reciente evolución de la estrategia antiterrorista, test de la estrategia global de seguridad de la UE», *Anuario Español de Derecho Internacional*, vol. 33, 2017, pp. 117-118, en https://revistas.unav.edu/index.php/anuario-esp-dcho-internacional/article/view/16915. En este mismo sentido, vid. A. S. Sánchez Frías, «From dangerous citizens to foreign criminals», cit. *supra*.

este sentido es destacable el hecho de que la Comisión no sigue su práctica habitual de elaborar un informe de impacto ex ante debido a la "urgente necesidad de mejorar el marco de la UE para aumentar la seguridad"[530], lo que le supone la crítica del Parlamento Europeo[531]. A pesar de ello, todos los Estados votan a favor de su aprobación a través del sistema de mayoría cualificada. De un modo u otro, la pretensión de incorporar normativa en materia de prevención tras el Tratado de Lisboa y armonizar las legislaciones internas de cara a incorporar las obligaciones impuestas por los organismos internacionales se convierte en un paquete de medidas penales que incrementa la respuesta punitiva de los Estados miembros y antepone la seguridad a la garantía de los derechos fundamentales[532]. De este modo, centra la persecución penal en los llamados combatientes terroristas extranjeros y en la amenaza que representan aquellos que, desde territorio nacional, reciben instrucciones de grupos terroristas situados en el exterior. "Esa amenaza de carácter difuso, omnipresente y tremendamente peligrosa"[533] ocasiona, por un lado, una respuesta con consecuencias jurí-

---

530 Comisión Europea, *Propuesta de Directiva del Parlamento Europeo y del Consejo relativa a la lucha contra el terrorismo, y por la que se sustituye la Decisión marco 2002/475/JAI del Consejo sobre la lucha contra el terrorismo. Doc. COM(2015) 625 final,* Unión Europea, 2015, pp. 13-14, en https://eur-lex.europa.eu/legal-content/ES/TXT/PDF/?uri=CELEX:52015PC0625&from=NL.

531 Directorate-General for Internal Policies, *The European Union's Policies on Counter-Terrorism Relevance, Coherence and Effectiveness,* European Parliament, 2017, p. 17.

532 E. Górriz Royo, «Contraterrorismo emergente a raíz de la reforma penal de LO 1/2019 de 20 de febrero y de la Directiva 2017/541/EU: ¿europeización del Derecho penal del enemigo?», *Revista Electrónica de Ciencia Penal y Criminología,* vol. 1, 22, 2020, p. 4.

533 M. A. Cano Paños, «La nueva amenaza terrorista y sus (negativas) repercusiones en el ordenamiento penal y constitucional. Comentario a la sentencia de la audiencia nacional núm. 39/2016, de 30 de noviembre», cit., pp. 3 y 4.

dicas que afectan a los límites y garantías del Derecho penal y, por otro, la calificación de determinados comportamientos como terroristas, a pesar de que materialmente no son más que actos preparatorios. Todo ello a través del empleo del Derecho penal simbólico[534], con los numerosos problemas de carácter legal y político-criminal que ello conlleva. No hay que olvidar tampoco las limitaciones procesales que supone el tener que probar el elemento subjetivo del tipo o la posibilidad real de que el sujeto logre viajar a un territorio controlado por grupos terroristas y se una a éstos. Esta situación por lo general deriva en sentencias absolutorias por la falta del elemento subjetivo exigido en la conducta[535].

Por otro lado, la Directiva incorpora en su artículo 16 las medidas premiales ya previstas en la DM 2002, que tampoco están exentas de problemas. El hecho de introducir una serie de elementos facultativos en un documento jurídicamente vinculante plantea cuestiones de gran relevancia en lo referente a la cooperación judicial, puesto que la heterogeneidad en las normativas y en los sistemas procesales y penitenciarios dificulta la armonización de su regulación. Esta situación plantea también un interrogante a nivel interno: ¿hasta dónde puede llegar la

---

534 E. Górriz Royo, «Contraterrorismo emergente a raíz de la reforma penal de LO 1/2019 de 20 de febrero y de la Directiva 2017/541/EU: ¿europeización del Derecho penal del enemigo?», cit., p. 12.

535 Por ejemplo, en la *STS 354/2017, de 17 de mayo, Roj: STS 1883/2017*, se absuelve al acusado del delito de autoadoctrinamiento con finalidad terrorista, dado que no aparece el elemento subjetivo exigido de buscar esa capacitación para cometer cualquiera de los delitos de las organizaciones y grupos terroristas, y de terrorismo. En este mismo sentido, la *SAN 3323/2020, de 9 de diciembre, Roj: SAN 3323/2020.*, absuelve al acusado porque la acusación no logra aportar elementos incriminatorios que permita afirmar que el autor había decidido pasar a la acción. Tal y como afirma la AN en su FJ 1, "la ausencia del elemento subjetivo, que ha de ser probado, determina la absolución del acusado".

discrecionalidad legislativa a la hora de elegir entre las diferentes medidas premiales y regular sus respectivos requisitos?

A pesar de que la Directiva de 2017 ya refleja el contenido material del Convenio de Varsovia de 2005 y del Convenio de Riga de 2015, la UE ratifica formalmente ambos textos a través de la Decisión (UE) 2018/889 del Consejo, de 4 de junio de 2018[536] y la Decisión (UE) 2018/890 del Consejo, de 4 de junio de 2018[537], respectivamente.

c) Otros instrumentos de la Unión Europea relacionados con la lucha antiterrorista

Aunque la UE goza de un marco normativo que regula de forma específica el fenómeno terrorista, ésta ha desarrollado una serie de instrumentos que lo complementan de forma transversal con el objetivo de cubrir cualquier posible laguna regulatoria y lograr la mayor eficacia posible en su estrategia de lucha y prevención del terrorismo.

> En materia de lucha contra el blanqueo de capitales y su financiación, destaca el Reglamento (UE) 2024/1624 del Parlamento Europeo y del Consejo, de 31 de mayo de 2024, relativo a la prevención de la utilización del sistema financiero para

---

536 Consejo de la Unión Europea, *Decisión (UE) 2018/889 del Consejo, de 4 de junio de 2018, relativa a la celebración, en nombre de la Unión Europea, del Convenio del Consejo de Europa para la prevención del terrorismo (DOUE núm. 159, de 22 de junio de 2018, páginas 1 a 14).*, vol. 159, en http://data.europa.eu/eli/dec/2018/889/oj/spa.

537 *Decisión (UE) 2018/890 del Consejo, de 4 de junio de 2018, relativa a la celebración, en nombre de la Unión Europea, del Protocolo Adicional al Convenio del Consejo de Europa para la prevención del terrorismo. (DOUE núm. 159, de 22 de junio de 2018, páginas 15 a 20).*, vol. 159, en http://data.europa.eu/eli/dec/2018/890/oj/spa.

> el blanqueo de capitales o la financiación del terrorismo[538] y la Directiva (UE) 2024/1640 del Parlamento Europeo y del Consejo de 31 de mayo de 2024 relativa a los mecanismos que deben establecer los Estados miembros a efectos de la prevención de la utilización del sistema financiero para el blanqueo de capitales o la financiación del terrorismo, por la que se modifica la Directiva y (UE) 2019/1937 y se modifica y deroga la Directiva (UE) 2015/849[539]. Tal y como establecen sus considerandos, ambos constituyen la base de un paquete de medidas destinado a reforzar el marco de la lucha contra el blanqueo de capitales y la financiación del terrorismo de la Unión. Conjuntamente, conforman el nuevo marco jurídico que regulará los requisitos que deberán cumplir las entidades obligadas y sustentará el marco institucional de la Unión en materia de dicha materia, incluido el establecimiento de una Autoridad de Lucha contra el Blanqueo de Capitales y la Financiación del Terrorismo.

Trata de fortalecer las normas de la UE para ajustarse a los estándares internacionales en materia de prevención del uso fraudulento del mercado financiero para dichos fines, todo ello en una búsqueda del equilibrio entre la necesidad de incrementar la seguridad y garantizar el cumplimiento de los derechos fundamentales y las libertades económicas.

---

538 Unión Europea, *Reglamento (UE) 2024/1624 del Parlamento Europeo y del Consejo, de 31 de mayo de 2024, relativo a la prevención de la utilización del sistema financiero para el blanqueo de capitales o la financiación del terrorismo (DOUE L, 2024/1624, de 19 de junio de 2024, pag. 1 a 111)*, en http://data.europa.eu/eli/reg/2024/1624/oj/spa.

539 Unión Europea, *Directiva (UE) 2024/1640 del Parlamento Europeo y del Consejo de 31 de mayo de 2024 relativa a los mecanismos que deben establecer los Estados miembros a efectos de la prevención de la utilización del sistema financiero para el blanqueo de capitales o la financiación del terrorismo, por la que se modifica la Directiva y (UE) 2019/1937 y se modifica y deroga la Directiva (UE) 2015/849. (DOUE L, 2024/1640, de 19 de junio de 2024, páginas1 a 94)*, en https://eur-lex.europa.eu/legal-content/ES/TXT/PDF/?uri=OJ:L_202401640.

En relación con las mejoras en el intercambio de información entre las autoridades policiales, judiciales y de inteligencia, destacan la Directiva (UE) 2016/681 del Parlamento Europeo y del Consejo, de 27 de abril de 2016, relativa a la utilización de datos del registro de nombres de los pasajeros[540], y el Reglamento (UE) 2019/817, de 20 de mayo de 2019, relativo al establecimiento de un marco para la interoperabilidad de los sistemas de información de la UE en el ámbito de las fronteras y los visados[541]. Su fin es incrementar la seguridad a través del uso de nuevas tecnologías y establecer un marco para la interoperabilidad de los sistemas de información de la UE en materia de fronteras. Con relación a esto último, el 25 de mayo del año 2024, el Consejo ha aprobado la actualización de un nuevo Código de Fronteras Schengen. Esta revisión tiene como objetivo la posibilidad de regular la aplicación de restricciones de viaje temporales en casos de emergencia de salud pública a gran escala, la limitación del número de pasos fronterizos o su horario de apertura de cara a combatir la instrumentalización de la migración o la regulación de los controles en las fronteras interiores, entre otros aspectos.

---

540 Unión Europea, *Directiva (UE) 2016/681 del Parlamento Europeo y del Consejo, de 27 de abril de 2016, relativa a la utilización de datos del registro de nombres de los pasajeros (PNR) para la prevención, detección, investigación y enjuiciamiento de los delitos de terrorismo y de la delincuencia grave (DOUE núm. 119, de 4 de mayo de 2016, páginas 136 a 149).*, 2016, en https://www.boe.es/doue/2016/119/L00132-00149.pdf. *Ibid.*

541 Unión Europea, *Reglamento (UE) 2019/817 del Parlamento Europeo y del Consejo, de 20 de mayo de 2019, relativo al establecimiento de un marco para la interoperabilidad de los sistemas de información de la UE en el ámbito de las fronteras y los visados y por el que se modifican los Reglamentos (CE) n.° 767/2008, (UE) 2016/399, (UE) 2017/2226, (UE) 2018/1240, (UE) 2018/1726 y (UE) 2018/1861 del Parlamento Europeo y del Consejo, y las Decisiones 2004/512/CE y 2008/633/JAI del Consejo (DOUE núm. 135, de 22 de mayo de 2019, páginas 27 a 84).*, 2019, en https://www.boe.es/doue/2019/135/L00027-00084.pdf. *Ibid.*

Aunque ya se ha mencionado con anterioridad, cabe recordar también aquellos instrumentos que pretenden incrementar la cooperación transfronteriza o la simplificación en los procesos de intercambio de información, entre otros, la orden de detención europea[542] o el exhorto europeo de obtención de pruebas[543]. Este último sustituye al sistema de asistencia judicial en materia penal a la hora de recabar objetos, documentos y datos destinados a procedimientos penales. Asimismo, es importante destacar también la Directiva 2014/41, de 3 de abril de 2014, relativa a la orden europea de investigación en materia penal[544], la cual armoniza los instrumentos basados en el reconocimiento mutuo entre los Estados.

Otro de los aspectos tiene que ver con el control de las armas de fuego. Así, para cubrir las lagunas que favorecen el uso de armas reconvertidas, el Consejo de la UE adopta en 2021[545] una directiva sobre el control de la adquisición y tenencia de armas que sustituye a su predecesora, la Directiva 2017/853, de

---

542 Vid. Comunidades Europeas, *Decisión Marco 2002/584/JAI del Consejo, de 13 de junio de 2002, relativa a la orden de detención europea y a los procedimientos de entrega entre Estados miembros (DOCE núm. 190, de 18 de julio de 2002, páginas 1 a 20).*, 2002, en https://www.boe.es/buscar/doc.php?id=DOUE-L-2002-81377. Vid. *Ibid.*

543 Unión Europea, *Decisión Marco 2008/978/JAI del Consejo, relativa al exhorto europeo de obtención de pruebas para recabar objetos, documentos y datos destinados a procedimientos en materia penal (DOUE núm. 350, de 30 de diciembre de 2008, páginas 72 a 92).*, 2008, en https://www.boe.es/doue/2008/350/L00072-00092.pdf. *Ibid.*

544 Unión Europea, *Directiva 2014/41/CE del Parlamento Europeo y del Consejo, de 3 de abril de 2014, relativa a la orden europea de investigación en materia penal (DOUE núm. 13, de 1 de mayo de 2014, páginas 1 a 36).*, 2014, en https://www.boe.es/doue/2014/130/L00001-00036.pdf. *Ibid.*

545 Unión Europea, *Directiva (UE) 2021/555 del Parlamento Europeo y del Consejo de 24 de marzo de 2021 sobre el control de la adquisición y tenencia de armas (DOUE núm. 115, de 6 de abril de 2021, páginas 1 a 25).*, 2021, en https://www.boe.es/buscar/doc.php?id=DOUE-L-2021-80416.

17 de mayo de 2017, y que incluye medidas para incrementar su trazabilidad, además de normas más estrictas para la adquisición y tenencia de las armas de fuego más peligrosas.

Un instrumento especialmente novedoso en materia antiterrorista está directamente relacionado con los medios tecnológicos: el Reglamento del Parlamento Europeo y del Consejo sobre la lucha contra la difusión de contenidos terroristas en línea de 2021[546].

No cabe duda de que internet desempeña un papel crucial en la creación de una comunidad ideológica virtual, la recaudación de fondos, la comunicación entre miembros de organizaciones terroristas, el reclutamiento de nuevos miembros o la radicalización de sujetos vulnerables[547]. Dando por sentado la importancia de esta materia, la cuestión radica en cómo contrarrestar su influencia sin reducir el derecho a la libertad de expresión ni establecer censuras que perviertan los límites constitucionales. El Centro Internacional para el Estudio de la Radicalización (ICSR) pone el acento en un aspecto especialmente relevante:

> "La mayoría de los gobiernos se han centrado en soluciones técnicas, creyendo que la eliminación o el bloqueo del material radicalizador en Internet resolverá el problema. Sin embargo, [...] una estrategia que se base únicamente en la reducción de la disponibilidad de contenidos está destinada a ser burda, cara y contraproducente. (...) Cualquier estrategia que pretenda contrarrestar la radicalización en línea debe tener como objetivo crear un entorno en el que la producción y el consumo

---

546 Unión Europea, *Reglamento (UE) 2021/784 del Parlamento Europeo y del Consejo, de 29 de abril de 2021, sobre la lucha contra la difusión de contenidos terroristas en línea (DOUE núm. 172, de 17 de mayo de 2021, páginas 79 a 109).*, 2021, en https://www.boe.es/buscar/doc.php?id=DOUE-L-2021-80627.

547 I. V. Behr; A. Reding; C. Edwards; L. Gribbon, «Radicalisation in the digital era: The use of the internet in 15 cases of terrorism and extremism», p. 32.

> de este tipo de materiales no sólo sea más difícil en un sentido técnico, sino también inaceptable y menos deseable"[548].

Más de una década después de dicha crítica, la tendencia sigue manteniendo la misma línea y dicho texto es un claro ejemplo de ello.

Éste, al igual que otros muchos textos jurídicos, nace como reacción a un acontecimiento específico, en este caso la retransmisión de los atentados en dos mezquitas de Christchurch, Nueva Zelanda, en el año 2019. Esto da lugar al conocido como "Christchurch Call", un plan de acción liderado por Francia y Nueva Zelanda que pretende eliminar los contenidos terroristas y extremistas violentos en línea, y que desemboca en la aprobación de dicho reglamento pocos años después. Si bien todavía es difícil evaluar sus resultados e impactos dada su escasa vigencia, si es destacable su relevancia jurídica, pues no solamente es un acto típico vinculante, sino que, además, es de aplicación directa en cada Estado miembro y obligatorio en todos sus elementos. Determina la responsabilidad tanto de los Estados como de los prestadores de servicios de alojamiento de datos a la hora de "combatir el uso indebido de dichos servicios para difundir contenidos terroristas en línea, garantizando el buen funcionamiento del mercado único digital y velando por la confianza en el entorno en línea y su seguridad"[549]. Se faculta a las autoridades competentes de los Estados miembros

---

548 T. Stevens; P. R. Neumann, *Countering Online Radicalisation: A Strategy for Action*, International Centre for the Study of Radicalisation and Political Violence (ICSR), London, United Kingdom, 2009, p. 1, en https://icsr.info/wp-content/uploads/2010/03/ICSR-Report-The-Challenge-of-Online-Radicalisation-A-Strategy-for-Action.pdf.

549 Unión Europea, *Reglamento (UE) 2021/784 del Parlamento Europeo y del Consejo, de 29 de abril de 2021, sobre la lucha contra la difusión de contenidos terroristas en línea (DOUE núm. 172, de 17 de mayo de 2021, páginas 79 a 109)*, cit. *supra*.

a emitir órdenes de retirada dirigidas a los proveedores de servicios en las que se les exige quitar los contenidos terroristas o bloquear el acceso a ellos en el plazo de una hora. Sin embargo, y a pesar de los intentos de subsanación en el proceso legislativo, no está exento de críticas, entre las cuales cabe citar el estrecho margen de los intermediarios para aplicar las órdenes de retirada, independientemente del tamaño o capacidad del proveedor o el impulso en la toma de medidas proactivas, que convierte los filtros "de una manera encubierta o indirecta en casi una obligación"[550]. Además, plantea también diversos problemas de aplicación judicial, sobre todo en lo referente a la determinación del contenido material de ciertas definiciones, como por ejemplo, el término "contenido terrorista", inicialmente diferente a lo planteado en la Directiva de 2017. También es problemático valorar cómo se determina la intencionalidad de los actos o hasta dónde se adelanta la intervención, por no hablar de la falta de armonización de la metodología aplicada para las notificaciones o las órdenes de retirada por parte de autoridades nacionales. Un último aspecto de gran relevancia es la agravante planteada en el apartado segundo del artículo 3:

> "Si una autoridad competente pertinente no ha dictado previamente una orden de retirada dirigida a un prestador de servicios de alojamiento de datos, facilitará a dicho prestador de servicios de alojamiento de datos información sobre los procedimientos y plazos aplicables al menos doce horas antes de dictar la orden de retirada. El primer párrafo no será de aplicación en casos de emergencia debidamente justificados".

Se corre el riesgo de que dicho precepto pueda ser utilizado como herramienta para restringir la libertad de expresión en

---

550 A. Gascón Marcén, «El nuevo Reglamento europeo para la prevención de contenidos terroristas en línea», en *Retos del Estado de Derecho en materia de inmigración y terrorismo,* Iustel, 2022, p. 543.

ciertos Estados si se califican como terrorismo ciertos actos de la disidencia política, lo cual puede afectar a un amplio colectivo social.

En materia de prevención de la radicalización, es relevante destacar adicionalmente dos instrumentos jurídicos: el Reglamento (UE) 2021/1149, por el que se crea el Fondo de Seguridad Interior[551]; y el Reglamento (UE) 2021/947, por el que se establece el Instrumento de Vecindad, Cooperación al Desarrollo y Cooperación Internacional[552]. El primero establece el Fondo de Seguridad Interior para el período de vigencia del marco financiero plurianual 2021-2027. Su principal objetivo es garantizar la seguridad de la Unión mediante la "prevención y la lucha contra el terrorismo y la radicalización, la delincuencia grave y organizada y la ciberdelincuencia". Para ello aprueba un marco presupuestario que permite la implementación de medidas referentes a (i) la mejora del intercambio de información entre las autoridades competentes y los órganos y organismos de la Unión pertinentes; (ii) la mejora e intensificación de la cooperación transfronteriza; y (iii) el apoyo del refuerzo de las capacidades de los Estados miembros en relación con la prevención y la lucha contra la delincuencia, el terrorismo y la

---

551 Unión Europea, *Reglamento (UE) 2021/1149 del Parlamento Europeo y del Consejo de 7 de julio de 2021 por el que se crea el Fondo de Seguridad Interior (DOUE núm. 251, de 15 de julio de 2021, páginas 94 a 131).*, 2021, en https://www.boe.es/buscar/doc.php?id=DOUE-L-2021-80973.

552 Unión Europea, *Reglamento (UE) 2021/947 del Parlamento Europeo y del Consejo de 9 de junio de 2021 por el que se establece el Instrumento de Vecindad, Cooperación al Desarrollo y Cooperación Internacional–Europa Global, por el que se modifica y deroga la Decisión nº 466/2014/UE del Parlamento Europeo y del Consejo y se derogan el Reglamento (UE) 2017/1601 del Parlamento Europeo y del Consejo y el Reglamento (CE, Euratom) nº 480/2009 del Consejo. (DOUE nº. 209, de 14 de junio de 2021, páginas 1 a 78).*, 2021, en https://www.boe.es/buscar/doc.php?id=DOUE-L-2021-80774.

radicalización[553]. El segundo tiene que ver con la política exterior de la UE. Es un programa que busca el mantenimiento de la paz, la prevención de los conflictos y el fortalecimiento de la seguridad internacional con el fin de cumplir el Objetivo de Desarrollo Sostenible (en adelante, ODS) 16, el cual insta expresamente a «fortalecer las instituciones nacionales pertinentes, incluso mediante la cooperación internacional, para crear en todos los niveles, particularmente en los países en desarrollo, la capacidad de prevenir la violencia y combatir el terrorismo y la delincuencia». Para lograrlo, la UE se compromete a prestar ayuda técnica y financiera, "reforzando la capacidad de los cuerpos de seguridad y de las autoridades judiciales y civiles que participan en la lucha contra el terrorismo y la delincuencia organizada, especialmente la delincuencia informática". Todo ello para hacer frente a amenazas mundiales y transregionales y a amenazas incipientes, en concreto "el terrorismo, la radicalización que lleva al extremismo violento, la delincuencia organizada, la ciberdelincuencia, las amenazas híbridas, y el tráfico, el comercio y el tránsito ilegales"[554].

Por último, en lo que se refiere a la lucha contra el extremismo violento en prisión, existen también numerosos documentos que, de un modo u otro, hacen referencia a este tema. El primero de ellos es el documento de Conclusiones del Consejo de la Unión Europea, del 20 de noviembre de 2015, sobre la mejora de la respuesta de la justicia penal a la radicalización que conduce al terrorismo y al extremismo violento. Éste se elabora en el contexto de los atentados de París de noviembre del año 2015, y promueve la asignación de recursos financieros que presten apoyo al desarrollo de programas de rehabilitación, así como a instrumentos de evaluación del riesgo para determinar la respuesta judicial penal más adecuada, teniendo en cuenta

---

553 Vid. art. 3.1 del citado Reglamento.

554 Vid. apartado 3.3.2.a) del Anexo III del citado Reglamento.

las circunstancias individuales y las preocupaciones en materia de seguridad pública[555]. Otro texto destacable es el documento de Conclusiones del Consejo sobre la prevención y la lucha contra la radicalización en los centros penitenciarios y sobre el modo de actuar en relación con los delincuentes terroristas y extremistas violentos tras su puesta en libertad, que plasma una serie de recomendaciones y buenas prácticas a partir de las políticas y estrategias aplicadas por los Estados miembros en materia de lucha contra la radicalización en prisiones[556]. También son relevantes una serie de Resoluciones del Parlamento Europeo que establecen directrices sobre cómo formar al personal penitenciario o cómo abordar en materia de régimen y tratamiento el trabajo con las personas privadas de libertad, entre ellas aquella relativa a la prevención de la radicalización y el reclutamiento de ciudadanos europeos por organizaciones terroristas del año 2015[557]; la Resolución que versa sobre condiciones y sistemas penitenciarios del año 2017[558]; o la Re-

---

555 Consejo de la Unión Europea, *Conclusiones del Consejo de la Unión Europea, del 20 de noviembre de 2015, sobre la mejora de la respuesta de la justicia penal a la radicalización que conduce al terrorismo y al extremismo violento,* 2015, párr. 11, en https://www.consilium.europa.eu/es/press/press-releases/2019/06/06/radicalisation-in-prisons-council-adopts-conclusions/.

556 Consejo de la Unión Europea, *Proyecto de Conclusiones del Consejo sobre la prevención y la lucha contra la radicalización en los centros penitenciarios y sobre el modo de actuar en relación con los delincuentes terroristas y extremistas violentos tras su puesta en libertad. Doc. 9366/19,* 2019, app. I y II, en https://data.consilium.europa.eu/doc/document/ST-9366-2019-INIT/es/pdf.

557 Parlamento Europeo, *Resolución del Parlamento Europeo, de 25 de noviembre de 2015, sobre la prevención de la radicalización y el reclutamiento de ciudadanos europeos por organizaciones terroristas (2015/2063(INI)). Doc. P8_TA(2015)0410.*

558 Parlamento Europeo, *Resolución del Parlamento Europeo, de 5 de octubre de 2017, sobre condiciones y sistemas penitenciarios (2015/2062(INI)). Doc. P8_TA(2017)0385.*

solución referente a las conclusiones y recomendaciones de la Comisión Especial sobre Terrorismo de 2018[559].

V. CONSECUENCIAS DE LA INDEFINICIÓN DEL DELITO DE TERRORISMO EN LA ESFERA INTERNACIONAL Y SU IMPACTO EN LAS REGULACIONES NACIONALES

El intento de tipificar el delito de terrorismo por parte del Derecho internacional es una constante desde el primer proyecto en 1937. Para tratar de regularlo se emplean una combinación de técnicas legales centradas en cuatro aspectos: (1) la aplicación ordinaria de normas generales; (2) ciertas interpretaciones particularizadas de normas genéricas a problemas concretos; (3) la creación y aplicación de normas emergentes y (4) la cristalización de ciertas normas consuetudinarias[560]. Casi siempre, los temas más problemáticos giran en torno a tres actores: las fuerzas militares estatales en el cumplimiento de sus funciones, al papel del Estado durante un conflicto armado y, sobre todo, los movimientos de liberación nacional y su consideración para la tipificación de los delitos de terrorismo. Desde la primera condena a "todos los actos de terrorismo internacional que pongan en peligro o se lleven vidas humanas o pongan en peligro libertades fundamentales"[561] hasta los atentados de las Torres Gemelas, la AGNU es la institución protagonista receptora de las demandas estatales ante la falta

559 Parlamento Europeo, *Resolución del Parlamento Europeo, de 12 de diciembre de 2018, sobre conclusiones y recomendaciones de la Comisión Especial sobre Terrorismo (2018/2044(INI)). Doc. P8_TA(2018)0512.*

560 B. Saul, *The Emerging International Law of Terrorism,* Sydney Law School, 2010, p. 3, en https://papers.ssrn.com/abstract=1699568.

561 AGNU, *Resolución 34/145, de 17 de diciembre de 1979,* cit., párr. 3.

de órganos especializados que se encarguen de la elaboración de normas regulatorias en la materia. Sus resoluciones alientan a los Estados a aprehender y enjuiciar o extraditar a los perpetradores; a cooperar o intercambiar información; a concertar acuerdos sobre enjuiciamiento y extradición; a establecer la jurisdicción para enjuiciar el terrorismo; o a crear consciencia sobre la responsabilidad que supone el apoyar o albergar a los perpetradores, organizadores y patrocinadores del terrorismo. Sus resoluciones también abordan tipos particulares de terrorismo y exhortan a su regulación nacional.

Ante la falta de acuerdo y dada la necesidad imperiosa de abordar jurídicamente dicha amenaza, se adoptan una serie de tratados sectoriales que imponen a los Estados la penalización de ciertas conductas y la aplicación del principio *aut dedere aut iudicare* (extraditar o enjuiciar) sobre sus autores. Éstos hacen referencia a métodos particulares utilizados por terroristas (secuestros, ataques a diplomáticos, toma de rehenes, atentados con bomba, etc) pero, generalmente, omiten tanto el término "terrorismo" como su definición. En cambio, optan por enumerar una serie de actuaciones concretas consideradas como delito bajo el Derecho internacional. En general dichos textos abordan la regulación del delito de terrorismo desde una doble vía: por un lado, a través de la enumeración de bienes o intereses protegidos; por otro, partiendo de la definición de una o más intenciones especiales (*dolus specialis*)[562]. Si se realiza un repaso de los instrumentos mencionados puede verse esta diferenciación: en algunos casos la relevancia apunta al propósito político de los actos delictivos (Declaración de 1994); en otros, la intención es secundaria siempre y cuando el fin último sea

---

562 M. Di Filippo, «The definition(s) of terrorism in international law», en *Research handbook on international law and terrorism,* Second edition, Edward Elgar Publishing, Cheltenham, UK; Northampton, MA, USA, 2020 (Research handbooks in international law), p. 6.

generar un estado de terror (Convención de 1937, Convención sobre los atentados cometidos con bomba de 1997, Convención sobre la represión de los actos de terrorismo nuclear de 2005 o la propia Resolución 1566 (2004) del CSNU). Un tercer grupo gira en torno al propósito de intimidar a una población u obligar a un gobierno u organización a una acción u omisión (Convención contra la Toma de Rehenes de 1979; Convención para la represión de la financiación del terrorismo de 1999 o Convenio de Beijing de 2010, entre otros). En unas ocasiones la importancia recae en el peligro para la seguridad que suponen dichos actos (Convenio de Montreal de 1971 o Convenio para la represión de actos ilícitos contra la seguridad de la navegación marítima de 1988); en otras ni siquiera se menciona el elemento intencional; la importancia recae únicamente en la conducta tipificada como delito (Convenio de la Haya de 1970 o Convención sobre la Prevención y el Castigo de Delitos contra Personas Internacionalmente Protegidas, inclusive los Agentes Diplomáticos de 1973). Estas diferencias no dejan de ser significativas, puesto que apuntan al núcleo de la conducta.

Aunque se aprecia un esfuerzo por responder de forma coordinada a un fenómeno cada vez más habitual, los intentos de definir el terrorismo internacional suponen una fórmula de compromiso que identifica un acuerdo mínimo funcional, más que una definición vinculante. Lo mismo ocurre con los tratados regionales: unos se centran en métodos terroristas específicos[563], pero no se refieren al delito como tal; otros contienen definiciones genéricas que en ocasiones no causan sino

---

563 ORGANIZACIÓN DE ESTADOS AMERICANOS (OEA), *Convención para prevenir y sancionar los actos de terrorismo configurados en delitos contra las personas y la extorsión conexa cuando estos tengan trascendencia internacional (OEA Doc A-49)*, cit. *supra.*; *Convención interamericana contra el terrorismo (OEA Doc. A-66)*, cit. *supra.*

conflictos entre las Partes[564], o mencionan el término únicamente para tipificar conductas accesorias[565] y, aunque no crean nuevas conductas, se utilizan para regular otros propósitos relacionados con éstas (como la extradición o la cooperación policial)[566]. Algunos de los tratados no se encuentran ratificados por un número significativo de miembros de la organización o tienen escasas implicaciones prácticas[567].

Sin embargo, la inexistencia de una definición jurídica de terrorismo no se plantea como un problema de tal envergadura hasta los atentados acontecidos el 11 de septiembre de 2001. A partir de entonces, a través de la Resolución 1373 (2001) de 28 de septiembre, se toman decisiones a nivel internacional con consecuencias jurídicas vinculantes para el resto del mundo en lo referente a la comisión de actos terroristas y la pertenencia a dichos grupos. La adopción de este tipo de decisiones sin una definición previa de los hechos que generan tales consecuencias obliga a cada Estado a suplir dicha carencia definiendo y,

---

564 LEAGUE OF ARAB STATES (LAS), *The Arab Convention For The Suppression Of Terrorism*, 1998, en https://www.unodc.org/images/tldb-f/conv_arab_terrorism.en.pdf; ORGANISATION OF THE ISLAMIC CONFERENCE (OIC), *Convention of the Organisation of The Islamic Conference on Combating International Terrorism*, cit. *supra*; ORGANIZATION OF AFRICAN UNITY (OAU), *OAU Convention on the Prevention and Combating of Terrorism*, cit. *supra*.

565 ORGANIZATION OF AFRICAN UNITY (OAU), *Protocol to the OAU Convention on the Prevention and Combating of Terrorism*, cit. *supra*; SOUTH ASIAN ASSOCIATION FOR REGIONAL CO-OPERATION (SAARC), *Additional Protocol to the SAARC Regional Convention on Suppression of Terrorism*, cit. *supra*.

566 ORGANISATION OF THE ISLAMIC CONFERENCE (OIC), *Convention of the Organisation of The Islamic Conference on Combating International Terrorism*, cit. *supra*.; ORGANIZACIÓN DE ESTADOS AMERICANOS (OEA), *Convención interamericana contra el terrorismo (OEA Doc. A-66)*, cit. *supra*.; SOUTH ASIAN ASSOCIATION FOR REGIONAL CO-OPERATION (SAARC), *SAARC Regional Convention on Suppression of Terrorism*, cit. *supra*.

567 B. SAUL (ED.), *Terrorism*, cit., p. lxxi.

por tanto, regulando esta problemática de forma unilateral[568].

---

[568] El Tribunal Supremo, en la *STS 50/2007 de 19 de enero, Roj: STS 1025/2007,* FJ 46, recupera algunas de las definiciones de terrorismo recogidas en los Códigos penales europeos, así como en otros de gran relevancia a nivel mundial; entre ellos el Código Penal francés, que en su art. 21.1, define el terrorismo como "aquellas actuaciones individuales o colectivas cuyo objetivo sea alterar gravemente el orden público empleando la intimidación o el terror"; Y el art. 421.2.1 , dice que "constituye asimismo un acto de terrorismo la participación en un grupo formado o en una organización creada para la preparación, revelada por uno o varios hechos materiales, de uno de los actos de terrorismo mencionados en los artículos anteriores". El Código Penal alemán, contempla específicamente la constitución de la asociación terrorista en el artículo 129 a), considerándola así cuando sus fines o actividad se dirijan a cometer delitos de muerte, homicidio o genocidio y también delitos contra la libertad personal o crímenes de peligrosidad general, incluyendo los incendios voluntarios, castigando tanto a los líderes como a los miembros y a quienes las apoyen o les hagan publicidad. El Código Penal austríaco, recientemente afectado por la "Ley de modificación del derecho penal de 2002 ", castiga los actos terroristas individuales, como los que atentan contra la vida, la libertad personal (art. 89 y ss), la amenaza grave (art. 107), o el incendio voluntario (art. 169 y ss), y además prevé las infracciones de organización criminal. Así (art. 278 b), "toda persona que dirige una organización terrorista debe ser condenada a una pena de prisión de cinco a quince años (o de uno a diez años si se contenta con amenazar con la comisión de actos terroristas). Y el hecho de ser "miembro" de la asociación debe castigarse con pena de prisión de uno a diez años. En Reino Unido, la Ley Relativa al Terrorismo, del año 2000, define al terrorismo (art. 1º) como "la perpetración o la amenaza, dirigida a promover una causa política, religiosa o ideológica, de cometer un acto determinado afectando gravemente a una persona o a un bien, poniendo en peligro la vida, amenazando gravemente la salud o la seguridad de personas o de grupos de personas, o teniendo por objeto perturbar o alterar gravemente el sistema electrónico, a los fines de influenciar o intimidar a la población o a una parte de ella. El Código Penal italiano, especificando la finalidad terrorista, tipifica diversos delitos concretos como asesinato, homicidio, secuestro... Y en particular en el art. 416 bis se regulan las asociaciones de tipo mafioso, armadas o no armadas. El Código Penal canadiense, de

Esto suscita el riesgo de una aplicación dispar que, en último término, incide en el principio de seguridad jurídica, deteriorando así el propio sistema democrático, en cuanto que afecta de forma directa a la función legitimadora del Derecho.

En este sentido, la definición de la UE podría haber solventado esta situación, al considerarse como una de las más garantistas en lo que a la preservación del principio de legalidad y de seguridad jurídica se refiere. Aunque extensa, ofrece una definición acotada del término y al mismo tiempo permite realizar un control de legalidad a través del Tribunal de Justicia de la Unión Europea (en adelante, TJUE). No obstante, vuelve a ser de nuevo un acuerdo de mínimos que no evita que los legisladores nacionales, aun cumpliendo con la normativa

---

modo muy completo entiende por terrorismo los actos cometidos fuera o dentro de Canadá, previstos en las convenciones internacionales que se citan (de la ONU), con finalidad política, religiosa o ideológica y la intención en todo o en parte de intimidación del público o una parte de él en lo relativo a su seguridad, incluida la económica o de compeler a cualquier persona o autoridad a hacer o a abstenerse de hacer algo, que cause intencionadamente la muerte o lesiones graves, ponga en peligro la vida, la salud o la seguridad de las personas, cause daños en propiedades o afecte a servicios esenciales de la comunidad. El Código Penal Federal de los EEUU de Norteamérica, define el terrorismo internacional como las actividades que impliquen: los actos violentos o actos que pongan en peligro la vida humana y que sean una violación de las leyes penales de los Estados Unidos o de cualquier Estado, o que supongan una violación penal cuando se cometieren dentro de la jurisdicción de los Estados Unidos o de cualquier Estado; que tengan la intención de intimidar y coaccionar a la población civil; de influenciar a la policía de un gobierno mediante la intimidación o la coacción; o que afecten la conducta de un gobierno por destrucción masiva, asesinatos o raptos y que ocurran primariamente fuera de la jurisdicción territorial de los Estados Unidos, o trascienden las fronteras nacionales en cuanto a los medios por los que se haya consumado; las personas que en ellos aparezcan pretendiendo intimidar o coaccionar, o el escenario en que sus perpetradores operen o busquen asilo".

internacional, puedan llegar a vulnerar derechos y libertades fundamentales en pro de la seguridad[569]. Esta podría ser una de las tendencias ocurridas a nivel interno, tal y como se analiza a continuación: valiéndose de la remodelación continua de este constructo jurídico, la tendencia generalizada parte de criminalizar ciertas conductas otorgándole un gran valor simbólico con el objetivo de demostrar la solidez del ordenamiento. Todo ello a partir de planteamientos teóricos basados en la prevención general positiva[570] dirigidos a garantizar la percepción de seguridad y confianza de la ciudadanía[571]. Tal y como afirma PORTILLA CONTRERAS, "si hay algo peor que el terrorismo, es la legislación antiterrorista que, pervirtiendo las reglas de la teoría jurídica del delito y eliminando las garantías procesales, ha traducido lo excepcional en normal y la «razón de Estado» en «seguridad de los ciudadanos»"[572].

---

569 B. SAUL (ED.), *Research handbook on international law and terrorism*, cit., p. 324.

570 Entendida como aquella que legitima la intervención penal, permitiendo e, incluso obligando, al uso de la pena, aunque no lo exija la inmediata protección de los bienes jurídicos. En este sentido, vid. S. MIR PUIG, «Función fundamentadora y función limitadora de la prevención general positiva», *Anuario de derecho penal y ciencias penales*, vol. 39, 1, 1986, pp. 54 y ss, en https://dialnet.unirioja.es/servlet/articulo?codigo=46280.

571 En este sentido, resulta de interés ahondar en las causas que justifican la legitimidad de dicho modelo penal. Vid. J. L. DÍEZ RIPOLLÉS, «De la sociedad del riesgo a la seguridad ciudadana: un debate desenfocado», *Revista electrónica de ciencia penal y criminología*, 7, 2005, pp. 3 y ss, en https://dialnet.unirioja.es/servlet/articulo?codigo=1068020. En este mismo sentido, vid. J. L. DÍEZ RIPOLLÉS, «El nuevo modelo penal de la seguridad ciudadana», *Revista electrónica de ciencia penal y criminología*, 6, 2004, en https://dialnet.unirioja.es/servlet/articulo?codigo=930922.

572 G. PORTILLA CONTRERAS, «Prólogo», en *La deriva del Derecho Penal y la democracia: la lucha antiterrorista como rastreo de embriones de sospecha*, Dykinson, 2022, p. 17..

PARTE II:
ESFERA NACIONAL

CAPÍTULO IV.

LOS DELITOS DE TERRORISMO EN EL CÓDIGO PENAL ESPAÑOL: BIEN JURÍDICO PROTEGIDO, ESTRUCTURA TÍPICA Y CONTENIDO DEL INJUSTO

I. CUESTIONES GENERALES: PARTICULARIDADES Y LIMITACIONES DE SU REGULACIÓN

> "Precisamente uno de los mejores bancos de prueba para conocer el estado de salud de que goza un Estado democrático lo constituye el análisis de la legislación antiterrorista y de su aplicación práctica. Es en esta materia donde el sistema político, incluso el denominado democrático, muestra de modo más patente una tendencia autoritaria que lesiona gravemente la eficacia de las garantías individuales"[573].

El fenómeno terrorista tiene una serie de particularidades históricas, políticas y sociales que inciden directamente en su aproximación legal. Posee un significado jurídico y un contenido semántico que está íntimamente relacionado con el con-

---

[573] C. LAMARCA PÉREZ, «Proceso de paz y consecuencias jurídicas», *Revista Icade. Revista de las Facultades de Derecho y Ciencias Económicas y Empresariales*, vol. 0, 74, 2008, p. 29, en https://revistas.comillas.edu/index.php/revistaicade/article/view/345.

texto en el que se enmarca[574]. Esto no solamente afecta a su concreción, sino también a su eficacia y legitimidad, ya que cada Estado lo percibe desde su coyuntura histórica, valores básicos asumidos y prioridades en las relaciones interestatales[575]. Dicha situación no solamente genera un continuo debate en el seno de la comunidad internacional, sino también entre la propia doctrina a la hora de lograr un consenso respecto a qué se considera delito de terrorismo. Sin embargo, la realidad actual obliga a superar las desavenencias teóricas o de carácter formal y lograr respuestas operativas, ya que es imprescindible consensuar una definición para abordar el fenómeno.

El problema radica, como plantea QUINTERO OLIVARES, en que, aunque se trata de un asunto social e histórico, al ser objeto de intervención penal, automáticamente se convierte en materia normativizada. Esto obliga a cuestionarse si su regulación legal nace a partir de una noción material de terrorismo o, por el contrario, es el derecho el que genera el concepto normativo en la medida en que "selecciona" lo que ha de calificarse bajo esa acepción[576].

---

574 En este sentido, vid. C. RAMÓN CHORNET, *Terrorismo y respuesta de fuerza en el marco del derecho internacional*, Tirant lo Blanch, Valencia, 1993, p. 32. afirma que "resulta imposible tratar de realizar un análisis del significado jurídico del terrorismo internacional sin atender a su caracterización histórica, o, si se prefiere decirlo así, a su contextualización".

575 Cfr. J. ALCAIDE FERNÁNDEZ, «Las actividades terroristas ante el derecho internacional contemporáneo», 1996, p. 10, en https://idus.us.es/xmlui/handle/11441/14994. Vid. en este mismo sentido C. LAMARCA PÉREZ, «Proceso de paz y consecuencias jurídicas», *Revista Icade. Revista de las Facultades de Derecho y Ciencias Económicas y Empresariales*, vol. 0, 74, 2008, p. 31, en https://revistas.comillas.edu/index.php/revistaicade/article/view/345.

576 G. QUINTERO OLIVARES, «Definiendo el terrorismo: Normatividad y materialidad», en Miguel Revenga Sánchez (ed.) *Terrorismo y derecho bajo la estela del 11 de septiembre*, Tirant lo Blanch, València, 2014 (El tiempo de los derechos), p. 88.

No obstante, esta no es la única limitación que presenta su regulación. No hay que olvidar que el término "terrorismo" lleva intrínseca una carga emotiva que lo diferencia de los delitos comunes. Esto genera una mayor percepción de la gravedad del hecho y acrecienta la repulsa social, sobre todo debido a los bienes jurídicos que se ven afectados, los medios que se utilizan o el miedo o coacción que suscita. Todo ello sumado al papel que ejercen los medios de comunicación[577] a la hora de condicionar la percepción de la población civil y la incidencia que provoca este aspecto en la esfera legal. Y es que, no hay que olvidar que muchas de las últimas modificaciones del Código Penal tienen que ver con la repercusión mediática de ciertos acontecimientos y con el intento de recuperar la confianza de la sociedad en el sistema.

Por este motivo, es fundamental que el Derecho penal pueda ofrecer claridad respecto a qué se entiende por terrorismo, en primer lugar, para proporcionar la seguridad jurídica propia del Estado de derecho: si la legislación terrorista es de carácter excepcional, es crucial saber cuándo aplicarla; en segundo lugar y no menos importante, para no subsumir en la

---

[577] Sobre el papel de los medios de comunicación en la percepción social del delito, vid. J. Á. Brandariz García, «Itinerarios de evolución del sistema penal como mecanismo de control social en las sociedades contemporáneas», en Patricia Faraldo Cabana, Luz María Puente Aba, José Ángel Brandariz García (eds.) *Nuevos retos del derecho penal en la era de la globalización,* Tirant lo Blanch, 2004, pp. 37-38; J. L. Díez Ripollés, «El derecho penal simbólico y los efectos de la pena», *Boletín Mexicano de Derecho Comparado,* 103, 2002, Instituto de Investigaciones Jurídicas, p. 108, en https://dialnet.unirioja.es/servlet/articulo?codigo=1229008; *La racionalidad de las leyes penales: práctica y teoría,* 2a ed, Trotta, Madrid, 2013, p. 23 y ss.

misma categoría delictiva conductas con un contenido del injusto diferente[578].

Otra de las problemáticas a las que se enfrenta la regulación de dicho fenómeno es el enfoque desde el que tradicionalmente se ha abordado: desde una esfera meramente jurídica. Ya desde la década de los años 80, algunos autores critican la limitación que supone acotarlo a un único ámbito, ya que se omiten ciertos puntos de vista que podrían complementar la respuesta, al mismo tiempo que ayudar a hacer frente de forma más acertada a la realidad actual[579].

De este modo, si finalmente se parte de la afirmación de que la regulación legal responde *a posteriori* a una realidad ya acontecida, quizás cabría plantearse la revisión del delito de terrorismo en la esfera nacional: si antes los actos de ETA condicionaban la política legislativa interna en esta materia, ¿hasta qué punto es necesario seguir manteniendo una regulación de tal intensidad una vez disuelta la banda terrorista? Todos estos planteamientos serían pertinentes si se siguiera el criterio que defiende que es la esfera jurídica la que debe ajustarse a la noción material de terrorismo. Sin embargo, a la hora de tipificar dicha tipología penal, el legislador español utiliza una fórmula acumulativa que añade, a una regulación ya de un alto rigor punitivo por el contexto sociopolítico del país, una serie de

---

578 M. Llobet Anglí, «¿Terrorismo o terrorismos?: Sujetos peligrosos, malvados y enemigos», *Revista jurídica de la Universidad Autónoma de Madrid*, 31, 2015, p. 230, en http://hdl.handle.net/10486/673804.

579 C. Lamarca Pérez, *Tratamiento jurídico del terrorismo*, Centro de Publicaciones del Ministerio de Justicia, Secretaría General Técnica, Madrid, 1985, p. 26. argumenta que en muchas ocasiones no se estudia el tratamiento jurídico de comportamientos reales, sino ideales, tal y como aparecen definidos por el derecho y presentados como esencia de la propia realidad; es decir, el derecho no responde a la realidad sino al contrario, los fenómenos sociales se clasifican a partir de categorías jurídicas.

tipos penales que regulan la variedad de métodos y técnicas utilizados por el terrorismo yihadista.

En la mayoría de los casos, el legislador acude a las imposiciones internacionales para legitimar las múltiples reformas; sin embargo, muchas de ellas no son fruto más que de una creciente tendencia punitivista que cuestiona principios básicos constitucionales. De este modo, es fundamental analizar la evolución de los tipos penales atendiendo a sus elementos definidores. Eso permite valorar si se adecúan a la normativa internacional, a los principios básicos constitucionales o, incluso, a la propia política criminal nacional actual.

II. BIEN JURÍDICO PROTEGIDO

No cabe duda de que el Derecho penal protege los principios y valores fundamentales recogidos en las constituciones democráticas. En algunos casos, esto se lleva a cabo a través del monopolio de la violencia, de ahí que la configuración de España como un Estado social y democrático también imponga una serie de limitaciones al *ius puniendi* del Estado, todo ello a partir de una serie de principios estructurales de protección; entre otros, el principio de exclusiva protección de bienes jurídicos, el de lesividad o el de intervención mínima. Es una idea ampliamente defendida que el Derecho penal solo debe intervenir para la protección de bienes jurídicos. Ciertamente no es un concepto fácil de manejar. Bastaría con echar un vistazo a las numerosas definiciones de bien jurídico que recogen ROXIN/GRECO para hacerse una idea[580]. Si bien no cabe aquí detenerse en esta cuestión, sí es importante explicitar cuál es la definición utilizada como punta de partida. De este modo, a

---

[580] ROXIN/GRECO, *Strafrecht. Allgemeiner Teil.* Tomo I. 5ª ed. C. H. Beck, Munich, 2020, págs. 24 y s.

efectos de esta investigación, un bien jurídico es cualquier condición o fin necesarios para el libre desarrollo de la persona, la realización de sus derechos fundamentales y el funcionamiento de un sistema de Estado basado en este objetivo[581]. A partir de aquí cabe plantearse cuál es el objeto de tutela en los delitos de terrorismo.

Como afirma Pastrana Sánchez, "si la correcta delimitación del bien jurídico constituye un requisito esencial aplicable a toda la parte especial del Derecho penal, dicho requisito se convierte en una necesidad imperiosa cuando se trata de evaluar la política criminal antiterrorista"[582]. A pesar de la importancia que reviste, ha sido —y sigue siendo— un asunto de gran complejidad. De primeras, podría pensarse que el bien jurídico que se trata de tutelar tiene que ver con el mantenimiento de la convivencia pacífica y el orden social establecido dada la ubicación de dicha tipología de delitos en el Código de 1995. Concretamente, se encuentran regulados en la sección II del Capítulo VII del título XXII, el cual recoge los delitos contra el orden público. Sin embargo, dicha ubicación no está exenta de críticas y contradicciones[583], entre otras las

---

581 *Ibidem.* P. 26.

582 M. A. Pastrana Sánchez, *La nueva configuración de los delitos de terrorismo,* Boletín Oficial del Estado, Madrid, 2021, p. 194. Como señalan ROXIN/ GRECO, Strafrecht. P. 25, "existe un amplio acuerdo sobre el hecho de que la interpretación de los tipos penales se tiene que orientar al bien jurídico protegido".

583 En este sentido, vid. M. Cancio Meliá, *Los delitos de terrorismo: estructura típica e injusto,* Ed. Reus, Madrid, 2010, p. 192,193 . Sin embargo, para el autor el problema radica en que el "no reconocer (o enmascarar) que determinadas finalidades colectivas de carácter político (...) puedan merecer un trato especial, en términos de prevención general positiva, es desconocer el significado de la radicalidad del planteamiento terrorista". El legislador en el Preámbulo de la LO 5/2010, de 22 de junio trata de zanjar el debate afirmando lo siguiente: "a sabiendas, precisamente, de la polémica doctrinal surgida en torno a la ubicación sistemática de

del propio legislador que, en la LO 2/1998 de 15 de junio, subraya que la alteración de la paz pública "supone una situación cualitativamente distinta (por su específica gravedad) a la alteración del orden público" por poner en cuestión "los propios fundamentos de la convivencia democrática"[584]. Este planteamiento iría más en consonancia con aquellos autores[585] que defienden su ubicación en el Título XXI (Delitos contra la Constitución). No obstante, el ubicarlos en el Título XXII podría responder a un temor que tiene que ver con la propia historia nacional y es que el tratamiento jurídico penal del terrorismo se pueda percibir como un modo de represión de una actividad política legítima.

Retomando el análisis del bien jurídico protegido, existe un acuerdo mayoritario entre la doctrina a la hora de afirmar que

---

estos tipos penales, se ha optado finalmente, en el propósito de alterar lo menos posible la estructura del vigente Código Penal, por situarlos dentro del Título XXII del Libro II, es decir, en el marco de los delitos contra el orden público. Lo son, inequívocamente, si se tiene en cuenta que el fenómeno de la criminalidad organizada atenta directamente contra la base misma de la democracia (...) alterando a tal fin el normal funcionamiento de los mercados y de las instituciones, corrompiendo la naturaleza de los negocios jurídicos, e incluso afectando a la gestión y a la capacidad de acción de los órganos del Estado. La seguridad jurídica, la vigencia efectiva del principio de legalidad, los derechos y las libertades de los ciudadanos, en fin, la calidad de la democracia, constituyen de este modo objetivos directos de la acción destructiva de estas organizaciones. La reacción penal frente a su existencia se sitúa, por tanto, en el núcleo mismo del concepto de orden público, entendido éste en la acepción que corresponde a un Estado de Derecho, es decir, como núcleo esencial de preservación de los referidos principios, derechos y libertades constitucionales".

584 *Ley Orgánica 2/1998, de 15 de junio, por la que se modifican el Código Penal y la Ley de Enjuiciamiento Criminal. (BOE» núm. 143, de 16 de junio de 1998, páginas 19789 a 19791).* Apartado III, epígrafe «b».

585 Entre ellos, M. Cancio Meliá, *Los delitos de terrorismo*, cit., pp. 192 y 193.

el terrorismo se configura como un delito pluriofensivo: por un lado, se encuentran aquellos bienes jurídicos protegidos propios de los delitos comunes; por otro, los diferentes intereses colectivos que se pretenden tutelar. Si bien existe acuerdo en que se trata de un bien jurídico de naturaleza supraindividual, no existe unanimidad a la hora de identificar este último. Por ejemplo, para LAMARCA PÉREZ, el terrorismo es un fenómeno que pone en peligro la estabilidad del sistema político por cuanto sus acciones, que vulneran bienes jurídicos individuales fundamentales como la vida o la libertad pero que, en última instancia, "se dirigen contra el Estado como un modo de coacción o de intervención en su toma de decisiones"[586]. Por el contrario, para FARALDO CABANA, el bien jurídico colectivo protegido tiene que ver con la seguridad ciudadana entendida en su sentido material y objetivo de "prevención de la comisión de delitos y faltas"[587]. Para otro sector doctrinal, el bien jurídico protegido está relacionado con el orden constitucional o la paz pública[588], todo ello en consonancia con el propio elemento finalista de dicha tipología de delitos, reflejado a partir de lo establecido en el Código Penal de 1995. Por último, hay autores que defienden un triple bien jurídico protegido: el de cada uno de los delitos comunes, la paz pública entendida como el estado colectivo de tranquilidad y sosiego y las vías

586 Vid. C. LAMARCA PÉREZ, «Terrorismo transnacional», en *Política criminal ante el reto de la delincuencia transnacional*, Universidad de Salamanca, 2016, p. 459.

587 P. FARALDO CABANA, *Asociaciones ilícitas y organizaciones criminales en el código penal español.*, Tirant Lo Blanch, Valencia, 2012, pp. 236-237.

588 M. A. CANO PAÑOS, «La reforma de los delitos de terrorismo», en Lorenzo Morillas Cueva (ed.) *Estudios sobre el código penal reformado: leyes orgánicas 1/2015 y 2/2015*, Dykinson, Madrid, 2015, p. 913; J. M. TERRADILLOS BASOCO, «Fundamentos político-criminales de las actuales estrategias antiterroristas», en Jesús-María Silva Sánchez, Santiago Mir Puig (eds.) *Estudios de derecho penal: homenaje al profesor Santiago Mir Puig*, Bdef, Montevideo Buenos Aires, 2017, p. 1156.

democráticas de toma de decisiones políticas[589]. En este caso, la "paz pública" operaría como bien jurídico que "sintetiza las condiciones básicas de seguridad y libertad de la población en general, o de grupos de personas más o menos indeterminadas afectadas de forma más intensa por el mensaje coercitivo"[590].

En cualquier caso, lo que diferencia un delito de terrorismo de una infracción común es el plus de desvalor que se genera en tanto que no solamente se tiene la pretensión de causar terror entre la población y alterar la paz pública como tal sino que, además, se busca coaccionar a los gobiernos para que sucumban a las peticiones terroristas, de ahí que los bienes jurídicos afectados no sean únicamente la vida o la libertad de sus víctimas particulares, sino también la de la población en general, que se ve a afectada por la quiebra de las expectativas de seguridad en su vida cotidiana.

Desde la perspectiva del principio de intervención mínima y más específicamente desde la óptica de la fragmentariedad, no creo que se puedan plantear dudas acerca de la relevancia de este bien jurídico como para cuestionar su tutela a través del Derecho penal. Cuestión distinta es la de si todos los ataques que se recogen en el Código tienen la intensidad suficiente como para legitimar la actuación del Derecho penal y si no son imaginables otras formas de prevenir estos atentados al objeto de tutela, de lo que me ocuparé más adelante al hilo del análisis de los diferentes tipos penales.

---

589 M. Llobet Anglí, «¿Terrorismo o terrorismos?: Sujetos peligrosos, malvados y enemigos», cit., p. 231.

590 A. Asua Batarrita, «Concepto jurídico de terrorismo y elementos subjetivos de finalidad. Fines políticos últimos y fines de terror instrumental», en Juan Ignacio Echano Basaldua (ed.) *Estudios jurídicos en Memoria de José María Lidón*, Universidad de Deusto, Bilbao, 2002, p. 28.

III. ESTRUCTURA TÍPICA Y CONTENIDO DEL INJUSTO DEL DELITO DE TERRORISMO.

1. Origen del concepto de terrorismo. Elemento estructural y teleológico en el Código Penal de 1995.

La inclusión del concepto de terrorismo en la legislación penal ordinaria tiene lugar a partir de la Leyes 3/1988, de 25 de mayo, de reforma del Código Penal y 4/1988, de 25 de mayo, de reforma de la Ley de Enjuiciamiento Criminal. Éstas rompen con el carácter de ley especial de la regulación previa e incorporan al Código penal y a la LeCrim normas de carácter jurídico-material y procesal, respectivamente, relativas al fenómeno terrorista[591]. Hasta entonces, la sucesión de leyes especiales aprobadas tras la entrada en vigor de la Constitución de 1978, no hacen sino ir ampliando la regulación de dicho fenómeno, pero siempre bajo la premisa de respetar la cláusula de exclusión de los delitos políticos articulada a partir del Convenio Europeo para la Represión del Terrorismo de 1977 y garantizada a través del art. 13.3 de la propia Constitución.

De este modo, el legislador de 1988, a partir de la LO 3/1988 de 25 de mayo, incorpora, entre otros el art. 174 bis, b), al entonces Código Penal vigente[592], que establece lo siguiente:

> "El que integrado en una banda armada u organización terrorista o rebelde, o en colaboración con sus objetivos y fines, realizare cualquier hecho delictivo que contribuya a la actividad de aquéllas, utilizando armas de fuego, bombas, granadas, sustancias o aparatos explosivos, inflamables o medios in-

---

591 F. MUÑOZ CONDE, *Derecho penal. Parte especial*, 11. ed., rev.puesta al día, Tirant lo Blanch, Valencia, 1996, p. 778.

592 Recogido en el Decreto 3096/1973, de 14 de septiembre, por el que se publica el Código Penal, texto refundido conforme a la Ley 44/1971, de 15 de noviembre.

> cendiarios de cualquier clase, cualquiera que sea el resultado producido, será castigado con la pena de prisión mayor en su grado máximo, a menos que por razones del delito cometido corresponda pena mayor. A los promotores y organizadores del hecho, así como a los que hubieren dirigido su ejecución, les será impuesta la pena de reclusión menor."

Como se extrae de la propia definición, dicho precepto asume la existencia de un delito de terrorismo a partir de la peligrosidad de los medios utilizados, independientemente del hecho delictivo y el resultado que se genere. Eso sí, si bien no se aprecia ninguna definición que clarifique qué ha de enmarcarse dentro del concepto de "banda armada" u "organización terrorista", sí se considera fundamental la colaboración con los objetivos y fines de ésta, lo que hace del componente organizativo un requisito imprescindible para la consideración del tipo penal.

Bajo este contexto, el Código Penal de 1995 nace como contrapeso a la expansión regulatoria previa, respondiendo a un modelo mixto que sitúa la clave definitoria de los delitos de terrorismo en la orientación que debe inspirarlos: la finalidad de "alterar gravemente la paz pública, o de subvertir el orden constitucional" y entendiendo dicha finalidad como parte de un programa de una organización o grupo terrorista[593].

No obstante, y a pesar del esfuerzo por diferenciar dicho fenómeno de otras esferas delictivas, el Código Penal no contempla una definición de terrorismo unánimemente aceptada, lo que plantea un problema a la hora de delimitar el ámbito de aplicación de dichos delitos. Ante esta falta de precisión, tanto doctrina como jurisprudencia optan por establecer un acuerdo de mínimos a partir de la aplicación de ciertos elementos, entre ellos el estructural y teleológico.

---

593 E. Pomares Cintas, *La deriva del Derecho Penal y la democracia*, cit., p. 128.

Comenzando por el primer aspecto, cabe decir que el CP 1995 prevé dos tipologías de actos terroristas: aquellos cometidos bajo el servicio, actuación o colaboración con banda armada, organización o grupo terrorista (arts. 571 a 576 CP), o determinadas actuaciones realizadas sin la pertenencia a dicho grupo (art. 577 CP). De este modo podría afirmarse que, para el legislador, el injusto penal de dicha categoría delictiva está íntimamente relacionado con su elemento estructural. Así, el artículo 571 del Código establece lo siguiente:

> "Los que, perteneciendo, actuando al servicio o colaborando con bandas armadas, organizaciones o grupos cuya finalidad sea la de subvertir el orden constitucional o alterar gravemente la paz pública, cometan los delitos de estragos o de incendios tipificados en los artículos 346 y 351, respectivamente, serán castigados con la pena de prisión de quince a veinte años, sin perjuicio de la pena que les corresponda si se produjera lesión para la vida, integridad física o salud de las personas"[594].

En este caso, la conducta típica de este tipo penal no plantea duda alguna: la comisión de un delito común de estragos o incendios, que verá incrementada su pena si lesiona ciertos bienes jurídicos protegidos, en este caso la vida, la integridad física o la salud de las personas. Lo mismo ocurre con los artículos posteriores, los cuales regulan los delitos contra las personas (art. 571 CP), tenencia, tráfico y depósito de armas, municiones o explosivos (art. 573 CP) o delitos contra el patrimonio (art. 575 CP). Sin embargo, mayor detenimiento requiere el análisis de los elementos objetivo y subjetivo del tipo. Siguiendo a González Cussac, el primero "ha sido definido por parte de la doctrina como elemento estructural, interpretándolo como la necesidad de la concurrencia de una estruc-

---

594 Jefatura del Estado, *Ley Orgánica 10/1995, de 23 de noviembre, del Código Penal. (BOE núm. 281, de 24/11/1995).* art. 571,.

tura organizada"[595]. Dicho elemento se deriva de la fórmula legal empleada en los arts. 571 a 574: "los que, perteneciendo, actuando al servicio o colaborando con bandas armadas, organizaciones o grupos". Tradicionalmente se ha considerado que ciertos comportamientos, cuando son ejecutados bajo una estructura organizativa, representan una mayor idoneidad lesiva para los bienes jurídicos que se pretenden proteger. En este caso, su fundamento no es tanto la naturaleza de los fines, sino el incremento de la lesividad de los medios que utilizan[596]. De este modo, el Código Penal de 1995 plasma dos aspectos característicos en lo referente al elemento estructural del delito de terrorismo. Por un lado, asocia la actividad terrorista a la pertenencia a un grupo u organización o a la actuación en su seno partiendo de la idea de que esta figura representa una especial idoneidad lesiva por cuanto que "facilita la realización del plan criminal, proporciona mayores posibilidades de éxito y es garantía de impunidad"[597]. Sin embargo, en la sección II se recoge una figura delictiva, la contenida en el art. 577, donde no se exige dicho elemento estructural, lo cual obliga a plantearse si tal aspecto es consustancial al terrorismo o no. Esta figura trata de regular aquellos actos que, aún con la "finalidad de subvertir el orden constitucional o de alterar gravemente la paz pú-

---

595 J. L. González Cussac, «Sobre el concepto jurídico penal de terrorismo», *Teoría & Derecho. Revista de pensamiento jurídico,* 3, 2008, p. 50, en https://ojs.tirant.com/index.php/teoria-y-derecho/article/view/306.

596 Así lo establece el propio legislador cuando, en el apartado XXVIII del Preámbulo de la LO 5/2010, de 22 de junio, establece lo siguiente: "dichas organizaciones, aparte de multiplicar cuantitativamente la potencialidad lesiva de las distintas conductas delictivas llevadas a cabo en su seno o a través de ellas, se caracterizan en el aspecto cualitativo por generar procedimientos e instrumentos complejos específicamente dirigidos a asegurar la impunidad de sus actividades y de sus miembros, y a la ocultación de sus recursos y de los rendimientos de aquéllas".

597 P. Faraldo Cabana, *Asociaciones ilícitas y organizaciones criminales en el código penal español.*, cit., p. 234.

blica", no se realizan bajo el paraguas de una organización[598]. En este último caso, los tribunales se han mostrado reticentes a calificar como terroristas a dicha tipología de individuos dado el enfoque del marco regulatorio, el cual estaba pensado para dar respuesta a organizaciones clásicas, con estructuras centralizadas. En la práctica, el art. 577 CP se utilizaba para castigar las actuaciones de sujetos u organizaciones afines a ETA, pero situados fuera de este entramado. De este modo, cabría pensar que, si bien en la mayoría de los tipos penales de los delitos de terrorismo se exigía el elemento estructural, parecía no considerarse como un elemento definitorio del terrorismo al contemplar la figura del art. 577 CP.

---

598 Art. 577 C.P. 1995. En este sentido, cabe mencionar la modificación que sufre dicho artículo a raíz de la LO 7/2000 de 22 de diciembre con el objetivo de incorporar nuevas finalidades y conductas, en tanto que "la actual legislación no facilita que se condene a quienes interviniendo en estas acciones portan, no ya los explosivos o armas que provocan incendios o destrozos, sino solamente los componentes necesarios para provocar la explosión". De este modo, el art. 577 queda como sigue: "Los que, sin pertenecer a banda armada, organización o grupo terrorista, y con la finalidad de subvertir el orden constitucional o de alterar gravemente la paz pública, o la de contribuir a estos fines atemorizando a los habitantes de una población o a los miembros de un colectivo social, político o profesional, cometieren homicidios, lesiones de las tipificadas en los artículos 147 a 150, detenciones ilegales, secuestros, amenazas o coacciones contra las personas, o llevaren a cabo cualesquiera delitos de incendios, estragos, daños de los tipificados en los artículos 263 a 266, 323 ó 560, o tenencia, fabricación, depósito, tráfico, transporte o suministro de armas, municiones o sustancias o aparatos explosivos, inflamables, incendiarios o asfixiantes, o de sus componentes, serán castigados con la pena que corresponda al hecho cometido en su mitad superior." En este sentido, vid. *Ley Orgánica 7/2000, de 22 de diciembre, de modificación de la Ley Orgánica 10/1995, de 23 de noviembre, del Código Penal, y de la Ley Orgánica 5/2000, de 12 de enero, reguladora de la Responsabilidad Penal de los Menores, en relación con los delitos de terrorismo. (BOE núm. 307, de 23 de diciembre de 2000, páginas 45503 a 45508).* Exposición de motivos.

Por otro lado, el CP 1995 utiliza un concepto estricto de "banda armada", es decir, una organización basada en una estructura jerárquica en la que prima la división de tareas que comete una serie de delitos graves y acude a la violencia como medio para lograr un fin concreto.

Para algunos autores, el componente estructural no tiene por qué implicar una configuración concreta y permanente en el tiempo[599]. No obstante, la ausencia o falta de prueba de la adhesión en el entramado de la banda tampoco comporta *per se* la inexistencia de este elemento[600]. Como afirma el TS, el "impulso organizativo no se traduce en integración formal en sus estructuras, sino que se manifiesta en la constitución de grupos, organizaciones o bandas de menor tamaño, vinculadas con aquella y orientadas a hacer efectiva la(s) [...] posibles actividades relacionadas con sus finalidades globales "[601].

En cualquier caso, está claro que el elemento estructural no es el que identifica la esencia del delito de terrorismo, y no solo porque se castiguen supuestos sin pertenencia a banda armada, sino por el plus de desvalor que el legislador otorga a dicho delito al diferenciarlo de las figuras de asociación ilícita u organizaciones o grupos criminales. Esta última apreciación lleva a concluir lo siguiente: por un lado, el elemento subje-

---

599 J. García San Pedro, *Terrorismo, aspectos criminológicos y legales,* Facultad Derecho, Universidad Complutense Madrid : Centro de Estudios Judiciales, Ministerio de Justicia, Madrid, 1993, p. 132. El autor defiende que, aunque no puede hablarse de un modelo común de estructura organizativa extensible a todos los grupos, de ninguna forma puede negarse la presencia de un fin y objetivo común, de un conjunto de hombres, de un esfuerzo combinado y de un sistema de relaciones y dependencias que ponen de manifiesto la existencia de una organización.

600 J. M. Terradillos Basoco, «Terrorismo yihadista y política criminal del siglo XXI», *Nuevo Foro Penal,* 87, 2016, Universidad EAFIT, p. 40, en https://dialnet.unirioja.es/servlet/articulo?codigo=5838393.

601 Vid. FJ 1.5º *STS 503/2008, 17 de julio, Roj: STS 4587/2008.*

tivo del tipo, entendido como la finalidad perseguida con la comisión de tales actos, es el componente imprescindible en el delito de terrorismo, y así lo plasma el Código Penal de 1995; por otro lado, puede darse un delito de terrorismo sin que necesariamente exista una estructura organizativa detrás. En este caso, la existencia de dicha estructura no es un requisito *sine qua non,* a diferencia de la finalidad determinada, que sí es necesaria. Prueba de ello es el propio art. 577 CP que, sin ese componente organizativo, requiere la finalidad de "subvertir el orden constitucional o alterar gravemente la paz pública". Esto no dista de que sea uno de los aspectos más controvertidos dentro de la doctrina, dada la dificultad probatoria que comporta.

Pues bien, tal y como se analiza en capítulos anteriores, dicho *dolus specialis* se asemeja a las definiciones planteadas por aquellos textos internacionales que aluden a la generación de un Estado de terror en la población, tales como la Convención de 1937 o la Convención de NU sobre los atentados cometidos con bomba de 1997. Tanto la doctrina como la jurisprudencia clásica, antes incluso de la aprobación del Código Penal de 1995, ya se posicionan en la línea que defiende el componente finalista como aspecto imprescindible del delito de terrorismo. Así, para JIMÉNEZ DE ASÚA, "el terrorismo no constituye un grupo delictivo o clase de infracciones, [...] es más bien un crimen, o serie de crímenes, que se tipifican por la alarma que producen"[602]. La jurisprudencia también reitera el carácter finalista del delito de terrorismo. El Tribunal Constitucional (en adelante, TC) lo entiende como un tipo de violencia social o política organizada que se manifiesta ante todo como una actividad propia de organizaciones o de grupos, con el propósito o efecto de difundir una situación de alarma o de inseguridad

602 Cfr. L. JIMÉNEZ DE ASÚA, *Tratado de Derecho Penal. Tomo II, Filosofía y ley penal,* 4, Losada, Buenos Aires, 1977, p. 1158 y ss.

social, como consecuencia del carácter sistemático, reiterado, y muy frecuentemente indiscriminado, de esta actividad delictiva[603]. La jurisprudencia posterior se mantiene en esta misma línea: el Tribunal Supremo (en adelante, TS) considera acción terrorista a toda "actividad planificada que, individualmente o con la cobertura de una organización, con reiteración o aisladamente, y a través de la utilización de medios o la realización de actos destinados a crear una situación de grave inseguridad, temor social o alteración de la paz pública, tiene por finalidad subvertir total o parcialmente el orden político constituido"[604]. En esta sentencia de nuevo se aprecia el elemento finalista como requisito típico esencial, y en sucesivas reformas se van incorporando diferentes conductas u otros fines accesorios a los ya establecidos inicialmente. De esta forma se evidencia que "todo comportamiento delictivo desprovisto de dicha finalidad es únicamente subsumible en el tipo común"[605]. Este criterio es también el sostenido por la Audiencia Nacional (en adelante, AN). Según ésta, "aunque no existe un concepto jurídico unánime [...] para caracterizar un acto delictivo como terrorista, se requiere un elemento teleológico, consistente en un afán por desestabilizar el sistema social y las bases sobre las que se asienta"[606]. El TS por su parte, añade a ese elemento finalista, la necesidad de producir las consecuencias concretas contempladas por el precepto, constituyéndose tal propósito no solamente como un medio necesario sino también como el resultado perseguido[607].

---

603 FJ 4 *STC 199/1987, de 16 de diciembre.*

604 Vid. FJ. 6 *STS 2/1997, de 29 de noviembre, Roj: STS 7236/1997.*

605 Vid. M. Capita Remezal, *Análisis de la legislación penal antiterrorista,* Colex, Madrid, 2008, p. 36.

606 *SAN 30/2000, de 5 de junio, Roj: SAN 3862/2000.*, FJ 6.

607 *STS 1016/1993, de 8 mayo, Roj: STS 4005/2021.*, FJ 1. Si bien en este caso la sentencia no hace referencia a un delito de terrorismo sino de des-

Como se aprecia anteriormente, para un sector de la doctrina y parte de la jurisprudencia, la violencia ha de tener como objetivo la subversión del orden político constituido. Este posicionamiento se acerca a aquellos que asocian el bien jurídico protegido con el marco político establecido constitucionalmente y, a su vez, reafirma la postura que defiende su ubicación dentro de los "delitos contra la Constitución". No obstante, para otro sector, el terrorismo sí supone una violencia en los medios, pero no necesariamente en los fines, que podrían ser incluso de carácter lícito, lo que nos lleva de nuevo a la clásica diferenciación entre terroristas y "luchadores por la libertad".

En este sentido, una postura significativa es la sostenida por la AN en su sentencia 1/1991 de 20 de septiembre. En este caso, el Tribunal diferencia, dentro de los fines o resultados políticos, los que suponen la subversión del orden constitucional vigente de aquellos otros que tratan de defenderlo, calificando únicamente a los primeros como terroristas frente al terrorismo reaccionario o vigilante que ha de ser tratado como simple asociación ilícita y, por tanto, no aplicando la regulación prevista para organizaciones o grupos terroristas[608]. No obstante, para otros autores no existen razones suficientes para realizar dicha distinción, salvo que, por razones extrapenales se quiera "privilegiar una forma de violencia frente a otra en razón de su orientación ideológica en vez de atender a la conducta desplegada"[609]. De este modo, cabe preguntarse hasta qué punto deben ser relevantes los motivos por los cuales se utiliza la violencia y si es necesario crear un tipo específico para ello.

órdenes públicos, dicho planteamiento será el que oriente la posterior redacción de esta tipología penal.

608 *SAN 1/1991, de 20 de septiembre, Roj: SAN 1/1991.* FJ 13º; *Asociaciones ilícitas y organizaciones criminales en el código penal español.*, cit., pp. 195-196.

609 P. Faraldo Cabana, *Asociaciones ilícitas y organizaciones criminales en el código penal español.*, cit., pp. 195-196.

Como conclusión, cabe señalar que, aunque el componente estructural del CP 1995 goza de gran relevancia, lo verdaderamente importante no es la existencia de la organización, banda armada o grupo, sino la finalidad de subvertir el orden constitucional o alterar gravemente la paz pública, lo que también sirve para calificar de terrorismo el comportamiento individual descrito en el art. 577 CP[610]. Además, permite distinguir al terrorismo de otras formas de delincuencia organizada, que no persiguen fines o resultados políticos[611].

2. Evolución del concepto de terrorismo. Incidencia de las reformas del Código Penal en la estructura típica y el contenido del injusto.

Diez años después de la formalización del concepto de terrorismo a partir del CP de 1995, y tras la promulgación de la DM 2002 y su sucesora, la DM 2008, se adopta la Ley Orgánica 5/2010, de 22 de junio, por la que se modifica la Ley Orgánica 10/1995, de 23 de noviembre, del Código Penal[612], llevando a cabo una profunda reestructuración de las tipologías delictivas relativas a dicho concepto. Para el legislador español, las disposiciones contenidas en el Código de 1995 pensadas para enfrentarse al terrorismo interno de corte nacionalista no son lo suficientemente eficaces para combatir el nuevo fenómeno yihadista, el cual ostenta importantes diferencias en cuanto a

---

610 F. Muñoz Conde, *Derecho penal. Parte especial*, cit., p. 780.

611 E. Orts Berenguer; J. C. Carbonell Mateu, «Un derecho penal contra el pluralismo y la libertad», en Juan Carlos Carbonell Mateu, Manuel Cobo del Rosal (eds.) *Estudios penales en homenaje al Profesor Cobo del Rosal*, Dykinson, Madrid, 2006, p. 187.

612 Jefatura del Estado, *Ley Orgánica 5/2010, de 22 de junio, por la que se modifica la Ley Orgánica 10/1995, de 23 de noviembre, del Código Penal. (BOE núm. 152, de 23 de junio de 2010, páginas 54811 a 54883).*

su estructura organizativa, repertorio de violencia, capacidad operativa y alcance transnacional[613], y así lo refleja su Preámbulo:

> "Una de las importantes modificaciones que introduce la presente ley es una profunda reordenación y clarificación del tratamiento penal de las conductas terroristas [...] al tiempo que se incorporan algunas novedades que dan cumplimiento a las obligaciones legislativas derivadas de la Decisión Marco 2008/919/JAI"[614].

A través de esta reforma se incorpora, por un lado, las organizaciones o grupos terroristas (Sección Primera del capítulo VII en el Título XXII), que anteriormente estaban clasificadas como un subtipo agravado de asociación ilícita[615]; por otro lado, los delitos de terrorismo (Sección Segunda del capítulo VII, arts. 572 a 580). De este modo, tipifica de forma especial dichas conductas y la diferencia de la criminalidad organizada "económica", que se caracteriza principalmente por la búsque-

---

613 M. A. Cano Paños, "La nueva amenaza terrorista y sus (negativas) repercusiones en el ordenamiento penal y constitucional. Comentario a la sentencia de la audiencia nacional núm. 39/2016, de 30 de noviembre", cit., p. 4.

614 Esto se lleva a cabo, entre otras cosas, para adaptar la regulación del terrorismo a la fisionomía de las organizaciones terroristas internacionales compuestas por células o grupos más autónomos y menos articulados. En este sentido, vid. J. C. Campo Moreno, *Comentarios a la reforma del Código Penal en materia de terrorismo: la L.O. 2/2015*, Tirant lo Blanch, Valencia, 2015, p. 15.

615 En este sentido, vid. R. García Albero, «La reforma de los delitos de terrorismo», en Gonzalo Quintero Olivares (ed.) *La reforma penal de 2010: análisis y comentarios*, 1. ed, Aranzadi : Thomson Reuters, Cizur Menor, 2010 (Monografías Aranzadi. Aranzadi derecho penal), p. 371. Inicialmente, las bandas armadas, organizaciones o grupos terroristas se encontraban recogidas en el art. 515.2°, el cual se deroga a partir de la LO 5/2010, de 22 de junio y se sustituye por el art. 571 del CP actual. No obstante, se elimina la alusión a "banda armada" del precepto.

da de beneficios monetarios que le permiten su continuidad en el tiempo. Esta reordenación, al mismo tiempo que lleva a cabo una modificación estructural del Código como tal, reafirma una categoría de delitos con un plus de desvalor y, por tanto, con una respuesta mayor en amplitud e intensidad, cuyas excepciones se extienden más allá de lo inicialmente previsto[616].

En este caso, el rasgo más característico relacionado con el elemento estructural tiene que ver con la introducción del concepto de "grupo" como algo distinto a la organización propiamente dicha, a pesar de que la jurisprudencia ya había equiparado ambas formas de asociación[617], y la expansión de lo que hasta entonces se conocía como "organización terroris-

---

616 Existe una gran reticencia a regular el terrorismo en un código específico separado del Código penal para no darle más protagonismo del merecido; sin embargo, con dicha reforma, este queda regulado de forma especial no solamente en cuanto a la norma como tal sino también en materia de jurisdicción, proceso, medidas cautelares, régimen penitenciario etc., lo que puede llegar a ser cuestionable en cuanto que empaña el Estado de derecho y el sistema ordinario. La citada configuración será la que permanezca hasta la actualidad. En este sentido vid. G. PORTILLA CONTRERAS, «La reforma en los actos preparatorios y favorecimiento de delitos de terrorismo», en Gonzalo Quintero Olivares (ed.) *La reforma penal de 2010: análisis y comentarios*, 1. ed, Aranzadi : Thomson Reuters, Cizur Menor, 2010 (Monografías Aranzadi. Aranzadi derecho penal), p. 95 y ss.

617 El TC en el FJ 4 de su *STC 199/1987, de 16 de diciembre*, equipara los términos de "organizaciones" y "grupos", estableciendo lo siguiente: "El terrorismo característico de nuestro tiempo, como violencia social o política organizada, lejos de limitar su proyección a unas eventuales actuaciones individuales susceptibles de ser configuradas como «terroristas», se manifiesta ante todo como una actividad propia de organizaciones o de grupos, de «bandas», en las que usualmente concurrirá el carácter de «armadas»." Del mismo modo, el TS en el fallo de la *Sentencia 1177/1985, de 19 de noviembre de 1985 condena al autor* por delito de pertenencia a grupo organizado y armado.

ta". Ya se ha mencionado *supra* que el Código penal de 1995 utilizaba un concepto estricto de "banda armada", entendida como una organización centralizada y jerárquica en la que prima la división de tareas y que acude a la violencia como medio para lograr un fin concreto. De este modo, quedaban fuera de dicha tipología penal todas aquellas actuaciones de sujetos o agrupaciones afines a ETA, pero ajenas a dicha estructura. Sin embargo, la primera gran ampliación del concepto de "organización terrorista" se produce vía jurisprudencial a partir del conocido como "Macrosumario 18/98" instruido por el juez Baltasar Garzón, responsable del Juzgado de Instrucción Número 5 de la Audiencia Nacional, en un intento de desarticular el entramado económico y logístico que respalda a la banda terrorista. Así, la AN realiza una interpretación extensiva del concepto para castigar no únicamente a la estructura militar encargada de practicar la lucha armada, sino también a todas aquellas agrupaciones de carácter político, financiero, internacional, de desobediencia civil o relacionadas con los medios de comunicación que contribuyen a la consecución de sus fines[618]. Esta postura no es del todo aceptada por el TS, que defiende la aplicación rigurosamente restrictiva de dicho concepto. De ahí la anulación parcial de la sentencia de la AN, en la que revoca la solicitud de ilicitud de algunas de las organizaciones, anula la condición de dirigente de determinados acusados y rebaja las penas de otros tantos inicialmente imputados por delitos de integración y finalmente condenados por el delito de colaboración con banda terrorista[619]. Pese a todo, la ampliación del concepto de "organización terrorista" queda

---

618 Para un profundo desarrollo de todo el proceso judicial relacionado con el Sumario 18/98, así como el fallo condenatorio, vid. *SAN 73/2007 de 19 de diciembre, Roj: SAN 6248/2007.*

619 *STS 480/2009 de 22 de mayo, Roj: STS 3057/2009.*

instaurada. En palabras del propio TS: "es la organización globalmente considerada la que es terrorista en cuanto se dedica a la comisión de actos de esta clase, y de la que dependen otros grupos que, formando parte íntegra de aquella, contribuyen de otras variadas formas a la consecución de sus fines bajo su misma dirección". Dicho cambio se plasma a nivel penal en la supresión del término "banda armada" a partir de la reforma del Código propiciada por la LO 5/2010 de 22 de junio[620]. La cuestión es que, tal expresión, desconectada de una finalidad política, permitía englobar en dicho precepto a organizaciones no terroristas[621]. Sin embargo, a partir del año 2010, el art. 571.3 CP queda como sigue:

> "A los efectos de este Código, se considerarán organizaciones o grupos terroristas aquellas agrupaciones que, reuniendo las características respectivamente establecidas en el párrafo segundo del apartado 1 del artículo 570 bis) y en el párrafo segundo del apartado 1 del artículo 570 ter, tengan por finalidad o por objeto subvertir el orden constitucional o alterar gravemente la paz pública mediante la perpetración de cualquiera de los delitos previstos en la Sección siguiente".

Como se ha mencionado con anterioridad, la reforma de 2010 reordena las categorías delictivas, pero no incorpora una definición de terrorismo, a pesar de que la normativa europea ya refleja un primer intento de definirlo en la DM 2002. Han de pasar cinco años más para que el legislador incluya dicho concepto jurídico-penal, y lo hace a través de la LO 2/2015, de 30 de marzo:

---

620 Disposición adicional primera. Se suprime la expresión «bandas armadas» de los artículos 90, 170, 505, 573, 575, 577 y 580 del Código Penal.

621 F. Muñoz Conde, *Derecho penal, parte especial*, 19. ed., completamente rev. y puesta al día, Tirant lo Blanch, Valencia, 2013, p. 839.

"Art. 573:

1. Se considerarán delito de terrorismo la comisión de cualquier delito grave contra la vida o la integridad física, la libertad, la integridad moral, la libertad e indemnidad sexuales, el patrimonio, los recursos naturales o el medio ambiente, la salud pública, de riesgo catastrófico, incendio, contra la Corona, de atentado y tenencia, tráfico y depósito de armas, municiones o explosivos, previstos en el presente Código, y el apoderamiento de aeronaves, buques u otros medios de transporte colectivo o de mercancías, cuando se llevaran a cabo con cualquiera de las siguientes finalidades:

1.ª Subvertir el orden constitucional, o suprimir o desestabilizar gravemente el funcionamiento de las instituciones políticas o de las estructuras económicas o sociales del Estado, u obligar a los poderes públicos a realizar un acto o a abstenerse de hacerlo.

2.ª Alterar gravemente la paz pública.

3.ª Desestabilizar gravemente el funcionamiento de una organización internacional.

4.ª Provocar un estado de terror en la población o en una parte de ella.

2. Se considerarán igualmente delitos de terrorismo los delitos informáticos tipificados en los artículos 197 bis y 197 ter y 264 a 264 quater cuando los hechos se cometan con alguna de las finalidades a las que se refiere el apartado anterior.

3. Asimismo, tendrán la consideración de delitos de terrorismo el resto de los delitos tipificados en este Capítulo"[622].

Al igual que su sucesora, dicha reforma legitima su fundamento en los imperativos internacionales; esta vez en la Reso-

---

622 JEFATURA DEL ESTADO, *Ley Orgánica 10/1995, de 23 de noviembre, del Código Penal. (BOE núm. 281, de 24/11/1995)*, cit., art. 573.

lución 2178 y así lo refleja tanto el Preámbulo de la ley[623] como su discusión parlamentaria previa[624].

De este modo, y a partir de dicha justificación, el legislador incorpora una definición en la que se modifica la estructura del injusto típico de forma significativa. En primer lugar, elimina por completo cualquier alusión al componente organizativo como eje tipificador de dichos delitos y factor aglutinante de su gravedad. Esta modificación es ya de por sí especialmente

---

623 En el Preámbulo de la LO2/2015, el legislador alude a la "honda preocupación de la comunidad internacional por el recrudecimiento de la actividad terrorista y por la intensificación del llamamiento a cometer atentados en todas las regiones del mundo" recogida en la Resolución 2178, así como a la petición por parte de ésta de que los Estados "se cercioren de que sus leyes y otros instrumentos legislativos internos tipifiquen delitos graves que sean suficientes para que se puedan enjuiciar y sancionar las conductas terroristas que se describen, de tal forma que quede debidamente reflejada la gravedad del delito." En este sentido, vid. Jefatura del Estado, Ley Orgánica 2/2015, de 30 de marzo, por la que se modifica la Ley Orgánica 10/1995, de 23 de noviembre, del Código Penal, en materia de delitos de terrorismo. (BOE núm. 77, de 31 de marzo de 2015, páginas 27177 a 27185, 2015, pp. 27177-27185)., 2015, Preámbulo.

624 El diputado Castillo Calvín, argumenta que "con la reforma de los delitos de terrorismo se desvincula el concepto de terrorista de la organización o grupo terrorista, lo que permitirá castigar [...] a los denominados lobos solitarios", ya que hasta ahora, si no se acredita "pertenencia, que se actúe al servicio o que haya colaboración con organización o grupo criminal [...] la persona que llevase a cabo dichas conductas no habría cometido un delito de terrorismo". Termina su intervención argumentado que "esta nueva regulación, [...] pretende regular nuevas formas de terrorismo como el acceso habitual a determinados contenidos en Internet y la posesión de documentos, así como al fenómeno de los combatientes terroristas desplazados y la figura de los lobos solitarios". En este sentido, vid. *Diario de Sesiones del Congreso de los Diputados. Plano y Diputación Permanente Num.256. 10 de febrero de 2015.*, pp. 6 y 7, en https://www.congreso.es/public_oficiales/L10/CONG/DS/PL/DSCD-10-PL-256.PDF.

discutible: una de las características principales de las infracciones de dicha naturaleza es que, aun siendo cometidas por autores individuales, parten de un contexto colectivo[625]. En la fenomenología actual, lo que varía es la forma de conexión de los autores con el grupo, pero esto no equivale a una disolución de la estructura organizativa. Sin embargo, al suprimir el requerimiento de pertenencia a un grupo u organización —sin perjuicio de un posible concurso de delitos—, puede tener la consideración de "delito de terrorismo" cualquier acto cuyo objetivo sea lograr alguna de las finalidades previstas en el precepto[626], aunque se cometa de un modo individual e, incluso, esporádico.

Además, la eliminación de dicho factor organizativo va acompañada de la supresión completa del tipo penal específico alusivo al terrorismo individual, recogido hasta entonces en el art. 577 CP. Con este cambio de paradigma, el legislador de 2015 asimila la idoneidad del autor organizado y la del autor individual a efectos de la comisión de los delitos de terrorismo principales[627].

Dicho planteamiento invierte el razonamiento formulado hasta la fecha: si originariamente el delito de organización criminal permite castigar actos preparatorios (de otro modo impunes) que sirven para cometer un delito en el marco de una estructura organizada, ahora se deduce la integración en una organización criminal a partir de la realización de actos pre-

---

625 M. Cancio Meliá, *Los delitos de terrorismo: estructura típica e injusto,* Reus, Madrid, 2010, p. 85.

626 J. C. Campo Moreno, *Comentarios a la reforma del Código Penal en materia de terrorismo,* cit., p. 41.

627 E. Pomares Cintas, *La deriva del Derecho Penal y la democracia,* cit., p. 125.

paratorios o protopreparatorios, siempre y cuando se realicen bajo una ideología o directrices genéricas[628].

Tal situación ocasiona una distorsión tal de los principios básicos constitucionales que favorece más la aplicación de un Derecho penal de autor[629] regido por la peligrosidad del sujeto, que un Derecho penal del hecho. Al final, tal y como establece Townshend, "se trata de una cuestión de etiquetas, porque es raro el individuo o grupo que, para definirse a sí mismo, adopta voluntariamente el término terrorista; al contrario, son otros los que lo utilizan para referirse a ellos, fundamentalmente los gobiernos de los estados que resultan objeto de sus acciones [...] con todas las repercusiones de deshumanización, criminalidad y ausencia de poder político real que ello implica"[630].

En segundo lugar, equipara, dentro de la enumeración, conductas típicas específicas con otras más indeterminadas que ponen en relieve no tanto la acción realizada como tal, sino la lesión de un bien jurídico protegido. Por ejemplo, se hace referencia a delitos graves contra la vida, la integridad física o la libertad y, en el mismo párrafo, se menciona la tenencia, tráfico y depósito de armas o apoderamiento de aeronaves.

---

628 A. Gil Gil, «Derecho penal y terrorismo islamista: ¿cómo hemos llegado hasta aquí? de un derecho penal del enemigo a un derecho penal del posible futuro enemigo», en *La ejecución de las penas por delitos de terrorismo*, Dykinson, Madrid, 2022, pp. 94 y ss.

629 Tal y como afirma J. M. Terradillos Basoco, «Terrorismo yihadista y política criminal del siglo XXI», cit., p. 48., "el Derecho penal de autor adquiere protagonismo tanto como retrocede el principio de culpabilidad y se relativizan los principios de imputación objetiva."

630 C. Townshend, *Terrorismo una breve introducción*, Alianza, Madrid, 2008, p. 12 y ss. En este mismo sentido, J. M. Terradillos Basoco, «Terrorismo yihadista y política criminal del siglo XXI», cit., p. 28. afirma que dicha etiqueta se atribuye dependiendo de quién es considerado el "enemigo del poder". Los diferentes intereses de quien lo sustenta son los que determinan el grupo de individuos a inocuizar.

Esta alusión al bien jurídico protegido amplía sobremanera el elenco de posibles conductas típicas, siempre y cuando se consideren de especial gravedad, ya sea contra personas o bienes e independientemente de su grado de consumación[631]. Dicha lista ya extensa de por sí se incrementa aún más con la reforma de 2019 al incorporar la "falsedad documental" dentro de los actos punibles. En este caso, la gravedad implica que ha de tratarse de una violencia de la suficiente entidad como para causar la muerte o lesiones de personas, o provocar daños materiales considerables. Al igual que en la tipificación de los delitos de terrorismo en el ámbito internacional, el legislador nacional tenía la opción de, bien aludir a cualquier acto de violencia ilegal grave, bien realizar un listado taxativo de acciones violentas. Con anterioridad se ha analizado los riesgos que entraña cada una de estas fórmulas: cuando se opta por una tipificación genérica, crece la indeterminación y, en consecuencia, la inseguridad jurídica, dejando la fijación de su alcance en manos de los encargados de su aplicación. Por el contrario, una lista demasiado acotada genera el riesgo de dejar fuera actos que deberían incluirse, pero que no encajan en los tipos penales. Por esta razón, y de ahí la elección del legislador, lo más óptimo es articular un sistema mixto de tipificación, ofreciendo un concepto genérico que vaya acompañado de una enumeración ejemplificativa, lo que permite suplir las deficiencias de ambas. De hecho, tal y como se aprecia a lo largo del texto, esta es la técnica legislativa que, como regla general, se utiliza desde el primer intento de definir el terrorismo en 1937.

Por último, centra la atención en el tipo subjetivo. En este caso, la importancia recae en que los delitos incluidos en dicho

---

631 En este caso, el resultado, aunque sí es relevante en cuanto a la determinación de la pena, no lo es de cara a tipificar o no como terrorista tal acción ya que, como regla general, la normativa que regula esta materia incluye tanto la consumación como la tentativa.

artículo se realicen con alguna de las finalidades mencionadas. Propósitos que, además, se incrementan con cada reforma [632]. Tradicionalmente se entendían como finalidad típica la subversión del orden constitucional o la alteración grave de la paz pública (art. 573.1 y 573.2 CP). Tras la aprobación de la LO 2/2015, de 30 de marzo, el legislador incorpora otros supuestos justificándose en la adecuación del precepto a la normativa internacional, como son en este caso la desestabilización grave del funcionamiento de una organización internacional o la provocación de un estado de terror en la población o en parte de ella (apartado 3º y 4º respectivamente) pero mantiene las finalidades clásicas, a pesar de que en algunos casos no encuentre su equivalente en el ámbito internacional[633].

Algunos autores diferencian una doble dimensión dentro de este elemento teleológico[634]. La primera es de carácter inmediato —cronológicamente hablando— e instrumental, ya que la acción realizada por el sujeto no es tanto un fin como un medio para lograr otro propósito. Se traduce en la intención de ocasionar terror o miedo extremo. De lo que se habla en este caso es de una violencia estratégica, una táctica dirigida a

---

632 A. I. Pérez Cepeda, *El pacto antiyihadista*, cit., p. 294.

633 Para Campo Moreno, la "alteración grave de la paz pública" no encuentra equivalencia alguna en los textos internacionales. En este sentido, vid. *Comentarios a la reforma del Código Penal en materia de terrorismo*, cit., p. 38.

634 En este sentido, vid. A. Cassese, *International criminal law*, Oxford University Press, Oxford ; New York, 2003, p. 124. Es de obligada cita F. Reinares Nestares, *Terrorismo y antiterrorismo*, 1998.También obras más recientes sobre el concepto de terrorismo:W. Heitmeyer;J. Hagan, *International handbook of violence research*, Kluwer Academic Publishers, Dordrecht, 2003, pp. 309-321. Reinares también recomienda el siguiente trabajo: L. Weinberg; A. Pedahzur; S. Hirsch-Hoefler, «The Challenges of Conceptualizing Terrorism», *Terrorism and Political Violence*, vol. 16, 4, 2004, pp. 777-794, en http://www.tandfonline.com/doi/abs/10.1080/095465590899768. Quizás sea interesante también E. Bakker, *Terrorism and counterterrorism studies: comparing theory and practice*, Leiden University Press, Leiden, 2015.

provocar una determinada reacción a un número indiferenciado de ciudadanos. Este patrón del terrorismo es el epicentro de su definición y, al mismo tiempo, barrera de sus márgenes. Por ello, no cabe pensar en el fenómeno terrorista sin asumir una dimensión de intimidación colectiva implícita en su propio contenido material. De ahí que algunos autores critiquen que el legislador de 2015 incorpore como una de las finalidades del terrorismo la provocación de un "estado de terror en la población o en parte de ella", ya que ésta no puede entenderse como una finalidad autónoma, independiente a las demás.

La segunda, de carácter mediato y final, lo conforman todos aquellos motivos u objetivos políticos por los cuales se causa dicho miedo a través del uso de la violencia, considerando tales aspectos como el objetivo último perseguido[635]. En palabras de TERRADILLOS BASOCO: "el elemento teleológico integra un objetivo-medio, crear terror, y un objetivo fin: sustituir un marco político por otro"[636]. Para otra parte de la doctrina, de lo que se habla es de una triple finalidad: "la inmediata, relativa al concreto delito cometido, que sirve como mecanismo de actuación. Una segunda que reviste un carácter mediato, consistente en el ánimo de quebrar las bases sobre las que se asienta el sistema político instituido, para una vez conseguido eso, lograr el fin ulteriormente perseguido, en atención al cual se realizan todas las actuaciones previas. Esta última finalidad, que

---

635 F. VACAS FERNÁNDEZ, *El terrorismo como crimen internacional*, cit., p. 127. establece que "junto al elemento objetivo descrito [...] la definición de terrorismo debe integrar al menos un doble elemento intencional o teleológico –*mens rea* específico-, o, si se prefiere, dos elementos distintos del tipo doloso – más allá del dolo exigible propio de la comisión del acto de violencia grave que constituye el elemento objetivo, y que en cierto modo se subsume en aquel: *mens rea* genérico-".

636 J. M. TERRADILLOS BASOCO, «Fundamentos político-criminales de las actuales estrategias antiterroristas», cit., p. 1156.

constituye la tercera de las clases diferenciadas, puede revestir una naturaleza política, o últimamente incluso religiosa"[637].

Daesh, por ejemplo, a diferencia de Al Qaeda, hace uso del terrorismo como un fin en sí mismo, más allá de una mera instrumentalización de la violencia o de la persona atacada[638] y, sin embargo, nadie duda de que los actos cometidos por dicho grupo se enmarcan bajo esta categoría. Lo que está claro es que, en el caso del terrorismo actual, es fundamental contar con todos esos elementos ya que, cuanto más aterrorizada está la población, más vulnerable es el Estado de cara a admitir las demandas terroristas. Dicho criterio clasificador se ve afianzado por aquellos textos internacionales que rechazan tipificar como delito de terrorismo aquel que, aun compartiendo las otras características, tiene como fin último la obtención de un beneficio económico: el caso de la Convención contra la Delincuencia Organizada Transnacional de NU. Ésta, al definir el concepto de "grupo delictivo organizado", distingue entre terrorismo y crimen organizado, y atribuye a este último el "be-

---

637 J. L. González. Cussac, «Sobre el concepto jurídico penal de terrorismo», *Teoría & Derecho. Revista de pensamiento jurídico*, 3, 2008, pp. 46-47, en https://ojs.tirant.com/index.php/teoria-y-derecho/article/view/306.

638 M. Llobet Anglí, «¿Terrorismo o terrorismos?: Sujetos peligrosos, malvados y enemigos», cit., pp. 232-233. La autora hace referencia no solamente a la instrumentalización de la violencia, sino también de la persona coincidiendo con los niveles mencionados en el texto. En el primer nivel, la víctima es portadora de un mensaje simbólico dirigido a la sociedad en su conjunto. Ya en el segundo nivel, el mensaje va dirigido al gobierno como interlocutor, de cara a lograr un fin político determinado. Por tanto, la actividad delictiva se considera terrorista si, de un lado, instrumentaliza a las personas para coaccionar a los Estados, y, de otro, esa instrumentalización se realiza en el doble nivel mencionado anteriormente.

neficio económico u otro beneficio de orden material" como propósito para la realización de sus actividades[639].

De este modo, y a diferencia de lo que ocurre con el elemento estructural, es fundamental que la definición de terrorismo contenga un componente finalista, y es el argumento que defienden los autores que critican la "no definición" del término. Si se tipifica del mismo modo un delito doloso genérico y un delito de terrorismo, se está omitiendo el componente cualitativo que implícitamente lleva aparejado el elemento volitivo, que no es otro que el propósito con el que se ha perpetrado la acción, como criterio a valorar en la aplicación de la pena[640].

3. El concepto de terrorismo en el marco europeo. Divergencias y similitudes con la definición recogida en el art. 573 del Código Penal.

Como dispone el Preámbulo de la LO 2/2015, de 30 de marzo, la sección 2ª comienza con una novedosa definición de delito de terrorismo que afirma inspirarse en la Decisión Marco 2002/475/JAI del Consejo de la Unión Europea, de 13 de junio de 2002, sobre la lucha contra el terrorismo. No obstante, es fundamental determinar hasta qué punto el legislador nacional se alinea con las directrices marcadas desde el ámbito europeo.

---

639 Vid. art. 2 *Convención de las Naciones Unidas contra la Delincuencia Organizada Transnacional, hecho en Nueva York el 15 de noviembre de 2000 y ratificado por España el 21 de febrero de 2002 (BOE núm. 233, de 29 de septiembre de 2003, páginas 35280 a 35297).*

640 Esta concepción contrasta con las últimas reformas del Código penal español, en las cuales el legislador incorpora como delitos de terrorismo determinadas conductas imprudentes que suprimen el dolo como elemento a tener en cuenta, concretamente en los artículos 576.4 CP y 577.3 CP

Cabe recordar que la primera definición de la UE, es decir, la propuesta por la DM 2002, considera como delito de terrorismo todo acto intencionado que, con arreglo al derecho nacional, puede lesionar de forma grave un país u organización internacional, siempre y cuando se cometa con un fin específico: intimidar gravemente a una población; obligar indebidamente a los poderes públicos u organización internacional a realizar un acto o a abstenerse de hacerlo y desestabilizarlos gravemente o destruir sus estructuras fundamentales políticas, constitucionales, económicos o sociales[641]. En esta definición se observa un elemento objetivo evidente: la lista taxativa de aquellas conductas que, tipificadas como delitos en el derecho interno, pueden lesionar un país u organización. De igual modo, y en consonancia con la regulación nacional, la normativa comunitaria omite el elemento organizativo, es decir, la realización de tales actos desde una estructura asociativa, y da

---

641 Así, cabe recordar que el primer apartado del artículo 1 de la DM2002 recoge las siguientes conductas: "a) atentados contra la vida de una persona que puedan tener resultado de muerte; b) atentados graves contra la integridad física de una persona; c) secuestro o toma de rehenes; d) destrucciones masivas en instalaciones gubernamentales o públicas, sistemas de transporte, infraestructuras, incluidos los sistemas informáticos, plataformas fijas emplazadas en la plataforma continental, lugares públicos o propiedades privadas, que puedan poner en peligro vidas humanas o producir un gran perjuicio económico; e) apoderamiento ilícito de aeronaves y de buques o de otros medios de transporte colectivo o de mercancías; f) fabricación, tenencia, adquisición, transporte, suministro o utilización de armas de fuego, explosivos, armas nucleares, biológicas y químicas e investigación y desarrollo de armas biológicas y químicas; g) liberación de sustancias peligrosas, o provocación de incendios, inundaciones o explosiones cuyo efecto sea poner en peligro vidas humanas; h) perturbación o interrupción del suministro de agua, electricidad u otro recurso natural fundamental cuyo efecto sea poner en peligro vidas humanas; i) amenaza de ejercer cualesquiera de las conductas enumeradas en las letras a) a h)".

prioridad al elemento teleológico, esto es, al propósito perseguido por la conducta.

Aparentemente, el legislador español, en línea con la normativa europea, también aplica una técnica de enumeración limitada a una serie de delitos "graves" previstos en otros lugares del Código Penal (presupuesto objetivo), siempre y cuando sean tendentes a una finalidad determinada calificada como terrorista (presupuesto subjetivo). En este caso, a las finalidades tradicionalmente previstas en el precepto, esto es, subvertir el orden constitucional o alterar gravemente la paz pública, incorpora las supuestamente recogidas en la normativa internacional, alguna de ellas muy cuestionables. En este caso, considero relevante realizar esta llamada de atención porque, a través de modificaciones sutiles pero decisivas, la definición que incorpora la LO 2/2015 se extralimita respecto a lo establecido por su homónimo europeo:

Por un lado, la normativa europea exige que, para que una conducta sea considerada terrorista, el acto de violencia debe ser, en primer lugar y como elemento imprescindible, intencionado y, en segundo lugar, de tal gravedad que, por su naturaleza o contexto, pueda lesionar (art. 1 DM 2002) o perjudicar (art. 3 Directiva 2017) gravemente a un país o a una organización internacional. Si bien en la propia regulación comunitaria ya se aprecia una tendencia a utilizar términos cada vez más indeterminados, esta cláusula de idoneidad permite limitar la potestad sancionadora del Estado y reservar la especial respuesta punitiva solamente a las conductas más lesivas.

Esta gravedad se valora, entre otros aspectos, a través de un juicio de idoneidad y peligrosidad objetiva *ex ante* para determinar si tal conducta tiene la potencialidad de afectar al bien jurídico protegido. Concretamente, la Directiva hace referencia a un resultado de muerte, la puesta en peligro de vidas humanas o la generación de un perjuicio económico. Tal componente se aprecia en los casos de los delitos contra la vida (art. 1.a DM

2002 y Directiva 2017); la destrucción masiva de instalaciones estatales o públicas; sistemas de transporte; infraestructuras; sistemas informáticos; lugares públicos o propiedades privadas (art. 1.d DM 2002 y Directiva 2017); la liberación de sustancias peligrosas o la provocación de incendios; inundaciones o explosiones (art. 1.g DM 2002 y Directiva 2017); y la perturbación de suministros de recursos naturales básicos (art. 1.h DM 2002 y Directiva 2017). Dicha redacción permite marcar el límite a partir del cuál puede hablarse de un delito de terrorismo, dejando fuera de la definición, toda conducta imprudente o que no contenga dicha idoneidad o peligrosidad *ex ante*.

Sin embargo, la LO 2/2015 presume que, ciertas conductas graves, siempre y cuando pretendan lograr una de las finalidades tasadas en el precepto, ya lesionan *per se* la seguridad o percepción de esta, sin llegar a determinar en qué consiste ese requisito de gravedad que incrementa el desvalor de la acción respecto de otros delitos[642]. Esto plantea problemas en materia de legalidad, ya que, tal y como afirma Paredes Castañón, "la seguridad no constituye en sí misma casi nunca un bien jurídico que pueda ser objeto legítimo de protección jurídica mediante la prohibición de conductas y la amenaza de sanciones"[643].

Por otro lado, el legislador de 2015 a la hora de definir el delito de terrorismo equipara bienes jurídicos protegidos y

---

642 A. I. Pérez Cepeda, *El pacto antiyihadista*, cit., p. 295.

643 J. M. Paredes Castañón, «El "terrorista" ante el Derecho penal: por una política criminal intercultural», *Nuevo Foro Penal*, 74, 2010, Universidad EAFIT, p. 125, en https://dialnet.unirioja.es/servlet/articulo?codigo=3769409. El autor afirma que, salvo que sea posible argumentar su conexión de lesividad con otros auténticos bienes jurídicos, delitos que pretendan proteger de forma genérica e indeterminada la "seguridad, el "orden público" o la " paz pública", se considerarán ilegítimos por no cumplir la condición exigida por los principios de exclusiva protección de bienes jurídicos y lesividad.

conductas típicas y amplía desmesuradamente la base de delitos susceptibles de ser considerados terroristas hasta incluir algunos que no están siquiera recogidos en los instrumentos internacionales[644] como es el caso de aquellos que lesionan bienes jurídicos relacionados con la integridad moral, la libertad e indemnidad sexual, la salud pública, o acciones típicas como los atentados contra la corona y, a partir del año 2019, la falsedad documental. En este sentido, un aspecto especialmente grave es el último apartado del artículo 573 del Código penal: "asimismo, tendrán la consideración de delitos de terrorismo el resto de los delitos tipificados en este Capítulo". Este no es un precepto novedoso, sino una evolución del antiguo art. 574 del Código de 1995[645], que convierte en idónea cualquier infracción criminal, incluyendo los delitos leves, para su integración típica en el contexto de actuación de una organización terrorista[646]. Este "cajón de sastre" entiende como delito terrorista todos los supuestos adicionales recogidos en ese capítulo sin considerar las circunstancias que concurran en cada caso, llegando a tipificarse incluso la realización de tales comportamientos por imprudencia grave (art. 577.3 CP)[647]. Todo ello contrasta enormemente con la legislación europea que,

---

644 N. García Rivas, «Legislación penal española y delito de terrorismo», en *Terrorismo y contraterrorismo en el siglo XXI: un análisis penal y político criminal*, Ratio Legis, Salamanca, 2016, p. 91.

645 El art. 574 del CP 1995 establece lo siguiente: "Los que perteneciendo, actuando al servicio o colaborando con bandas armadas, organizaciones o grupos terroristas, cometan cualquier otra infracción con alguna de las finalidades expresadas en el artículo 571, serán castigados con la pena señalada al delito o falta ejecutados en su mitad superior".

646 Cfr. M. Cancio Meliá, *Los delitos de terrorismo*, cit., p. 225. Tal y como afirma el propio autor, el mayor número de diligencias previas en materia de terrorismo en el año 2006 se inician en virtud de dicho artículo, concretamente 240 procedimientos.

647 A. Alonso Rimo, «¿Impunidad general de los actos preparatorios?: La expansión de los delitos de preparación», *Indret: Revista para el Análisis*

en cualquier caso, requiere de la concurrencia de un elemento volitivo para su consideración como delito de terrorismo. Hace pensar que el objetivo último del mismo es garantizar la exclusión de los nuevos tipos penales preparatorios de la esfera de los delitos políticos, para así no contravenir el art. 20 del Convenio Europeo para la prevención del terrorismo de 2005, además de asegurarse el sometimiento a un régimen punitivo, procesal y penitenciario particularmente severo[648].

Por último, mantiene una serie de finalidades tradicionalmente recogidas en la legislación española —subversión del orden constitucional y alteración grave de la paz pública— que no encuentran su equivalente como tal en la normativa internacional y equipara el desvalor de conductas difícilmente comparables. Por ejemplo, no es lo mismo desestabilizar gravemente una estructura política, constitucional, económica o social que desestabilizar su funcionamiento. La equiparación de dichas conductas conlleva el riesgo de que ciertas categorías de delitos relacionadas con los desórdenes públicos o disidencias de carácter social o, incluso, político acaben juzgándose como delitos de terrorismo, con el incremento del desvalor que identifica y cualifica a dicha tipología.

De este modo, el legislador nacional, por un lado, elimina toda posible alusión a los límites contemplados por los textos internacionales, difuminando y ampliando el concepto clásico de terrorismo y, por otro, incrementa la lista de conductas punibles sumando, a las ya previstas inicialmente en el Código penal y a las consideradas en la Directiva, aquellas otras que también estima susceptible de este reproche. Podría decirse que, al abarcar una serie de conductas ajenas a lo tradicionalmente considerado como violencia terrorista, no hace sino poner en

---

del Derecho, 4, 2017, Universitat Pompeu Fabra, p. 48, en https://dialnet.unirioja.es/servlet/articulo?codigo=6194372.

648 E. Pomares Cintas, *La deriva del Derecho Penal y la democracia*, cit., p. 135.

peligro principios básicos del Derecho penal, tales como el de taxatividad o proporcionalidad[649].

Esta delimitación en la que todo cabe no solo va más allá de la legislación comunitaria, sino que, al mismo tiempo, genera la percepción de que todo individuo relacionado con un delito recogido en el citado capítulo es un terrorista, independientemente de la conducta cometida o el grado de participación en la misma[650], lo que además de tener implicaciones fundamentales a nivel legal, conlleva graves consecuencias sociales.

Por ello puede afirmarse que, el legislador español en las últimas reformas, lejos de tratar de delimitar el concepto de terrorismo, realiza una expansión de la definición que no hace sino debilitar progresivamente los elementos definidores —que limitan al *ius puniendi*— "hasta diluirse en la total vaguedad"[651]. En la actualidad no es imprescindible que exista ni banda organizada, ni violencia indiscriminada ni siquiera un elemento teleológico de dolo específico[652].

---

649 M. A. Cano Paños, «La nueva amenaza terrorista y sus (negativas) repercusiones en el ordenamiento penal y constitucional. Comentario a la sentencia de la audiencia nacional núm. 39/2016, de 30 de noviembre», *Revista de derecho constitucional europeo*, 27, 2017, Instituto Andaluz de Administración Pública, p. 32, en https://dialnet.unirioja.es/servlet/articulo?codigo=6111317.

650 En este sentido, vid. J. M. Terradillos Basoco, «Terrorismo yihadista y política criminal del siglo XXI», cit., p. 46.

651 *Ibid.*, p. 32.

652 C. E. Bayarri García, «Los nuevos delitos de terrorismo. Adoctrinamiento activo y pasivo vs. enaltecimiento y provocación a la comisión de delitos terroristas.», en Alberto Alonso Rimo, María Luisa Cuerda Arnau, Antonio Fernández Hernández (eds.) *Terrorismo, sistema penal y derechos fundamentales*, 1, Tirant Lo Blanch, 2018, p. 281.

4. Conclusiones

Si bien es importante que el Código Penal se adecúe a la realidad social actual a la hora de recoger las conductas típicas de dicha tipología delictiva, es importante ser cautelosos: si lo que caracteriza al terrorismo como delito es precisamente un dolo específico consistente en la finalidad de causar terror y la forma de comisión del delito pasa a ser secundario, existe la posibilidad de que se amplíe tanto el catálogo de conductas que responden a ese fin que se acaben diluyendo aspectos tan relevantes como la intencionalidad de la persona, la lesividad de la acción o el resultado material generado. De ser así, las características de la regulación actual estarían más próximas a la tipificación de la época post-franquista, caracterizada por su componente expansivo, que a su sucesora, nacida precisamente como contrapeso a dicha tendencia.

La principal consecuencia que se puede apreciar tras analizar la evolución del concepto es que, bajo la definición contenida en el Código Penal actual, se pueden considerar delitos de terrorismo (i) cualquiera de los actos descritos en el apartado 1 del art. 573 por cuanto a su idoneidad en relación con la gravedad de la conducta típica y la existencia del elemento finalista anteriormente mencionado, (ii) ciertos delitos informáticos tipificados en el segundo apartado del artículo cuando, independientemente de la gravedad de los actos, respondan a las finalidades previstas[653], y, según dispone el apartado 3, (iii) "el resto de los delitos tipificados en este capítulo".

De este planteamiento se puede deducir que el Código Penal actual considera como "delito de terrorismo" la mayoría de

653 El apartado 2 del art. 573 establece lo siguiente: "se considerarán igualmente delitos de terrorismo los delitos informáticos tipificados en los artículos 197 bis y 197 ter y 264 a 264 quater cuando los hechos se cometan con alguna de las finalidades a las que se refiere el apartado anterior".

los delitos graves tipificados en el mismo, así como una serie de conductas que respondan a las finalidades anteriormente expuestas, sin considerar la lesividad del acto, la intencionalidad del autor o el resultado material. Con lo cual, el resultado es que ni la regulación resultante proporciona una formulación precisa de delitos calificables como "terroristas", ni tampoco garantiza su envergadura a pesar de señalar inicialmente la exigencia de ser un "delito grave"[654].

Esta configuración no solamente evidencia el papel fundamental que representa el elemento subjetivo del injusto por encima del componente estructural, sino que, además, y este es el aspecto que considero relevante destacar, dicha redacción conlleva el riesgo de que el catálogo de conductas típicas se amplíe de forma desmesurada independientemente del daño efectivo que puedan generar, en tanto que prevalece la finalidad prevista por encima de cualquier otro elemento del injusto. Este panorama afianza el temor planteado por Muñoz Conde según el cual "se puede convertir en delito de terrorismo, con las graves consecuencias que ello conlleva, prácticamente cualquier delito grave que se cometa con alguna de esas finalidades, pero también algunos delitos menos graves [...] incluyendo muchos supuestos que nada tienen que ver con el terrorismo, sino con movimientos sociales de protesta, incluso cometidos individualmente por miembros radicales de dichos grupos"[655].

Por ello, sería importante revisar la configuración de la definición en varios aspectos:

En primer lugar y desde el punto de vista semántico, es importante que se modifique la redacción de la definición de te-

---

654 E. Pomares Cintas, *La deriva del Derecho Penal y la democracia*, cit., p. 132.

655 F. Muñoz Conde, *Derecho penal: parte especial*, 22ª edición, revisada y puesta al día, Tirant lo Blanch, Valencia, 2019, p. 821.

rrorismo para deslindar la alusión a los bienes jurídicos protegidos dentro del catálogo de las acciones típicas. De este modo sería conveniente asemejarla a la normativa europea que deja a un lado dichos bienes para atender a las acciones que dan lugar al delito. Concretamente, el legislador español habla de "la vida, la integridad física o la libertad" como bienes jurídicos protegidos, mientras que la Directiva 2017 habla de "atentados, secuestros o toma de rehenes"[656], expresión que sería trasladable al ámbito nacional.

En segundo lugar, es fundamental que el legislador incorpore el componente volitivo a la definición. Si bien, tanto la DM 2002 como la Directiva 2017 hacen mención a "actos intencionados", ya hemos visto cómo la actual regulación penal permite tipificar como delito de terrorismo una conducta realizada por imprudencia grave (art. 577.3 CP).

En tercer lugar, es crucial que la redacción del mismo haga referencia a los resultados previstos por la conducta para, al menos así, tener un elemento valorativo que pueda medir el plus de desvalor generado, ya que este es el fundamento sobre el que se sustenta el argumento que defiende el legislador respecto al incremento de pena en delitos de dicha naturaleza, por revestir de especial gravedad, frente a otros de carácter "ordinario".

En cuarto lugar, una vez eliminadas de la definición de terrorismo las referencias a los bienes jurídicos protegidos, considero fundamental acotar el catálogo de acciones típicas para limitar así el impacto que supone la cada vez mayor expansión del término, ya que existe un riesgo evidente de difuminación de los límites de las conductas tipificadas como delito.

---

656 Aptdo. A. a), b) y c) de la Directiva de 2017.

CAPÍTULO V.

CARACTERIZACIÓN DE LAS NUEVAS TIPOLOGÍAS PENALES DE NATURALEZA PREPARATORIA. COMPARATIVA CON SU HOMÓLOGO EUROPEO

1. CONSIDERACIONES PREVIAS

El año 2001 marca un punto de inflexión en lo que se refiere a la nueva modalidad de respuesta al fenómeno terrorista, tal y como se analiza a lo largo de la investigación. Si bien se ha ido detallando en los diferentes capítulos, es importante rescatar algunos de los aspectos más significativos que permitan contextualizar la base sobre la cual se circunscriben las nuevas tipologías penales de carácter preparatorio en la regulación actual.

Para ello, hay que establecer como punto de partida la RCSNU 1373(2001), de 28 de septiembre, la cual se centra en frenar el abastecimiento de recursos de toda índole que puedan nutrir las "nuevas" amenazas terroristas; todo esto como eje sobre el que versa la actual estrategia de prevención. Dicho suministro se relaciona con dos modalidades de insumos: los financieros o económicos y los humanos[657]. Partiendo de esta

---

[657] Tal relación entre la prestación de recursos y servicios se fundamenta en el propio Convenio para la represión de la financiación del terrorismo de 1999, que persigue tanto a aquel que "provea o recolecte fondos con

idea, el primer paso de la respuesta internacional al terrorismo se focaliza en la persecución de toda persona, institución o entidad que lo financie, así como de aquellos que proporcionen conocimientos técnicos o, incluso, se pongan al servicio para luchar en dicho contexto. De este modo, y a través del Capítulo VII de la Carta, dicha Resolución exhorta a los Estados a desplegar todo un paquete de medidas en sus ordenamientos internos que regulen la provisión de fondos y la represión del reclutamiento de miembros.

Bajo este contexto, comienza a fraguarse la idea de concebir el aprendizaje como uno de los posibles métodos que los sujetos tienen para prestar servicio a dicha causa. Basándose en esta premisa, el art. 7 del Convenio Europeo para la prevención del terrorismo de 2005 y el art. 3.1.c de la posterior DM 2008/919/JAI recogen por primera vez la tipificación del adiestramiento con fines terroristas.

Tabla 1: Tipificación del adiestramiento activo en la regulación europea

Convenio Europeo para la prevención del terrorismo (2005) **Art. 7**
Adiestramiento con fines terroristas
1. A los efectos del presente Convenio, se entenderá por «adiestramiento con fines terroristas» el hecho de dar instrucciones para la fabricación o el uso de explosivos, armas de fuego u otras armas o sustancias nocivas o peligrosas, o para otros métodos y técnicas específicos con vistas a cometer delitos terroristas o a contribuir a su comisión, sabiendo que la formación facilitada tiene por objeto servir para la realización de tales objetivos.
2. Cada Parte adoptará las medidas necesarias para tipificar como delito, de conformidad con su derecho interno, el adiestramiento con fines terroristas, tal como se define en el apartado 1 del presente artículo, cuando se cometa ilegal e intencionadamente.

---

la intención de que se utilicen, o a sabiendas de que serán utilizados" (art. 2.1 Convenio) como al que "participe como cómplice, organice la comisión de un delito o contribuya a éste" (art. 2.5 Convenio).

Decisión Marco 2008/919/JAI Artículo. 3.1.c
"adiestramiento de terroristas": impartir instrucciones sobre la fabricación o el uso de explosivos, armas de fuego u otras armas o sustancias nocivas o peligrosas, o sobre otros métodos o técnicas específicos, con el fin de cometer cualesquiera de los delitos enumerados en el artículo 1, apartado 1, letras a) a h), a sabiendas de que las enseñanzas impartidas se utilizarán para dichos fines.
Directiva (UE) 2017/541 Artículo 7
Adiestramiento para el terrorismo Los Estados miembros adoptarán las medidas necesarias para garantizar que se tipifique como delito, cuando se cometa intencionadamente, instruir en la fabricación o el uso de explosivos, armas de fuego u otras armas o sustancias nocivas o peligrosas, o en otros métodos o técnicas concretos, a los fines de la comisión o la contribución a la comisión de cualquiera de los delitos enumerados en el artículo 3, apartado 1, letras a) a i), con conocimiento de que las capacidades transmitidas se utilizarán con tales fines.

Fuente: elaboración propia.

Conforme se va fraguando el nuevo contexto de amenaza terrorista, la tendencia regulatoria de carácter expansivo va más allá, considerando que, no solamente es relevante castigar a quienes participen de forma activa en las actividades o estructura de una organización, sino también a aquellos otros que puedan llegar a formar parte de ésta. Tal planteamiento da lugar a la tipificación del adiestramiento pasivo como elemento que complementa el delito de adiestramiento activo[658]. De nuevo, en virtud del Capítulo VII de la Carta, la RCSNU 2178 (2014), de 24 de septiembre, exige a los Estados que prevengan y repriman la recepción del adiestramiento con fines de terrorismo.

---

658 Considerando 11, *Directiva (UE) 2017/541 del Parlamento Europeo y del Consejo, de 15 de marzo de 2017, relativa a la lucha contra el terrorismo y por la que se sustituye la Decisión marco 2002/475/JAI del Consejo y se modifica la Decisión 2005/671/JAI del Consejo (DOUE núm. 88, de 31 de marzo de 2017, páginas 6 a 21).*, cit.

Bajo esta premisa, el art. 3 del Protocolo Adicional al Convenio Europeo para la Prevención del Terrorismo de 2015 insta a la adopción de las medidas necesarias para tipificar como delito en su legislación nacional la acción de "recibir adiestramiento con fines de terrorismo"; eso sí, siempre y cuando se cometa de forma ilegal e intencional.

Este artículo se formula como contrapartida y complemento del adiestramiento activo recogido en el art. 7 del Convenio, manteniendo incluso su redacción y terminología. Su fundamento radica en proporcionar "herramientas adicionales para hacer frente a las amenazas derivadas de posibles autores, incluidos los que en última instancia actúen solos, al ofrecer la posibilidad de investigar y enjuiciar las actividades de adiestramiento que tengan el potencial de conducir a la comisión de delitos de terrorismo"[659]. En otras palabras, lo que se pretende es neutralizar perfiles de potenciales sujetos que pueden llegar a considerarse peligrosos si, en un hipotético caso, deciden utilizar dicho conocimiento para llevar a cabo delitos de terrorismo. Tal petición se traslada al ámbito europeo a partir del artículo 8 de la Directiva de 2017.

---

[659] CoE, *Explanatory Report to the Additional Protocol to the Council of Europe Convention on the Prevention of Terrorism*, 2015, sec. 38, 39, en https://rm.coe.int/168047c5ec.

Tabla 2: Tipificación del adiestramiento pasivo en la regulación europea

Protocolo Adicional de 2015 **Artículo 3.1**
Adiestramiento con fines de terrorismo
1. A efectos del presente Protocolo, por «recibir adiestramiento con fines de terrorismo» se entenderá recibir instrucción, incluidos conocimientos o destrezas prácticas, de otra persona para la fabricación o uso de explosivos, armas de fuego u otras armas o sustancias nocivas o peligrosas, o para el empleo de otros métodos o técnicas específicos con objeto de cometer o contribuir a la comisión de delitos de terrorismo. 2. Las Partes adoptarán las medidas necesarias para tipificar como delito en su legislación nacional la acción de «recibir adiestramiento con fines de terrorismo», según la definición del apartado precedente, cuando se cometa de forma ilegal e intencional.
Propuesta de Directiva de la UE 2015 **Artículo 8**
Recepción de adiestramiento con fines terroristas
Los Estados miembros adoptarán las medidas necesarias para garantizar que el hecho de recibir de otra persona instrucciones sobre la fabricación o el uso de explosivos, armas de fuego u otras armas o sustancias nocivas o peligrosas, o sobre otros métodos o técnicas específicos, con el fin de cometer cualquiera de los delitos enumerados en el artículo 3, apartado 2, letras a) a h), constituya un delito punible cuando se cometa dolosamente.
Directiva (UE) 2017/541 **Artículo 8**
Recepción de adiestramiento para el terrorismo
Los Estados miembros adoptarán las medidas necesarias para garantizar que se tipifique como delito, cuando se cometa intencionadamente, recibir instrucción en la fabricación o el uso de explosivos, armas de fuego u otras armas o sustancias nocivas o peligrosas, o en otros métodos o técnicas concretos, a los fines de la comisión o la contribución a la comisión de cualquiera de los delitos enumerados en el artículo 3, apartado 1, letras a) a i).

Fuente: elaboración propia.

Inicialmente, el propio Consejo de Europa se mostró reticente a incriminar una modalidad específica donde no concurriera una relación intersubjetiva en el proceso de aprendizaje, pero no rechazó por completo la idea. De ahí que el último apartado del considerando 40 del informe explicativo indique

que los Estados, de forma facultativa, pueden criminalizar formas de "autoestudio" en sus legislaciones nacionales"[660].

No obstante, los acontecimientos ocurridos en París en el año 2015, así como la deriva que toma la renovada Estrategia de la UE para combatir la radicalización y la captación para el terrorismo inclinan la balanza hacia el adelantamiento de la barrera de la represión penal bajo el argumento de prevenir radicalismos que puedan conducir a la comisión de delitos terroristas. Bajo esta premisa, y como se aprecia en la tabla anterior, si inicialmente el art. 8 de la propuesta de Directiva del año 2015 exigía la intervención de otra persona en la recepción del aprendizaje[661], en el texto final de 2017 desaparece tal requerimiento. Dicho "detalle" abre las puertas a una de las modalidades preparatorias más controvertidas de toda la regulación antiterrorista, donde se hace referencia al objeto del aprendizaje y el propósito independientemente del origen de la fuente de información o conocimiento.

A pesar de contar ya con una regulación sumamente extensiva, éstas no son las únicas medidas adoptadas. Si bien la RCSNU 1373(2001), de 28 de septiembre, marca el inicio de dicha tendencia regulatoria, las RCSNU 1624(2005), de 14 de septiembre y 2249(2015), de 20 de noviembre, asientan nuevas fórmulas para frenar el reclutamiento y captación de potenciales terroristas, esta vez relacionadas con otra figura preparato-

---

660 Concretamente, el último apartado del considerando 40 establece lo siguiente: "Parties may choose to criminalise forms of "self-study" in their domestic law". En este sentido, vid. *Explanatory Report to the Additional Protocol to the Council of Europe Convention on the Prevention of Terrorism*, cit.

661 Comisión Europea, *Propuesta de Directiva del Parlamento Europeo y del Consejo relativa a la lucha contra el terrorismo, y por la que se sustituye la Decisión marco 2002/475/JAI del Consejo sobre la lucha contra el terrorismo (COM(2015) 625 final)*., 2015, en https://eur-lex.europa.eu/legal-content/ES/TXT/PDF/?uri=CELEX:52015PC0625 art. 8.

ria regulada, de nuevo, de forma autónoma: el reclutamiento para el terrorismo.

Tabla 3: Tipificación de la captación con fines de terrorismo en la regulación internacional

Convenio europeo para la prevención del terrorismo (2005) Artículo 6.1
Reclutamiento con fines terroristas 1.A los efectos del presente Convenio, se entenderá por «reclutamiento con fines terroristas» el hecho de incitar a otra persona a cometer o participar en la comisión de delitos terroristas, o a unirse a una asociación o a un grupo para contribuir a que estos cometan uno o varios delitos terroristas. 2.Cada Parte adoptará las medidas necesarias para tipificar como delito, de conformidad con su derecho interno, el reclutamiento con fines terroristas, tal como se define en el apartado 1 del presente artículo, cuando se cometa ilegal e intencionadamente.
Decisión Marco 2008/919/JAI Artículo. 3.1.b
"captación de terroristas": la petición a otra persona de que cometa cualesquiera de los delitos enumerados en el artículo 1, apartado 1, letras a) a h), o en el artículo 2, apartado 2;
Directiva (UE) 2017/541 Artículo 6
Captación para el terrorismo Los Estados miembros adoptarán las medidas necesarias para garantizar que se tipifique como delito, cuando se cometa intencionadamente, el hecho de instar a otra persona a que cometa o contribuya a la comisión de cualquiera de los delitos enumerados en el artículo 3, apartado 1, letras a) a i), o en el artículo 4.

Fuente: elaboración propia.

Como se aprecia en la tabla anterior, dicha tipificación se plasma en el art. 6 del Convenio del Consejo de Europa para la prevención del terrorismo de 2005 como una modalidad de incitación directa y se incorpora a la regulación comunitaria a través de la DM 2008/919/JAI. Finalmente, se traslada a la Directiva de 2017 manteniendo la misma estructura que sus predecesoras.

La última piedra angular de la lucha antiterrorista internacional se termina de concretar a través de la tipificación de los viajes con fines de terrorismo. En este sentido, el Consejo de Seguridad, a través de la RCSNU 2178(2014), 24 de septiembre, y valiéndose del Capítulo VII de la Carta, realiza de nuevo un llamamiento: prevenir y reprimir el "transporte o el equipamiento de las personas que viajan a un Estado distinto de sus Estados de residencia o nacionalidad para cometer, planificar o preparar actos terroristas o participar en ellos, o para proporcionar o recibir adiestramiento con fines de terrorismo, y la financiación de sus viajes y actividades". Esta petición es la que justifica la elaboración del Protocolo Adicional del Convenio para la prevención del terrorismo del año 2015[662], el cual recoge tres conductas diferenciadas: la realización de viajes (o su tentativa) desde el territorio del Estado Miembro o por sus nacionales (art. 4), la facilitación de dichos viajes (art. 6) y su financiación (art. 5).

No obstante, dicha tipificación no queda exenta de ciertas limitaciones que pueden acabar colisionando con el ejercicio a la libertad de circulación garantizado por el art. 2 del CEDH, tal y como expresa el propio informe explicativo del Protocolo. Y es que, en el momento del viaje, los individuos susceptibles de aplicación del Convenio, ni son combatientes, ni están implicados en actividades terroristas, ni forman parte de ningún grupo. Para salvar dicha problemática, el aparta-

---

662 CoE, *Explanatory Report to the Additional Protocol to the Council of Europe Convention on the Prevention of Terrorism*, cit., sec. 15.

do 48 del Informe exige la concurrencia de dos requisitos básicos: (i) el propósito real del viaje debe ser que el autor cometa o participe en delitos de terrorismo, o reciba o imparta adiestramiento para el terrorismo, en un Estado distinto del de su nacionalidad o residencia; (ii) el autor debe cometer el delito de forma intencionada e ilícita. Para el CoE, el propósito y la intención son elementos esenciales del delito y deben probarse de conformidad con la legislación nacional de cada Estado Parte[663]. Además, se apela al criterio de éstos a la hora de tener en cuenta tales aspectos[664]. Sin embargo, a la hora de incorporarlo a la normativa comunitaria, la Directiva de 2017 omite dichas consideraciones, como se aprecia a continuación:

---

663 *Ibid.*, sec. 48.

664 *Ibid.*, sec. 50.

Tabla 4: Tipificación del delito de viajes con fines terroristas en la regulación Europea

Protocolo Adicional del Convenio para la prevención del terrorismo de 2015
Artículo 4. **Viajes al extranjero con fines de terrorismo** 1. A efectos del presente Protocolo, por «viajar al extranjero con fines de terrorismo» se entenderá desplazarse a un Estado que no sea el de nacionalidad o residencia del viajero para cometer, contribuir a la comisión o participar en un delito de terrorismo, o para proporcionar o recibir adiestramiento con fines de terrorismo. 2. Las Partes adoptarán las medidas necesarias para tipificar como delito en su legislación nacional la acción de «viajar al extranjero con fines de terrorismo», según la definición del apartado precedente, desde su territorio o por parte de uno de sus nacionales, cuando se cometa de forma ilegal e intencional. Al hacerlo, las Partes podrán establecer las condiciones exigidas por sus principios constitucionales y que se ajusten a los mismos. 3. Las Partes adoptarán asimismo las medidas necesarias para tipificar como delito conforme a su legislación nacional la tentativa de cometer el delito descrito en el presente artículo. **Artículo 5.** **Financiación de los viajes al extranjero con fines de terrorismo** 1. A efectos del presente Protocolo, por «financiación de los viajes al extranjero con fines de terrorismo» se entenderá la entrega o recogida, por cualesquiera medios, directa o indirectamente, de fondos que permitan, total o parcialmente, a una persona viajar al extranjero con fines de terrorismo, según la definición del apartado 1 del artículo 4, a sabiendas de que esos fondos van a utilizarse, en todo o en parte, para tales fines. 2. Las Partes adoptarán las medidas necesarias para tipificar como delito en su legislación nacional la «financiación de los viajes al extranjero con fines de terrorismo», según la definición del apartado precedente, cuando se cometa de forma ilegal e intencional. **Artículo 6.** **Organización o cualquier otra forma de facilitación de los viajes al extranjero con fines de terrorismo** 1. A efectos del presente Protocolo, por «organización o cualquier otra forma de facilitación de los viajes al extranjero con fines de terrorismo» se entenderá cualquier acto de organización o facilitación por el que se ayude a una persona a viajar al extranjero con fines de terrorismo, según la definición del apartado 1 del artículo 4 del presente Protocolo, a sabiendas de que la ayuda así prestada tiene por objeto una acción terrorista. 2. Las Parte adoptarán las medidas necesarias para tipificar como delito en su legislación nacional la «organización o cualquier forma de facilitación de los viajes al extranjero con fines de terrorismo», según la definición del apartado precedente, cuando se cometa de forma ilegal e intencional.

Directiva (UE) 2017/541
Artículo 9 **Viaje con fines terroristas** 1. Cada Estado miembro adoptará las medidas necesarias para garantizar que se tipifique como delito, cuando se cometa intencionadamente, el hecho de viajar a un país que no sea ese Estado miembro a los fines de la comisión o la contribución a la comisión de un delito de terrorismo a tenor del artículo 3, de la participación en las actividades de un grupo terrorista con conocimiento de que dicha participación contribuirá a las actividades delictivas de tal grupo a tenor del artículo 4, o del adiestramiento o la recepción de adiestramiento para el terrorismo a tenor de los artículos 7 y 8. 2. Los Estados miembros adoptarán las medidas necesarias para garantizar que se tipifiquen como delito, cuando se cometan intencionadamente, las siguientes conductas: a) el viaje a un Estado miembro a los fines de la comisión o la contribución a la comisión de un delito de terrorismo a tenor del artículo 3, de la participación en las actividades de un grupo terrorista con conocimiento de que dicha participación contribuirá a las actividades delictivas de tal grupo a tenor del artículo 4, o del adiestramiento o la recepción de adiestramiento para el terrorismo a tenor de los artículos 7 y 8, o b) los actos preparatorios realizados por una persona que entre en dicho Estado miembro con ánimo de cometer o contribuir a la comisión de un delito de terrorismo a tenor del artículo 3. **Artículo 10** **Organización o facilitación de viajes con fines terroristas** Los Estados miembros adoptarán las medidas necesarias para garantizar que se tipifique como delito, cuando se cometa intencionadamente, todo acto de organización o facilitación con el que se ayude a cualquier persona a viajar con fines terroristas a tenor del artículo 9, apartado 1, y apartado 2, letra a), con conocimiento de que la ayuda prestada tiene dicha finalidad.

Fuente: elaboración propia.

Como se extrae de la tabla anterior, la Directiva 2017 a través de su art. 9 no solamente castiga la realización de un viaje para la comisión de un delito de terrorismo, sino también el desplazamiento para participar activamente en las actividades de un grupo terrorista. Además, incluye los traslados desde el territorio de un Estado miembro hacia terceros países, pero también los viajes intracomunitarios como destino final. Por último, incrimina los actos preparatorios de los "viajeros retornados" a un Estado miembro, independientemente de su nacionalidad o residencia, siempre y cuando su objetivo sea la comisión de un delito de terrorismo. De este modo, el adelantamiento de la barrera punitiva en este caso se realiza desde un doble sentido: asumiendo el riesgo que supone el potencial combatiente terrorista y la amenaza que implica el sujeto retornado[665]. Es decir, se adelanta la intervención penal al momento del viaje de ida por el pronóstico de peligro de retorno[666].

Bajo estas líneas, se traza el contorno político-criminal característico de la regulación de los "combatientes terroristas europeos", así como de las amenazas que suponen los sujetos que acaban actuando en solitario.

II. ADIESTRAMIENTO O ADOCTRINAMIENTO ACTIVO

El adiestramiento y adoctrinamiento activo se recogen dentro de los delitos de captación con fines de terrorismo, específicamente en el párrafo 2º del art. 577.2 CP.

Tabla 5: Tipificación del adiestramiento y adoctrinamiento activo en la regulación nacional

Código Penal Artículo 577.2, 2º párrafo
Las penas previstas en el apartado anterior se impondrán a quienes lleven a cabo cualquier actividad de captación, adoctrinamiento o adiestramiento, que esté dirigida o que, por su contenido, resulte idónea para incitar a incorporarse a una organización o grupo terrorista, o para cometer cualquiera de los delitos comprendidos en este Capítulo. Asimismo se impondrán estas penas a los que faciliten adiestramiento o instrucción sobre la fabricación o uso de explosivos, armas de fuego u otras armas o sustancias nocivas o peligrosas, o sobre métodos o técnicas especialmente adecuados para la comisión de alguno de los delitos del artículo 573, con la intención o conocimiento de que van a ser utilizados para ello.

Fuente: elaboración propia.

665 UNIÓN EUROPEA, *Directiva (UE) 2017/541 del Parlamento Europeo y del Consejo, de 15 de marzo de 2017, relativa a la lucha contra el terrorismo y por la que se sustituye la Decisión marco 2002/475/JAI del Consejo y se modifica la Decisión 2005/671/JAI del Consejo (DOUE núm. 88, de 31 de marzo de 2017, páginas 6 a 21).*, cit. Considerando 31.

666 E. POMARES CINTAS, *La deriva del Derecho Penal y la democracia*, cit., p. 298.

Como se puede apreciar a la luz de lo dispuesto en el artículo, en ningún caso es necesario que dicho adiestramiento (o adoctrinamiento) activo forme parte de una actividad en el seno de un grupo terrorista. De otro modo, se estaría hablando del delito de participación activa en una organización o grupo terrorista, recogido expresamente en el art. 572.2 CP o un delito de colaboración con las actividades o finalidades de la misma, regulado en el art. 577.1 CP.

Dichas figuras tienen una particularidad que las diferencian de otros delitos de naturaleza similar y tiene que ver con la vertiente objetiva del tipo: se requiere de la existencia de un sujeto individualizado, considerado el receptor del conocimiento o la capacitación. Es decir, no es posible la instrucción a destinatarios indeterminados. De otro modo se trataría de una conducta subsumible en el delito de captación. Además, tales conocimientos técnicos han de ser objetivamente adecuados para la ejecución de la tipología penal de terrorismo de que se trata. Por último, es necesario que el autor conozca que la información suministrada va a utilizarse para la consecución de un objetivo *ex ante* determinable entre aquellos que figuran en los arts. 573.1 y 573.2 CP. Este aspecto es fundamental a la hora de delimitar su vertiente objetiva, lo que repercute directamente en su diferenciación respecto de otras tipologías preparatorias comunes.

En lo referente a la vertiente subjetiva, el art. 577.2 CP exige que el sujeto que comete el delito (i) tenga el conocimiento suficiente en la materia, (ii) exista la voluntad de transmitir contenidos de forma idónea para capacitar al "alumno" y (ii) conozca que, efectivamente, existe una voluntad por parte del instruido de aplicar dicho conocimiento en la consecución de alguno de los objetivos previstos en el precepto; es decir, que las enseñanzas impartidas van a ser utilizadas para dicha finalidad[667]. De

---

667 CoE, *Explanatory Report to the Council of Europe Convention on the Prevention of Terrorism*, 2005, sec. 122, en https://rm.coe.int/16800d3811.

modo que quedará fuera de dicha tipificación toda formación cuya finalidad no sea conocida por quien la imparte.

III. ADIESTRAMIENTO O ADOCTRINAMIENTO PASIVO

En términos generales, el artículo 575 CP engloba el delito de adiestramiento pasivo, el autoadiestramiento o aprendizaje autónomo y los viajes transnacionales con fines de terrorismo. Concretamente, el adiestramiento y adoctrinamiento pasivo quedan regulados en el art. 575.1 CP, fuera de los delitos de colaboración terrorista y junto a la realización de dicha tipología de viajes.

Tal ubicación es difícilmente comprensible salvo que el razonamiento del legislador se fundamente en agrupar tipos penales cuyo objetivo principal sea neutralizar posibles peligros hipotéticos en relación con "futuros lobos solitarios" o terroristas individuales. Al igual que en el caso anterior, de lo que se trata de nuevo es de tipificar de forma autónoma modalidades preparatorias de represión temprana que buscan su propia esfera logística de aplicación en un contexto donde no se aprecian posibles lagunas que cubrir[668]. En este caso concreto, el objetivo pasa por castigar conductas presuntamente peligrosas relacionadas con fases incipientes de un proceso de radicalización que podrían conducir a delitos de terrorismo.

---

[668] E. Pomares Cintas, *La deriva del Derecho Penal y la democracia*, cit., p. 222.

Tabla 6: Tipificación del adiestramiento y adoctrinamiento pasivo en la regulación nacional

Código Penal Artículo 575.1
Será castigado con la pena de prisión de dos a cinco años quien, con la finalidad de capacitarse para llevar a cabo cualquiera de los delitos tipificados en este Capítulo, reciba adoctrinamiento o adiestramiento militar o de combate, o en técnicas de desarrollo de armas químicas o biológicas, de elaboración o preparación de sustancias o aparatos explosivos, inflamables, incendiarios o asfixiantes, o específicamente destinados a facilitar la comisión de alguna de tales infracciones

Fuente: elaboración propia.

Al igual que ocurre con el delito de adiestramiento (o adoctrinamiento) activo, en este caso tampoco es necesario que exista un vínculo organizativo previo; es decir, no se requiere que el sujeto forme parte de una organización o agrupación terrorista o que actúe bajo su mandato. En caso contrario, dicha conducta se podría subsumir bajo el delito de pertenencia activa en una organización o grupo terrorista, recogido de forma expresa en el art. 572.2 CP o bajo el delito de colaboración con las actividades o finalidades de una organización o grupo de dicha naturaleza del art. 577.1 CP. Esta amalgama de conductas colaborativas, así como su disparidad de penas, generan no solamente un riesgo de vulneración del principio de proporcionalidad, sino también una problemática añadida en materia concursal.

Si se pone el foco en la conducta típica del tipo penal se aprecia que, al igual que en el caso de su vertiente activa, es necesaria la interacción de otro individuo, que sería el que suministra el conocimiento de la materia. Esta característica particular lo sitúa dentro de los llamados "delitos pluripersonales", donde es necesario que el que adquiere el conocimiento y el que lo imparte interactúen entre sí. Esta peculiaridad lo diferencia del delito de aprendizaje autónomo del art. 575.2 CP, donde no se requiere la existencia de un interlocutor concreto.

En este sentido, tanto el Informe del Protocolo adicional de 2015 como la Directiva de 2017 indican que el autor del delito de recepción del adiestramiento debe tomar parte activa[669], aunque no aclaran en qué ha de consistir tal carácter proactivo. De esta afirmación se podría inferir la exigencia de que exista una conducta posterior exteriorizada por parte del autor y que ésta tenga una vinculación objetiva a la consecución de alguno de los delitos de terrorismo. Todo ello para limitar la ya cuestionada expansión del poder punitivo que regula una conducta preparatoria autónoma sin la exigencia de un vínculo organizativo entre el autor de la conducta y un grupo terrorista. De este modo, debería tener en cuenta tanto la idoneidad de los conocimientos como la tendencia de la conducta hacia la ejecución de uno o algunos de los delitos principales de terrorismo como componente subjetivo[670]. No obstante, y dado el carácter preventivo de la regulación, todo hace pensar que para el legislador es suficiente con que la conducta tenga como supuesto objetivo último la concreción del delito de que se trate, aun sin la necesidad de que, finalmente, se exteriorice en una fase posterior. Bajo este planteamiento, su consumación se agotaría en el momento de la recepción del adiestramiento. Por si fuera poco, al tratarse de un precepto que pretende neutralizar una posible peligrosidad futura, tampoco es necesario que el sujeto haya aprendido de forma efectiva dichos conocimientos o técnicas: ya es punible su mera adquisición.

---

669 CoE, *Explanatory Report to the Additional Protocol to the Council of Europe Convention on the Prevention of Terrorism*, cit., sec. 40; Unión Europea, *Directiva (UE) 2017/541 del Parlamento Europeo y del Consejo, de 15 de marzo de 2017, relativa a la lucha contra el terrorismo y por la que se sustituye la Decisión marco 2002/475/JAI del Consejo y se modifica la Decisión 2005/671/JAI del Consejo (DOUE núm. 88, de 31 de marzo de 2017, páginas 6 a 21).*, cit., considerando. 11.

670 E. Pomares Cintas, *La deriva del Derecho Penal y la democracia*, cit., p. 237.

Todo este planteamiento evidencia las dificultades valorativas que presenta dicho precepto. No obstante, es relevante añadir una más: ¿cómo se puede demostrar que, efectivamente, tal potencial conducta futura está orientada a la provocación de un estado de terror en la población o en una parte de ella? Sin esta finalidad se trataría de una conducta preparatoria de una tipología de delito ajena al ámbito terrorista, por lo que no encajaría en dicho tipo penal. Toda esta justificación sobre el desvalor del propósito por encima de la idoneidad de la conducta para afectar verdaderamente un bien jurídico lo acerca peligrosamente a un Derecho penal de autor, de modo que serán los propios tribunales los que tendrán que garantizar la contención del propio sistema punitivo.

El objeto del aprendizaje de dicho tipo penal es, fundamentalmente, la finalidad de capacitarse. Esto puede darse a partir de la adquisición de conocimientos técnicos, de habilidades y destrezas, algunas de las cuales ni siquiera están contempladas en el delito de adiestramiento activo. De este modo, la instrucción puede tener que ver con la adquisición (a) de estrategias militares o de combate[671], (b) de técnicas o métodos de desarrollo de armas químicas o biológicas[672], (c) o de conocimientos relativos a la elaboración o preparación de sustancias o aparatos explosivos, inflamables, incendiarios o aquellos destinados a facilitar la comisión de alguna de tales infracciones.

---

[671] El carácter bélico de dicho precepto va en consonancia con el discurso intervencionista predominante en la RCSNU 2178 (2014), de 24 de septiembre que apuesta por la tipificación de aquellas conductas relacionadas con el alistamiento de sujetos para combatir en zonas de conflicto.

[672] Esta tipología de armas se encuentra definida en art. 1.3 b del Convenio internacional para la represión de los atentados terroristas cometidos con bombas, de 15 de diciembre de 1997.

Si bien en la regulación europea se aprecia una estructura similar entre los elementos definidores de las figuras de adoctrinamiento activo y pasivo, no ocurre lo mismo en el ámbito nacional. En este caso, la única correspondencia tiene que ver con algunos de los contenidos del aprendizaje previsto por los preceptos; concretamente la "fabricación o elaboración de explosivos". En el resto del enunciado, las diferencias son más que notables. Es más, en el adoctrinamiento pasivo, ni siquiera es necesario que el conocimiento sea idóneo para la consecución de los objetivos previstos, tan solo se requiere que el receptor de dicha instrucción, lo adquiera con la finalidad de "facilitar la comisión de alguna de tales infracciones".

Además, existe otro aspecto que amplía la extensión de dicho precepto y tiene que ver con el propósito del aprendizaje. Mientras que los artículos que regulan el delito de adiestramiento activo y pasivo en la Directiva de 2017 y el adiestramiento activo del Código Penal hacen referencia a que la conducta típica ha de responder a los fines de la comisión de los delitos considerados "de terrorismo" o, en el caso del ámbito nacional, aquellos recogidos en el art. 573 CP, el adiestramiento pasivo plasmado en el art. 575.1 CP amplía la finalidad de dicho aprendizaje a la realización de alguna de "tales infracciones", sin acotar el ámbito punitivo de dicho precepto. Esta falta de objetivos *ex ante* determinables permitiría castigar cualquier tipo de conducta que pueda ser considerada peligrosa, sin tener en cuenta el grado real de afectación que pueda sufrir el bien jurídico tutelado.

En palabras de POMARES CINTAS, "el delito de adiestramiento pasivo funda, más que una figura preparatoria autónoma, un injusto autónomo que se legitima como fin en sí mismo, dificultando establecer criterios objetivos de peligrosidad y ofensividad del bien jurídico que cualifica el terrorismo, capaces de deslindar la órbita de conductas neutras en el contexto del ejercicio de la libertad de "buscar" y "recibir "informaciones e ideas de toda índole"[673].

IV. AUTOADIESTRAMIENTO Y AUTOADOCTRINAMIENTO

El legislador de 2015 tipifica varias modalidades de aprendizaje autónomo, recogidas en el segundo apartado del art. 575 CP.

Tabla 7: Tipificación del autoadiestramiento y autoadoctrinamiento en la regulación nacional

Código Penal **Artículo 575.2**
Con la misma pena se castigará a quien, con la misma finalidad de capacitarse para cometer alguno de los delitos tipificados en este Capítulo, lleve a cabo por sí mismo cualquiera de las actividades previstas en el apartado anterior.
Se entenderá que comete este delito quien, con tal finalidad, acceda de manera habitual a uno o varios servicios de comunicación accesibles al público en línea o contenidos accesibles a través de internet o de un servicio de comunicaciones electrónicas cuyos contenidos estén dirigidos o resulten idóneos para incitar a la incorporación a una organización o grupo terrorista, o a colaborar con cualquiera de ellos o en sus fines. Los hechos se entenderán cometidos en España cuando se acceda a los contenidos desde el territorio español.
Asimismo se entenderá que comete este delito quien, con la misma finalidad, adquiera o tenga en su poder documentos que estén dirigidos o, por su contenido, resulten idóneos para incitar a la incorporación a una organización o grupo terrorista o a colaborar con cualquiera de ellos o en sus fines.

Fuente: elaboración propia.

Como puede desprenderse de la propia estructura del precepto, si bien comparte algún aspecto característico con los delitos analizados en los apartados previos, difiere en otros elementos definidores propios del autoadiestramiento y, sobre

---

673 E. Pomares Cintas, *La deriva del Derecho Penal y la democracia*, cit., p. 234.

todo, del autoadoctrinamiento. Son precisamente éstos últimos los que dejan en evidencia la dificultad de insertar dicha figura penal en un marco jurídico propio de un Estado de Derecho.

Comenzando por los aspectos similares, para considerar dicha conducta como típica, no es necesario que el sujeto se encuentre inmerso en un grupo terrorista ni al amparo de éste. No obstante, y a diferencia de los anteriores, no se trata de un delito pluripersonal donde se requiere una relación entre sujetos determinados, sino que en este caso lo que se castiga es el autoaprendizaje. Partiendo de esta idea, puede afirmarse que el objetivo del legislador es tratar de regular penalmente escenarios previos a la resolución delictiva, anticipando que tal conducta típica posterior es fruto de un proceso de autoradicalización.

Éste converge con el delito de adiestramiento (y adoctrinamiento) pasivo en el objeto del aprendizaje: la finalidad de capacitarse. La equiparación del marco punitivo hace pensar que para el legislador se considera igual de gravosa la conducta de recibir adiestramiento por un sujeto o a través de un proceso de autoaprendizaje.

Llegados a este punto, cabe preguntarse, ¿qué se considera capacitarse por sí mismo? Dada la redacción, cabe pensar que no es necesaria la adquisición de conocimientos o capacidades, sino que la conducta ya se considera merecedora de reproche penal a partir del mero acceso, adquisición o tenencia de material didáctico siempre y cuando la finalidad sea cometer cualquier tipo de conducta (incluida aquellas de carácter preparatorio) recogida a lo largo del Capítulo VII. Existen dos modalidades de autoaprendizaje diferenciadas:

La primera, hace referencia al acceso habitual a servicios de comunicación o contenidos en línea (2° párrafo del art. 575.2 CP); la segunda, a la adquisición o tenencia de documentos (3° párrafo del art. 575.2 CP). Si bien la dos son cuestionables por diversos motivos, considero relevante centrar la atención en la primera por ser difícilmente compatible con un Estado de Derecho.

En lo referente a la conducta, de lo que se trata es de obtener información electrónica, entendiendo como tal la disposición de material didáctico de carácter electrónico. Esto debería excluir de la tipicidad la mera visualización online, aunque ésta pueda ser adecuada para el aprendizaje de dicha materia. Sin embargo, es fundamental platearse algunos supuestos, muchos de ellos cotidianos. Por ejemplo, ¿cabría dentro del tipo penal la descarga y guardado de un archivo que contenga tal información? Sin olvidar que en este caso nos encontramos ante una acción completamente lícita. También cabe preguntarse qué se conoce por habitualidad o frecuencia, entendiendo que la visualización reiterada, incluso de contenido idóneo, no debería constituir un ilícito penal. Si esto es así, ¿dónde se establece el umbral mínimo objetivo constatable de peligrosidad? Si no depende de los criterios del propio precepto basados en la frecuencia de la visualización, en la idoneidad del contenido, en el propio proceso de aprendizaje o en la relación de la conducta con la comisión de alguno de los delitos de terrorismo, se puede deducir que el desvalor de este tipo penal recae entonces en su vertiente subjetiva y, por tanto, en la peligrosidad del autor.

De este modo, nos encontramos ante delitos protopreparatorios de posesión de soportes didácticos[674], alimentados por pronósticos futuros de potencial riesgo cuyo desvalor de la acción se consuma en el momento en el que el sujeto dispone de dicha información. Esta formulación se asemeja al formato utilizado por normas propias del periodo franquista, donde se castiga la tenencia de ciertos materiales didácticos "sin razo-

---

674 *Ibid.*, p. 257.

nable justificación"[675]. Para salvar la problemática que supone este planteamiento, sería necesaria la exigibilidad de una conducta adicional posterior que garantice el nexo de peligrosidad entre la acción realizada y la ofensividad del bien jurídico propio de los delitos de terrorismo, tal y como advierte la propia Audiencia Nacional[676].

En lo que respecta al elemento subjetivo del injusto de esta figura, cabe decir que contiene un doble componente teleológico: el acceso habitual a internet o la adquisición o tenencia documental debe ser con la finalidad de capacitarse, y el logro pretendido de tal aptitud, a su vez, ha de ser para llevar a cabo cualquiera de los delitos tipificados en ese Capítulo[677]. Este planteamiento pone en evidencia, además de la vulneración del Estado de Derecho, la falta de utilidad de dicho precepto, ya que si tras la conducta de acceso, el autor difunde lo aprendido, tal ilícito penal podría insertarse dentro de un delito de captación (art. 577.2 CP), provocación (art. 579 CP) o enaltecimiento del terrorismo (art. 578 CP), en función de las circunstancias. Los problemas de solapamiento entre delitos de similar naturaleza relacionados con el adelantamiento de

---

675 Vid art. 7.5 *Decreto ley 10/1975, de 26 de agosto, sobre prevención del terrorismo. (BOE núm. 205, de 27 de agosto de 1975, pp. 18117-18120)*, vol. BOE-A-1975-18072, en https://www.boe.es/buscar/doc.php?id=BOE-A-1975-18072.: "Los que tuvieren en su poder, sin razonable justificación, manuales o instrucciones de cualquier clase para la elaboración de sustancias o artefactos explosivos o incendiarios, manejo de armas de guerra, táctica de comandos o guerrilla urbana u otros análogos".

676 Para la Audiencia Nacional, la interpretación del precepto implica que el autoaprendizaje,"ha de vincularse inescindiblemente a una ulterior ejecución de delitos de terrorismo, sin cuya vinculación la auto capacitación sería atípica -un mero acto neutro-". En este sentido, vid. Audiencia Nacional–Sala tercera de lo Penal, *SAN 10/2019, de 8 de julio de 2019, Roj: SAN 2758/2019* FJ. 2.

677 *STS 661/2017, de 10 de octubre, Roj: STS 3527/2017.*, sec. FJ 6.

las barreras punitivas los plantea el magistrado José Ricardo de Prada en su voto particular de la SAN 30/2019, de 30 de diciembre[678].

Ésta no es la única problemática que presenta dicho precepto. A tenor del mismo, se corre el riesgo de que se puedan castigar supuestos de autoadoctrinamiento de carácter ideológico sin tener en cuenta el propio objeto de aprendizaje. Esta es la tendencia predominante de la jurisprudencia actual, la cual puede incluso subsumir dentro del concepto de autoaprendizaje principios de una creencia o doctrina, o aquellos otros defendidos por un movimiento de naturaleza religiosa,

---

678 Los acusados son personas fuertemente radicalizadas pero respecto de las que no se ha podido establecer más relación de ellas con el Estado Islámico que la actividad llevada a cabo a través de internet de autoconsumo más o menos masivo de material yihadista, a través de su búsqueda y bajada de archivos de temática bélica y violenta y de ensalzamiento del victimismo musulmán, de la Jihad y de la épica de la guerra santa e incluso de la metodología terrorista en sus actos, únicamente que, dando el ulterior salto de su publicación en internet, compartiéndolo y llevando a cabo actividades de difusión de este material en redes sociales, aunque sin que consten destinatarios concreto buscados, distinto de aquellos que igualmente comparten el mismos ideario y que transmiten y difunden en muchos casos material semejante a través de las redes sociales de internet entre sus grupos de adeptos y relacionados. Este es precisamente el punto de relación de los dos grupos de acusados, encontrase unos y otros, entre aquellos destinatarios que compartían el material publicado, del mismo tenor. No puede hablarse en alguno de los dos casos, en ningún momento, de que estuviera ninguno de ellos dispuesto a pasar a la acción. Nada lo corrobora. No existe en el procedimiento la más mínima prueba de ello, ni así ha sido establecido a través de seguimientos o controles personales de que pudieron haber sido objeto, a través de los que pudiera haberse observado algún comportamiento, alguna práctica, relación o contacto, etc [...] admitiendo a mi juicio un mucho más correcto encaje jurídico, en todo caso, como conductas de justificación o enaltecimiento de la actividad terrorista del art 578 CP realizado públicamente a través de su difusión por internet (prr 2).

política, ideológica, etc[679]. Al fin y al cabo, lo que se está llevando a cabo es la criminalización penal de ciertas fases en el proceso de radicalización de un individuo donde se acepta el uso de la violencia, pero no necesariamente trasciende de una mera posición ideológica. Dicho postulado contrasta enormemente con la interpretación jurisprudencial promovida años atrás, donde se exigía una intervención concreta más allá de la "inmersión fanática en teorías fundamentalistas"[680].

V. CAPTACIÓN CON FINES DE TERRORISMO

El delito de captación con fines de terrorismo se introduce a partir de la LO 5/2010, de 22 de junio, manteniendo la estructura de "incitación directa" propuesta por la normativa europea, pero ampliando el catálogo de conductas a "cualquiera de los delitos previstos" en el Capítulo.

---

679 Por ejemplo, la *SAN 30/2019, de 30 de diciembre, Roj: SAN 5286/2019,* 2019 FJ. 4. habla de "autoadoctrinamiento en los postulados del salafismo radical" de los acusados.

680 Por ejemplo, la *STS 618/2008, de 7 de octubre, Roj: STS 5491/2008.*, plantea lo siguiente: "no se encuentra ninguna referencia a intervenciones concretas más allá de la inmersión fanática en teorías fundamentalistas que pasaban desde la necesidad de predicar la doctrina y convencer a los infieles con la propuesta violenta de amenazar a la humanidad, si no se convierten a la verdadera fe y se mantenían en la infidelidad a la doctrina auténtica. Todos los extractos de las cartas ocupadas, que la sentencia considera como hechos probados, hacen referencia a su ideología religiosa y a su predisposición genérica a luchar contra los tiranos invocando la ayuda de Dios. Como se ha mencionado anteriormente, cuando abordamos la intervención del Derecho Penal en las fronteras de la ideación o de la ideología, no es posible convertir todo este bagaje de declaraciones y confesiones de creencias en un hecho delictivo de integración de banda armada".

Tabla 8: Tipificación de la captación con fines de terrorismo

Código Penal tras la reforma introducida por la LO 5/2010, de 22 de junio Artículo 576.3
3. Las mismas penas previstas en el número 1 de este artículo se impondrán a quienes lleven a cabo cualquier actividad de captación, adoctrinamiento, adiestramiento o formación, dirigida a la incorporación de otros a una organización o grupo terrorista o a la perpetración de cualquiera de los delitos previstos en este Capítulo.
Código Penal tras la reforma introducida por la LO 2/2015, de 30 de marzo Artículo 577.2
2. Las penas previstas en el apartado anterior se impondrán a quienes lleven a cabo cualquier actividad de captación, adoctrinamiento o adiestramiento, que esté dirigida o que, por su contenido, resulte idónea para incitar a incorporarse a una organización o grupo terrorista, o para cometer cualquiera de los delitos comprendidos en este Capítulo.

Fuente: elaboración propia.

De nuevo, el legislador, recurriendo a la exigencia de la normativa comunitaria, vuelve a tipificar como delito autónomo un acto preparatorio ampliamente recogido en la regulación previa[681]. Es más, así lo entiende la Audiencia Nacional cuando hace referencia al mismo:

> "Lo cierto es que tales acciones ya estaban contempladas como delictivas tanto en la figura de pertenencia, generalmente la captación y adiestramiento de nuevos miembros se llevará a cabo por militantes activos, o en la de colaboración si, como es el caso que nos ocupa, se ejecutan por personas que no pertenecen, en sentido jurídico penal, a la organización o grupo"[682].

---

681 M. Cancio Melia, «El concepto jurídico-penal de terrorismo entre la negación y la resignación», en Alberto Alonso Rimo, María Luisa Cuerda Arnau, Antonio Fernández Hernández (eds.) *Terrorismo, sistema penal y derechos fundamentales*, Tirant lo Blanch, Valencia, 2018 (Alternativa (Valencia, Spain)), p. 130.

682 Audiencia Nacional–Sala tercera de lo Penal, *SAN 43/2013, de 2 de julio, Roj: SAN 3380/2013*, 2013, en https://www.poderjudicial.es/search/indexAN.jsp?org=an&comunidad=14.

A pesar de sus críticas, ésta es la fórmula por la que apuesta el legislador para reprimir supuestos relacionados con posibles extremismos violentos no abarcados bajo la figura del adiestramiento activo, ya que, en este caso, no es necesaria una relación intersubjetiva personal entre el sujeto y los destinatarios de la conducta, así como tampoco son obligatorios ciertos medios de comisión. En este caso, lo que se castiga es la realización de cualquier tipo de actividad dirigida a la incorporación de otros a una organización o grupo o a la perpetración de los delitos previstos en el capítulo.

Como se aprecia a tenor de la tabla anterior, la reforma de 2010 amplía de forma notoria el elemento teleológico del precepto al incluir las finalidades de cualesquiera de los delitos de terrorismo recogidos en el Código Penal. No obstante, y a pesar de las modificaciones introducidas por la LO 5/2010, de 22 de junio, el Código sigue la línea de la normativa europea. Bajo esta idea, se trata de un delito de peligro abstracto, de consumación anticipada al momento de la incitación objetivamente idónea para lograr el objetivo propuesto, siempre y cuando éste consista en la comisión de alguno de los delitos de terrorismo[683]. Es decir, en este caso, la conducta ha de ser determinante *ex ante* para evitar que la relevancia penal del delito dependa exclusivamente del desvalor del propósito.

Sin embargo, la reforma de 2015 supone una modificación tal de la estructura típica del precepto que se aleja por completo de lo supuestamente requerido por la Unión Europea.

En primer lugar, la normativa europea, exige que el reclutador tenga la intención de que la persona o personas que recluta cometan o contribuyan a la comisión de un delito de te-

---

683 E. POMARES CINTAS, *La deriva del Derecho Penal y la democracia*, cit., p. 274.

rrorismo o se unan a una asociación o grupo con ese fin[684]. Es decir, no basta con la mera integración, sino que es necesario que se produzca una participación activa del sujeto. No obstante, la redacción del precepto tras la reforma de 2015 rompe por completo con la posibilidad de vincular objetivamente la conducta del autor con la comisión de alguno de los delitos de terrorismo posteriores y, por tanto, de asociar el desvalor del bien jurídico tutelado a la lesividad de la acción.

En segundo lugar, se abandona la idea de la incitación directa como requisito imperante. Ya no es necesario que la acción esté dirigida a lograr que un sujeto se incorpore a una organización terrorista o a cometer alguno de los múltiples delitos contenidos en el Capítulo VII. Solamente bastará con que el contenido de dicha actividad pueda resultar idóneo para incitar a ello. A partir de 2015, pasa a ser una conducta fundamentada en una incitación o proposición indirecta, abandonando el fundamento regulatorio propuesto por la normativa comunitaria. De lo que se trata es de proponer de modo unilateral a una persona concreta o a un colectivo indeterminado la comisión de un delito de terrorismo. En este caso, no es necesario que el receptor de la proposición la acepte ni que finalmente se lleve a cabo; la conducta se consuma en el momento en el que se lanza la propuesta. Eso sí, ésta ha de ser idónea para lograr la aceptación del destinatario. Además, puede darse de forma telemática, pero es importante diferenciarla respecto a la difusión de contenidos accesibles al público, que sería castigado como incitación pública prevista en el tipo penal del art. 579.1 CP.

En tercer lugar, el legislador incorpora una cláusula abierta que amplía sobremanera el tipo penal de colaboración terrorista. Si ya el precepto principal castiga "cualquier acto de colabo-

---

[684] CoE, *Explanatory Report to the Council of Europe Convention on the Prevention of Terrorism*, cit., p. 113.

ración con las actividades o las finalidades de una organización [...] o para cometer cualquiera de los delitos comprendidos en este Capítulo", el segundo párrafo añade un apartado en el que incrimina "cualquier otra forma equivalente de cooperación o ayuda" y lo castiga con la misma pena que el apartado previo; esto es con una pena de prisión de cinco a diez años y una multa de dieciocho a veinticuatro meses.

Según el Preámbulo de la LO 2/2015, en el artículo 577 CP "se contemplan específicamente las acciones de captación y reclutamiento al servicio de organizaciones o fines terroristas". Esto no es más que una prueba de la deficiente técnica legislativa, ya que dicha conducta puesta al servicio de una organización o grupo, ya se encuentra inserta en el delito de colaboración recogido en el primer apartado del mismo, sin necesidad de una redacción autónoma.

Por último, se añade la posibilidad de castigar los actos preparatorios de dicho delito a través de lo mencionado en el art. 579.3 CP en relación con el art. 577.1 CP: cualquier otro acto de provocación, conspiración y proposición para cometer alguno de los delitos regulados en este Capítulo se castigarán también con la pena inferior en uno o dos grados a la que corresponda respectivamente a los hechos previstos en el mismo[685].

En palabras de Pomares Cintas, la nueva redacción del delito de captación con fines de terrorismo se configura como un "modelo preparatorio que tipifica una suerte de tentativa de captación porque criminaliza actos previos a la incitación"[686].

---

685 Vid. art. 579.3 CP.

686 E. Pomares Cintas, *La deriva del Derecho Penal y la democracia*, cit., p. 276.

VI. DESPLAZAMIENTO TRANSNACIONAL CON FINES DE TERRORISMO

Al igual que con los delitos analizados en este capítulo, la tipificación de los viajes transnacionales con fines de terrorismo también tiene su origen en las resoluciones del CSNU, en este caso en la 2178/2014, de 24 de septiembre. De nuevo se tipifica como delito autónomo una conducta realizada en fases prematuras y, en muchos casos, difícilmente vinculable al menoscabo de un bien jurídico. Si en otras tipologías el riesgo recae en el aprendizaje u obtención de información o conocimiento, en este caso, la potencial amenaza tiene que ver con el traslado o viaje a determinados territorios. De este modo, el legislador asume la existencia de una serie de "combatientes terroristas desplazados que deciden unirse a las filas de las organizaciones terroristas internacionales o de sus filiales en alguno de los escenarios de conflicto bélico en que los yihadistas están participando"[687]. Para ello, a través del art. 575.3 CP castiga a aquellos que se desplacen al extranjero para integrarse o colaborar con una organización terrorista o para cometer un delito de terrorismo.

Tabla 9: Tipificación del viaje transnacional con fines de terrorismo

Código Penal tras la LO 2/2015 Art. 575.3
3. La misma pena se impondrá a quien, para ese mismo fin, o para colaborar con una organización o grupo terrorista, o para cometer cualquiera de los delitos comprendidos en este Capítulo, se traslade o establezca en un territorio extranjero controlado por un grupo u organización terrorista.

---

687 Jefatura del Estado, *Ley Orgánica 2/2015, de 30 de marzo, por la que se modifica la Ley Orgánica 10/1995, de 23 de noviembre, del Código Penal, en materia de delitos de terrorismo. (BOE núm. 77, de 31 de marzo de 2015, páginas 27177 a 27185, 2015, pp. 27177-27185).*, cit. Preámbulo.

Código Penal tras la LO 1/2019 **Art. 575.3**
3. La misma pena se impondrá a quien, para ese mismo fin, o para colaborar con una organización o grupo terrorista, o para cometer cualquiera de los delitos comprendidos en este Capítulo, se traslade o establezca en un territorio extranjero.

Fuente: elaboración propia.

Dicho tipo penal es especialmente delicado en tanto que, en el momento del desplazamiento, el sujeto (i) ni forma parte de un grupo terrorista, (ii) ni está implicado en la preparación de ningún delito, (iii) ni necesariamente ha decidido formar parte activa de una acción que pueda derivar en un delito de terrorismo. De este modo, el precepto supone un nuevo adelantamiento del ámbito de protección penal, sancionándose una actuación que resulta preparatoria de un delito de adoctrinamiento pasivo, de colaboración con una organización terrorista, o de integración de sus filas[688].

Podría decirse que dicha formulación no solamente se acerca al comúnmente denominado delito de sospecha[689], sino que incluso es más restrictivo que la tipificación de los "desplazamientos transfroterizos" de la regulación propia del periodo franquista, donde se perseguían los traslados clandestinos de personas implicadas en organizaciones o grupos terroristas o en sus actividades[690].

688 Tribunal Supremo–Sala Segunda de lo Penal, *STS 13/2018, 16 de Enero de 2018, Roj: STS 39/2018*, 2018 FJ 2.

689 E. Núñez Castaño, «Reformas en la legislación penal y procesal (2015-2018). España», *Revista penal*, 42, 2018, Tirant lo Blanch, p. 250, en https://dialnet.unirioja.es/servlet/articulo?codigo=6550054.

690 El art. 7.2 del Decreto Ley 10/1975, de 26 de agosto, castigaba con pena de prisión mayor a todo aquel que, "implicados en organizaciones o grupos a que se refiere el artículo cuarto o en actividades terroristas, entraren o salieren clandestinamente del territorio nacional, y quienes,

En este caso, independientemente de la limitación a la libre circulación de salida y entrada del país, incluso de los propios nacionales, el contenido delictivo de la conducta depende de un elemento subjetivo de difícil constatación probatoria[691].

Si se analiza el tipo penal con detalle, se desprende la existencia de dos conductas: el traslado y el establecimiento de una persona en un territorio extranjero. Tales acciones devienen típicas siempre y cuando se cometan con alguna de las tres finalidades previstas: capacitación, colaboración o comisión de alguno de los delitos previstos en el Capítulo VII. En este punto caben resaltar dos aspectos especialmente discutibles. En primer lugar, destacar que no se trata de un desplazamiento ilícito, clandestino o que nace de una maniobra que trata de eludir controles fronterizos, sino que dicha conducta se desarrolla en esferas propias del derecho a la libre circulación de las personas, lo que ya de por sí plantea múltiples controversias. En segundo lugar, algunas de estas conductas se consideran una actividad preparatoria de otra preparatoria, como es el caso de viajar para recibir instrucción para la comisión de un delito. Esa "voluntad de propósito" es difícilmente justificable a partir de un sustrato objetivo de peligrosidad. Si a esto añadimos la posibilidad de incriminar la conducta en grado de tentativa, se estaría sancionando la tentativa de un acto preparatorio (el viaje) de un acto preparatorio (adiestramiento) de un delito de terrorismo. Esto constituye, en palabras de NÚÑEZ CASTAÑO, "un despropósito jurídico de proporciones épicas"[692].

---

a tales fines, les facilitaren guía, documentación, medio de transporte o cualquier otro auxilio".

691 F. MUÑOZ CONDE, *Derecho penal*, cit., p. 827.

692 E. NÚÑEZ CASTAÑO, «Reformas en la legislación penal y procesal (2015-2018). España», cit., p. 3.

Para demostrar un mínimo componente de objetividad en lo referente al peligro de lesión del bien jurídico, sería necesaria la concurrencia de una acción adicional y *a posteriori* por parte del autor, de modo que dicha exteriorización del propósito fundamente la ilicitud de la conducta. Esta es la postura predominante de la jurisprudencia cuando exige, "no sólo la voluntad del autor de realizar el delito, sino que se dé principio a la ejecución directamente por hechos exteriores"[693].

Por si no fuera suficientemente controvertido el asunto, el legislador nacional en la reforma de 2019, justificando su decisión a partir de la normativa internacional, amplía aún más el tipo penal. Tomando en consideración ciertas directrices plasmadas en el art. 9.1 de la Directiva de 2017, elimina la referencia al control por parte de una organización o grupo terrorista del territorio donde se traslada el autor. Esta calificación no solamente no se ajusta a la normativa comunitaria, que sí exige una dirección o sentido del viaje[694], sino que, además, amplía el tipo penal hasta tal punto que incluso podría ser subsumible un viaje a un Estado miembro de la UE. Sin embargo, deja fuera de la regulación la tipificación como delito el viaje a España con fines terroristas, punible a tenor del art. 9.2 de dicha Directiva.

---

693 Tribunal Supremo–Sala Segunda de lo Penal, *STS 13/2018, 16 de Enero de 2018, Roj: STS 39/2018,* cit. FJ 2.

694 E. Górriz Royo, «Contraterrorismo emergente a raíz de la reforma penal de LO 1/2019 de 20 de febrero y de la Directiva 2017/541/EU: ¿europeización del Derecho penal del enemigo?», cit., p. 42.

VII. CONCLUSIONES: PROBLEMAS Y CONTROVERSIAS DE LA ACTUAL REGULACIÓN

La normativa penal actual en materia de terrorismo, nace, tal y como se defiende en los diferentes preámbulos de las reformas, del intento de adaptar la regulación nacional a las resoluciones del CSNU, pero de nuevo refleja una política criminal fruto de una reacción punitiva extraordinaria[695]. Inciden fundamentalmente en dos aspectos: incrementan, por un lado, los fines por los que se puede calificar a una persona u organización como terrorista, tal y como se aprecia en apartados anteriores y, por otro, amplían los tipos penales autónomos.

Especialmente significativa es la reforma de 2015. El hecho de que el legislador argumente que la LO 2/2015 pretende velar por el enjuiciamiento de cualquier persona que participe en la financiación, planificación, preparación o comisión de actos de terrorismo o preste apoyo a los mismos[696] como si fuera algo novedoso es, como poco, inquietante debido a la profunda reforma realizada en 2010 a un texto ya de por sí de alto rigor punitivo; sin embargo, la tendencia se mantiene en extensión e intensidad. Un ejemplo paradigmático es el desarrollo de las conductas de adoctrinamiento, adiestramiento o formación, que hasta entonces se incluían en el precepto que recogía las actividades relacionadas con el delito de colaboración con banda armada y que ahora se reflejan como figuras autónomas. Dada la tendencia legislativa, cabe pensar que la tipificación de dichas figuras preparatorias como tipos penales autónomos podría fundamentarse en que, bajo las reglas de autoría o consumación, tales conductas serían también

---

695 *Ibid.*, p. 27.

696 Vid. Preámbulo de la *Ley Orgánica 2/2015, de 30 de marzo, por la que se modifica la Ley Orgánica 10/1995, de 23 de noviembre, del Código Penal, en materia de delitos de terrorismo. (BOE núm. 77, de 31 de marzo de 2015, páginas 27177 a 27185, 2015, pp. 27177-27185).*

punibles bajo formas de participación o, incluso, en grado de tentativa.

De este modo y como se aprecia con detalle en apartados anteriores, las múltiples reformas del Código Penal, además de ampliar el catálogo de conductas referidas al concepto de colaboración, adelantan la línea de intervención penal al regular los delitos de adoctrinamiento y adiestramiento, ya sea a terceros (art. 577.2 CP), de forma pasiva (art. 575.1 CP) o autónoma, es decir, bajo la figura del autoadoctrinamiento o autoadiestramiento (art. 575.2 CP). Lo mismo ocurre con los viajes transnacionales con fines de terrorismo.

Tal tipificación, como era de esperar, plantea múltiples controversias. Por un lado, el legislador castiga con penas similares conductas de naturaleza diametralmente opuestas. Al final, la incriminación de un acto protopreparatorio o un acto preparatorio de un acto preparatorio determina su configuración como un delito de peligro. Esto contrasta enormemente con la tipología de delitos de terrorismo tipificados en regulaciones previas. De modo que, con la actual regulación, el legislador castiga con la misma pena conductas que suponen un riesgo completamente diferente para el bien jurídico que se pretende tutelar, y así lo resalta la propia jurisprudencia: "no puede considerarse equiparable el adiestramiento, es decir la obtención de conocimientos o aptitudes prácticas militares o de combate, o en el desarrollo de armas químicas o biológicas, o para la fabricación de explosivos, con la mera formación ideológica (adoctrinamiento)"[697]. Tampoco debería ser equiparable la pena relativa a los delitos de colaboración terrorista recogida en el primer párrafo del art. 577.2 CP, (pena de prisión de 5 a 10 años y multa de 18 a 24 meses) con la figura preparatoria

697 *STS 354/2017, de 17 de mayo, Roj: STS 1883/2017*, FJ 2.

recogida en el siguiente apartado, puesto que se tratan de dos tipologías de distinto desvalor.

Lo mismo ocurre con la equiparación de las figuras de adiestramiento y adoctrinamiento pasivo del art. 575.1 CP frente a aquellas que tienen que ver con la realización de actividades de forma autónoma y por medios propios del art. 575.2 CP. Como establece MUÑOZ CONDE, "aunque en ambos casos la finalidad debe ser la de capacitarse para cometer algún delito de terrorismo, es difícil probar este elemento subjetivo en el caso de acciones individuales que el sujeto realiza privadamente en su casa, sin contacto con otras personas. [...] Se trata de un delito de sospecha que carece de todo contenido de antijuridicidad material, pues la información se obtiene de contenidos accesibles en internet o servicio de comunicaciones electrónicas perfectamente lícitos y a los que puede acceder cualquier ciudadano"[698].

En cualquier caso, la legislación antiterrorista previa a la LO 2/2015 ya recogía herramientas suficientes como para reprimir formas de incitación directa dirigidas a la comisión de delitos principales de terrorismo. Es más, "la técnica incriminatoria de los actos preparatorios, el castigo de la incitación directa tanto para cometer delitos principales de terrorismo, como la dirigida al reclutamiento en una organización o grupo terrorista, ya estaban previstos en el anterior art. 579.1 (vigente art. 579.3 CP), y también, previamente a la migración de los delitos organizativos al Capítulo VII del terrorismo, en el art. 519 CP. Asimismo, el adiestramiento, si se concibe como colaboración *ad extra* con la organización terrorista, podría estar contemplado en calidad de contribución logística en apoyo de las finalidades de ésta (art. 577.1 CP)"[699].

---

698 F. MUÑOZ CONDE, *Derecho penal*, cit., p. 825.

699 E. POMARES CINTAS, *La deriva del Derecho Penal y la democracia*, cit., p. 203.

Similar situación acontece con la adquisición de documentos dirigidos o que, por su contenido, sean idóneos para incitar a la incorporación a una organización o grupo terrorista o a colaborar con cualquiera de ellos o en sus fines, recogido en el 575.3 CP[700]. De nuevo, esta formulación va más allá de los límites del Derecho penal, anticipando su intervención a comportamientos meramente sospechosos que en sí mismos son perfectamente lícitos y cuya relevancia penal depende de una finalidad que puede basarse en afinidades ideológicas o, incluso religiosas, pero no siempre están relacionadas con los actos que estos realizan y que, siempre y cuando no se traduzcan en actos dirigidos a la realización de actividades terroristas, deberían permanecer al margen del Derecho penal[701].

El problema en este caso no solamente tiene que ver con el adelantamiento de las barreras punitivas, sino que, además, la tipificación contrasta con lo recogido en el ámbito internacional, tal y como hemos analizado con anterioridad: en primer lugar, la reforma de 2015 recoge el adiestramiento pasivo, una figura no prevista por las Decisiones marco ni tampoco incorporada a la normativa comunitaria hasta dos años después y sujeta a unos requisitos concretos. Según la Directiva de 2017, el adiestramiento —nunca el adoctrinamiento— es punible siempre y cuando la conducta del sujeto tienda a la consecución de una serie de delitos concretos enumerados como "de terrorismo" (homicidio, lesiones, secuestro, etc.) o de captación para estos o para la integración o colaboración, pero no para los

---

700 El precepto estipula lo siguiente: "Asimismo, se entenderá que comete este delito quien, con la misma finalidad, adquiera o tenga en su poder documentos que estén dirigidos o, por su contenido, resulten idóneos para incitar a la incorporación a una organización o grupo terrorista o a colaborar con cualquiera de ellos o en sus fines".

701 F. Muñoz Conde, *Derecho penal*, cit., p. 826.

actos creados aparte[702]. Sin embargo, el legislador contempla tanto el adiestramiento como el adoctrinamiento para todos los delitos recogidos en el título.

En segundo lugar, como se aprecia con anterioridad, ni la Resolución 2178 de Naciones Unidas, los Convenios o Protocolos del CoE o la propia normativa comunitaria regulan el adoctrinamiento[703]. Esta figura, que ya se contempla en su forma activa en la reforma introducida en 2010, se incorpora en su versión pasiva y autónoma en el año 2015, y se mantiene hasta la fecha. En este sentido, cabe decir que el propio CoE rechaza de forma expresa tipificar ciertas conductas en su versión pasiva por las limitaciones que plantea demostrar un comportamiento lo "suficientemente activo" como para considerarse susceptible de reproche penal[704].

---

702 Tal y como establece el artículo 7 de la Directiva de 2017: "Los Estados miembros adoptarán las medidas necesarias para garantizar que se tipifique como delito, cuando se cometa intencionadamente, instruir en la fabricación o el uso de explosivos, armas de fuego u otras armas o sustancias nocivas o peligrosas, o en otros métodos o técnicas concretos, a los fines de la comisión o la contribución a la comisión de cualquiera de los delitos enumerados en el artículo 3, apartado 1, letras a) a i), con conocimiento de que las capacidades transmitidas se utilizarán con tales fines".

703 Ya sea en su versión activa, pasiva o autónoma. Es más, según lo establecido por el TS: "la Resolución 2178 de Naciones Unidas, aprobada por el Consejo de Seguridad en su 7272ª sesión, dedica su apartado sexto a las conductas objeto de tipificación en esta materia, donde el autoadoctrinamiento no lo contempla. (...) Entre los instrumentos de la Unión Europea, tampoco se contempla el autoadoctrinamiento. (...) El Consejo de Europa, por su parte, rechaza de manera más explícita, tipificar el autoadoctrinamiento terrorista. *STS 354/2017, de 17 de mayo, Roj: STS 1883/2017,* FJ 1.

704 Tal y como establece el Informe explicativo del Protocolo en su apartado 31, "durante las deliberaciones, los redactores [...] se dieron cuenta de que la penalización de un comportamiento "pasivo" ("ser reclutado para el terrorismo") crearía problemas en algunos sistemas jurídicos. Encon-

Por su parte, ni las Decisiones Marco ni la Directiva recogen el autoadoctrinamiento meramente ideológico como forma de anticipación de las barreras de protección, ni siquiera con la finalidad de perpetrar delitos. Estamos ante una serie de actos preparatorios muy alejados de la consumación, por lo que la intervención penal colisiona con la presunción de inocencia y con derechos como la libertad ideológica, de pensamiento o de expresión[705], así como con los principios de fragmentariedad y proporcionalidad. Esto se constata con la única obligación impuesta por la Directiva de 2017, la cual exige a los Estados "adoptar las medidas necesarias para garantizar que se tipifique como delito, cuando se cometa intencionadamente, recibir instrucción en la fabricación o el uso de explosivos, armas de fuego u otras armas o sustancias nocivas o peligrosas" (art. 8). Aunque como acertadamente plantea BAYARRI GARCÍA, si bien la Directiva no contempla la recomendación de tipificar el autoadoctrinamiento, nada obsta a que los estados legislen más allá de lo recomendado por ella[706]. El problema

---

trar una definición adecuada de "ser reclutado para el terrorismo" que incluyera un comportamiento suficientemente "activo" también planteaba ciertos problemas" . En este sendico, vid. CoE, *Explanatory Report to the Additional Protocol to the Council of Europe Convention on the Prevention of Terrorism*, 2015, sec. 31, en https://rm.coe.int/168047c5ec.

705 En este sentido es sumamente esclarecedor la exposición que realiza respecto al delito de autoadoctrinamiento el FJ 2 de la *STS 354/2017, de 17 de mayo, Roj: STS 1883/2017*, que establece lo siguiente: "tan largo preámbulo, sirve para destacar la falta de cobertura en los instrumentos internacionales mencionados en el Preámbulo de la LO 2/2015 de las modalidades de adoctrinamiento pasivo y de autoadoctrinamiento del art. 575.1 y 2 CP , y la necesaria interpretación restrictiva de estas conductas típicas para posibilitar su subsistencia sin quebranto del derecho a la libertad ideológica y el derecho a la información"..

706 C. E. BAYARRI GARCÍA, «Los nuevos delitos de terrorismo. Adoctrinamiento activo y pasivo vs. enaltecimiento y provocación a la comisión de delitos terroristas.», cit., p. 298.

radica en que fundamentar la adopción de ciertas medidas de carácter "preventivo" en la necesidad de regular el fenómeno en su totalidad no legitima su decisión, sobre todo, teniendo en cuenta el principio de intervención mínima del Derecho penal y la supuesta naturaleza excepcional de esta materia.

Sin embargo, el legislador español omite este riesgo, lo que obliga una interpretación restrictiva por parte de los tribunales:

> "La jurisprudencia viene exigiendo unánimemente que se acredite que la autoformación en radicalismo violento vaya dirigida a la comisión de un delito de terrorismo o al adoctrinamiento ajeno, la colaboración, apología o financiación del terrorismo. En las sentencias de condena que se han pronunciado en aplicación del delito del 575.2 CP concurre algún elemento objetivo que pone de manifiesto esta finalidad"[707].

A través de la LO 1/2019, de 20 de febrero, el legislador podría haberse retractado, limitando el rigor punitivo de dichas conductas y ajustándose a lo establecido en la Directiva europea de 2017; aunque esta se considera un "acuerdo de mínimos" debe tenerse en cuenta como instrumento que guía y, por tanto, delimita el *ius puniendi* de las legislaciones internas. Sin embargo, no ocurre así. Esto no es sino otra muestra más del interés político criminal que existe en esta materia, puesto que vuelve a tipificarse la preparación de un acto preparatorio, que castiga una conducta muy alejada de la consumación, lo cual es contrario a los principios de fragmentariedad y proporcionalidad. Además, puede llegar en una fase muy alejada de cualquier acto delictivo como tal[708], pudiendo incluso colisionar con el derecho a la libertad ideológica y religiosa (art. 16 CE) o el derecho a comunicar o recibir información veraz (art. 20 CE).

---

707 *SAN 3323/2020, de 9 de diciembre, Roj: SAN 3323/2020,* FJ 1.

708 J. C. Campo Moreno, *Comentarios a la reforma del Código Penal en materia de terrorismo,* cit., p. 60.

CAPÍTULO VI.

OTRAS FIGURAS RELATIVAS A LOS DELITOS DE TERRORISMO

I. TRATAMIENTO AGRAVADO DE LOS DELITOS COMUNES

Ya desde el Código Penal de 1995 se deja en evidencia el enfoque especialmente punitivo que caracteriza a los delitos de terrorismo. En el caso de los delitos contra las personas (art. 572) las penas se fijaban en función del tipo de resultado[709] que se ocasionara. En efecto, el art. 572 CP establecía una pena de prisión (i) de veinte a treinta años si causaran la muerte de una persona; (ii) de quince a veinte años si causaran lesiones de las previstas en los artículos 149 y 150 o secuestraran a una persona; (iii) de diez a quince años si causaran cualquier otra lesión o detuvieran ilegalmente, amenazaran o coaccionaran a una persona; o (iv) la pena superior en grado si los hechos se realizaran contra las personas mencionadas en el apartado 2 del artículo 551 o contra miembros de las Fuerzas Armadas, de las Fuerzas y Cuerpos de Seguridad del Estado, Policías de las Comunidades Autónomas o de los Entes locales.

Las diferentes reformas no han hecho sino mantener esta tendencia e incrementar la pena en consonancia con la ex-

---

709 Para Muñoz Conde, la agravación sólo debía imputarse en caso de que los resultados de muerte o lesiones fueran imputables a título de dolo, por lo menos eventual, y debía repercutir no únicamente al autor, sino también a los diferentes partícipes. En este sentido, vid. *Derecho penal. Parte especial*, cit., p. 781.

pansión del Derecho penal. Si antes la muerte de una persona conllevaba el cumplimiento de una pena de prisión por el tiempo máximo previsto en el Código penal (30 años), tras la introducción de la LO 1/2015, de 30 de marzo, ésta cambia cualitativamente hasta imponerse una pena de duración indeterminada (prisión permanente revisable). Esto no es sino un claro ejemplo de una medida de alto valor simbólico, pero de nulos efectos preventivo-generales, que se incluyen, tal y como establece el Preámbulo de la ley, para sancionar conductas en las que está justificada una "respuesta extraordinaria".

Lo mismo ocurre con la cualificación del art. 573 bis.2 CP: en este caso, ya no sólo incrementa la pena prevista si las víctimas son miembros de las Fuerzas Armadas, miembros de Seguridad del Estado u otros entes públicos, sino también si éstas ostentan determinados cargos políticos enumerados en el art. 550.3 CP.

Tales agravaciones basadas en el afán punitivo del legislador implican, tal y como afirma Muñoz Conde, una derogación de las reglas generales y concursales de determinación de la pena que incluso, en ocasiones, no hacen sino superponerse con otras agravaciones contenidas en los respectivos delitos comunes[710].

II. ENALTECIMIENTO, JUSTIFICACIÓN Y APOLOGÍA DE LOS DELITOS DE TERRORISMO

Por la propia historia nacional, el delito de apología del terrorismo ha constituido una de las piezas claves en la regulación antiterrorista. Tradicionalmente, el Código de 1995 lo recogía en su art. 18 estableciendo lo siguiente:

---

710 F. Muñoz Conde, *Derecho penal*, cit., p. 823.

> "Es apología, a los efectos de este Código, la exposición, ante una concurrencia de personas o por cualquier medio de difusión, de ideas o doctrinas que ensalcen el crimen o enaltezcan a su autor. [...] Sólo será delictiva como forma de provocación y si por su naturaleza y circunstancias constituye una incitación directa a cometer un delito".

Como se puede apreciar en este caso, para tipificarse como apología al terrorismo, era necesaria una incitación directa al delito como elemento del tipo[711] y la utilización de medios que permitieran la difusión de tales ideas. De este modo, quedaban fuera del mismo, atendiendo al principio de legalidad, conductas como la incitación al odio (por no estar tipificado), el ensalzamiento, negación, justificación, incitación indirecta, fomento o promoción de estos delitos[712]. Si a raíz de dicha provocación se producía la perpetración del delito, ésta era castigada como inducción.

Sin embargo, a partir de la LO 7/2000, de 22 de diciembre[713], esta tipología se amplía y se regula de forma autónoma en el art. 578 CP, abarcando dos supuestos. El primero, el enaltecimiento, justificación o difusión de cualquiera de los delitos contenidos en dicho capítulo o de quieres hayan participado en su ejecución. El riesgo de inconstitucionalidad que implica esta redacción tiene que ver con el adelantamiento de la ba-

---

711 M. Capita Remezal, *Análisis de la legislación penal antiterrorista*, cit., p. 161.

712 G. Portilla Contreras, «La represión penal del "discurso del odio"», en Francisco Javier Álvarez García (ed.) *Tratado de derecho penal español, parte especial. 4: Delitos contra la Constitución*, Tirant lo Blanch, Valencia, 2016 (Manuales), pp. 379-412.

713 *Ley Orgánica 7/2000, de 22 de diciembre, de modificación de la Ley Orgánica 10/1995, de 23 de noviembre, del Código Penal, y de la Ley Orgánica 5/2000, de 12 de enero, reguladora de la Responsabilidad Penal de los Menores, en relación con los delitos de terrorismo. (BOE núm. 307, de 23 de diciembre de 2000, páginas 45503 a 45508).*, cit. *supra.*,

rrera de intervención penal y su tipificación como delito de peligro sin tener realmente identificada una lesión directa a la seguridad, además de su posible incidencia con el Derecho a la libertad de expresión promulgado en el art. 20.1 a) de la CE. Para salvar la falta de precisión del legislador nacional a la hora de acotar qué conductas quedan incluidas en el tipo, el TS en su jurisprudencia, parte de lo establecido por la normativa europea[714], y establece como requisito (i) del elemento objetivo la creación de un riesgo o incitación real a la comisión de actos terroristas y (ii) del subjetivo "la «tendencia», en la voluntad del autor, a querer incitar efectiva y realmente la comisión de

---

[714] Ya la DM 2008 entiende como "provocación a la comisión de un delito de terrorismo" toda conducta que, "independientemente de que promueva o no directamente la comisión de delitos de terrorismo, conlleve el riesgo de comisión de uno o algunos de dichos delitos". Por su parte, el considerando 10 de la Directiva 2017/541 de 15 de marzo, detalla lo siguiente: "Los delitos de provocación pública a la comisión de un delito de terrorismo comprenden, entre otros, la apología y la justificación del terrorismo o la difusión de mensajes o imágenes, ya sea en línea o no, entre ellas las relacionadas con las víctimas del terrorismo, con objeto de obtener apoyo para causas terroristas o de intimidar gravemente a la población. Esta conducta debe tipificarse cuando conlleve el riesgo de que puedan cometerse actos terroristas. En cada caso concreto, al examinar si se ha materializado ese riesgo se deben tener en cuenta las circunstancias específicas del caso, como el autor y el destinatario del mensaje, así como el contexto en el que se haya cometido el acto. También deben considerarse la importancia y la verosimilitud del riesgo al aplicar la disposición sobre provocación pública de acuerdo con el Derecho nacional".

Toda esta regulación se ve influenciada por lo establecido previamente en el art. 5.1 del Convenio de Varsovia de 2005, el cual entiende como provocación pública para cometer delitos terroristas la "difusión o cualquier otra forma de puesta a disposición del público de mensajes con la intención de incitar a cometer delitos terroristas, cuando ese comportamiento, ya preconice directamente o no la comisión de delitos terroristas, cree peligro de que se puedan cometer uno o varios delitos."

delitos de terrorismo" al menos de forma indirecta y no como una mera afinidad ideológica o emocional[715].

El segundo, el delito de humillación a las víctimas, una nueva tipología delictiva que trata de salvaguardar la dignidad de la víctima y de sus familiares ante ciertos ataques y que de nuevo puede generar un conflicto con la libertad de expresión. Éste, a diferencia del anterior, no está contemplado en la normativa internacional, y el problema que plantea tiene que ver con su uso excesivo para condenar conductas que, aunque puedan ser socialmente reprochables, quedan fuera del ámbito penal. Según el TS, dicha tipología penal "reviste una naturaleza más privada que el subtipo del enaltecimiento, ya que afecta directamente al honor de las víctimas de acciones terroristas por el hecho de serlo; aunque también sin duda golpea sentimientos de solidaridad de la comunidad que en todo delito de terrorismo percibe un ataque a la convivencia pacífica construida entre todos. Supone una lesión a su dignidad humana, violada con el menosprecio que emana del comportamiento querido, directa o indirectamente, por el sujeto activo"[716].

Un ejemplo de ello es el "Caso Cassandra", por el cual la AN establece que, bajo este precepto, "es importante no sólo el tenor literal de las palabras pronunciadas, sino también el sentido o la intención con que hayan sido utilizadas, su contexto y las circunstancias concomitantes". Para el Tribunal, el artículo 578 del Código Penal solo exige el dolo, esto es, "el conocimiento de los elementos que definen el tipo objetivo; en otras palabras, tener plena conciencia y voluntad de que se está difundiendo un mensaje en el que se contiene una merma de la reputación, aprecio y dignidad de las víctimas del terrorismo y sus familiares. [...] Por lo que la estructura típica del delito

---

715 *STS 378/2017, de 25 de mayo, Roj: STS 2013/2017,* FJ 2. Sobre este mismo tema, vid. vid. también la *STC 112/2016, de 20 de junio.*

716 *STS 820/2016, de 2 de noviembre, Roj: STS 4714/2016,* FJ 2.

no precisa la acreditación de con qué finalidad se ejecutan los actos de enaltecimiento o humillación. Basta con asumir como propia la humillación a las víctimas del terrorismo"[717]. No obstante, finalmente la autora queda absuelta por el TS argumentando una aplicación extensiva del precepto. De este modo, para el Tribunal, "no todo exceso verbal, ni todo mensaje que desborde la protección constitucional pueden considerarse incluidos en la porción de injusto abarcada por el art. 578 del CP [...] El significado de principios como el carácter fragmentario del Derecho penal o su consideración como ultima ratio, avalan la necesidad de reservar la sanción penal para las acciones más graves. No todo mensaje inaceptable o que ocasiona el normal rechazo de la inmensa mayoría de la ciudadanía ha de ser tratado como delictivo por el hecho de no hallar cobertura bajo la libertad de expresión"[718].

Es relevante mencionar que, a pesar de que desde el año 2011 la banda terrorista ETA comunica el cese definitivo de su actividad armada, la reforma del año 2015 realiza una notoria remodelación del precepto que, de nuevo, difiere de lo establecido en la esfera internacional. Ya su redacción inicial generaba problemas por cuanto que se podía utilizar como una forma de criminalizar delitos de opinión o discrepancia política o ideológica. No obstante, el legislador en la reforma del año 2015, lejos de acotar el contenido del injusto, incrementa las consecuencias penales de dichas conductas. Por un lado, en relación con el marco penal abstracto del delito, la pena era de 1 a 2 años de prisión, pero con la reforma se incrementó hasta los 3 años junto a una multa de 12 a 18 meses. Todo ello acompañado de las posibles prohibiciones previstas en el artículo 57 CP. Por otro, prevé de forma obligatoria la subida en grado si concurren ciertas circunstancias: las penas pueden imponerse

---

717 *SAN 9/2017, de 29 de marzo, Roj: SAN 514/2017,* FJ 1.

718 *STS 95/2018, de 26 de febrero, Roj: STS 493/2018,* FJ 2.

en su mitad superior "cuando los hechos se hubieran llevado a cabo mediante la difusión de servicios o contenidos accesibles al público a través de medios de comunicación, internet, o por medio de servicios de comunicaciones electrónicas o mediante el uso de tecnologías de la información" o bien "cuando los hechos, a la vista de sus circunstancias, resulten idóneos para alterar gravemente la paz pública o crear un grave sentimiento de inseguridad o temor a la sociedad o parte de ella" pudiendo incluso elevarse hasta la pena superior en grado.

Si bien este último aspecto comparte ciertas similitudes con el art. 5 de la Directiva, esta última obliga a la tipificación del mismo siempre y cuando la conducta promueva —ya sea de forma directa o indirecta— la comisión de delitos terroristas, generando con ello un riesgo real de consumación[719]. De ello se puede deducir que, de nuevo, el legislador va más allá de las recomendaciones internacionales, las cuales aconsejan sancionar únicamente los comportamientos provocadores, pero no el mero favorecimiento[720]. Ya hemos visto anteriormente cómo los tribunales, en un intento de proporcionar seguridad jurídica, tratan de restringir el enfoque punitivo de este precepto,

---

719 Además, para valorar este riesgo, habrá que tener en cuenta las circunstancias específicas del caso, autor, destinatario del mensaje y contexto en el que se comete el acto, así como la importancia y verosimilitud del riesgo al aplicar la disposición de acuerdo con el Derecho nacional. Vid. considerando 10 de la *Directiva (UE) 2017/541 del Parlamento Europeo y del Consejo, de 15 de marzo de 2017, relativa a la lucha contra el terrorismo y por la que se sustituye la Decisión marco 2002/475/JAI del Consejo y se modifica la Decisión 2005/671/JAI del Consejo (DOUE núm. 88, de 31 de marzo de 2017, páginas 6 a 21).*, 2017, en http://data.europa.eu/eli/dir/2017/541/oj/spa. *supra.*

720 G. Portilla Contreras, «La reforma en los actos preparatorios y favorecimiento de delitos de terrorismo», cit., p. 380.

invocando a la Directiva, incluso antes de su transposición[721]. Es más, si se atiende al contenido literal de lo exigido por la UE en lo referente a esta conducta, el tipo penal que mejor encaja no es tanto el art. 578 CP sino la provocación al terrorismo recogida en el primer apartado del art. 579.1 CP[722]. Sin embargo, este último requiere probar a qué delito se está incitando directamente para poder calcular la pena, a diferencia del art. 578 CP, que ya viene establecida en el propio precepto. Esto deriva en una disminución paulatina de la aplicación de esta tipología delictiva a favor del delito de enaltecimiento o justificación, lo que en últimas genera una superposición de ambos artículos.

III. DELITO DE COLABORACIÓN CON BANDA ARMADA, ORGANIZACIÓN O GRUPO TERRORISTA

El art. 576 del CP de 1995 (actual art. 577 CP) establecía el delito de colaboración del siguiente modo:

> "1. Será castigado con las penas de prisión de cinco a diez años y multa de dieciocho a veinticuatro meses el que lleve a cabo, recabe o facilite, cualquier acto de colaboración con las

---

721 *STS 378/2017, de 25 de mayo, Roj: STS 2013/2017* FJ 2; *STS 560/2017, de 13 de julio, Roj: STS 2967/2017,* FJ 3; *STS 600/2017, de 25 de julio, Roj: STS 3134/2017,* FJ 2.; *STS 52/2018, de 31 de enero, Roj: STS 178/2018,* FJ 3. En este sentido, el TC también ha determinado que es necesario verificar, como elemento determinante delimitador de la constitucionalidad, si la conducta puede ser considerada una manifestación del discurso de odio que incita a la violencia. *STC 112/2016, de 20 de junio, FJ 4.*

722 Art. 579.1 CP: "Será castigado con la pena inferior en uno o dos grados a la prevista para el delito de que se trate el que, por cualquier medio, difunda públicamente mensajes o consignas que tengan como finalidad o que, por su contenido, sean idóneos para incitar a otros a la comisión de alguno de los delitos de este Capítulo".

> actividades o las finalidades de una banda armada, organización o grupo terrorista.
>
> 2. Son actos de colaboración la información o vigilancia de personas, bienes o instalaciones; la construcción, el acondicionamiento, la cesión o la utilización de alojamientos o depósitos; la ocultación o traslado de personas vinculadas a las bandas armadas, organizaciones o grupos terroristas; la organización de prácticas de entrenamiento o la asistencia a ellas, y, en general, cualquier otra forma equivalente de cooperación, ayuda o mediación, económica o de otro género, con las actividades de las citadas bandas armadas, organizaciones o grupos terroristas.
>
> Cuando la información o vigilancia de personas mencionada en el párrafo anterior ponga en peligro la vida, la integridad física, la libertad o el patrimonio de las mismas, se impondrá la pena prevista en el apartado 1, en su mitad superior. Si llegara a ejecutarse el riesgo prevenido, se castigará el hecho como coautoría o complicidad, según los casos".

Cabe destacar que nos encontramos ante un delito de mera actividad, con independencia de que finalmente la conducta haya sido o no útil para la organización. Eso sí, es necesaria una actuación de colaboración específica, puesto que el simple apoyo o respaldo moral quedaría impune[723]. Y es que, tal y como establece la STS de 2 de febrero de 1987, se trata de un "acto preparatorio especialmente castigado como favorecimiento, cuyo fundamento punitivo de excepción a la regla general de impunidad de tales actos radica (...) en la importancia y peligrosidad que tales conductas colaboradoras han adquirido en las actividades terroristas"[724].

Como se puede deducir de la literalidad del precepto, el legislador castiga con la misma pena una serie de actividades

---

723 F. Muñoz Conde, *Derecho penal. Parte especial*, cit., p. 909.

724 *STS num. 145 de 2 de febrero de 1987, Roj: STS 579/1987*, FJ 1.

de diferente gravedad. Esta equiparación de conductas tan dispares puede incidir de forma directa en el principio de proporcionalidad o incluso, si se atiende al último fragmento (cualquier otra forma equivalente de cooperación), en el principio de seguridad y certeza jurídica característica del principio de legalidad.

A pesar de dicha crítica, el legislador de 2010 incorpora un tercer apartado donde de nuevo equipara con la misma pena conductas como la "captación, adoctrinamiento, adiestramiento o formación"; siempre y cuando estén dirigidas a la "incorporación de otros a una organización o grupo terrorista o a la perpetración de cualquiera de los delitos previstos en este Capítulo"[725]. Según el legislador, dicha reforma se ajusta a las directrices europeas; sin embargo, para parte de la doctrina y la jurisprudencia[726], muchas de las conductas ya estaban incluidas de forma implícita en los delitos de terrorismo, ampliamente tipificados antes de la reforma, y otras ni siquiera venían impuestas desde la normativa internacional ni en aquel entonces ni en la actualidad, a pesar de lo manifestado en la exposición de motivos. El ejemplo paradigmático es el delito de adoctrinamiento activo. La exposición de motivos de la LO 5/2010, a este respecto, manifiesta lo siguiente: "De conformidad con la pauta marcada por la citada Decisión Marco, al artículo 576 se añade un número 3 que amplía el concepto de colaboración con organización o grupo terrorista, asimilándoles conductas que hasta el presente han planteado algunas dificultades de encaje legal: así se ofrece la oportuna respuesta punitiva a la actuación de los grupos o células –e incluso de las conductas

---

725 Art. 576.3 CP.

726 Vid. R. García Albero, «La reforma de los delitos de terrorismo», cit., p. 374. En este mismo sentido, vid. *STS 556/2006, de 31 de mayo, Roj: STS 7464/2006,* FJ 72..

individuales– que tienen por objeto la captación, el adoctrinamiento, el adiestramiento o la formación de terroristas"[727].

Por si no fuera suficiente, a través de la LO 2/2015 se incorpora un último apartado en el que se tipifica el delito de colaboración por imprudencia grave[728], lo cual rompe con la esencia propia de dicho delito, que se entiende que ha de concurrir a través de una conducta dolosa.

IV. FINANCIACIÓN DE ACTIVIDADES TERRORISTAS

El código penal de 1995 ya regulaba de forma expresa la colaboración económica en el art. 576, el cual castigaba dicha conducta con una pena de cinco a diez años y multa de dieciocho a veinticuatro meses. Sin embargo, la LO 5/2010, de 22 de junio, la reintroduce como una figura autónoma que abarca tanto la conducta genérica de carácter doloso, como aquella imprudente para el caso de los sujetos especialmente obligados a colaborar con la Administración en la prevención de dicha financiación. Además, a partir de esa reforma es posible transferir la responsabilidad penal de la persona física a la jurídica para los delitos contenidos en este precepto. De este modo, el art. 576 bis queda como sigue:

> "1. El que por cualquier medio, directa o indirectamente, provea o recolecte fondos con la intención de que se utilicen, o a

[727] JEFATURA DEL ESTADO, *Ley Orgánica 5/2010, de 22 de junio, por la que se modifica la Ley Orgánica 10/1995, de 23 de noviembre, del Código Penal. (BOE núm. 152, de 23 de junio de 2010, páginas 54811 a 54883).*, cit. Exposición de motivos.

[728] El art. 577.3 CP queda como sigue: "Si la colaboración con las actividades o las finalidades de una organización o grupo terrorista, o en la comisión de cualquiera de los delitos comprendidos en este Capítulo, se hubiera producido por imprudencia grave se impondrá la pena de prisión de seis a dieciocho meses y multa de seis a doce meses."

sabiendas de que serán utilizados, en todo o en parte, para cometer cualquiera de los delitos comprendidos en este Capítulo o para hacerlos llegar a una organización o grupo terroristas, será castigado con penas de prisión de cinco a diez años y multa de dieciocho a veinticuatro meses.

Si los fondos llegaran a ser empleados para la ejecución de actos terroristas concretos, el hecho se castigará como coautoría o complicidad, según los casos, siempre que le correspondiera una pena mayor.

2. El que estando específicamente sujeto por la ley a colaborar con la autoridad en la prevención de las actividades de financiación del terrorismo dé lugar, por imprudencia grave en el cumplimiento de dichas obligaciones, a que no sea detectada o impedida cualquiera de las conductas descritas en el apartado primero de este artículo, será castigado con la pena inferior en uno o dos grados a la prevista en él.

3. Cuando de acuerdo con lo establecido en el artículo 31 bis de este Código una persona jurídica sea responsable de los delitos recogidos en este artículo, se le impondrán las siguientes penas:

a) Multa de dos a cinco años, si el delito cometido por la persona física tiene prevista una pena de prisión de más de cinco años.

b) Multa de uno a tres años, si el delito cometido por la persona física tiene prevista una pena de más de dos años de privación de libertad no incluida en el anterior inciso.

Atendidas las reglas establecidas en el artículo 66 bis de este Código, los jueces y tribunales podrán asimismo imponer las penas recogidas en las letras b) a g) del apartado 7 del artículo 33."

El problema que puede suscitar dicha redacción es la redundancia con otros preceptos de dicho Capítulo. Por ejemplo, los delitos contra el patrimonio ya están incluidos en la definición de terrorismo contenida en el art. 573 CP si se trata de delitos graves, lo que puede generar la vulneración del principio de *ne bis in idem* si son tenidos en cuenta para aplicar dicha cualificación[729].

Por último, a tenor de la LO 1/2019, de 20 de febrero, el legislador elimina la referencia expresa de la responsabilidad penal de las personas jurídicas de aquellos delitos relacionados con la financiación del fenómeno y la amplía a la comisión de cualquiera de los contenidos en el Capítulo incorporando el nuevo artículo 580 bis CP, que establece lo siguiente:

> "Cuando de acuerdo con lo establecido en el artículo 31 bis una persona jurídica sea responsable de los delitos recogidos en este Capítulo, se le impondrán las siguientes penas:
>
> a) Multa de dos a cinco años, o del doble al cuádruple del perjuicio causado cuando la cantidad resultante fuese más elevada, si el delito cometido por la persona física tiene prevista una pena de más de dos años de privación de libertad.
>
> b) Multa de seis meses a dos años, o del doble al triple del perjuicio causado si la cantidad resultante fuese más elevada, en el resto de los casos.
>
> Atendidas las reglas establecidas en el artículo 66 bis, los jueces y tribunales podrán asimismo imponer las penas recogidas en las letras b) a g) del apartado 7 del artículo 33."

---

729 F. Muñoz Conde, *Derecho penal*, cit., p. 828.

CAPÍTULO VII.
ALGUNAS FIGURAS RELEVANTES EN MATERIA DE EJECUCIÓN DE PENAS EN LOS DELITOS DE TERRORISMO

I. LA PRISIÓN PERMANENTE REVISABLE COMO EJE SOBRE EL QUE PIVOTA LA DURACIÓN DE LAS CONDENAS

La introducción de la prisión permanente revisable con la reforma del Código Penal del año 2015 añade un grado más de controversia a un tema ya conflictivo de por sí: la duración de las condenas por delitos de terrorismo.

El Preámbulo de la ley 1/2015 alude a la instauración de una nueva pena de prisión ante la necesidad de fortalecer la confianza en la Administración de Justicia por parte de los ciudadanos, que piden penas proporcionales al hecho cometido. De este modo, se introduce una pena de duración indeterminada, que no indefinida, pues está sujeta a un régimen de revisión que "compatibiliza la existencia de una respuesta penal ajustada a la gravedad de la culpabilidad, con la finalidad de reeducación a la que debe ser orientada la ejecución de las penas de prisión"[730]. Este último apartado es el que dota

---

[730] Preámbulo *Ley Orgánica 1/2015, de 30 de marzo, por la que se modifica la Ley Orgánica 10/1995, de 23 de noviembre, del Código Penal. (BOE núm. 77, de 31 de marzo de 2015, páginas 27061 a 27176), supra.*

de constitucionalidad a dicha figura, a pesar de sus múltiples críticas[731]. Es más, el propio legislador justifica su inclusión a partir de la jurisprudencia del TEDH, la cual reitera que la prisión permanente no es *per se* incompatible con el artículo 3 del CEDH si la ley nacional ofrece la posibilidad de revisión de la condena. Ello incluso aunque ésta se cumpla de forma completa y el sujeto pase su vida entera en prisión[732]. Esto no es sino una muestra de la importancia que se le otorga a la

---

731 En marzo de 2018 más de cien catedráticos de Derecho Penal de todas las universidades públicas de España firman un manifiesto en contra de la prisión permanente revisable. Las firmas están disponibles en el siguiente enlace: https://www.peticiones24.com/signatures/manifiesto_contra_la_prision_permanente_revisable/. Sin embargo, en octubre de 2021 el TC desestima un recurso de inconstitucionalidad de la medida entendiendo que "la pena de prisión perpetua solo es constitucional en la medida en que no sea perpetua". En este sentido, *STC 169/2021, de 6 de octubre,* FJ 4. No obstante, la propia sentencia tiene votos disidentes de los magistrados Juan Antonio Xiol Ríos, Cándido Conde-Pumpido Tourón y la magistrada María Luisa Balaguer Callejón, cuyo argumento se sustenta en el principio de humanización de las penas, así como en el principio de reinserción social.

732 Para el Tribunal, una cadena perpetua no se convierte en "irreductible" por el mero hecho de que en la práctica pueda cumplirse en su totalidad. A efectos del artículo 3, basta con que una cadena perpetua sea reducible de iure y de facto. TEDH, *Kafkaris c. Chipre (Gran Sala), núm. 21906/04,* 2008, párr. 98; *Hutchinson c. the United Kingdom (Gran Sala), núm.. 57592/08,* 2017, párr. 42. Para un exhaustivo análisis en relación con la implicación de la jurisprudencia del TEDH en la regulación española, vid. J. Núñez Fernández, «Prisión permanente revisable y el TEDH: algunas reflexiones críticas e implicaciones para el modelo español», *Anuario de derecho penal y ciencias penales,* vol. 73, 1, 2020, Ministerio de Justicia, en https://dialnet.unirioja.es/servlet/articulo?codigo=7655328. En este mismo sentido, vid. O. García Pérez, «La influencia de la doctrina del TEDH en la jurisprudencia española en materia de terrorismo y tráfico de drogas», en Santiago Mir Puig, Víctor Gómez Martín (eds.) *Garantías constitucionales y derecho penal Europeo,* Marcial Pons, Madrid, 2012, pp. 259-277.

peligrosidad del condenado y la correspondiente necesidad de protección de la sociedad[733]. Para el TEDH, el mero hecho de que tales presos puedan haber cumplido ya un largo período de encarcelamiento no debilita la obligación positiva del Estado de proteger al público; este puede seguir cumpliendo dicha obligación a través de la detención de los sujetos siempre y cuando sigan siendo peligrosos. Autores críticos con esta postura defienden que si el TEDH, de algún modo, legitima un encierro a perpetuidad que termina con la muerte en prisión de quien lo sufre, en realidad, lo que se está creando es una excepción a la prohibición del art. 3 CEDH, en tanto que se avala una pena que es *per se* degradante sobre la base de su supuesta necesidad preventivo especial[734].

De este modo, el artículo 140 CP impone dicha pena para los asesinatos especialmente graves:

> "1.ª Que la víctima sea menor de dieciséis años de edad, o se trate de una persona especialmente vulnerable por razón de su edad, enfermedad o discapacidad.
>
> 2.ª Que el hecho fuera subsiguiente a un delito contra la libertad sexual que el autor hubiera cometido sobre la víctima.
>
> 3.ª Que el delito se hubiera cometido por quien perteneciere a un grupo u organización criminal.
>
> 2. Al reo de asesinato que hubiera sido condenado por la muerte de más de dos personas se le impondrá una pena de prisión permanente revisable"[735].

---

733 Cfr. TEDH, *Vinter y Otros c. Reino Unido (Gran Sala), núms. 66069/09, 130/10, 3896/10*, 2013, párr. 108.

734 J. N. Fernández, «¿Prosperaría una demanda contra España ante el TEDH por parte del primer condenado a prisión permanente?: Reflexiones críticas y últimas tendencias tras la STC 169/2021, de 6 de octubre», *Revista General de Derecho Penal*, 37, 2022, Iustel, p. 35, en https://dialnet.unirioja.es/servlet/articulo?codigo=8543658.

735 Cfr. Art. 140 CP

A estos, se le suma el homicidio del rey, reina o heredero (art. 485 CP); del Jefe del Estado extranjero, o cualquier otra persona especialmente protegida por un Tratado que se halle en España (artículo 605 CP); delitos de genocidio y crímenes de lesa humanidad (artículos 607 y 607 bis CP).

II. OTRAS RESTRICCIONES EN MATERIA DE EJECUCIÓN DE PENAS: CLASIFICACIÓN EN GRADO Y PERMISOS DE SALIDA

Para el acceso a determinados aspectos relacionados con la clasificación y obtención de permisos de salida, el legislador fija unos periodos mínimos de cumplimiento efectivo de la pena que, de nuevo, vuelven a ser aún más restrictivos para esta tipología penal.

En primer lugar, el penado no puede disfrutar de permisos de salida hasta que haya cumplido un mínimo de doce años de prisión (art. 336.1 CP).

Seguidamente, para el acceso al tercer grado es necesario el cumplimiento de entre 20 y 32 años de prisión, dependiendo de si es una pena única o se aprecia un concurso de delitos[736]. Concretamente, el art. 78 bis.3 CP regula los límites mínimos de cumplimiento para el acceso al tercer grado en los casos en los que el sujeto es condenado por dos o más delitos y, al menos, uno de ellos está castigado con la pena de prisión permanente revisable. En general, los márgenes varían entre (i) 24 años de prisión si el resto de las penas impuestas suman un total que oscila entre 5 años y un día y 25 años menos un día y (ii) 32 años de prisión si la cifra es igual o superior a 25 años.

---

[736] Cfr. art. 36.1.a) CP en relación con el art. 78 bis.3 CP, que regula el concurso real de delitos.

Por último, ante una suspensión de la ejecución del resto de las penas, es necesaria la extinción de un mínimo de 25 años de prisión salvo que, como en la situación previa, exista un concurso real de delitos. Ante tales circunstancias, se incrementa a 28 años en el primer caso mencionado, y a 35 años en el segundo (art. 92 en relación con el art. 78 bis CP).

Esta regulación supone una excepcionalidad al régimen general de cumplimiento de penas de duración determinada; singularidad que también se aprecia en cuanto a los mecanismos de supervisión de los actos ya que, en este caso, el pronóstico favorable de reinserción social es realizado por el propio tribunal sentenciador (art. 92 CP), a diferencia del régimen general. Para ello, éste debe tomar en cuenta, entre otras cuestiones, las circunstancias del delito cometido y la relevancia de los bienes jurídicos que podrían verse afectados por una reiteración en el delito, tal y como afirma el propio precepto. Sin embargo, valorar estos aspectos precisamente para determinar un pronóstico favorable de reinserción social parece poco acertado si se tiene en cuenta que la pena se impone precisamente por el mayor reproche que merecen sus actos[737]. De igual modo, hay otros elementos que el sujeto difícilmente puede modificar: personalidad, antecedentes o circunstancias familiares y sociales. Es más, tras periodos de restricción de libertad prolongados en el tiempo, tales elementos suelen sufrir un gran deterioro. En estos términos, del repertorio que detalla el art. 92 CP[738], el único que depende completamente del

---

737 Cfr. J. A. Lascuraín Sánchez y otros, «Dictamen sobre la constitucionalidad de la prisión permanente revisable», en Luis Alberto Arroyo Zapatero, Juan Antonio Lascuraín Sánchez, Mercedes Pérez Manzano, Cristina Rodriguez Yagüe (eds.) *Contra la cadena perpetua*, Ediciones de la Universidad de Castilla-La Mancha, 2016, p. 36, en https://dialnet.unirioja.es/servlet/articulo?codigo=5657077.

738 El art. 92.1 c) CP recoge los siguientes aspectos a valorar por el Tribunal: "la personalidad del penado, sus antecedentes, las circunstancias

autor es su conducta durante el cumplimiento de la pena. Este último se relaciona con otros requisitos específicos previstos por el mismo precepto: la muestra de signos inequívocos de haber abandonado los fines y medios de la actividad terrorista o la colaboración con las autoridades, aspectos que serán analizados de forma pormenorizada en apartados posteriores por su especial controversia.

Dicha medida plantea múltiples problemáticas, entre ellas su falta de pertinencia puesto que produce los mismos efectos que el límite de 40 años establecido para las condenas genéricas por casos graves de terrorismo. No obstante, la doctrina defiende como factor clave de su constitucionalidad la necesidad de garantizar el rigor del sistema de control judicial, realizando las revisiones establecidas en el marco jurídico para determinar si efectivamente existe un pronóstico favorable de reinserción social, revisiones que el propio TEDH recomienda que no excedan los 25 años[739]. A fecha de febrero de 2024 se

---

del delito cometido, la relevancia de los bienes jurídicos que podrían verse afectados por una reiteración en el delito, su conducta durante el cumplimiento de la pena, sus circunstancias familiares y sociales, y los efectos que quepa esperar de la propia suspensión de la ejecución y del cumplimiento de las medidas que fueren impuestas".

739 TEDH, *Vinter y Otros c. Reino Unido (Gran Sala), núms. 66069/09, 130/10, 3896/10,* cit., párr. 120. Es más, el propio TEDH condena a Hungría por considerar que el tiempo establecido por la nueva legislación para la revisión de la pena pone de manifiesto una violación del art. 3 del CEDH. El hecho de que los solicitantes deban cumplir cuarenta años de su condena perpetua para aspirar a medidas que favorezcan su libertad es suficiente para que el Tribunal concluya que la nueva legislación húngara no ofrece de facto una posibilidad de reducir la condena. Indudablemente, tal período demora excesivamente la revisión que permita a las autoridades locales considerar si 'ciertos cambios en la vida del prisionero son significativos, y que los progresos en vista a la rehabilitación que ha hecho en el curso de la pena, pueden implicar que la continuidad de la detención ya no resulte justificada sobre bases penológicas legítima".

contabilizan 43 penados bajo esta figura. Dado que se trata de condenas relativamente recientes, todavía no se ha cumplido el plazo para que puedan optar al primer permiso. Esto impide la evaluación de los resultados de esta medida. Sin embargo, se está elaborando un primer protocolo que permita valorar el enfoque tratamental de tales sujetos una vez éstos se encuentren dentro de dicho término.

III. LA NUEVA FIGURA DE LA LIBERTAD VIGILADA

Como se evidencia a lo largo del capítulo, la naturaleza del delito está adquiriendo paulatinamente una mayor importancia a la hora de determinar el tratamiento penitenciario. Sin embargo y al contrario de lo que podría parecer, dicho cambio no surge en la esfera penitenciaria, sino a partir de las múltiples reformas introducidas por el legislador en materia penal. La inclusión de la libertad vigilada es otro de los ejemplos que demuestran tal afirmación. Esta figura se introduce a partir de la reforma de 2010 y se aplica "no sólo cuando el pronóstico de peligrosidad del individuo se relaciona con estados patológicos que han determinado su inimputabilidad o semiinimputabilidad, sino también cuando la peligrosidad deriva del específico pronóstico del sujeto imputable en relación con la naturaleza del hecho cometido, siempre y cuando el propio legislador así lo haya previsto de manera expresa"[740]. Dentro de los casos

---

TEDH, *Tp y At. c. Hungría (Sección cuarta), núms. 37871/14, 73986/14,* 2016, párr. 48. Para un detallado análisis acerca de la compatibilidad de dicha medida en el ámbito español a la luz de lo establecido por el TEDH en su jurisprudencia, vid. O. García Pérez, «La legitimidad de la prisión permanente revisable a la vista del estándar europeo y nacional», *Estudios Penales y Criminológicos,* vol. 38, 2018, en https://revistas.usc.gal/index.php/epc/article/view/5512.

[740] Preámbulo LO 5/2010.

aplicables se encuentran los delitos de terrorismo. A pesar de considerarse una medida de seguridad, no se establece de forma alternativa a la pena de prisión o para su ejecución previa, sino junto a la pena privativa de libertad en una fase posterior a la excarcelación. De este modo, el artículo 579.2 bis del Código penal establece lo siguiente:

> "Al condenado a pena grave privativa de libertad por uno o más delitos comprendidos en este Capítulo se le impondrá además la medida de libertad vigilada de cinco a diez años, y de uno a cinco años si la pena privativa de libertad fuera menos grave".

Dicha medida presenta graves limitaciones en cuanto a su aplicación. En primer lugar y desde un punto de vista dogmático, se trata de un concepto ajeno al Derecho penal que procede de la criminología clínica y que, en cualquier caso, es de carácter polisémico y está en constante revisión. En términos generales, el legislador penal no distingue entre la peligrosidad pre y post delictual, sino que se basa en la potencialidad de un sujeto para cometer hechos delictivos futuros a partir de un pronóstico de reincidencia[741]. Esto supone una anomalía dentro de las medidas de seguridad, en tanto que es la única que se puede imponer a sujetos plenamente imputables. Por lo general, dicha medida es de carácter facultativo salvo en los casos de delincuencia sexual y terrorismo. En este último caso, la peligrosidad criminal se deduce *iure et de iure*. De este modo, se impone de modo preceptivo una medida que no está basada en un estado peligroso inmediato y constatable a partir de un

---

[741] Cfr. Artículo 6 CP: "1. Las medidas de seguridad se fundamentan en la peligrosidad criminal del sujeto al que se impongan, exteriorizada en la comisión de un hecho previsto como delito. 2. Las medidas de seguridad no pueden resultar ni más gravosas ni de mayor duración que la pena abstractamente aplicable al hecho cometido, ni exceder el límite de lo necesario para prevenir la peligrosidad del autor."

diagnóstico, sino que se asocia a una tipología delictiva de carácter heterogéneo. Esto evidencia otra problemática: la imposición de aplicar dicha medida a cualquier delito contenido en el capítulo VII del Código. El asociar una consecuencia jurídica a un delito sin posibilidad de discrecionalidad judicial o de individualizar la cuestión genera la obligatoriedad de aplicarla aun cuando no existe un riesgo de reincidencia o, incluso, de violencia, como es el caso de los actos protopreparatorios. Dicha cuestión plantea serias dudas de compatibilidad con la aplicación de regímenes abiertos, el acceso al tercer grado o la suspensión de la condena, que están basados en la progresiva disminución de la peligrosidad criminal.

Además de las limitaciones previamente planteadas, dicha medida implica diversos problemas de carácter formal. Por un lado, si bien el art. 106 CP enumera una lista de medidas, obligaciones y prohibiciones que conllevan la aplicación de la libertad vigilada[742], no hace referencia a qué mecanismo, autori-

---

742 Según el art. 106 CP, "la libertad vigilada consistirá en el sometimiento del condenado a control judicial a través del cumplimiento por su parte de alguna o algunas de las siguientes medidas: a) La obligación de estar siempre localizable mediante aparatos electrónicos que permitan su seguimiento permanente. b) La obligación de presentarse periódicamente en el lugar que el Juez o Tribunal establezca. c) La de comunicar inmediatamente, en el plazo máximo y por el medio que el Juez o Tribunal señale a tal efecto, cada cambio del lugar de residencia o del lugar o puesto de trabajo. d) La prohibición de ausentarse del lugar donde resida o de un determinado territorio sin autorización del Juez o Tribunal. e) La prohibición de aproximarse a la víctima, o a aquellos de sus familiares u otras personas que determine el Juez o Tribunal. f) La prohibición de comunicarse con la víctima, o con aquellos de sus familiares u otras personas que determine el Juez o Tribunal. g) La prohibición de acudir a determinados territorios, lugares o establecimientos. h) La prohibición de residir en determinados lugares. i) La prohibición de desempeñar determinadas actividades que puedan ofrecerle o facilitarle la ocasión para cometer hechos delictivos de similar naturaleza. j) La obligación de

dad o administración controla el cumplimiento de algunas de éstas. Dicha situación genera cierta confusión: aunque algunas de ellas sí están atribuidas a la administración penitenciaria, no sucede así en todos los casos. Por otro lado, tampoco se hace referencia a las figuras del criminólogo o de los agentes de libertad vigilada para su aplicación, así como tampoco se plantean herramientas criminológicas de cara a determinar la peligrosidad criminal real de un sujeto.

Para concluir, cabe decir que, si bien las medidas de seguridad tradicionalmente se asientan en una finalidad preventivo especial y están basadas en fines de inocuización y reinserción social, en la actualidad no solamente se potencia el fin preventivo especial negativo, sino que además, se pretende enviar un mensaje de tranquilidad a la sociedad y la opinión pública frente a delitos de carácter mediático; es decir, prevalece el fin preventivo general positivo fundamentado en la gestión del riesgo y la seguridad ciudadana[743].

---

participar en programas formativos, laborales, culturales, de educación sexual u otros similares. k) La obligación de seguir tratamiento médico externo, o de someterse a un control médico periódico."

743 Según la propia jurisprudencia, con la introducción de la libertad vigilada se traslada el punto de mira del carácter rehabilitador y resocializador que debe prevalecer en la imposición de penas y medidas de seguridad, "en aras de una protección del cuerpo social para intentar que se considere "más protegido" frente a delitos que impactan especialmente en dicho tejido social, como son los delitos sexuales o los de terrorismo". *SAP de Madrid 211/2019, de 4 de abril, ROJ: SAP M 5039/2019* FJ 8. De ahí que se presente como una "opción moderada para lograr los objetivos de seguridad ciudadana" *STS 825/2021, de 28 de octubre, Roj: STS 4005/2021,* FJ 6.

CAPÍTULO VIII.

ALCANCE PRÁCTICO DEL DESARROLLO NORMATIVO: DISFUNCIONES Y DEFICIENCIAS TRAS LAS MÚLTIPLES REFORMAS DEL CÓDIGO PENAL

Durante el año 2024 se han registrado 37 operaciones contraterroristas relacionadas con el yihadismo en el ámbito nacional. Dicha cifra, sumada a todas las realizadas en España desde los atentados del 11 de marzo de 2004, refleja un total de 436 actuaciones de las FCSE. Éstas, junto a otras intervenciones a menor escala, han posibilitado la detención de 1092 "terroristas yihadistas" según fuentes del Ministerio del Interior[744].

Tales datos contrastan con la información proporcionada por la Fiscalía General del Estado en su último informe. Según su memoria anual, entre los años 2006 y 2024, se juzgan a 422 individuos por delitos de terrorismo de carácter yihadista. De éstos, tan sólo 326 son finalmente condenados; el resto quedan libres y sin cargo alguno. Es decir, de los 869 sujetos detenidos entre los años 2006 y 2024, a poco menos de la mitad se les aca-

---

744 «Ministerio del Interior | Lucha antiterrorista contra ETA y el terrorismo internacional–XV Legislatura (Agosto 2023–...)», en https://www.interior.gob.es/opencms/pdf/prensa/balances-e-informes/Lucha-contra-el-terrorismo/Lucha-antiterrorista-contra-ETA-y-el-terrorismo-internacional-XV-Legislatura-Agosto-2023/OPERACIONES-Y-DETENIDOS-TERRORISMO-YIHADISTA-DESDE-LOS-ATENTADOS-DEL-11-MARZO-2004-29-10-2024.pdf.

ba imputando un delito de dicha naturaleza (concretamente el 48.56% del total); de ellos, una cuarta parte son absueltos. Dicha tendencia se agrava aún más si se atiende a la información recogida durante los años previos: prácticamente un tercio de los individuos detenidos por un delito de terrorismo yihadista quedan en libertad sin cargos[745].

Si se analizan las operaciones realizadas en el marco de la lucha contra la radicalización en prisión, las cifras reflejan unos resultados similares: en 2004, la operación Nova se salda con 5 condenados de los 45 implicados en un primer momento. La operación Khalya, en octubre de 2015, se zanja con 3 individuos implicados, aunque la causa queda archivada. A partir de la operación Kafig —llevada a cabo entre 2018 y 2019— se detienen a 5 sujetos. Sin embargo, todos ellos son absueltos por falta de pruebas. En la operación Escribano (2018), una de las más relevantes a nivel europeo, se detienen a 25 sujetos distribuidos en 17 prisiones del territorio nacional. Del total, únicamente 5 son finalmente imputados. En febrero de 2021 se archivan los procesos de los 20 restantes. Actualmente todavía no hay sentencia firme. Por último, a través de la operación Triangle (2021) se detienen a 3 individuos de los centros penitenciarios de Daroca (Zaragoza) y Murcia. A día de hoy todavía no se ha iniciado el proceso.

---

745 Según la Memoria del año 2024, durante el ejercicio de 2023 la Sala de lo Penal juzga por un delito de terrorismo yihadista a 10 individuos. De estos, 7 han sido condenados y 3 absueltos. En este sentido, vid. *Memoria de la Fiscalía General del Estado, 2023*, Fiscalía General del Estado. Ministerio de Justicia, Madrid, 2024, p. 437, en https://www.fiscal.es/memorias/memoria2023/FISCALIA_SITE/recursos/pdf/MEMFIS23.pdf. Se aprecia una tendencia similar si se acude a las Memoria del año previo. Para más detalle, vid. *Memoria de la Fiscalía General del Estado, 2022*, Fiscalía General del Estado. Ministerio de Justicia, Madrid, 2023, p. 464, en https://www.fiscal.es/memorias/memoria2023/FISCALIA_SITE/recursos/pdf/MEMFIS23.pdf.

De este modo, cabría plantearse ¿por qué existe tanta disparidad entre las cifras de detenidos y la de condenados? ¿Será que se están utilizando instrumentos o criterios de evaluación que no tienen en cuenta las diferencias entre la radicalización cognitiva y conductual? Se ha demostrado el punto de inflexión que suponen los atentados del 11 de septiembre en Estados Unidos en lo referente a la regulación en materia antiterrorista. Sin embargo, si se ahonda con mayor detenimiento en las sentencias, la mayor parte de éstas tienen lugar a partir de 2016. Esto demuestra la gran incidencia de la LO 2/2015 en lo que se refiere a la punición de dicha tipología delictiva. De este modo cabría pensar lo siguiente: teniendo en cuenta que España, por sus propias características criminológicas condicionadas por el terrorismo de ETA, ya contaba de por sí con una de las regulaciones terroristas más extensivas e intensivas de la Unión Europea, ¿podría afirmarse que la reglamentación promovida desde el año 2010 contiene un tipo de injusto no contemplado durante el auge de dicho grupo o, por el contrario, tal incremento no es más que el resultado del adelantamiento de las barreras punitivas? y sobre todo ¿hasta qué punto era necesario tramitar una reforma de tal envergadura por el procedimiento de urgencia?[746]. Teniendo en cuenta que la regulación previa ya abarcaba el fenómeno del terrorismo individual y las figuras preparatorias.

Es cierto que, tal y como se establece en capítulos anteriores, los cambios regulatorios coinciden temporalmente con el

---

746 Pomares Cintas advierte que dicha reforma, además de tramitarse por el procedimiento de urgencia, prescinde, de informe de la ponencia, de los necesarios informes del Consejo General del Poder Judicial y del Consejo Fiscal, y de un periodo de reflexión y debate de fondo que podrían haber advertido el peligro de convertirse en una de las legislaciones antiterroristas más represivas y controvertidas de nuestro entorno desde la perspectiva del derecho penal democrático. *La deriva del Derecho Penal y la democracia*, cit., p. 137.

auge del terrorismo yihadista en Europa; pero también es un hecho que, históricamente, determinados enfoques político-criminales adoptados ante una problemática determinada condicionan de forma significativa las cifras de condenados. De ahí que, para responder a dicha cuestión, sea necesario ahondar, por un lado, en la naturaleza de las tipologías delictivas; por otro, en el perfil criminológico de los condenados.

Según la investigación realizada por Núñez Fernández, de la totalidad de condenas relacionadas con delitos de terrorismo cometidas por hombres desde el año 2001 hasta 2022, prácticamente la mitad se corresponden con delitos relacionados con la promoción, constitución, organización o dirección de organización terrorista (arts. 572.1 CP) o pertenencia activa (art. 572.2 CP). Esto hace un total de 110 condenas. Las siguientes cifras en orden de prevalencia tienen que ver con el delito de captación y adoctrinamiento (art. 577.2 CP), enaltecimiento del terrorismo (art. 578 CP) y autoadoctrinamiento (art. 575.2 CP), con unos porcentajes de 10.8%, 9.9% y 9.5% respectivamente[747].

Las cifras en el caso de las mujeres siguen una tendencia similar. En este caso, la tabla muestra de nuevo que la mitad de

---

747 Del total de los 347 hombres que integran la muestra, 200 han sido condenados por distintos delitos de terrorismo. De estos, 21 por más de un delito de esta naturaleza, por lo que el número de condenas por terrorismo impuestas a hombres es de 221. Muchos de ellos son extranjeros, sobre todo de Marruecos (79), Pakistán (15) y Argelia (8), frente a 54 condenados de nacionalidad española. Todas las mujeres son condenadas por la comisión de un único delito. De estas, casi el 50% son españolas y el 40.9% restante marroquíes. En este sentido, vid. J. Núñez Fernández, «Veinte años de terrorismo yihadista a través de la jurisprudencia de la Audiencia Nacional y del Tribunal Supremo: (desde el 1 de enero de 2001 hasta el 31 de diciembre de 2020)», *Revista de Derecho Penal y Criminología*, 28, 2022, Facultad de Derecho, pp. 231-233, en https://dialnet.unirioja.es/servlet/articulo?codigo=8671603.

estos delitos tienen que ver con la promoción, constitución, organización o dirección de organización terrorista (arts. 572.1 CP) o pertenencia activa (art. 572.2 CP). El segundo lugar lo ocupa de nuevo el delito de captación y adoctrinamiento (art. 577.2 CP) y el tercero, sin embargo, tiene que ver con la colaboración con organización terrorista (art. 577.1 CP), tal y como refleja a continuación:

De dicha información se pueden extraer varias conclusiones:

1. Existe una notable diferencia entre el porcentaje de detenidos y condenados por delitos de terrorismo de carácter yihadista. Tales datos evidencian un gran margen de error a la hora de acusar por un delito de dicha naturaleza. Una de las causas puede tener que ver con la dificultad de probar la concurrencia del elemento subjetivo del tipo. Otra con la cada vez más recurrente tipificación de actos protopreparatorios o actos preparatorios de un acto preparatorio. En ambos casos, esto no es sino una muestra de que los instrumentos o criterios de evaluación no tienen en cuenta las diferencias entre la radicalización cognitiva y la conductual. Además de las consecuencias ya detalladas a lo largo de la investigación, dicha situación es especialmente perjudicial para aquellos individuos que se encuentran en prisión preventiva —en algunos casos más de tres años— y finalmente quedan absueltos[748]. Sobre todo, porque durante la aplicación

---

[748] Una de las problemáticas que advierte NÚÑEZ FERNÁNDEZ en su investigación es la alta prevalencia y duración de la prisión preventiva como medida cautelar en los delitos de terrorismo. Concretamente, de las 373 personas acusadas durante los últimos 20 años, esta se acuerda en el 89.7% de los casos. Su duración media es de 2 años y 4 meses pero, en algunos supuestos, dicha medida llega a ejecutarse durante 3 años. Otro dato relevante es el alto porcentaje de individuos a los que se les aplica y finalmente quedan absueltos; concretamente el 30.81% de los supuestos. En este sentido, vid. *Ibid.*, p. 239.

de la misma no pueden ser objeto de programas de tratamiento debido a la presunción de inocencia que rige. Esto evidencia la necesidad de moderar la aplicación de dicha medida y de flexibilizar su régimen de ejecución.

2. Como puede extraerse de los datos, muchos de los condenados por terrorismo yihadista son activistas o radicales —la mayoría sin antecedentes penales— que cooperan con la organización a través de medios telemáticos. Aun así, por lo general no son autores de delitos violentos con resultados lesivos, sino que se les imputan tipos penales relacionados con la integración o la colaboración con banda armada. Es más, según la información extraída de las tablas anteriores, ninguna mujer ha sido condenada por atentar contra la vida de sus víctimas y en el caso de los hombres se aprecian únicamente 3 supuestos; concretamente aquellos sujetos enjuiciados por el ataque terrorista acontecido en Madrid el día 11 de marzo de 2004. Este perfil criminológico difiere del de aquellos sujetos penados durante el auge del terrorismo de ETA, donde el porcentaje de condenas por delitos contra las personas es notablemente superior.

3. Dicha prevalencia en el uso de medios telemáticos genera, además, el desdibujamiento del perfil victimológico clásico: en muchas ocasiones, las víctimas no son fácilmente identificables. De ahí cabría preguntarse hasta qué punto es viable exigir el cumplimiento de ciertos requisitos pensados para el terrorismo de ETA en aquellos penados por terrorismo yihadista. Es decir, teniendo en cuenta que uno de los fines de la pena es la resocialización del delincuente, ¿hasta qué punto tiene sentido seguir exigiendo el perdón a las víctimas concretas de sus delitos para poder ascender en grado u obtener beneficios penitenciarios si en la mayoría de los casos se tratan de delitos preparatorios sin víctimas identificables o condenados por colaboración o integración?

CAPÍTULO IX.

CONCLUSIONES: LA SEGURIDAD COMO FUNDAMENTO DE LA EXPANSIÓN DEL DELITO DE TERRORISMO. ¿EN LÍNEA CON LA NORMATIVA INTERNACIONAL?

No cabe duda de que el concepto clásico de seguridad traspasa las fronteras nacionales. En la actualidad, los conflictos o vulnerabilidades de ciertos Estados frágiles inciden directamente en la vida interna de otros. Prueba de ello son los últimos atentados perpetrados, en muchos casos, por individuos radicalizados fuera de las fronteras comunitarias. Por tanto, el mantenimiento de la paz social y el orden público conocido hasta entonces ya no depende únicamente de las esferas internas de los Estados, dado el contexto de globalización del fenómeno terrorista actual[749]. Esto exhorta a una cooperación interestatal cada vez más necesaria más allá de soluciones puramente

---

749 M. A. Cano Paños, *Generación yihad*, cit., p. 20 y ss. El autor distingue dos formas principales de terrorismo: Por un lado, el terrorismo clásico surgido a partir de 1970 en el que los actos terroristas son de carácter selectivo, cometidos dentro del territorio y con el objetivo de sustituir el sistema político y social o lograr la escisión de un territorio de la soberanía de un Estado. Por otro lado, el terrorismo transnacional o global surgido a partir de 1990 que supone una amenaza mundial puesto que va más allá de las fronteras nacionales, de gran nivel técnico y logístico y sin programa político ideológico claro, aunque con gran fanatismo religioso.

represivas y ante conductas consumadas[750], que no son sino la prueba de un reiterado fracaso de esta política. Para responder al miedo y la inseguridad generada, las instituciones comunitarias tratan de desplegar un conjunto de mecanismos jurídicos de diversa índole que, de forma gradual, se armonizan con los lineamientos propuestos por las instituciones regionales e internacionales. Al mismo tiempo, éstos se unifican en directivas y reglamentos de cara a evitar la dispersión y fragmentación de la normativa existente y poder proporcionar una mayor solidez jurídica. Sin embargo, todos poseen la misma particularidad: esa mayor intervención estatal fundamentada en el bienestar personal de la ciudadanía[751], supeditando incluso su libertad a cambio de una mayor percepción de seguridad. Esta coyuntura propicia una aplicación cada vez más generalizada del Derecho penal simbólico, entendido como aquel que pretende transmitir a la sociedad ciertos mensajes de tranquilidad, pero sin atender realmente a una mayor protección de los bienes jurídicos ni capacidad de modificar la realidad social[752]. Es lo que SILVA SÁNCHEZ denomina Derecho penal de la "tercera velocidad"; una regulación que condiciona las garantías procesales y sustantivas a situaciones de necesidad, subsidiariedad y eficacia[753] dentro de un marco de emergencia global. Esto no

---

750 A. SALINAS DE FRÍAS, «Lucha contra el terrorismo internacional», cit., p. 235.

751 J. BERNAL DEL CASTILLO, «Prevención y seguridad ciudadana. La recepción en España de las teorías criminológicas de la prevención situacional», *Revista de derecho penal y criminología,* 9, 2013, Facultad de Derecho, p. 269, en https://dialnet.unirioja.es/servlet/articulo?codigo=4369385.

752 J. L. DÍEZ RIPOLLÉS, «El derecho penal simbólico y los efectos de la pena», cit., p. 68. En este mismo sentido, J. M. TERRADILLOS BASOCO, «Terrorismo yihadista y política criminal del siglo XXI», cit., p. 43., cuestiona la eficacia preventiva de dicha estrategia político criminal en tanto que únicamente responde a reivindicaciones sociales o de los medios de comunicación.

753 J.-M. SILVA SÁNCHEZ, *La expansión del derecho penal: aspectos de la política criminal en las sociedades postindustriales,* 2. ed., rev.ampliada, Civitas, Madrid

solamente genera problemas en materia de legitimidad, sino que, además, es una baza a favor de los intereses terroristas, que lo que buscan es una sobrerreacción estatal como argumento para justificar sus actos y atraer a nuevos seguidores[754].

Como se ha venido destacando, en el caso de España, el terrorismo propiciado por ETA no es el mismo al que se debe hacer frente hoy día. Esto requiere modificar los términos para adaptarse a la situación actual. Sin embargo, la cuestión es la siguiente: ¿Dónde está el límite a partir del cual la legislación antiterrorista, lejos de regular una nueva situación, pasa a vulnerar el principio de intervención mínima que debe presidir la actuación del Derecho penal? ¿Bajo qué circunstancias se pueden legitimar la permanencia de una legislación de emergencia y carácter extraordinario? En este sentido, cabe decir que ambas respuestas pivotan en torno al sentimiento de seguridad. El terrorismo no solamente se percibe como una amenaza global que incide sobre bienes físicos o derechos fundamentales, sino que también hace peligrar el elevado grado de bienestar y desarrollo social y económico existente en algunos países[755]. Ese cambio en el modo de percibir la seguridad demanda una mayor injerencia estatal para garantizar ese estatus. Intervención que, en realidad, es meramente simbólica, en tanto que no tiene capacidad intimidatoria, sino que simplemente cumple una función retributiva para satisfacer la ne-

---

[Spain], 2001, p. 166.

754 M. Cancio Melia, «Terrorism and criminal law: The dram of prevention, the nightmare of the rule of law», *New Criminal Law Review*, vol. 14, 1, 2011, p. 114, en https://heinonline—org.uma.debiblio.com/HOL/Page?lname=&public=false&collection=journals&handle=hein.journals/bufcr14&men_hide=false&men_tab=toc&kind=&page=108.

755 J. Bernal del Castillo, «Prevención y seguridad ciudadana. La recepción en España de las teorías criminológicas de la prevención situacional», cit., p. 269.

cesidad social de la pena[756]. Sin embargo, es esa "seguridad por encima de cualquier otro derecho" la que genera y, al mismo tiempo, legitima, una tendencia legislativa cada vez más próxima al Derecho penal del enemigo, tal y como plantea gran parte de la doctrina[757]. Puede argumentarse que ese incremento del rigor punitivo responde a comportamientos con un mayor contenido del injusto y que el adelantamiento de las barreras de punición no son más que conductas enmarcadas en figuras ya contempladas como los actos preparatorios punibles. Sin embargo, la cuestión radica en encontrar una fórmula que tipifique con más dureza aquellas conductas de mayor lesividad sin vulnerar principios como el de proporcionalidad o culpabilidad.

---

[756] J.-M. Silva Sánchez, *Aproximación al derecho penal contemporáneo,* Bosch, Barcelona, 2002, pp. 227-228. Para Coleman y Sim, "el lenguaje de la disciplina punitiva ha cimentado ideológicamente a la élite política con la población en general en un deseo a menudo sombrío y emocional de infligir un castigo vengativo", J. Pratt (ed.), *The new punitiveness: trends, theories, perspectives,* Willan Pub, Cullompton, Devon Portland, Or, 2005, p. 102.

[757] Vid. entre otros, M. Cancio Meliá, «"Derecho penal" del enemigo y delitos de terrorismo. Algunas consideraciones sobre la regulación de las infracciones en materia de terrorismo en el Código penal español después de la LO 7/2000», cit., p. 19 y ss.; G. P. Contreras, «La legislación de lucha contra las no-personas: represión legal del "enemigo" tras el atentado del 11 de septiembre de 2001», *Mientras tanto,* 83, 2002, Icaria, p. 77 y ss., en https://dialnet.unirioja.es/servlet/articulo?codigo=2249516; F. Muñoz Conde, «El nuevo derecho penal autoritario», en Emilio Octavio de Toledo y Ubieto, Manuel Gurdiel Sierra, Emilio Cortés Bechiarelli, Luis Felipe Ruiz Antón (eds.) *Estudios penales en recuerdo del profesor Ruiz Antón,* Tirant lo Blanch, 2003, p. 803 y ss.; G. Portilla Contreras, «El derecho penal y procesal del "enemigo": las viejas y nuevas políticas de seguridad frente a los peligros internos-externos», en José Miguel Zugaldía Espinar, Jacobo López Barja de Quiroga (eds.) *Dogmática y ley penal : libro homenaje a Enrique Bacigalupo,* Marcial Pons, 2004, p. 693 y ss.

Es aquí donde surge otra cuestión: ¿podría justificarse esa tendencia expansiva (e intrusiva) en un intento de neutralizar fácticamente esos peligros excepcionales a los que debe hacer frente? Tal y como afirma Llobet Anglí, la aplicación del Derecho penal del enemigo comporta el empleo de dos tipologías de medidas: la primera hace referencia al uso del Derecho penal simbólico, el cual no es solamente ilegítimo, sino además inútil, en tanto que los resultados de aplicar medidas excepcionales son los mismos que ofrecería el recurso a la legislación común. La segunda tiene que ver con aquellas medidas tendentes a inocuizar fuentes de peligro. En este caso, el plus de sanción se basa en un pronóstico de peligrosidad futura del sujeto, lo que se acerca más a una medida de seguridad que a una pena como tal[758]. Ambas aplicaciones son ilícitas, en tanto que no cumplen directamente con el objetivo para el que fueron dispuestas, que no es otro que la protección de bienes jurídicos. Es más, la eficacia de una medida no justifica en ningún caso su implementación, si ello conlleva la vulneración de derechos y garantías constitucionales. Si a su vez se suma el hecho de que el desarrollo normativo de cada Estado se basa en la interpretación particular de su propio contexto, justificando sus reformas en respuesta a las citadas circunstancias, se incrementa el riesgo de menoscabo de la estructura básica del sistema penal. En este caso, su legitimidad debería responder a una construcción conceptual que garantizara el principio de responsabilidad por el hecho, pudiendo castigar únicamente por conductas externas y concretas y dejando de lado la atribución de responsabilidad penal por el mero pensamiento o plan de vida del individuo[759].

---

758 M. Llobet Anglí, «¿Terrorismo o terrorismos?: Sujetos peligrosos, malvados y enemigos», cit., p. 245.

759 J. L. Díez Ripollés, *La racionalidad de las leyes penales,* cit., p. 138 y ss.

De este modo, las reformas realizadas a partir del año 2010 y, sobre todo, la aprobación de la LO 2/2015, plasman un nuevo encuadre de la regulación terrorista nacional. La supresión del vínculo organizativo como eje tipificador de los delitos de terrorismo diluye su propia capacidad de delimitar los supuestos que tienen cabida bajo esta tipología penal. Esto, unido al incremento de nuevas figuras penales preparatorias no hace sino expandir el radio de intervención del derecho penal[760] al mismo tiempo que supone una merma de esferas de libertad en lo que la dogmática jurídica española acusa de "tipificación desde el miedo" o la criminalización del peligro. No hay que olvidar que, en muchos casos, la ejecución de dichas figuras se desenvuelve en esferas potencialmente neutras, como es el uso de internet en los casos de los delitos de aprendizaje autónomo o el cruce de fronteras en los casos de los viajes transnacionales con fines de terrorismo. Todo ello implica un cada vez mayor desdibujamiento de la línea que distingue entre la libertad de pensamiento, ideológica, religiosa, la libre difusión de ideas o incluso la libertad deambulatoria de aquellos actos que verdaderamente ponen en riesgo la lesión de un bien jurídico. Dicha huida hacia el Derecho penal como instrumento de solución de conflictos no hace sino reforzar los mecanismos de prevención general, en un intento de conservar y fortalecer la confianza en la firmeza y poder de ejecución del ordenamiento jurídico[761].

---

[760] Fundamentada en factores relacionados con la aparición de nuevos riesgos; entre ellos las innovaciones tecnológicas, el mercado global, el incremento de la percepción de inseguridad, así como su institucionalización, la identificación con la víctima, etc. En este sentido vid. J.-M. SILVA SÁNCHEZ; B. KRETSCHMER, *La expansión del derecho penal: aspectos de la política criminal en las sociedades postindustriales,* Edisofer ; B de F, Madrid; Montevideo, 2011, p. 11 y ss.

[761] C. ROXIN, *Derecho penal. Parte general, tomo I: Fundamentos, la estructura de la teoría del delito,* Editorial Civitas, Madrid, España, 1997, p. 91.

Todo ello lleva a cuestionar si el concepto tradicional de "Derecho penal del enemigo" está adquiriendo un nuevo significado. A diferencia del postulado clásico que establecía una etiqueta de forma artificial convirtiendo a alguien en oponente, dicho concepto adquiere sentido a partir del trato de "enemigo" recibido por el sistema jurídico como defensa frente a los peligros originados, tomando como punto decisivo no tanto el daño causado en la vigencia de la norma, sino la magnitud del riesgo[762]. La cuestión es que dicha situación anticipa la punibilidad de un comportamiento generado mucho antes de la lesión efectiva del bien jurídico protegido por la norma.

Según el legislador, dicha tendencia regulatoria tiene su origen en las obligaciones establecidas a partir de los tratados vinculantes de orden internacional. Sin embargo, dicha afirmación es más que cuestionable. No cabe duda de que el fundamento de la LO 2/2015 tiene su origen en un nuevo modelo preventivo promovido por la RCSNU 2178 (2014) y reforzado por la Estrategia renovada de la UE para combatir la radicalización de 2014 y por el Protocolo Adicional del Convenio Europeo sobre la prevención del terrorismo de 2015. El problema radica en que, con el objetivo de contrarrestar el riesgo de radicalización, se aprovecha la oportunidad de configurar nuevos mecanismos de prevención de futuros riesgos[763], lo que dificultad, además la posibilidad de deslindar dichas figuras anticipatorias de otras formas de violencia o delitos comunes.

---

762 Para una mayor profundización del concepto de "Derecho penal del enemigo" y su revisión, vid. G. Jakobs, «¿Derecho penal del enemigo? Un estudio acerca de los presupuestos de la juridicidad», en Manuel Cancio Meliá, Carlos Gómez-Jara Díez (eds.) *Derecho penal del enemigo: el discurso penal de la exclusión*, Edisofer ; B de F, Madrid : Montevideo, República Oriental del Uruguay, 2006, p. 109 y ss.

763 E. Pomares Cintas, *La deriva del Derecho Penal y la democracia*, cit., p. 190.

No obstante, el ordenamiento interno ya contaba con las herramientas suficientes como para responder a la incipiente tendencia internacional, posibilitando el adelanto de la intervención penal a estadios previos al inicio de la ejecución del delito. Todo ello por no hablar del margen de discrecionalidad con el que cuenta todo Estado Parte a hora de implementar dichas reformas en pro de no distorsionar la coherencia del propio sistema interno[764]. De modo que, a diferencia de lo que plantea el legislador, no eran necesarias tales reformas.

Es más, la propia jurisprudencia rechaza de forma explícita dicho postulado, sobre todo con referencia a algunos delitos que presentan una tipificación especialmente compleja, como es el caso del delito de autoadoctrinamiento:

> "Del listado de comportamientos típicos ahora recogidos con carácter novedoso, no todos ellos derivan del contenido de los instrumentos y resoluciones internacionales citados [...] y si bien ello no impide que el legislador nacional tipifique una determinada conducta, sí resulta relevante tal circunstancia, por una parte, porque no sirve de justificación la normativa europea citada; y de otra, en cuanto a la interpretación de precepto, por cuanto ponderado el fenómeno yihadista y su forma legal de combatirlo, diversas instancias europeas encontraron dificultades para la tipificación de conductas atinentes exclusivamente a una actividad individual de contenido meramente ideológico"[765].

Algunos autores aluden al fracaso de la Operación Nova como posible origen de ese afán regulatorio[766]. La falta de éxi-

---

764 CoE, *Explanatory Report to the European Convention on the Suppression of Terrorism*, cit., sec. 98.

765 *STS 354/2017, de 17 de mayo, Roj: STS 1883/2017*, FJ 1.

766 Para la autora, el origen del castigo del adoctrinamiento puede deberse al fracaso que supone la Operación Nova, la cual se considera como la primera gran operación policial que pretende detectar la radicalización en prisión. En este sentido, vid. Gil Gil, A, «Derecho penal y terrorismo

to de dicha operación se debe principalmente a que un número notable de las conductas imputadas a dichos sujetos no estaban calificadas como delito en la regulación vigente en ese momento, lo que derivó en un elevado número de absoluciones. Concretamente, las fuentes policiales hacen referencia a un total de 45 implicados de diferentes centros penitenciarios, de los cuales 32 son finalmente detenidos. De estos, la AN absuelve a 12 individuos y condena a 20: 1 por pertenencia activa a banda armada en grado de promotor y director (art. 516.1 CP); 2 por colaboración (art. 576 CP); y los 17 restantes por pertenencia o integración en organización terrorista en calidad de integrantes (previsto en el art. 515.2 CP y penado en el 516.2 CP)[767]. Sin embargo, el TS anula parcialmente dicha sentencia a partir de una aplicación restrictiva del precepto exigiendo, como elemento del tipo, una provocación directa o,

---

islamista : ¿cómo hemos llegado hasta aquí? de un derecho penal del enemigo a un derecho penal del posible futuro enemigo», cit., p. 91.

767 Según la propia sentencia, "como sustrato subjetivo, tal pertenencia o integración requiere un carácter más o menos permanente, nunca episódico, lo que a su vez exige participar en sus fines, aceptar el resultado de sus actos y eventualmente realizar actos de colaboración que, por razón de su integración se convierten en actividades que coadyuvan a la finalidad que persigue el grupo, realización o posibilidad de realización o de llevar a cabo actividades de colaboración con la banda. De ahí que aquellas personas no integradas en la organización que realizan esporádicamente actos de colaboración, definidos en el artículo 576 CP, son autores de un delito de tal clase, pero los que perteneciendo como miembros realizan tales actos deben ser sancionados conforme al artículo 516 CP (...) La diferencia pues entre integración y colaboración es un componente asociativo ilícito, marcado por la asunción de fines y la voluntad de integración en la organización, sin perjuicio de la mayor o menor intervención en la misma, que tendrá reflejo en la diferencia penológica que el propio artículo 516 CP recoge distinguiendo entre promotores, directores y directivos de cualquiera de sus grupos de los meros integrantes". En este sentido, vid. *SAN 46/2006, de 27 de febrero, Roj: SAN 408/2008.*, FJ 11.

al menos, indirecta. De este modo, absuelve a 15 de los imputados y condena únicamente a cinco de ellos por pertenencia a banda armada. Su argumento se fundamenta en lo siguiente:

> "Las ideas propagandísticas pueden propugnar diversos objetivos y fines. (...) Pueden ser contagiosas, pero no por ello necesariamente delictivas. El derecho penal solo puede introducirse en ese nebuloso terreno si la exaltación, la inducción y la propaganda son directas y concretas. En este caso, no se encuentra ninguna referencia a intervenciones concretas más allá de la inmersión fanática en teorías fundamentalistas que pasaban desde la necesidad de predicar la doctrina y convencer a los infieles con la propuesta violenta de amenazar a la humanidad, si no se convierten a la verdadera fe y se mantenían en la infidelidad a la doctrina auténtica (...) Como puede observarse y ya se ha mencionado anteriormente cuando abordamos la intervención del Derecho penal en las fronteras de la ideación o de la ideología, no es posible convertir todo este bagaje de declaraciones y confesiones de creencias en un hecho delictivo de integración de banda armada"[768].

¿Podría decirse que la supuesta ausencia de tipos penales que recojan conductas relacionadas con este incipiente fenómeno justifica las continuas reformas en la materia? El riesgo que se asume al aplicar dicho razonamiento es la tipificación cada vez mayor de actos protopreparatorios, o de actos preparatorios de un acto preparatorio; esto es, la criminalización de una serie de cadenas hipotéticas de anticipaciones en estadios prematuros de peligro. Esto, amén de la erosión del sistema de Derecho antes mencionada, "posibilita el castigo como autor en su modalidad consumada a quien tan solo se prepara o forma para cometer delitos que sancionan a su vez actuaciones que, cuando se ejecuten, se desenvolverán también en el ámbito meramente preparatorio de delitos "terroristas" en sentido estricto, hasta extremos donde casi resulta viable en-

---

768 *STS 618/2008, de 7 de octubre, Roj: STS 5491/2008.*, cit.

trar en bucle"[769]. Probablemente, habrá autores que critiquen esta postura y adviertan la necesidad de que el Código penal abarque estas difusas y opacas conductas características de este nuevo fenómeno. Sin embargo, es necesario resaltar que, aun adelantando las barreras de punición con el fin de atender a la realidad actual, en este caso el legislador español no tiene en cuenta las diferencias existentes entre un sujeto con pensamientos radicales y otro que actúa de forma violenta[770]. Ese exacerbado rigor punitivo deriva en la criminalización de un extremista por pensamientos que todavía no se han materializado en acciones que supongan un peligro para ningún bien jurídico. Éste es el signo distintivo del nuevo modelo penal preventivo, un modelo que suprime el papel limitador del delito principal de terrorismo como delito-fin y determinable *ex ante*[771] y se fundamenta en estadios prematuros de peligro basados en la peligrosidad subjetiva del autor.

Esta limitación se aprecia claramente en los argumentos esgrimidos por los propios tribunales a la hora de valorar el delito de autoadoctrinamiento, uno de los que mayor controversia genera. En este caso, la AN trata de probar su elemento subjetivo a partir del modelo de los cuatro escalones elaborado por peritos de la Oficina Central de Inteligencia de la Ertzaint-

---

769 *STS 354/2017, de 17 de mayo, Roj: STS 1883/2017,* FJ 1.

770 Prueba de ello es la criminalización del adoctrinamiento ideológico -entendido como la aplicación de estrategias de manipulación psicológica individual y grupal para instaurar nuevas creencias, roles, normas, símbolos y valores- y su equiparación con el adiestramiento militar o de combate. En este sentido, vid. H. M. Trujillo; F. Alonso; J. M. Cuevas; M. Moyano, «Evidencias empíricas de manipulación y abuso psicológico en el proceso de adoctrinamiento y radicalización yihadista inducida», *Revista de Estudios Sociales,* 66, 2018, p. 44, en https://revistas.uniandes.edu.co/doi/10.7440/res66.2018.05.

771 E. Pomares Cintas, *La deriva del Derecho Penal y la democracia,* cit., p. 332.

za (en adelante, OCI)[772]. De este modo, el Tribunal compara el contenido de cada una de las etapas con la conducta acreditada en el sujeto para determinar el grado de asunción de la doctrina yihadista[773]. La propia jurisprudencia lo sintetiza del siguiente modo:

1. Victimismo: el musulmán es una víctima.

En esta primera etapa, el sujeto se siente víctima de las injusticias sufridas por los musulmanes y atribuye la autoría de dichos actos a los enemigos del islam, entre ellos, Occidente. Para sustentar dicho argumento, el sujeto difunde imágenes o vídeos en los que se aprecian situaciones que despiertan sentimientos de empatía a su receptor. La AN lo explica del siguiente modo:

> "En esta fase, el acusado no sólo incrementa su presencia en la red (los mensajes se hacen cada vez más frecuentes) sino que las imágenes de torturas y asesinatos de niños son cada vez más crueles, más sangrientas, y, poco a poco, va modificando sus comentarios, que pasan de ser en tercera persona (este es el trato que reciben los musulmanes) a ser en segunda persona "a nadie le importó lo que NOS está pasando"[774].

---

[772] Entre otras, *SAN 18/2016, de 30 de noviembre, Roj: SAN 4267/2016*; *SAN 12/2016, de 7 de diciembre, Roj: SAN 4394/2016.*

[773] M. del C. Guirao Cid, «El delito de autoadoctrinamiento, ¿adelantamiento de la intervención penal a la mera ideación subjetiva?: análisis de sentencias.», *Indret: Revista para el Análisis del Derecho,* 2, 2019, Universitat Pompeu Fabra, p. 13, en https://dialnet.unirioja.es/servlet/articulo?codigo=6949134.

[774] En este sentido, vid. SAN 18/2016, de 30 de noviembre, Roj: SAN 4267/2016, FJ 3.

2. Culpabilización: identificación de grupos responsables.

En esta etapa, parte de la responsabilidad de lo sucedido se le confiere, bien al propio sujeto, bien a todos aquellos que consienten dichos acontecimientos. Tal y como establece la propia jurisprudencia, "se equipara al musulmán que no se identifica con las víctimas y que no "ayuda" mediante la difusión en la red de esta "situación de masacre" con un mal musulmán". Esto se aprecia con afirmaciones como la siguiente: "el Profeta de Allah dice que quien no se preocupa por la situación de los musulmanes no es musulmán"[775]. Por ello, el individuo debe subsanar dicha situación a través de una serie de acciones; entre ellas, la asunción de los postulados de los grupos terroristas y la divulgación de sus mensajes para la expansión del nuevo Califato.

3. Solución: ¿Soy buen musulmán? ¿Qué debo hacer?

El sujeto encuentra la respuesta a ese sentimiento de culpabilidad en el activismo radical violento. De ahí que se implique en la lucha y simpatice con los idearios extremistas que justifican la violencia. Según la AN, en esta fase siguiendo el ideario de adoctrinamiento yihadista, defiende el uso de la violencia contra los infieles como única solución, y en este caso lo vierte principalmente contra España y contra la policía española[776].

4. Activismo: justificación de la violencia.

El individuo justifica el uso de la violencia como único medio para alcanzar los objetivos propuestos. En esta fase, el modo de alcanzar la victoria implica seguir las directrices del grupo. Según dicho modelo, esta es la última fase, en la cual

---

775 *Ibid.* FJ 3.

776 *SAN 6/2016, de 17 de febrero, Roj: SAN 269/2017*, FJ 1.

el sujeto, ya radicalizado, se encuentra preparado para acabar con su vida por la causa:

> "En esta última fase, el acusado estaba a punto de pasar de las ideas y creencias consecuencia del autoadoctrinamiento a la acción, y así se ha acreditado que intenta captar miembros para la actividad terrorista invitando a terceros a acompañarle a Siria, para sumarse a la actividad del Estado Islámico o de Jahbat al Nusra; además comienza a realizar actos de facilitación de medios de comunicación segura haciéndoles llegar direcciones de correo electrónico y números de teléfono seguros, desde los que intercambiar información y crear nuevas cuentas de Twitter, Facebook y WhatsApp entre otros, a la vez que realiza propaganda del Estado Islámico a través de su perfil de Facebook; por último, se encontraba en la fase criminal de ideación de un atentado terrorista contra miembros de las Fuerzas y Cuerpos de Seguridad del Estado en España"[777].

Como se puede extraer de la propia declaración, la AN parte de un modelo de radicalización lineal donde, en la última fase, el individuo pasa irremediablemente del pensamiento radical a la acción violenta. Este planteamiento, unido al valor probatorio atribuido a los informes periciales de la OCI, desemboca en la imputación de un delito de autoadoctrinamiento.

Sin embargo, otra parte de la doctrina aplica una interpretación restrictiva de dicha tipología penal. En este caso, el TS recurre de forma parcial el argumento de la AN considerando dos aspectos: (i) la falta de regulación de dicha figura en el ámbito internacional y (ii) la dificultad de probar la concurrencia del elemento subjetivo del tipo.

En relación con el primer aspecto, y así lo destaca la propia jurisprudencia de TS en su sentencia 354/2017 de 17 de mayo, ni la Resolución 2178 de Naciones Unidas, ni los Convenios y Protocolos del Consejo de Europa contemplan dicha tipología penal. Es más, el CoE rechaza de forma explícita la tipificación

---

777 *Ibid.* FJ 1.

del autoadoctrinamiento terrorista, precisamente por la dificultad de limitar dicha actuación y la problemática que supone trazar los límites entre ésta y otras conductas legalmente protegidas. Lo mismo ocurre con la normativa de la Unión Europea en materia de terrorismo. Esto evidencia la falta de cobertura legal sólida desde el ámbito internacional. Pero es que, además, el propio TS exige la existencia de un acto preparatorio real que contenga un doble elemento subjetivo de carácter teleológico: por un lado, la finalidad de capacitarse; por otro, que el objetivo último de dicha capacitación sea la comisión de un delito de terrorismo. En el caso concreto de dicha sentencia, "el acceso habitual a internet o la adquisición o tenencia documental debe ser con la finalidad de capacitarse, donde el logro pretendido de tal aptitud, a su vez, ha de ser para llevar a cabo cualquiera de los delitos tipificados en este Capítulo (...) No es suficiente que se acredite con el mero contenido de las páginas de internet examinadas o de los documentos poseídos, pues su colisión con la libertad ideológica y el derecho a la información, determina la dificultad de que sea integrada exclusivamente por el sesgo de la determinada ideología a la que confluyen los contenidos visitados, por aberrante que fuere, de modo que habitualmente resultará la necesidad de que esa acreditación sea externa, diversa al estricto contenido examinado"[778]. Siguiendo este planteamiento, cualquier acto de adoctrinamiento con una finalidad investigadora o de mera curiosidad es atípico. Tampoco está dentro de este tipo penal cualquier conducta cuyo objetivo sea de carácter no terrorista.

---

[778] *STS 354/2017, de 17 de mayo, Roj: STS 1883/2017,* FJ 2; *STS 661/2017, de 10 de octubre, Roj: STS 3527/2017,* FJ 6. En el caso de la última sentencia mencionada, se absuelve al acusado del segundo delito traslado a zona controlada por organización terrorista- por no constar probado que hubiera adoptada la decisión de marcharse a Siria a enrolarse en la organización *Daesh*-Estado Islámico ni que hubiera iniciado el viaje.

La falta de cobertura en los instrumentos internacionales de las modalidades de adoctrinamiento pasivo y de autoadoctrinamiento del art. 575.1 y 2 CP obliga a una "interpretación restrictiva de estas conductas típicas para posibilitar su subsistencia sin quebranto del derecho a la libertad ideológica y el derecho a la información"[779]. Tanto es así que el TS utiliza como fundamento los planteamientos del Tribunal que enjuició a los responsables de los atentados terroristas del 11-M, recordando que no basta la mera radicalización ideológica, sino que "la acción terrorista es, pues, algo más que la expresión de ideas. (…) Incluso la mera expresión de ideas violentas, sin otras finalidades, no es todavía un delito"[780].

Esta distinción, aunque parece sutil, es crucial a la hora de aplicar una verdadera y efectiva estrategia de prevención, puesto que la detección del individuo en una fase previa a aquella en la que el sujeto ya considera legítimo el uso de la violencia permite actuar sobre él antes de que llegue a ejecutar cualquier acto terrorista. Es aquí donde radica la base de la eficacia en la prevención del terrorismo.

No obstante, y pese a las múltiples críticas, se sigue castigando el mero adoctrinamiento ideológico, a pesar de encontrarse alejado de un delito calificado como "terrorista". Además, el enfoque restrictivo del tipo aplicado por el TS se ha ido flexibilizando con el tiempo. Un ejemplo de ello es el listado propuesto por la AN en una de sus últimas sentencias para probar el elemento subjetivo del tipo. Concretamente la SAN 3323/2020, de 9 de diciembre, establece como elemento probatorio una serie de conductas peligrosas, bien por su propia naturaleza (el aprendizaje en el uso de armas, la adquisición o tenencia de sustancias o componentes para fabricar artefactos explosivos, la comunicación con combatientes o sujetos inte-

---

779 *STS 354/2017, de 17 de mayo, Roj: STS 1883/2017,* FJ 2.

780 *STS 503/2008, 17 de julio, Roj: STS 4587/2008,* FJ 4.

grados en estructuras terroristas, la compra de billetes para viajar o la invitación a otros a marcharse a zonas de conflicto), o bien por el destino que se les puede dar, entre ellas, el interés por medios de trasporte a zonas próximas al conflicto armado donde operan aquellas organizaciones o el aprendizaje del manejo de un camión[781].

781 *SAN 3323/2020, de 9 de diciembre, Roj: SAN 3323/2020,* FJ 1.

Referencias bibliográficas

ACALE SÁNCHEZ, M., «Derecho Penal y Tratado de Lisboa», *Revista de Derecho Comunitario Europeo,* vol. 12, n.º 30, 2008, Centro de Estudios Políticos y Constitucionales (España), pp. 349-380, en https://dialnet.unirioja.es/servlet/articulo?codigo=2700398.

ALCAIDE FERNÁNDEZ, J., «Las actividades terroristas ante el derecho internacional contemporáneo», 1996, en https://idus.us.es/xmlui/handle/11441/14994.

ALCAIDE FERNÁNDEZ, J.; CASADO RAIGÓN, R.; ARCOS VARGAS, M.; GARCÍA GARCÍA-REVILLO, M.; HINOJO ROJAS, M.; MARTÍN MARTÍNEZ, M. M.; Y OTROS (eds.), *Curso de Derecho de la Unión Europea,* 3, Tecnos, 2018, en http://www.dykinson.com/libros/curso-de-derecho-de-la-union-europea/9788430972142/.

ALDAVE ORZAIZ, A., *La guerra global contra el terrorismo: un análisis de la crisis del Derecho Internacional antes y después del 11-S,* Tirant lo Blanch, Valencia, 2018.

ALONSO BLANCO, J., «Al Qaeda en la Península Arábiga», *Revista del Instituto Español de Estudios Estratégicos,* vol. 2, 2014, Instituto Español de Estudios Estratégicos (Grupos militantes de ideología radical y carácter violento. Región "MENA" y Asia Central), p. 18, en https://dialnet.unirioja.es/servlet/articulo?codigo=7600022.

ALONSO RIMO, A., «¿Impunidad general de los actos preparatorios?: La expansión de los delitos de preparación», *Indret: Revista para el Análisis del Derecho,* n.º 4, 2017, Universitat Pompeu Fabra, p. 18, en https://dialnet.unirioja.es/servlet/articulo?codigo=6194372.

AMBOS, K.; TIMMERMANN, A., «Terrorism and customary international law», en *Research handbook on international law and terrorism,* Second edition, Edward Elgar Publishing, Cheltenham, UK ; Northampton, MA, USA, 2020 (Research handbooks in international law), pp. 16-30.

AMNESTY INTERNATIONAL (ed.), *Combating torture and other ill-treatment: a manual for action,* Second edition, Amnesty International Ltd, London, United Kingdom, 2016.

AMNISTÍA INTERNACIONAL, *Informe presentado por Amnistía Internacional y la Comisión Internacional de Juristas a CODEXTER: Draft Additional Protocol to the Council of Europe Convention on the Prevention of Terrorism, AI index:*

IOR 60/1393/2015, 2015, en https://www.amnesty.org/es/documents/ior60/1393/2015/en/.

Andrés Sáenz De Santa María, M. P., «La crisis de la inviolabilidad de las misiones diplomáticas. Una perspectiva estructural del análisis», *Revista de Estudios Internacionales*, n.º 2, 1981, Centro de Estudios Políticos y Constitucionales, en http://www.cepc.gob.es/publicaciones/revistas/fondo-historico?IDR=14&IDN=1203&IDA=34993.

Arendt, H., *Los orígenes del totalitarismo*, Taurus, Madrid, 2004.

Arquilla, J.; Ronfeldt, D. F.; United States (eds.), *Networks and netwars: the future of terror, crime, and militancy*, Rand, Santa Monica, CA, 2001.

Asua Batarrita, A., «Concepto jurídico de terrorismo y elementos subjetivos de finalidad. Fines políticos últimos y fines de terror instrumental», en Juan Ignacio Echano Basaldua (ed.) *Estudios jurídicos en Memoria de José María Lidón*, Universidad de Deusto, Bilbao, 2002, pp. 41-85.

Atran, S., «Genesis of Suicide Terrorism», *Science*, vol. 299, n.º 5612, 2003, American Association for the Advancement of Science, pp. 1534-1539,en https://science.sciencemag.org/content/299/5612/1534.

Avilés Farré, J., *Francisco Ferrer y Guardia: pedagogo, anarquista y mártir*, 2013, en http://site.ebrary.com/id/10779641.

Bakker, E., *Terrorism and counterterrorism studies: comparing theory and practice*, Leiden University Press, Leiden, 2015.

Bantekas, I., «The international law on terrorist financing», en *Research handbook on international law and terrorism*, Second edition, Edward Elgar Publishing, Cheltenham, UK ; Northampton, MA, USA, 2020 (Research handbooks in international law), pp. 97-108.

Bassiouni, M. C., *International extradition: United States law and practice*, Sixth edition, Oxford University Press, Oxford ; New York, NY, 2014.

Bassiouni, M. C., «Methodological Options For International Legal Control of Terrorism», *Akron Law Review*, vol. 7, 1974, p. 10.

Bayarri García, C. E., «Los nuevos delitos de terrorismo. Adoctrinamiento activo y pasivo vs. enaltecimiento y provocación a la comisión de delitos terroristas.», en Alberto Alonso Rimo, María Luisa Cuerda Arnau, Antonio Fernández Hernández (eds.) *Terrorismo, sistema penal y derechos fundamentales*, 1, Tirant Lo Blanch, 2018, pp. 279-298.

Behr, I. V.; Reding, A.; Edwards, C.; Gribbon, L., «Radicalisation in the digital era: The use of the internet in 15 cases of terrorism and extremism», p. 76.

BENÍTEZ, R. A., «Un nuevo convenio anti-terrorista para Europa», *Revista electrónica de estudios internacionales (REEI)*, n.º 7, 2003, pp. 1-28, en https://dialnet.unirioja.es/servlet/articulo?codigo=792205.

BEN-YEHUDA, N., «Political Assasination», en Lester R. Kurtz (ed.) *Encyclopedia of Violence, Peace, & Conflict*, 2nd ed, Academic Press, San Diego, 2008.

BERDUGO GÓMEZ DE LA TORRE, I., «El terrorismo en el siglo XXI: del terrorismo nacional al terrorismo global», en *El terrorismo en la actualidad: un nuevo enfoque político criminal*, Tirant lo Blanch, Valencia, 2018 (Tirant monografías), pp. 27-74.

BERGEN, P. L., *Holy war, inc.: inside the secret world of osama bin laden*, Free Press, Place of publication not identified, 2014, en http://www.myilibrary.com?id=893706.

BERNAL DEL CASTILLO, J., «Prevención y seguridad ciudadana. La recepción en España de las teorías criminológicas de la prevención situacional», *Revista de derecho penal y criminología*, n.º 9, 2013, Facultad de Derecho, pp. 267-304, en https://dialnet.unirioja.es/servlet/articulo?codigo=4369385.

BOUREKBA, M., «Al Qaeda después de Bin Laden: descentralización y adaptación», *CIDOB*, 2021, (CIDOP Opinión), en http://www.cidob.org/es/publicaciones/serie_de_publicacion/opinion_cidob/2021/al_qaeda_despues_de_bin_laden_descentralizacion_y_adaptacion.

BRANDARIZ GARCÍA, J. Á., «Itinerarios de evolución del sistema penal como mecanismo de control social en las sociedades contemporáneas», en Patricia Faraldo Cabana, Luz María Puente Aba, José Ángel Brandariz García (eds.) *Nuevos retos del derecho penal en la era de la globalización*, Tirant lo Blanch, 2004, pp. 15-64.

BURKE, J., *Al-Qaeda: the true story of radical Islam*, 3. ed., Penguin Books, London, 2007.

BUSH, G. W., «President Delivers State of the Union Address», 2002, en https://georgewbush-whitehouse.archives.gov/news/releases/2002/01/20020129-11.html.

CAMPO MORENO, J. C., *Comentarios a la reforma del Código Penal en materia de terrorismo: la L.O. 2/2015*, Tirant lo Blanch, Valencia, 2015.

CANCIO MELIÁ, M., «"Derecho penal" del enemigo y delitos de terrorismo. Algunas consideraciones sobre la regulación de las infracciones en materia de terrorismo en el Código penal español después de la LO 7/2000», *Jueces para la democracia*, n.º 44, 2002, Jueces para la Democracia, pp. 19-26, en https://dialnet.unirioja.es/servlet/articulo?codigo=264123.

Cancio Melia, M., «El concepto jurídico-penal de terrorismo entre la negación y la resignación», en Alberto Alonso Rimo, María Luisa Cuerda Arnau, Antonio Fernández Hernández (eds.) *Terrorismo, sistema penal y derechos fundamentales,* Tirant lo Blanch, Valencia, 2018 (Alternativa (Valencia, Spain)).

Cancio Meliá, M., *Los delitos de terrorismo: estructura típica e injusto,* Ed. Reus, Madrid, 2010.

Cancio Meliá, M., *Los delitos de terrorismo: estructura típica e injusto,* Reus, Madrid, 2010.

Cancio Melia, M., «Terrorism and criminal law: The dram of prevention, the nightmare of the rule of law», *New Criminal Law Review,* vol. 14, n.º 1, 2011, pp. 108-122, en https://heinonline—org.uma.debiblio.com/HOL/Page?lname=&public=false&collection=journals&handle=hein.journals/bufcr14&men_hide=false&men_tab=toc&kind=&page=108.

Cano Paños, M. A., *Generación yihad: la radicalización islamista de los jóvenes musulmanes en Europa,* Dykinson, Madrid, 2010.

Cano Paños, M. A., «La nueva amenaza terrorista y sus (negativas) repercusiones en el ordenamiento penal y constitucional. Comentario a la sentencia de la audiencia nacional núm. 39/2016, de 30 de noviembre», *Revista de derecho constitucional europeo,* n.º 27, 2017, Instituto Andaluz de Administración Pública, p. 9, en https://dialnet.unirioja.es/servlet/articulo?codigo=6111317.

Cano Paños, M. A., «La reforma de los delitos de terrorismo», en Lorenzo Morillas Cueva (ed.) *Estudios sobre el código penal reformado: leyes orgánicas 1/2015 y 2/2015,* Dykinson, Madrid, 2015, pp. 905-949.

Capita Remezal, M., *Análisis de la legislación penal antiterrorista,* Colex, Madrid, 2008.

Cassese, A., *International criminal law,* Oxford University Press, Oxford ; New York, 2003.

Cocchini, A., «¿Cómo interpretar la resolución 2249 (2015) del Consejo de Seguridad?», en *Las amenazas a la seguridad internacional hoy,* Tirant lo Blanch, 2017, en https://dialnet.unirioja.es/servlet/libro?codigo=718205.

Contreras, G. P., «La legislación de lucha contra las no-personas: represión legal del "enemigo" tras el atentado del 11 de septiembre de 2001», *Mientras tanto,* n.º 83, 2002, Icaria, pp. 77-91, en https://dialnet.unirioja.es/servlet/articulo?codigo=2249516.

COOLSAET, R.; RENARD, T., *From bad to worse: The fate of European foreign fighters and families detained in Syria, one year after the Turkish offensive*, Egmont Institute, 2020, p. 12, en https://www.egmontinstitute.be/from-bad-to-worse-the-fate-of-european-foreign-fighters-and-families-detained-in-syria/.

COPELAND, T., «Is the "New Terrorism" Really New?: An Analysis of the New Paradigm for Terrorism», *Journal of Conflict Studies*, vol. 21, n.º 2, 2001, The University of New Brunswick, pp. 7-27, en https://www.erudit.org/en/journals/jcs/2001-v21-n2-jcs_21_2/jcs21_2art01/.

CORRAL MARAVER, N., «La irracionalidad de la política criminal de la Unión Europea», *Indret: Revista para el Análisis del Derecho*, n.º 4, 2016, Universitat Pompeu Fabra, p. 19, en https://dialnet.unirioja.es/servlet/articulo?codigo=5740633.

CRENSHAW, M., «The Causes of Terrorism», *Comparative Politics*, vol. 13, n.º 4, 1981, p. 379, en https://www.jstor.org/stable/421717?origin=crossref.

CRENSHAW, M., «The Debate over "New" vs. "Old" Terrorism», en Ibrahim A. Karawan, Wayne McCormack, Stephen E. Reynolds (eds.) *Values and Violence*, vol. 4, Springer Netherlands, Dordrecht, 2009 (Studies in Global Justice), pp. 117-136, en http://link.springer.com/10.1007/978-1-4020-8660-1_8.

CUERDA RIEZU, A., «Los medios de comunicación y el Derecho Penal», en *Homenaje al Dr Marino Barbero Santos: in memoriam*, vol. I, Universidad de Castilla-La Mancha Universidad de Salamanca, Cuenca, 2001 (Homenajes), pp. 187-208.

DAFTARY, F., *The Ismāʻīlīs: their history and doctrines*, 2nd ed, Cambridge University Press, Cambridge ; New York, 2007.

DALE, S. F., «Religious Suicide in Islamic Asia: Anticolonial Terrorism in India, Indonesia, and the Philippines», *The Journal of Conflict Resolution*, vol. 32, n.º 1, 1988, Sage Publications, Inc., pp. 37-59, en https://www.jstor.org/stable/174087.

DE BRICHAMBAUT, M. P., «The Role of the United Nations Security Council in the International Legal System», en Michael Byers (ed.) *The Role of Law in International Politics: Essays in International Relations and International Law*, Oxford University Press, 2001, en https://academic.oup.com/book/2181.

DE LA CORTE IBÁÑEZ, L., «Breve análisis sobre la Estrategia Contraterrorista del Consejo de Europa para 2018-2022», *Instituto Español de Estudios Estratégicos (IEEE)*, n.º 95, 2018, (Documentos de Opinión), p. 20.

De la Corte Ibáñez, L., *La lógica del terrorismo,* Alianza, Madrid, 2014, en http://cielo.usal.es/Record/Xebook1-986.

De la Corte Ibáñez, L., «La yihad de Europa: desarrollo e impacto del terrorismo yihadista en los países de la Unión Europea (1994-2017)», *Informe del Centro Memorial de las Víctimas del Terrorismo,* n.º 4, 2018, Fundación Centro Memorial de las Víctimas del Terrorismo, pp. 7-69, en https://dialnet.unirioja.es/servlet/articulo?codigo=6403966.

De la Corte Ibáñez, L., «Tehreek-e-Taliban Pakistán y los talibán pakistaníes», *Revista del Instituto Español de Estudios Estratégicos,* vol. 3, 2014, Instituto Español de Estudios Estratégicos (Grupos militantes de ideología radical y carácter violento. Región "MENA" y Asia Central), p. 17, en https://dialnet.unirioja.es/servlet/articulo?codigo=7639109.

Di Filippo, M., «The definition(s) of terrorism in international law», en *Research handbook on international law and terrorism,* Second edition, Edward Elgar Publishing, Cheltenham, UK ; Northampton, MA, USA, 2020 (Research handbooks in international law), pp. 2-15.

Díaz Fernández, A. M., «Evolución de la cooperación europea en inteligencia», *Varia Historia,* vol. 28, n.º 47, 2012, pp. 163-185, en http://www.scielo.br/scielo.php?script=sci_arttext&pid=S0104-87752012000100008&lng=es&tlng=es.

Díez Ripollés, J. L., «De la sociedad del riesgo a la seguridad ciudadana: un debate desenfocado», *Revista electrónica de ciencia penal y criminología,* n.º 7, 2005, p. 1, en https://dialnet.unirioja.es/servlet/articulo?codigo=1068020.

Díez Ripollés, J. L., «El derecho penal simbólico y los efectos de la pena», *Boletín Mexicano de Derecho Comparado,* n.º 103, 2002, Instituto de Investigaciones Jurídicas, pp. 63-97, en https://dialnet.unirioja.es/servlet/articulo?codigo=1229008.

Díez Ripollés, J. L., «El nuevo modelo penal de la seguridad ciudadana», *Revista electrónica de ciencia penal y criminología,* n.º 6, 2004, p. 3, en https://dialnet.unirioja.es/servlet/articulo?codigo=930922.

Díez Ripollés, J. L., *La racionalidad de las leyes penales: práctica y teoría,* 2a ed, Trotta, Madrid, 2013.

Dubin, M. D., «Great Britain and the anti-terrorist conventions of 1937», *Terrorism and Political Violence,* vol. 5, n.º 1, 1993, pp. 1-29, en http://www.tandfonline.com/doi/abs/10.1080/09546559308427194.

Duyvesteyn, I., «How New Is the New Terrorism?», *Studies in Conflict & Terrorism*, vol. 27, n.º 5, 2004, pp. 439-454, en http://www.tandfonline.com/doi/abs/10.1080/10576100490483750.

Echeverría, C., «La vigencia del terrorismo de Al Qaida en las tierras del Magreb Islámico (AQMI): Ejemplo de supervivencia y de adaptabilidad», *Revista del Instituto Español de Estudios Estratégicos*, n.º 0, 2012, Instituto Español de Estudios Estratégicos, pp. 173-188, en https://dialnet.unirioja.es/servlet/articulo?codigo=4098400.

Ewi, M.; Du Plessis, A., «Counter-terrorism and pan-Africanism: from non-action to non-indifference», en *Research handbook on international law and terrorism*, Second edition, Edward Elgar Publishing, Cheltenham, UK ; Northampton, MA, USA, 2020 (Research handbooks in international law), pp. 654-668.

Faraldo Cabana, P., *Asociaciones ilícitas y organizaciones criminales en el código penal español.*, Tirant Lo Blanch, Valencia, 2012.

Fernández, J. N., «¿Prosperaría una demanda contra España ante el TEDH por parte del primer condenado a prisión permanente?: Reflexiones críticas y últimas tendencias tras la STC 169/2021, de 6 de octubre», *Revista General de Derecho Penal*, n.º 37, 2022, Iustel, p. 19, en https://dialnet.unirioja.es/servlet/articulo?codigo=8543658.

Fidler, D., «Nuclear, chemical and biological terrorism in international law», en *Research handbook on international law and terrorism*, Second edition, Edward Elgar Publishing, Cheltenham, UK ; Northampton, MA, USA, 2020 (Research handbooks in international law), pp. 80-96.

García Albero, R., «La reforma de los delitos de terrorismo», en Gonzalo Quintero Olivares (ed.) *La reforma penal de 2010: análisis y comentarios*, 1. ed, Aranzadi: Thomson Reuters, Cizur Menor, 2010 (Monografías Aranzadi. Aranzadi derecho penal), pp. 369-378.

García Magna, D., *La lógica de la seguridad en la gestión de la delincuencia*, Marcial Pons, 2018.

García Pérez, O., «La influencia de la doctrina del TEDH en la jurisprudencia española en materia de terrorismo y tráfico de drogas», en Santiago Mir Puig, Víctor Gómez Martín (eds.) *Garantías constitucionales y derecho penal Europeo*, Marcial Pons, Madrid, 2012, pp. 259-277.

García Pérez, O., «La legitimidad de la prisión permanente revisable a la vista del estándar europeo y nacional», *Estudios Penales y Criminológicos*, vol. 38, 2018, en https://revistas.usc.gal/index.php/epc/article/view/5512.

García Pérez, P., «La privatización de la violencia en Colombia y las AUC: de las autodefensas al paramilitarismo contrainsurgente y criminal», *Izquierdas*, n.º 27, 2016, pp. 230-255, en http://www.scielo.cl/scielo.php?script=sci_arttext&pid=S0718-50492016000200009&lng=en&nrm=iso&tlng=en.

García Rivas, N., «Legislación penal española y delito de terrorismo», en *Terrorismo y contraterrorismo en el siglo XXI: un análisis penal y político criminal*, Ratio Legis, Salamanca, 2016.

García San Pedro, J., *Terrorismo, aspectos criminológicos y legales*, Facultad Derecho, Universidad Complutense Madrid : Centro de Estudios Judiciales, Ministerio de Justicia, Madrid, 1993.

García Sánchez, B., «Instrumentos internacionales en la lucha contra el terrorismo (ONU)», en Ana Isabel Pérez Cepeda (ed.) *El terrorismo en la actualidad: un nuevo enfoque político criminal*, Tirant lo Blanch, Valencia, 2018 (Tirant monografías), pp. 75-104.

García-Rivas, N., «Terrorismo», en *La orden de detención y entrega europea*, Ediciones de la Universidad de Castilla-La Mancha, 2006.

Gascón Marcén, A., «El nuevo Reglamento europeo para la prevención de contenidos terroristas en línea», en *Retos del Estado de Derecho en materia de inmigración y terrorismo*, Iustel, 2022.

Gil Gil, A., «Derecho penal y terrorismo islamista: ¿cómo hemos llegado hasta aquí? de un derecho penal del enemigo a un derecho penal del posible futuro enemigo», en *La ejecución de las penas por delitos de terrorismo*, Dykinson, Madrid, 2022, pp. 83-114.

van Ginkel, B.; Boutin, B.; Chauzal, G.; Dorsey, J.; Jegerings, M.; Paulussen, C.; y otros, «The Foreign Fighters Phenomenon in the European Union. Profiles, Threats & Policies», *Terrorism and Counter-Terrorism Studies*, 2016, en http://icct.nl/publication/report-the-foreign-fighters-phenomenon-in-the-eu-profiles-threats-policies/.

Global Terrorism Index 2020: Measuring the Impact of Terrorism, Institute for Economics & Peace., Sydney, 2020, p. 109, en https://www.economicsandpeace.org/wp-content/uploads/2020/11/GTI-2020-web-2.pdf.

Global Terrorism Index 2023–Measuring the Impact of Terrorism, Institute for Economics & Peace., 2023, p. 95, en https://reliefweb.int/report/world/global-terrorism-index-2023.

Global Terrorism Index 2024–Measuring the Impact of Terrorism, Institute for Economics & Peace., 2024, p. 84, en https://reliefweb.int/report/world/global-terrorism-index-2024.

Gold, Z.; Faber, P. G., *Al-Qaeda in Iraq (AQI): An Al-Qaeda Affiliate Case Study*, Center for Naval Analyses Arlington United States, 2017, pp. 1-42, en https://apps.dtic.mil/sti/citations/AD1041735.

González Cussac, J. L., «Sobre el concepto jurídico penal de terrorismo», *Teoría & Derecho. Revista de pensamiento jurídico*, n.º 3, 2008, pp. 35-58, en https://ojs.tirant.com/index.php/teoria-y-derecho/article/view/306.

Górriz Royo, E., «Contraterrorismo emergente a raíz de la reforma penal de LO 1/2019 de 20 de febrero y de la Directiva 2017/541/EU: ¿europeización del Derecho penal del enemigo?», *Revista Electrónica de Ciencia Penal y Criminología*, vol. 1, n.º 22, 2020, p. 55.

Guirao Cid, M. del C., «El delito de autoadoctrinamiento, ¿adelantamiento de la intervención penal a la mera ideación subjetiva?: análisis de sentencias.», *Indret: Revista para el Análisis del Derecho*, n.º 2, 2019, Universitat Pompeu Fabra, p. 15, en https://dialnet.unirioja.es/servlet/articulo?codigo=6949134.

Gunaratna, R.; Cheung, G., «Regional legal responses to terrorism in Asia and the Pacific», en *Research handbook on international law and terrorism*, Second edition, Edward Elgar Publishing, Cheltenham, UK ; Northampton, MA, USA, 2020 (Research handbooks in international law), pp. 669-685.

Gutiérrez Espada, C., «A propósito de la adhesión española a la Convención sobre prevención y el castigo de delitos contra personas internacionalmente protegidas», *Revista española de derecho internacional*, vol. 38, n.º 1, 1986, Asociación Española de Profesores de Derecho Internacional y Relaciones Internacionales, pp. 9-32.

Heitmeyer, W.; Hagan, J., *International handbook of violence research*, Kluwer Academic Publishers, Dordrecht, 2003.

Herraiz Gil, G., *Actos de interferencia ilícita en la aviación civil*, Círculo Rojo SL, España, 2022.

Heymann, P. B., «Civil Liberties and Human Rights in the Aftermath of September 11», *Human Rights*, vol. 29, n.º 1, 2002, pp. 18-19, en https://booksc.xyz/ireader/27472265.

Heymann, P. B., «Dealing with Terrorism: An Overview», *International Security*, vol. 26, n.º 3, 2001, pp. 24-38, en https://booksc.xyz/ireader/47864068.

HOFFMAN, B., *Inside terrorism,* Third Edition, Columbia University Press, New York, 2017.

HOFFMAN, B., «Rethinking Terrorism and Counterterrorism Since 9/11», *Studies in Conflict & Terrorism,* vol. 25, n.º 5, 2002, pp. 303-316, en http://www.tandfonline.com/doi/abs/10.1080/105761002901223.

HOFFMAN, B., «The 7 July 2005 London Bombings», en Bruce Hoffman, Fernando Reinares (eds.) *The evolution of the global terrorist threat: from 9/11 to Osama bin Laden's death,* Columbia University Press, New York, 2014 (Columbia studies in terrorism and irregular warfare), pp. 192-223.

HOFFMAN, B.; REINARES, F. (eds.), *The evolution of the global terrorist threat: from 9/11 to Osama bin Laden's death,* Columbia University Press, New York, 2014.

HOPGOOD, S., «Tamil Tigers, 1987-2002», en Diego Gambetta (ed.) *Making sense of suicide missions,* Oxford University Press, Oxford ; New York, 2005.

HORSLEY, R. A., «The Sicarii: Ancient Jewish "Terrorists"», *The Journal of Religion,* vol. 59, n.º 4, 1979, University of Chicago Press, pp. 435-458, en https://www.jstor.org/stable/1202887.

INTERNATIONAL CENTRE FOR THE STUDY OF RADICALISATION AND POLITICAL VIOLENCE (ICSR), *Recruitment and Mobilisation for the Islamist Militant Movement in Europe,* King's College London, United Kingdom, 2007, p. 103, en https://ec.europa.eu/home-affairs/sites/homeaffairs/files/doc_centre/terrorism/docs/ec_radicalisation_study_on_mobilisation_tactics_en.pdf.

JAKOBS, G., «¿Derecho penal del enemigo? Un estudio acerca de los presupuestos de la juridicidad», en Manuel Cancio Meliá, Carlos Gómez-Jara Díez (eds.) *Derecho penal del enemigo: el discurso penal de la exclusión,* Edisofer ; B de F, Madrid : Montevideo, República Oriental del Uruguay, 2006, pp. 93-116.

JARIA I MANZANO, J., «El terrorismo como síntoma: Constitucionalismo, legitimidad del poder y globalización», en Miguel Revenga Sánchez (ed.) *Terrorismo y derecho bajo la estela del 11 de septiembre,* Tirant lo Blanch, Valencia, 2014 (El tiempo de los derechos), pp. 61-84.

JENSEN, R. B., «The International Anti-Anarchist Conference of 1898 and the Origins of Interpol.», *Journal of Contemporary History,* vol. 16, n.º 2, 1981, pp. 323-347, en www.jstor.org/stable/260577.

JENSEN, R. B., «The United States, International Policing and the War against Anarchist Terrorism, 1900-1914», *Terrorism and Political Violence,* vol. 13, n.º 1, 2001, pp. 15-46, en http://www.tandfonline.com/doi/abs/10.1080/09546550109609668.

JIMÉNEZ DE ASÚA, L., *Tratado de Derecho Penal. Tomo II, Filosofía y ley penal*, 4, Losada, Buenos Aires, 1977.

JONES, S. G.; DOBBINS, J.; BYMAN, D.; CHIVVIS, C. S.; CONNABLE, B.; MARTINI, J.; Y OTROS, *Rolling Back the Islamic State*, RAND Corporation, Santa Monica, Calif, 2017.

JORDÁN ENAMORADO, J., «El Daesh», en *Cuadernos de estrategia*, Ministerio de Defensa: Instituto Español de Estudios Estratégicos, Madrid, 2015 (La internacional yihadista).

JORDÁN ENAMORADO, J., «El terrorismo global una década después del 11-S», en *Instituto Español de Estudios Estratégicos, Actores armados no estatales: retos a la seguridad global*, Ministerio de Defensa, Madrid, 2011, pp. 131-173.

JORDÁN ENAMORADO, J., «Estructura organizativa del terrorismo de inspiración yihadista en Europa: retos para los servicios de inteligencia», en *La inteligencia, factor clave frente al terrorismo internacional*, Ministerio de Defensa, Secretaría General Técnica, Madrid, 2009 (Cuadernos de estrategia).

JORDÁN ENAMORADO, J., «The Evolution of the Structure of Jihadist Terrorism in Western Europe: The Case of Spain», *Studies in Conflict & Terrorism*, vol. 37, n.º 8, 2014, pp. 654-673, en http://www.tandfonline.com/doi/abs/10.1080/1057610X.2014.921770.

JORDÁN ENAMORADO, J. J., «Políticas de prevención de la radicalización violenta en Europa: elementos de interés para España», *Revista electrónica de ciencia penal y criminología*, n.º 11, 2009, Universidad de Granada, p. 5, en https://dialnet.unirioja.es/servlet/articulo?codigo=3051685.

KAPLAN, J., «'Leaderless resistance'», *Terrorism and Political Violence*, vol. 9, n.º 3, 1997, pp. 80-95, en http://www.tandfonline.com/doi/abs/10.1080/09546559708427417.

KAPLAN, J., «Terrorism's Fifth Wave: A Theory, a Conundrum and a Dilemma», *Perspectives on Terrorism*, vol. 2, n.º 2, 2010, en http://www.terrorismanalysts.com/pt/index.php/pot/article/view/26.

KILBERG, J., «A Basic Model Explaining Terrorist Group Organizational Structure», *Studies in Conflict & Terrorism*, vol. 35, n.º 11, 2012, pp. 810-830, en http://www.tandfonline.com/doi/abs/10.1080/1057610X.2012.720240.

KIRBY, A., «The London Bombers as "Self-Starters": A Case Study in Indigenous Radicalization and the Emergence of Autonomous Cliques»,

Studies in Conflict & Terrorism, vol. 30, n.º 5, 2007, Routledge, pp. 415-428, en https://doi.org/10.1080/10576100701258619.

KURZMAN, C., *The missing martyrs: why there are so few Muslim terrorists*, Oxford University Press, Oxford ; New York, 2011.

LAMARCA PÉREZ, C., «Proceso de paz y consecuencias jurídicas», *Revista Icade. Revista de las Facultades de Derecho y Ciencias Económicas y Empresariales*, vol. 0, n.º 74, 2008, pp. 27-35, en https://revistas.comillas.edu/index.php/revistaicade/article/view/345.

LAMARCA PÉREZ, C., «Terrorismo transnacional», en *Política criminal ante el reto de la delincuencia transnacional*, Universidad de Salamanca, 2016, pp. 483-504, en https://dialnet.unirioja.es/servlet/libro?codigo=654689.

LAMARCA PÉREZ, C., *Tratamiento jurídico del terrorismo*, Centro de Publicaciones del Ministerio de Justicia, Secretaría General Técnica, Madrid, 1985.

LAQUEUR, W., *The new terrorism: fanaticism and the arms of mass destruction*, Oxford University Press, New York, 1999.

LAQUEUR, W.; BAUMEL-SCHWARTZ, J. T. (eds.), *The Holocaust encyclopedia*, Yale University Press, New Haven, 2001.

LAQUEUR, W.; HOFFMAN, B., *A history of terrorism*, Expanded edition, Transaction Publishers, New Brunswick London, 2016.

LASCURAÍN SÁNCHEZ, J. A.; PÉREZ MANZANO, M.; ALCÁCER GUIRAO, R.; ARROYO ZAPATERO, L. A.; DE LEÓN VILLALBA, F. J.; MARTÍNEZ GARAY, L., «Dictamen sobre la constitucionalidad de la prisión permanente revisable», en Luis Alberto Arroyo Zapatero, Juan Antonio Lascuraín Sánchez, Mercedes Pérez Manzano, Cristina Rodriguez Yagüe (eds.) *Contra la cadena perpetua*, Ediciones de la Universidad de Castilla-La Mancha, 2016, pp. 17-80, en https://dialnet.unirioja.es/servlet/articulo?codigo=5657077.

LEVITT, M., «Declaring an Islamic state, running a criminal enterprise», *The Hill*, 2014, p. 2014, en https://thehill.com/blogs/pundits-blog/211298-declaring-an-islamic-state-running-a-criminal-enterprise.

LLOBET ANGLÍ, M., «¿Terrorismo o terrorismos?: Sujetos peligrosos, malvados y enemigos», *Revista jurídica de la Universidad Autónoma de Madrid*, n.º 31, 2015, pp. 227-251, en http://hdl.handle.net/10486/673804.

MALIACH, A., «Abdullah Azzam, al-Qaeda, and Hamas: Concepts of Jihad and Istishhad», *Military and Strategic Affairs*, vol. 2, 2010, p. 15, en https://www.inss.org.il/publication/abdullah-azzam-al-qaeda-and-hamas-concepts-of-jihad-and-istishhad/.

MERLOS GARCÍA, A., *Terror.com: Irak, Europa y los nuevos frentes de la Yihad*, EUNSA, 2008.

MIDLARSKY, M.; CRENSHAW, M.; YOSHIDA, F., «Why Violence Spreads: The Contagion of International Terrorism», *International Studies Quarterly*, vol. 24, 1980, pp. 262-298.

MINTZBERG, H., *La estructuración de las organizaciones*, Ariel, Barcelona, 1988.

MIR PUIG, S., «Función fundamentadora y función limitadora de la prevención general positiva», *Anuario de derecho penal y ciencias penales*, vol. 39, n.º 1, 1986, pp. 49-58, en https://dialnet.unirioja.es/servlet/articulo?codigo=46280.

MIRÓ LLINARES, F., «Cooperación judicial en materia penal en la Constitución Europea», en *Comentarios a la Constitución Europea*, Tirant lo Blanch, 2004, pp. 1183-1218, en https://dialnet.unirioja.es/servlet/libro?codigo=9577.

MOLINA DEL POZO, C. F., *Derecho de la Unión Europea*, 6, Editorial Reus, Madrid, España, 2022, en http://www.marcialpons.es/libros/derecho-de-la-union-europea/9788429025651/.

MUÑOZ CONDE, F., *Derecho penal. Parte especial*, 11. ed., rev.puesta al día, Tirant lo Blanch, Valencia, 1996.

MUÑOZ CONDE, F., *Derecho penal, parte especial*, 19. ed., completamente rev. y puesta al día, Tirant lo Blanch, Valencia, 2013.

MUÑOZ CONDE, F., *Derecho penal: parte especial*, 22ª edición, revisada y puesta al día, Tirant lo Blanch, Valencia, 2019.

MUÑOZ CONDE, F., «El nuevo derecho penal autoritario», en Emilio Octavio de Toledo y Ubieto, Manuel Gurdiel Sierra, Emilio Cortés Bechiarelli, Luis Felipe Ruiz Antón (eds.) *Estudios penales en recuerdo del profesor Ruiz Antón*, Tirant lo Blanch, 2003, pp. 803-824.

MURPHY, M. N., *Contemporary piracy and maritime terrorism: the threat to international security*, Routledge for the International Institute for Strategic Studies, Abingdon, 2007.

NESSER, P., «Chronology of "Jihadism" in Western Europe 1994–2007: Planned, Prepared, and Executed Terrorist Attacks», *Studies in Conflict & Terrorism*, vol. 31, n.º 10, 2008, pp. 924-946, en http://www.tandfonline.com/doi/abs/10.1080/10576100802339185.

NÚÑEZ CASTAÑO, E., «Reformas en la legislación penal y procesal (2015-2018). España», *Revista penal*, n.º 42, 2018, Tirant lo Blanch, pp. 246-252, en https://dialnet.unirioja.es/servlet/articulo?codigo=6550054.

NÚÑEZ FERNÁNDEZ, J., «Prisión permanente revisable y el TEDH: algunas reflexiones críticas e implicaciones para el modelo español», *Anuario de derecho penal y ciencias penales*, vol. 73, n.º 1, 2020, Ministerio de Justicia, pp. 267-306, en https://dialnet.unirioja.es/servlet/articulo?codigo=7655328.

Núñez Fernández, J., «Veinte años de terrorismo yihadista a través de la jurisprudencia de la Audiencia Nacional y del Tribunal Supremo: (desde el 1 de enero de 2001 hasta el 31 de diciembre de 2020)», *Revista de Derecho Penal y Criminología*, n.º 28, 2022, Facultad de Derecho, pp. 217-275, en https://dialnet.unirioja.es/servlet/articulo?codigo=8671603.

Oftedal, E., *The financing of jihadi terrorist cells in Europe*, Norwegian Defence Research Establishment, 2015, p. 68.

Ortega Gómez, M., *Derecho de la Unión Europea*, J.M. Bosch Editor, 2019.

Orts Berenguer, E.; Carbonell Mateu, J. C., «Un derecho penal contra el pluralismo y la libertad», en Juan Carlos Carbonell Mateu, Manuel Cobo del Rosal (eds.) *Estudios penales en homenaje al Profesor Cobo del Rosal*, Dykinson, Madrid, 2006, pp. 181-194.

Paredes Castañón, J. M., «El "terrorista" ante el Derecho penal: por una política criminal intercultural», *Nuevo Foro Penal*, n.º 74, 2010, Universidad EAFIT, pp. 99-177, en https://dialnet.unirioja.es/servlet/articulo?codigo=3769409.

Pastrana Sánchez, M. A., *La nueva configuración de los delitos de terrorismo*, Boletín Oficial del Estado, Madrid, 2021.

Paybarah, A., «Esto es lo que sabemos sobre el Estado Islámico Jorasán, autor del atentado de Kabul», *The New York Times*, 2021, en https://www.nytimes.com/es/2021/08/27/espanol/ISIS-K-que-es.html.

Pérez Cepeda, A. I., *El pacto antiyihadista: criminalización de la radicalización*, Tirant lo Blanch, Valencia, 2017.

Pérez Cepeda, A. I., *El terrorismo en la actualidad: un nuevo enfoque político criminal*, Tirant lo Blanch, Valencia, 2018.

Pomares Cintas, E., *La deriva del Derecho Penal y la democracia: la lucha antiterrorista como rastreo de embriones de sospecha*, Dykinson, 2022.

Portilla Contreras, G., «El derecho penal y procesal del "enemigo": las viejas y nuevas políticas de seguridad frente a los peligros internos-externos», en José Miguel Zugaldía Espinar, Jacobo López Barja de Quiroga (eds.) *Dogmática y ley penal : libro homenaje a Enrique Bacigalupo*, Marcial Pons, 2004, pp. 693-720.

Portilla Contreras, G., «La reforma en los actos preparatorios y favorecimiento de delitos de terrorismo», en Gonzalo Quintero Olivares (ed.) *La reforma penal de 2010: análisis y comentarios*, 1. ed, Aranzadi :

Thomson Reuters, Cizur Menor, 2010 (Monografías Aranzadi. Aranzadi derecho penal), pp. 369-382.

Portilla Contreras, G., «La represión penal del "discurso del odio"», en Francisco Javier Álvarez García (ed.) *Tratado de derecho penal español, parte especial. 4: Delitos contra la Constitución,* Tirant lo Blanch, Valencia, 2016 (Manuales).

Portilla Contreras, G., «Prólogo», en *La deriva del Derecho Penal y la democracia: la lucha antiterrorista como rastreo de embriones de sospecha,* Dykinson, 2022.

Portilla Contreras, G., «Terrorismo de Estado: los grupos antiterroristas de liberación (G.A.L.)», en Luis A. Arroyo Zapatero, Ignacio Berdugo Gómez de la Torre (eds.) *Homenaje al Dr. Barbero Santos. In memoriam, II,* vol. II, Universidad de Castilla-La Mancha Universidad de Salamanca, Cuenca, 2001 (Homenajes), pp. 501-530.

Post, J. M.; McGinnis, C.; Moody, K., «The Changing Face of Terrorism in the 21st Century: The Communications Revolution and the Virtual Community of Hatred: The changing face of terrorism in the 21st century», *Behavioral Sciences & the Law,* vol. 32, n.º 3, 2014, pp. 306-334. en http://doi.wiley.com/10.1002/bsl.2123.

Post, J. M.; Ruby, K. G.; Shaw, E. D., «The Radical Group in Context: 1. An Integrated Framework for the Analysis of Group Risk for Terrorism», *Studies in Conflict & Terrorism,* vol. 25, n.º 2, 2002, pp. 73-100, en http://www.tandfonline.com/doi/abs/10.1080/105761002753502466.

Powell, W. W., «Neither market nor hierarchy: Network forms of organization», *Research in Organizational Behaviour,* vol. 12, 1990, pp. 295-336.

del Prado Higuera, C.; Sánchez de Rojas Díaz, E., *Terrorismo Islamista: el Caso de al Gamaá al Islamiyya,* Tirant lo Blanch, Valencia, 2018.

«Prague Summit Declaration Issued by the Heads of State and Government participating in the meeting of the North Atlantic Council in Prague on 21 November 2002», *NATO Press Release,* 2002, en https://www.nato.int/docu/pr/2002/p02-127e.htm.

Pratt, J. (ed.), *The new punitiveness: trends, theories, perspectives,* Willan Pub, Cullompton, Devon Portland, Or, 2005.

Quintero Olivares, G., «Definiendo el terrorismo: Normatividad y materialidad», en Miguel Revenga Sánchez (ed.) *Terrorismo y derecho bajo la estela del 11 de septiembre,* Tirant lo Blanch, València, 2014 (El tiempo de los derechos), pp. 85-100.

RABASA, A. (ed.), *Deradicalizing Islamist extremists,* RAND, Santa Monica, Calif., 2010.

RAE, «Definición de decisión–Diccionario del español jurídico–RAE», *Diccionario del español jurídico–Real Academia Española,* 2019, en https://dej.rae.es/lema/decisi%C3%B3n.

RAMÓN CHORNET, C., «La reciente evolución de la estrategia antiterrorista, test de la estrategia global de seguridad de la UE», *Anuario Español de Derecho Internacional,* vol. 33, 2017, pp. 103-126, en https://revistas.unav.edu/index.php/anuario-esp-dcho-internacional/article/view/16915.

RAMÓN CHORNET, C., *Terrorismo y respuesta de fuerza en el marco del derecho internacional,* Tirant lo Blanch, Valencia, 1993.

RAPOPORT, D., «Las cuatro oleadas del terrorismo moderno», 2004.

RAPOPORT, D., «Terrorism», en Lester R. Kurtz, Jennifer E. Turpin (eds.) *Encyclopedia of violence, peace & conflict,* Academic Press, San Diego, 1999, pp. 497-510.

RAPOPORT, D. C., «It Is Waves, Not Strains», *Terrorism and Political Violence,* vol. 28, n.º 2, 2016, pp. 217-224, en http://www.tandfonline.com/doi/full/10.1080/09546553.2015.1112278.

RAPOPORT, D. C., «Terrorism», en Lester R. Kurtz (ed.) *Encyclopedia of Violence, Peace, & Conflict,* 2nd ed, Elsevier, San Diego, 2008, pp. 2087-2104, en https://linkinghub.elsevier.com/retrieve/pii/B9780123739858001756.

RAPOPORT, D. C., «Terrorism as a Global Wave Phenomenon: An Overview», en *Oxford Research Encyclopedia of Politics,* Oxford University Press, 2017, en https://oxfordre.com/politics/view/10.1093/acrefore/9780190228637.001.0001/acrefore-9780190228637-e-299.

RAPOPORT, D. C., «The Four Waves of Modern Terrorism», en Audrey Kurth Cronin, James M. Ludes (eds.) *Attacking terrorism: elements of a grand strategy,* Georgetown University Press, Washington, D.C, 2004, pp. 46-73.

RAPOPORT, D. C., «The Fourth Wave: September 11 in the History of Terrorism», *Current History,* vol. 100, n.º 650, 2001, pp. 419-424, en https://online.ucpress.edu/currenthistory/article/100/650/419/107778/The-Fourth-Wave-September-11-in-the-History-of.

REDLICK, A. S., «The Transnational Flow of Information as a Cause of Terrorism», en *Terrorism: theory and practice,* Westview Press, Boulder (CO), 1979, pp. 73-95.

REICH, W.; WOODROW WILSON INTERNATIONAL CENTER FOR SCHOLARS (eds.), *Origins of terrorism: psychologies, ideologies, theologies, states of mind,* Woodrow

Wilson International Center for Scholars ; Cambridge University Press, [Washington, D.C.] : Cambridge [England] ; New York, 1990.

Reinares, F., «Conceptualizando el terrorismo internacional», en *Boletín Elcano,* Real Instituto Elcano, Madrid.

Reinares, F., *Terrorismo global,* Taurus, Madrid, 2003.

Reinares, F., «The 2004 Madrid Train Bombings», en Bruce Hoffman, Fernando Reinares (eds.) *The evolution of the global terrorist threat: from 9/11 to Osama bin Laden's death,* Columbia University Press, New York, 2014 (Columbia studies in terrorism and irregular warfare), pp. 29-60.

Reinares, F.; García-Calvo, C.; Vicente, Á., *Yihadismo y yihadistas en España. Quince años después del 11-M–Elcano,* Real Instituto Elcano, Madrid, 2019, en http://realinstitutoelcano.org/wps/portal/rielcano_es/publicacion?WCM_GLOBAL_CONTEXT=/elcano/elcano_es/publicaciones/yihadismo-yihadistas-espana-quince-anos-despues-11-M.

Reinares Nestares, F., *Terrorismo y antiterrorismo,* 1998.

Remiro Brotóns, A., «Terrorismo internacional, principios agitados», en Antonio Rafael Cuerda Riezu, Francisco Jiménez García (eds.) *Nuevos desafíos del derecho penal internacional: terrorismo, crímenes internacionales y derechos fundamentales,* Tecnos, 2009, pp. 17-46, en https://dialnet.unirioja.es/servlet/libro?codigo=403271.

Robbins, S. P.; Judge, T. A., *Comportamiento organizacional,* 10, Pearson Educación, México, 2004.

Robespierre, M., «Les principes de morale politique», Francia, 1794, en http://www.emersonkent.com/speeches/principes_de_morale_politique.htm.

Robespierre, M.; Žižek, S.; Howe, J., *Virtue and terror,* Verso, London; New York, 2017.

Rodríguez Carrión, A. J.; Salinas de Frías, A., *Bases de derecho comunitario europeo,* Servicio de Publicaciones e Intercambio Científico de la Univ. de Málaga, Málaga, 2007.

Roxin, C., *Derecho penal. Parte general, tomo I: Fundamentos, la estructura de la teoría del delito,* Editorial Civitas, Madrid, España, 1997.

Sageman, M., *Leaderless jihad: terror networks in the twenty-first century,* University of Pennsylvania Press, Philadelphia, 2008.

Salinas de Frías, A., *Counter-terrorism and human rights in the case law of the European Court of Human Rights,* Council of Europe Publishing, Strasbourg, 2012.

SALINAS DE FRÍAS, A., «La insuficiente protección jurídica internacional de los migrantes irregulares víctimas de trata», *Revista Española de Derecho Internacional*, vol. 73/2, n.º julio-diciembre 2021, 2021, (Migraciones y asilo: análisis y perspectivas), pp. 161-175.

SALINAS DE FRÍAS, A., «La obra convencional del Consejo de Europa en la prevención y lucha contra el terrorismo internacional», 2009, Servicio de Publicaciones de la Universidad de Navarra, en https://dadun.unav.edu/handle/10171/21371.

SALINAS DE FRÍAS, A., «Lucha contra el terrorismo internacional: no solo del uso de la fuerza pueden vivir los Estados», *Revista española de derecho internacional*, vol. 68, n.º 2, 2016, pp. 229-252, en https://dialnet.unirioja.es/servlet/articulo?codigo=5644753.

SALINAS DE FRÍAS, A., «Málaga es un sitio estratégico en la ruta yihadista para adentrarse en Europa», 2021, en https://cadenaser.com/emisora/2021/10/26/ser_malaga/1635259256_004437.html.

SALINAS DE FRÍAS, A., «Prevención y lucha contra el terrorismo internacional en Europa: ¿competencia o cooperación?», en *La obra jurídica del Consejo de Europa: (en conmemoración del 60 aniversario del Consejo de Europa)*, 2010, en https://dialnet.unirioja.es/servlet/libro?codigo=489552.

SALINAS DE FRÍAS, A., «Prólogo», en *Las obligaciones de cooperación penal de los estados en la acción contra el terrorismo*, Tirant lo Blanch, Valencia, 2020 (Monografías).

SALINAS DE FRÍAS, A. M., «La práctica convencional multilateral de los estados en materia de cooperación judicial internacional contra el terrorismo», en *Anuario Argentino de Derecho Internacional XV*, 1, Córdoba, Argentina, 2007.

SALINAS DE FRÍAS, A.; NEUMANN, P., *Report on the links between terrorism and transnational organised crime*, Committee of Experts on Terrorism (CODEXTER), Estrasburgo, 2017, en https://rm.coe.int/report-on-the-links-between-terrorism-and-transnational-organised-crim/1680711352.

SALINAS DE FRÍAS, A.; SÁNCHEZ FRÍAS, A. (eds.), *Basic concepts of EU law*, Tirant lo Blanch, 2020, en https://dialnet.unirioja.es/servlet/libro?codigo=778791.

SAMUEL, K., «The legal response to terrorism of the Organization of Islamic Cooperation», en *Research handbook on international law and terrorism*, Second edition, Edward Elgar Publishing, Cheltenham, UK ; Northampton, MA, USA, 2020 (Research handbooks in international law), pp. 639-653.

SÁNCHEZ FRÍAS, A., *Las obligaciones de cooperación penal de los estados en la acción contra el terrorismo,* Tirant lo Blanch, Valencia, 2020.

SÁNCHEZ FRÍAS, A. S., «From dangerous citizens to foreign criminals: effects on human rights and state sovereignty of recent international and European responses to the terrorist threat.», *Revista de estudios europeos,* n.º 75 (Enero-Junio), 2020, Instituto de Estudios Europeos, pp. 114-134, en https://dialnet.unirioja.es/servlet/articulo?codigo=7216845.

SARRIÓN ESTEVE, J., *Lecciones Fundamentales de Derecho de la Unión Europea,* 1, Tirant lo Blanch, 2017.

SAUL, B., «Attempts to define 'terrorism' in international law», *Netherlands International Law Review,* vol. 52, n.º 1, 2005, pp. 57-83, en http://www.journals.cambridge.org/abstract_S0165070X05000574.

SAUL, B., «Legislating from a Radical Hague: The United Nations Special Tribunal for Lebanon Invents an International Crime of Transnational Terrorism», *Leiden Journal of International Law,* vol. 24, n.º 3, 2011, Cambridge University Press, pp. 677-700, en https://www.cambridge.org/core/journals/leiden-journal-of-international-law/article/legislating-from-a-radical-hague-the-united-nations-special-tribunal-for-lebanon-invents-an-international-crime-of-transnational-terrorism/045D641D5847AD86B2E507B3A5E2CC40.

SAUL, B. (ed.), *Research handbook on international law and terrorism,* Second edition, Edward Elgar Publishing, Cheltenham, UK ; Northampton, MA, USA, 2020.

SAUL, B. (ed.), *Terrorism,* Hart Pub, Oxford ; Portland, OR, 2012.

SAUL, B., *The Emerging International Law of Terrorism,* Sydney Law School, 2010, pp. 163-192, en https://papers.ssrn.com/abstract=1699568.

SCHEININ, M., «The Council of Europe's Draft Protocol on Foreign Terrorist Fighters is Fundamentally Flawed», *Just Security,* 2015, en https://www.justsecurity.org/21207/council-europe-draft-protocol-foreign-terrorist-fighters-fundamentally-flawed/.

SCHMID, A., «Radicalisation, De-Radicalisation, Counter-Radicalisation: A Conceptual Discussion and Literature Review», *Terrorism and Counter-Terrorism Studies,* 2013, en http://icct.nl/publication/radicalisation-de-radicalisation-counter-radicalisation-a-conceptual-discussion-and-literature-review/.

SCHMID, A. P., *Handbook of terrorism prevention and preparedness,* 2020, en https://icct.nl/handbook-of-terrorism-prevention-and-preparedness/.

SCHMID, A. P., «The problems of defining terrorism», en *International encyclopedia of terrorism,* Fitzroy Dearborn, Chicago, Ill., 1997.

SCHMID, A. P. (ed.), *The Routledge handbook of terrorism research,* Routledge, Taylor & Francis Group, London New York, 2013.

SCHMID, A. P.; JONGMAN, A. J., *Political terrorism: a new guide to actors, authors, concepts, data bases, theories, & literature,* Rev., expanded, and updated ed, Transaction Publishers, New Brunswick, N.J, 2005.

SCHWEITZER, Y., «Palestinian Istishhadia: A Developing Instrument», *Studies in Conflict & Terrorism,* vol. 30, n.º 8, 2007, Routledge, pp. 667-689, en https://doi.org/10.1080/10576100701435761.

SCHWEITZER, Y., «Terrorismo en Oriente Medio», en *Causas y consecuencias del terrorismo: II Jornadas internacionales sobre terrorismo, 2006, págs. 1-12,* Fundación Manuel Giménez Abad de Estudios Parlamentarios y del Estado Autonómico, 2006, pp. 1-12, en https://dialnet.unirioja.es/servlet/articulo?codigo=5767207.

SCHWEITZER, Y.; SHAY, S., *The globalization of terror: the challenge of Al-Qaida and the response of the international community,* Transaction Publishers, New Brunswick [N.J.], 2003.

Segunda conferencia especializada sobre terrorismo: compromiso de Mar del Plata, 23-24 de noviembre de 1998, OEA Doc. OEA/Ser.K/XXXIII.2, CEITE-II/doc.6/98 rev.1, OEA, Mar del Plata, Argentina, 1998, en http://www.oas.org/juridico/spanish/Docu4.htm.

SEGURA I MAS, A., «Del Acuerdo Sykes-Picot al Estado Islámico», *Política Exterior,* vol. 30, n.º 171, 2016, Estudios de Política Exterior S. A., pp. 40-50, en https://www.jstor.org/stable/26450701.

SHAY, S., *Global jihad and the tactic of terror abduction a comprehensive review of Islamic terrorist organizations,* Eastbourne, England : Sussex Academic Press, 2014, en http://0-site.ebrary.com.fama.us.es/lib/unisev/Doc?id=10827704.

SILVA SÁNCHEZ, J.-M., *Aproximación al derecho penal contemporáneo,* Bosch, Barcelona, 2002.

SILVA SÁNCHEZ, J.-M., *La expansión del derecho penal: aspectos de la política criminal en las sociedades postindustriales,* 2. ed., rev.ampliada, Civitas, Madrid [Spain], 2001.

SILVA SÁNCHEZ, J.-M.; KRETSCHMER, B., *La expansión del derecho penal: aspectos de la política criminal en las sociedades postindustriales,* Edisofer ; B de F, Madrid; Montevideo, 2011.

Sossai, M., «The legal response of the Organization of American States in combating terrorism», en *Research handbook on international law and terrorism*, Second edition, Edward Elgar Publishing, Cheltenham, UK ; Northampton, MA, USA, 2020 (Research handbooks in international law), pp. 626-638.

Stevens, T.; Neumann, P. R., *Countering Online Radicalisation: A Strategy for Action*, International Centre for the Study of Radicalisation and Political Violence (ICSR), London, United Kingdom, 2009, en https://icsr.info/wp-content/uploads/2010/03/ICSR-Report-The-Challenge-of-Online-Radicalisation-A-Strategy-for-Action.pdf.

Terradillos Basoco, J. M., «Fundamentos político-criminales de las actuales estrategias antiterroristas», en Jesús-María Silva Sánchez, Santiago Mir Puig (eds.) *Estudios de derecho penal: homenaje al profesor Santiago Mir Puig*, Bdef, Montevideo Buenos Aires, 2017, pp. 153-1163.

Terradillos Basoco, J. M., «Terrorismo yihadista y política criminal del siglo XXI», *Nuevo Foro Penal*, n.º 87, 2016, Universidad EAFIT, pp. 18-59, en https://dialnet.unirioja.es/servlet/articulo?codigo=5838393.

The Observer, «Full text: bin Laden's "letter to America"», *the Guardian*, 2002, en http://www.theguardian.com/world/2002/nov/24/theobserver.

Tomuschat, C., «On the possible "added value" of a Comprehensive Convention on Terrorism"», *Human Right Law Journal*, vol. 26, n.º 5-8, pp. 287-306.

Townshend, C., *Terrorismo una breve introducción*, Alianza, Madrid, 2008.

Trujillo, H. M.; Alonso, F.; Cuevas, J. M.; Moyano, M., «Evidencias empíricas de manipulación y abuso psicológico en el proceso de adoctrinamiento y radicalización yihadista inducida», *Revista de Estudios Sociales*, n.º 66, 2018, pp. 42-54, en https://revistas.uniandes.edu.co/doi/10.7440/res66.2018.05.

«US expands "axis of evil"», 2002, fen http://news.bbc.co.uk/2/hi/americas/1971852.stm.

Vacas Fernández, F., *El terrorismo como crimen internacional: definición, naturaleza y consecuencias jurídicas internacionales para las personas*, Tirant lo Blanch, Valencia, 2011.

Vázquez, J. F., «La amenaza del terrorismo en el ámbito marítimo», *Boletín de Información*, n.º 304, 2008, Centro Superior de Estudios de la Defensa Nacional, pp. 7-24, en https://dialnet.unirioja.es/servlet/articulo?codigo=2864596.

WEINBERG, L.; PEDAHZUR, A.; HIRSCH-HOEFLER, S., «The Challenges of Conceptualizing Terrorism», *Terrorism and Political Violence,* vol. 16, n.º 4, 2004, pp. 777-794, en http://www.tandfonline.com/doi/abs/10.1080/095465590899768.

WIKTOROWICZ, Q., «Islamic Activism and Social Movement Theory: A New Direction for Research», *Mediterranean Politics,* vol. 7, n.º 3, 2002, pp. 187-211, en http://www.tandfonline.com/doi/full/10.1080/13629390207030012.

WITTEN, S., «The International Convention for the Suppression of Terrorist Bombings», en *Research handbook on international law and terrorism,* Second edition, Edward Elgar Publishing, Cheltenham, UK; Northampton, MA, USA, 2020 (Research handbooks in international law), pp. 109-119.

WITTEN, S. M., «The International Convention for the Suppression of Terrorist Bombings», *American Journal of International Law,* vol. 92, n.º 4, 1998, pp. 774-781, en https://www.cambridge.org/core/product/identifier/S0002930000028335/type/journal_article.

Fuentes institucionales

(ordenadas cronológicamente)

I. SOCIEDAD DE NACIONES

Convention pour la création d'une cour pénale internationale (LoN Doc. C.547.M.384.1937.V).

Convention pour la prévention et la répression du terrorisme (Lon Doc. C.546.M.383.1937.V).

II. NACIONES UNIDAS

1. Tratados multilaterales de Naciones Unidas

Convenio Internacional de Navegación Aérea, firmado en París el 13 de octubre de 1919 y ratificado por España el 14 de noviembre de 1934 (BOE núm. 325, de 22 de noviembre de 1934, páginas 1450 a 1473).

Convenio sobre Aviación Civil Internacional (OACI Doc 7300), firmado en Chicago el 7 de diciembre de 1944 y ratificado por España el 21 de febrero de 1947 (BOE núm. 55, de 24 de febrero de 1947, páginas 1338 a 1351).

Estatuto de la Corte Internacional de Justicia, 1945.

Convenio IV de Ginebra relativo a la protección debida a las personas civiles en tiempo de guerra, hecho en Ginebra el 12 de agosto de 1949 y ratificado por España el 4 de julio de 1952 (BOE núm. 246, de 2 de septiembre de 1952, páginas 3997 a 4017).

Proyecto de Código de Delitos contra la Paz y la Seguridad de la Humanidad, 1954.

Convención sobre Relaciones Diplomáticas, firmado en Viena el 18 de abril de 1961 y ratificado por España el 21 de noviembre de 1967 (BOE núm. 21, de 24 de enero de 1968, páginas 1031 a 1036).

Convenio sobre las infracciones y ciertos otros actos cometidos a bordo de las aeronaves (OACI Doc 8364), hecho en Tokio el 14 de septiembre de 1963 y ratificado por

España el 25 de agosto de 1969 (BOE núm. 308, de 25 de diciembre de 1969, páginas 20078 a 20081).

Tratado sobre la no proliferación de las armas nucleares, hecho en Londres, Moscú y Washington el 1 de julio de 1968 (Doc. INFCIRC/140) y ratificado por España el 13 de octubre de 1987 (BOE núm. 313, de 31 de diciembre de 1987, páginas 38243 a 38256).

Convenio de Viena sobre el Derecho de los Tratados, adoptado en Viena el 23 de mayo de 1969 y ratificado por España el 10 de junio de 1980 (BOE núm. 142, de 13 de junio de 1980, páginas 13099 a 13110).

Convenio para la represión del apoderamiento ilícito de aeronaves (OACI Doc. 8920), hecho en La Haya el 16 de diciembre de 1970 y ratificado por España el 6 de octubre de 1972 (BOE núm. 13, de 15 de enero de 1973, páginas 742 a 743).

Convenio para la represión de actos ilícitos contra la seguridad de la aviación civil (OACI Doc. 8966), hecho en Montreal el 23 de septiembre de 1971 y ratificado por España el 6 de febrero de 1972 (BOE núm. 9, de 10 de enero de 1974, páginas 551 a 553).

Protocolo para la represión de actos ilícitos de violencia en los aeropuertos que presten servicio a la aviación civil internacional complementario del Convenio para la represión de actos ilícitos contra la seguridad de la aviación civil (OACI Doc. 9518), hecho en Montreal el 23 de septiembre de 1971, firmado en Montreal el 24 de febrero de 1988 y ratificado por España el 8 de abril de 1991 (BOE núm. 56, de 5 de marzo de 1992, páginas 7565 a 7567).

Convención Internacional contra la toma de rehenes, hecha en Nueva York el 17 de diciembre de 1979 y ratificada por España el 9 de marzo de 1984 (BOE núm. 162, de 7 de julio de 1984, páginas 19989 a 19991).

Convención sobre la prevención y el castigo de delitos contra personas internacionalmente protegidas, inclusive los agentes diplomáticos, hecha en Nueva York el 14 de diciembre de 1973 y ratificada por España el 26 de julio de 1985 (BOE núm. 33, de 7 de febrero de 1986, páginas 5064 a 5070).

Protocolo de enmienda del Convenio Europeo para la represión del terrorismo de 27 de enero de 1977 (STE nº 190), hecho en Estrasburgo el 15 de mayo de 2003 y ratificado por España el 16 de octubre de 2014.

Convención sobre protección física de los materiales nucleares (INFCIRC/274/Rev.l), hecha en Viena y Nueva York el 3 de marzo de 1980 y ratificado por España el 20 de abril de 1987 (BOE núm. 256, de 25 de octubre de 1991, páginas 34558 a 34562).

Convención de las Naciones Unidas sobre el Derecho del Mar, hecho en Montego Bay el 10 de diciembre de 1982 y ratificado por España el 20 de diciembre de 1996 (BOE núm. 39, de 14 de febrero de 1997, páginas 4966 a 5055).

Convenio para la represión de actos ilícitos contra la seguridad de la navegación marítima y Protocolo para la represión de actos ilícitos contra la seguridad de las plataformas fijas emplazadas en la plataforma continental, hechos en Roma el 10 de marzo de 1988 y ratificado por España el 15 de junio de 1989 (BOE núm. 99, de 24 de abril de 1992, páginas 13842 a 13846).

Convenio sobre la marcación de explosivos plásticos para los fines de detección (OACI Doc. 9571), hecho en Montreal el 1 de marzo de 1991 y ratificado por España el 23 de febrero de 1994 (BOE núm. 288, de 2 de diciembre de 1998, páginas 39525 a 39529).

Convención sobre la Seguridad del Personal de las Naciones Unidas y el Personal Asociado, hecha en Nueva York el 9 de diciembre de 1994 y ratificado por España el 11 de diciembre de 1997 (BOE núm. 124, de 25 de mayo de 1999, páginas 19556 a 19560).

Convenio internacional para la represión de los atentados terroristas cometidos con bombas, hecho en Nueva York el 15 de diciembre de 1997 y ratificado por España el 22 de abril de 1999 (BOE núm. 140, de 12 de junio de 2001, páginas 20547 a 20553).

Convenio internacional para la represión de la financiación del terrorismo, hecho en Nueva York el 9 de diciembre de 1999 y ratificado por España el 1 de abril de 2002 (BOE núm. 123, de 23 de mayo de 2002, páginas 18361 a 18369).

Convención de las Naciones Unidas contra la Delincuencia Organizada Transnacional, hecho en Nueva York el 15 de noviembre de 2000 y ratificado por España el 21 de febrero de 2002 (BOE núm. 233, de 29 de septiembre de 2003, páginas 35280 a 35297).

Convenio internacional para la represión de los actos de terrorismo nuclear, hecho en Nueva York el 13 de abril de 2005 y ratificado por España el 29 de enero de 2007 (BOE núm. 146, de 19 de junio de 2007, páginas 26527 a 26533).

Enmienda de la Convención sobre la protección física de los materiales nucleares, hecha en Viena el 8 de julio de 2005 y firmada por España el 25 de octubre de 2007. (BOE» núm. 105, de 2 de mayo de 2016, páginas 29201 a 29216).

Protocolo de 2005 relativo al Convenio para la represión de los actos ilícitos contra la seguridad de la navegación marítima, hecho en Londres el 14 de octubre de 2005 y ratificado por España el 31 de marzo de 2008 (BOE núm. 170, de 14 de julio de 2010, páginas 61810 a 61827).

Protocolo de 2005 relativo al Protocolo para la represión de actos ilícitos contra la seguridad de las plataformas fijas emplazadas en la plataforma continental, hecho en Londres el 14 de octubre de 2005 y firmado por España el 31 de marzo de 2008. (BOE núm. 171, de 15 de julio de 2010, páginas 61914 a 61919).

Convenio para la represión de actos ilícitos relacionados con la seguridad de la aviación civil internacional, hecho en Beijing el 10 de septiembre de 2010, firmado por España el 10 de septiembre de 2010 pero no ratificado. OACI Doc. 9960.

Protocolo complementario del Convenio para la represión del apoderamiento ilícito de aeronaves (OACI Doc. 9959), hecho en Beijing el 10 de septiembre de 2010, firmado por España el 10 de septiembre de 2010 pero no ratificado.

Protocolo que modifica el Convenio sobre las infracciones y ciertos otros actos cometidos a bordo de las aeronaves (OACI Doc. 10034), hecho en Montreal el 4 de abril de 2014, firmado por España el 9 de septiembre de 2015 pero no ratificado, 2014.

2. Resoluciones, declaraciones y recomendaciones de Naciones Unidas

a) Asamblea General

Resolución 2780(XXVI), de 3 de diciembre de 1971. Informe de la Comisión de Derecho Internacional. Doc. S/A/RES/2780(XXVI).

Resolución 3034(XXVII), de 18 de diciembre de 1972. Medidas para prevenir el terrorismo internacional que pone en peligro vidas humanas inocentes o causa su pérdida, o compromete las libertades fundamentales, y estudio de las causas subyacentes de las formas de terrorismo y los actos de violencia que tienen su origen en las aflicciones, la frustración, los agravios y la desesperanza y que conducen a algunas personas a sacrificar vidas humanas, incluida la propia, en un intento de lograr cambios radicales. Doc A/RES/3034(XXVII).

Resolución 3034 (XXVII) de. 18 de diciembre de 1972. Medidas para prevenir el terrorismo internacional que pone en peligro vidas humanas inocentes a causa su pérdida, o compromete las libertades fundamentales, y estudio de las causas subyacentes de las formas de terrorismo y los actos de violencia que tienen su origen en las aflicciones, la frustración, los agravios y la desesperanza y que conducen a algunas personas a sacrificar vidas humanas, incluida la propia, en un intento de lograr cambios radicales. Doc. A/RES/3034(XXVII).

Resolución 31/103 de 15 de diciembre de 1976. Elaboración de una convención internacional contra la toma de rehenes. Doc. A/RES/31/103.

Resolución 34/145, de 17 de diciembre de 1979. Medidas para prevenir el terrorismo internacional que pone en peligro vidas humanas inocentes o causa su pérdida, o compromete las libertades fundamentales. Doc. A/RES/34/145.

Resolución 38/130, de 19 diciembre de 1983. Medidas para prevenir el terrorismo internacional que pone en peligro vidas humanas inocentes o causa su pérdida, o compromete las libertades fundamentales, y estudio de las causas subyacentes de las formas de terrorismo y los actos de violencia que tienen su origen en las aflicciones, la frustración, los agravios y la desesperanza y que conducen a algunas personas a sacrificar vidas humanas, incluida la propia, en un intento de lograr cambios radicales. Doc. A/RES/38/130.

Resolución 40/61 de 9 de diciembre de 1985. Medidas para prevenir el terrorismo internacional que pone en peligro vidas humanas inocentes o causa su pérdida, o compromete las libertades fundamentales, y estudio de las causas subyacentes de las formas de terrorismo y los actos de violencia que tienen su origen en las aflicciones, la frustración, los agravios y la desesperanza y que conducen a algunas personas a sacrificar vidas humanas, incluida la propia, en un intento de lograr cambios radicales.Doc. S/A/RES/40/61.

Resolución 42/159, de 7 de diciembre de 1987. Medidas para prevenir el terrorismo internacional que pone en peligro vidas humanas inocentes o causa su pérdida, o compromete las libertades fundamentales, y estudio de las causas subyacentes de las formas de terrorismo y los actos de violencia que tienen su origen en las aflicciones, la frustración, los agravios y la desesperanza y que conducen a algunas personas a sacrificar vidas humanas, incluida la propia, en un intento de lograr cambios radicales. Doc. A/RES/42/159.

Resolución 46/51 de 9 de diciembre de 1991. Medidas para eliminar el terrorismo internacional. Doc. A/RES/46/51.

Resolución 49/60 (1995), de 9 de diciembre de 1994. Medidas para eliminar el terrorismo internacional. Doc. A/RES/49/60.

Resolución 51/210 de 17 de diciembre de 1996. Declaración complementaria de la Declaración de 1994 sobre medidas para eliminar el terrorismo internacional. Doc. A/RES/51/210.

Resolución 53/108, de 8 de diciembre de 1998. Medidas para eliminar el terrorismo internacional. Doc. A/RES/53/108.

Resolución 54/110 de 9 de diciembre de 1999. Medidas para eliminar el terrorismo internacional. Doc. A/RES/54/110.

Resolución 55/158, de 12 de diciembre de 2000. Medidas para eliminar el terrorismo internacional. Doc. A/RES/55/158.

Sexta Comisión. Acta de la 55a sesión. Proyecto de convención general sobre el terrorismo internacional. Documento de trabajo presentado por la India. 2000. Doc. A/C.6/55/1.

Resolución 56/1, de 12 de septiembre de 2001. Condena de los atentados terroristas en los Estados Unidos de América. Doc. A/RES/56/1.

Resolución 57/27, de 19 de noviembre de 2002. Medidas para eliminar el terrorismo internacional. Doc. A/RES/57/27.

Resolución 57/338, de 15 de septiembre de 2003. Condena del atentado perpetrado contra el personal y los locales de las Naciones Unidas en Bagdad. Doc. A/RES/57/338.

Resolución 60/288 de 8 de septiembre de 2006. Estrategia global de las Naciones Unidas contra el terrorismo. Doc. A/RES/60/288.

Resolución 68/127, de 18 de diciembre de 2013. Un mundo contra la violencia y el extremismo violento. Doc. A/RES/68/127.

Resolución 71/291, de 15 de junio de 2017. Refuerzo de la capacidad del sistema de las Naciones Unidas de ayudar a los Estados Miembros en la aplicación de la Estrategia Global de las Naciones Unidas contra el Terrorismo. Doc. A/RES/71/291.

Resolución 72/284, de 26 de junio de 2018. Examen de la Estrategia Global de las Naciones Unidas contra el Terrorismo. Doc. A/RES/72/284.

Resolución 77/L.78, de 21 de junio de 2023. Estrategia Global de las Naciones Unidas contra el Terrorismo: octavo examen. Doc. A/RES/77/L.78.

Resolución 584(14), de 20 de noviembre de 1985. Medidas para prevenir los actos ilícitos que amenazan la seguridad del buque y la salvaguardia de su pasaje y tripulación. Doc. A/RES/584/14.

b) Consejo de Seguridad

Resolución 262 (1968), aprobada por el Consejo de Seguridad en su 1462ª sesión, de 31 de diciembre de 1968, Doc. S/RES/262.

Resolución 579 (1985) de secuestro y toma de rehenes, aprobada por el Consejo de Seguridad en su 2637ª sesión, el 18 de diciembre de 1985, Doc. S/RES/579(1985).

Resolución 618 (1988), aprobada por el Consejo de Seguridad en su 2822ª sesión, el 29 de julio de 1988. Doc. S/RES/618(1988).

Resolución 635(1989) sobre colocación de marcas en los explosivos plásticos o en láminas a efectos de su detección, aprobada por el Consejo de Seguridad en su 2869ª sesión celebrada el 14 de junio de 1989, Doc. S/RES/635(1989).

Resolución 687(1991), aprobada por el Consejo de Seguridad en su 2981ª sesión, el 3 de abril de 1991. Doc. S/RES/687(1991).

Resolución 731(1992) Jamahiriya Árabe Libia Popular y Socialista, aprobada por el Consejo de Seguridad en su 3033ª sesión de 21 de enero, Doc. S/RES/731.

Resolución 1044(1996), aprobada por el Consejo de Seguridad en su 3627ª sesión, el 31 de enero de 1996 Doc. S/RES/1044(1996).

Resolución 1244(1999), aprobada por el Consejo de Seguridad en su 4011ª sesión, el 10 de junio de 1999. Doc. S/RES/1244(1999).

Resolución 1267(1999), aprobada por el Consejo de Seguridad en su 4051ª sesión, celebrada el 15 de octubre de 1999. Doc S/RES/1267 (1999).

Resolución 1333(2000), aprobada por el Consejo de Seguridad en su 4251ª sesión, celebrada el 19 de diciembre de 2000. Doc. S/RES/1333(2000).

Resolución 1368(2001) sobre las amenazas a la paz y la seguridad internacionales creadas por actos de terrorismo, aprobada por el Consejo de Seguridad en su 4370ª sesión, celebrada el 12 de septiembre de 2001, Doc. S/RES/1368.

Resolución 1373(2001), aprobada por el Consejo de Seguridad en su 4385ª sesión, celebrada el 28 de septiembre de 2001, Doc. S/RES/1373.

Resolución 1511(2003), aprobada por el Consejo de Seguridad en su 4844ª sesión, el 16 de octubre de 2003. Doc. S/RES/1511(2003).

Resolución 1535(2004), aprobada por el Consejo de Seguridad en su 4936ª sesión, celebrada el 26 de marzo de 2004, Doc. S/RES/1535.

Resolución 1540(2004), aprobada por el Consejo de Seguridad en su 4956ª sesión, celebrada el 28 de abril de 2004. Doc. S/RES/1540(2004).

Resolución 1546(2004), aprobada por el Consejo de Seguridad en su 4987ª sesión, el 8 de junio de 2004. Doc. S/RES/1546 (2004).

Resolución 1566(2004). Amenazas a la paz y la seguridad internacionales causadas por actos terroristas. Adoptada por el Consejo de Seguridad en su 5053ª sesión, el 8 de octubre de 2004. Doc. S/RES/1566 (2004).

Resolución 1595(2005), aprobada por el Consejo de Seguridad en su 5160ª sesión, celebrada el 7 de abril de 2005. Doc. S/RES/1595 (2005).

Resolución 1624(2005), aprobada por el Consejo de Seguridad en su 5261ª sesión, celebrada el 14 de septiembre de 2005, Doc. S/RES/1624.

Resolución 2178(2014), aprobada por el Consejo de Seguridad en su 7272ª sesión, celebrada el 24 de septiembre de 2014, Doc. S/RES/2178.

Resolución 2195(2014), aprobada por el Consejo de Seguridad en su 7351ª sesión, el 19 de diciembre de 2014. Doc. S/RES/2195 (2014).

Resolución 2220(2015), aprobada por el Consejo de Seguridad en su 7447ª sesión, el 22 de mayo de 2015. Doc S/RES/2220.

Resolución 2242(2015), aprobada por el Consejo de Seguridad en su 7533ª sesión, celebrada el 13 de octubre de 2015 Doc. S/RES/2242.

Resolución 2250(2015), aprobada por el Consejo de Seguridad en su 7573ª sesión, celebrada el 9 de diciembre de 2015 Doc. S/RES/2250.

Resolución 2354(2017), aprobada por el Consejo de Seguridad en su 7949ª sesión, celebrada el 24 de mayo de 2017, Doc. S/RES/2354.

Resolución 2396(2017), aprobada por el Consejo de Seguridad en su 8148ª sesión, celebrada el 21 de diciembre de 2017, Doc. S/RES/2396.

Resolución 2462(2019), aprobada por el Consejo de Seguridad en su 8496ª sesión, celebrada el 28 de marzo de 2019 Doc. S/RES/2462.

Resolución 2557(2020), aprobada por el Consejo de Seguridad el 18 de diciembre de 2020. Doc. S/RES/2557(2020).

Resolución 2560(2020), aprobada por el Consejo de Seguridad el 29 de diciembre de 2020. Doc. S/RES/2560(2020).

Resolución 2611(2021), aprobada por el Consejo de Seguridad en su 8935a sesión, celebrada el 17 de diciembre de 2021. Doc. S/RES/2611 (2021).

Resolución 2615(2021), aprobada por el Consejo de Seguridad en su 8941a sesión, celebrada el 22 de diciembre de 2021. Doc. S/RES/2615 (2021).

Resolución 2665(2022), aprobada por el Consejo de Seguridad en su 9222a sesión, celebrada el 16 de diciembre de 2022, Doc. S/RES/2665 (2022).

Resolución 2697(2023), aprobada por el Consejo de Seguridad en su 9419a sesión, celebrada el 15 de septiembre de 2023, Doc. S/RES/2697 (2023).

Resolución 2734(2024), aprobada por el Consejo de Seguridad en su 9649a sesión, celebrada el 10 de junio de 2024, Doc. S/RES/2734 (2024).

c) Estados en sede de Naciones Unidas

Acta de la 72ª sesión plenaria del quincuagésimo segundo período de sesiones. Doc A/52/PV.72, 1997, en https://documents-dds-ny.un.org/doc/UNDOC/GEN/N97/867/49/PDF/N9786749.pdf?OpenElement.

Acta de la 7242ª reunión, celebrada el viernes 15 de agosto de 2014 en Nueva York. Doc. S/PV.7242, UN, 2014, en https://digitallibrary.un.org/record/777418.

d) Otros documentos oficiales de Naciones Unidas

1. Asamblea General

Informe del Comité ad hoc sobre terrorismo internacional No. 28. Doc. A/9028, AGNU, Nueva York, 1973.

Informe del Comité ad hoc sobre terrorismo internacional No. 37 Doc. A/32/37., AGNU, 1977.

Informe del Comité ad hoc sobre terrorismo internacional No. 37 Doc. A/34/37., AGNU, 1979.

Carta de fecha 1º de noviembre de 1996 dirigida al Secretario General por el Representante Permanente de la India ante las Naciones Unidas. Medidas para eliminar el terrorismo internacional. Doc. A/C.6/51/6, 1996.

Proyecto de resolución / Costa Rica. Convenio Internacional para la represión de los atentados terroristas cometidos con bombas: Doc. A/C.6/52/L.13, UN, 1997.

Informe del Comité ad hoc sobre terrorismo internacional No. 53. Doc. A/C.6/53/L.4, AGNU, 1998.

Acta final de la Conferencia Diplomática de Plenipotenciarios de las Naciones Unidas sobre Unidas sobre el establecimiento de una CPI. Roma, 15 Junio-17 Julio 1998, Doc. A/Conf.183/2/Add.1.

Informe del Grupo de Alto Nivel sobre las amenazas, los desafíos y el cambio «Un mundo más seguro: la responsabilidad que compartimos», de 2 de diciembre de 2004, Doc. A/59/565, AGNU, 2004.

Documento final de la Cumbre Mundial 2005–Reunión plenaria de alto nivel del 60ª periodo de sesiones de la Asamblea General, de 14 de septiembre de 2005, AGNU, Nueva York, 2005.

Informe del Secretario General «Un concepto más amplio de la libertad: desarrollo, seguridad y derechos humanos para todos». Doc. A/59/2005, 2005.

Informe del Secretario General «Unidos contra el terrorismo: recomendaciones para una estrategia mundial de lucha contra el terrorismo», de 27 de abril de 2006.

Informe del Secretario General «Plan de Acción para Prevenir el Extremismo Violento», de 24 de diciembre de 2015, Doc. A/70/674, AGNU, 2015.

Informe del Grupo Independiente de Alto Nivel sobre las Operaciones de Paz «Aunar nuestras ventajas en pro de la paz–política, alianzas y personas», de 17 de junio de 2015, Doc. A/70/95 S/2015/446.

2. Consejo de Seguridad

Carta de fecha 26 de abril de 2017 dirigida a la Presidencia del Consejo de Seguridad por el Presidente del Comité del Consejo de Seguridad establecido en virtud de la resolución 1373 (2001) relativa a la lucha contra el terrorismo, 2017, en https://undocs.org/es/S/2017/375.

Undécimo informe del Secretario General sobre la amenaza que plantea el EIIL (Dáesh) para la paz y la seguridad internacionales y la gama de actividades que realizan las Naciones Unidas en apoyo de los Estados Miembros para combatir la amenaza, de 4 de agosto de 2020.Doc. S/2020/774.

3. Comisión de Derechos Humanos

Informe de la Alta Comisionada de las Naciones Unidas para los Derechos Humanos sobre la situación de los derechos humanos en la República Bolivariana de Venezuela, de 5 de julio de 2019, Doc. A/ HRC/41/18, CDHNU.

4. Grupos de trabajo

GMT, 3rd meeting of the Multidisciplinary Group on International Action against Terrorism (GMT), Strasbourg, 9–10 April 2002. Doc. CM(2002)61.

III. Consejo de Europa

1. Convenios del Consejo de Europa

Estatuto del Consejo de Europa (STE nº 001), hecho en Londres el 5 de mayo de 1949 y ratificado por España el 22 de noviembre de 1977 (BOE núm. 51, de 1 de marzo de 1978, páginas 4840 a 4844).

Convenio Europeo para la Protección de los Derechos Humanos y de las Libertades Fundamentales (STE nº 005), hecho en Roma el 4 de noviembre de 1950 y ratificado por España el 26 de septiembre de 1979 (BOE núm. 243, de 10 de octubre de 1979).

Convenio Europeo de Extradición (STE nº 024), hecho en París el 13 de diciembre de 1957 y ratificado por España el 21 de abril de 1982 (BOE núm. 136, de 8 de junio de 1982, páginas 15454 a 15462).

Convenio Europeo de Asistencia Judicial en Materia Penal (STE nº 030), hecho en Estrasburgo el 20 de abril de 1959 y ratificado por España el 14 de julio de 1982 (BOE núm. 223, de 17 de septiembre de 1982, páginas 25166 a 25174).

Convenio Europeo para la represión del terrorismo (STE nº 90), hecho en Estrasburgo el 27 de enero de 1977 y ratificado por España el 9 de mayo de 1980 (BOE núm. 242, de 8 de octubre de 1980, páginas 22357 a 22360).

Convenio Europeo para la Prevención de la Tortura y de las Penas o Tratos Inhumanos o Degradantes (STE nº 126), hecho en Estrasburgo el 26 de noviembre de 1987 y ratificado por España el 28 de abril de 1989 (BOE núm. 159, de 5 de julio de 1989, páginas 21152 a 21154).

Convenio relativo al blanqueo, seguimiento, embargo y decomiso de los productos del delito (STE nº 141), hecho en Estrasburgo el 8 de noviembre de 1990 y ratificado por España el 22 de julio de 1998 (BOE núm. 252, de 21 de octubre de 1998, páginas 34713 a 34726).

Segundo Protocolo Adicional al Convenio Europeo de Asistencia Judicial en Materia Penal (STE nº 182), hecho en Estrasburgo el 8 de noviembre de 2001 y ratificado por España el 23 de junio de 2017 (BOE núm. 133, de 1 de junio de 2018, páginas 57069 a 57146).

Convenio Sobre la Ciberdelincuencia (STE nº 185), hecho en Budapest el 23 de noviembre de 2001 y ratificado por España el 20 de mayo de 2010 (BOE núm. 226, de 17 de septiembre de 2010, páginas 78847 a 78896).

Protocolo adicional al Convenio sobre la Ciberdelincuencia relativo a la penalización de actos de índole racista y xenófoba cometidos por medio de sistemas informáticos (STE nº.189), hecho en Estrasburgo el 28 de enero de 2003 y ratificado por España el 11 de noviembre de 2014. (BOE núm. 26, de 30 de enero de 2015, páginas 7214 a 7224).

Convenio relativo al blanqueo, seguimiento, embargo y comiso de los productos del delito y a la financiación del terrorismo (STE nº 198), hecho en Varsovia el 16 de mayo de 2005, y ratificado por España el 28 de diciembre de 2009 (BOE núm. 155, de 26 de junio de 2010, páginas 56174 a 56213).

Convenio del Consejo de Europa para la prevención del terrorismo (STE nº 196), hecho en Varsovia el 16 de mayo de 2005, y ratificado por España el 23 de febrero de 2009 (BOE núm. 250, de 16 de octubre de 2009, páginas 87358 a 87371).

Protocolo Adicional al Convenio del Consejo de Europa para la Prevención del terrorismo (STE nº 217), hecho en Riga el 22 de octubre de 2015 y aprobado en nombre de la UE el 4 de junio de 2018 (DOUE núm. 159, de 22 de junio de 2018, páginas 15 a 20).

Convenio del Consejo de Europa sobre los Delitos relacionados con Bienes Culturales (STE No. 221). No ha sido firmado ni ratificado por España., 2017.

2. Resoluciones, recomendaciones, directrices y otros instrumentos del Consejo de Europa

Resolución (74)3 sobre el terrorismo internacional, adoptada por el Comité de Ministros en su 53ª reunión, celebrada el 24 de enero de 1974. Doc. Res(74)3.

Explanatory Report to the European Convention on the Suppression of Terrorism, CoE, 1977.

Decisions adopted of the 765th bis meeting of 21 September 2001. Doc. CM/Del/Dec(2001)765bis.

Conclusions of the Chair of the 109th Session of the Committee of Ministers (7-8 November 2001).

Declaration of the Committee of Ministers on the fight against international terrorism, adopted on 12 September 2001 at the 763rd meeting of the Ministers' Deputies. Doc. Decl(12/09/2001).

Decisions adopted of the 828th meeting of the Ministers' Deputies, of 13 February 2003. Doc. CM/Del/Dec(2003)828.

Explanatory Report to the Council of Europe Convention on the Prevention of Terrorism, 2005.

Recomendación Rec(2005)7 del Comité de Ministros a los Estados miembro sobre identidad y documentos de viaje y la lucha contra el terrorismo, adoptada por el Comité de Ministros el 30 de marzo de 2005, en la 921ª reunión de representantes de ministros, Consejo de Europa, 2005.

Recomendación Rec(2005)9 del Comité de Ministros a los Estados miembro sobre la protección de testigos y colaboradores de la justicia, adoptada por el Comité de Ministros el 20 de abril de 2005 en la 924ª reunión de representantes de ministros, Consejo de Europa, 2005.

Plan de acción del Consejo de Europa sobre la lucha contra el extremismo violento y la radicalización que conducen al terrorismo, adoptada por el Comité de Ministros el 19 de mayo de 2005 en la 125ª reunión de los Delegados de los Ministros, Doc. CM(2015)74 add final.

Informe n° 8 (2006) del Consejo Consultivo de Jueces Europeos (CCJE) a la atención del Comité de Ministros del Consejo de Europa sobre "El papel de los jueces en la protección del Estado de derecho y de los derechos humanos en el contexto del terrorismo"

Recomendación CM/Rec(2007)1 del Comité de Ministros a los Estados miembros sobre la cooperación contra el terrorismo entre el Consejo de Europa y sus estados miembros, y la Organización Internacional de Policía Criminal (ICPO-Interpol), adoptada por el Comité de Ministros el 18 de enero de 2007 en la 984ª reunión de representantes de ministros, Consejo de Europa, 2007.

Libro blanco sobre el crimen organizado transnacional, 2014, en https://rm.coe.int/168070afba.

Explanatory Report to the Additional Protocol to the Council of Europe Convention on the Prevention of Terrorism, 2015.

Directrices para los servicios de prisiones y de libertad vigilada relativas a la radicalización y al extremismo violento, adoptadas por el Comité de Ministros en su 1249º reunión, de 2 de marzo de 2016, Consejo de Europa, Bruselas, 2016.

Council of Europe handbook for prison and probation services regarding radicalisation and violent extremism. Doc. PC-CP (2016) 2 rev 4, 2016.

Recomendación del Comité de Ministros a los Estados miembros sobre «técnicas especiales de investigación» en relación con delitos graves, incluidos los actos de terrorismo, adoptada por el Comité de Ministros el 5 de julio de 2017 en la 1291ª reunión de representantes de Ministros, Doc. CM/Rec(2017)6.

Recomendación del Comité de Ministros a los Estados miembros sobre los terroristas que actúan en solitario, adoptada por el Comité de Ministros el 4 de abril de 2018 en la 1312ª reunión de representantes de Ministros. Doc. CM/Rec(2018)6.

Revisión del Plan de Acción del Consejo de Europa sobre la lucha contra el extremismo violento y la radicalización que conducen al terrorismo, de 25 de abril de 2018 Doc. SG/Inf(2018)7.

Council of Europe Counter-Terrorism Strategy (2018-2022) CM(2018)86-addfinal. Approved by the Committee of Ministers at the 1321st meeting of the Ministers' Deputies, Doc. CM/Del/Dec(2018)1321/10.1.

Recomendación CM/Rec(2021)7 del Comité de Ministros a los Estados miembros sobre las medidas destinadas a proteger a los niños contra la radicalización con fines terroristas, adoptada por el Comité de Ministros el 20 de octubre de 2021 en la 1415ª reunión de los representantes de Ministros. Doc. CM/Rec(2021)7.

Report on Emerging Terrorist Threats in Europe. Approved by the Committee of Ministers at the 1445th meeting of the Ministers' Deputies. Doc. CM(2022)149-add.

Recomendación CM/Rec(2022)7 del Comité de Ministros a los Estados miembros sobre la evaluación del riesgo de las personas acusadas o condenadas por delitos de terrorismo, adoptada por el Comité de Ministros el 30 de marzo de 2022 en la 1430ª reunión de los representantes de Ministros. Doc. CM/Rec(2022)7.

Recomendación CM/Rec(2022)8 del Comité de Ministros a los Estados miembros sobre el uso de información recogida en zonas de conflicto como prueba en procedimientos penales relacionados con delitos de terrorismo. Adoptada por el Comité de Ministros el 30 de marzo de 2022 en la 1430ª reunión de los representantes de Ministros, Doc. CM/Rec(2022)8.

IV. Unión Europea

1. Tratados constitutivos de la Unión Europea

Tratado de la Unión Europea (TUE) (DOUE núm. 191, de 29 de julio de 1992, pp. 1 a 112).

Tratado de Lisboa por el que se modifican el Tratado de la Unión Europea y el Tratado constitutivo de la Comunidad Europea, firmado en Lisboa el 13 de diciembre de 2007 (DOUE nº C 306, de 17 de diciembre de 2007, pp. 1–271).

Tratado de Funcionamiento de la Unión Europea. Versión consolidada (DOUE núm. 83, de 30 de marzo de 2010, páginas 1 a 388).

Versión consolidada del Tratado de Funcionamiento de la Unión Europea (DOUE nº 326, de 26 de octubre de 2012, pp. 47–390.

2. Reglamentos, directivas, decisiones y otros instrumentos de derecho derivado vinculantes

Reglamento (CE) n° 2580/2001 del Consejo, de 27 de diciembre de 2001, sobre medidas restrictivas específicas dirigidas a determinadas personas y entidades con el fin de luchar contra el terrorismo (DOCE núm. 344, de 28 de diciembre de 2001, páginas 70 a 75).

Decisión Marco 2002/475/JAI del Consejo, de 13 de junio de 2002, sobre la lucha contra el terrorismo (DOCE núm. 164, de 22 de junio de 2002, páginas 3 a 7).

Decisión Marco 2002/584/JAI del Consejo, de 13 de junio de 2002, relativa a la orden de detención europea y a los procedimientos de entrega entre Estados miembros (DOCE núm. 190, de 18 de julio de 2002, páginas 1 a 20).

Decisión Marco 2008/919/JAI del Consejo, de 28 de noviembre de 2008, por la que se modifica la Decisión Marco 2002/475/JAI sobre la lucha contra el terrorismo (DOUE núm. 330, de 9 de diciembre de 2008, páginas 21 a 23).

Decisión Marco 2008/978/JAI del Consejo, relativa al exhorto europeo de obtención de pruebas para recabar objetos, documentos y datos destinados a procedimientos en materia penal (DOUE núm. 350, de 30 de diciembre de 2008, páginas 72 a 92).

Directiva 2014/41/CE del Parlamento Europeo y del Consejo, de 3 de abril de 2014, relativa a la orden europea de investigación en materia penal (DOUE núm. 13, de 1 de mayo de 2014, páginas 1 a 36).

Propuesta de Directiva del Parlamento Europeo y del Consejo relativa a la lucha contra el terrorismo, y por la que se sustituye la Decisión marco 2002/475/JAI del Consejo sobre la lucha contra el terrorismo. Doc. COM(2015) 625 final.

Directiva (UE) 2016/681 del Parlamento Europeo y del Consejo, de 27 de abril de 2016, relativa a la utilización de datos del registro de nombres de los pasajeros (PNR) para la prevención, detección, investigación y enjuiciamiento de los delitos de terrorismo y de la delincuencia grave (DOUE núm. 119, de 4 de mayo de 2016, páginas 136 a 149).

Directiva (UE) 2017/541 del Parlamento Europeo y del Consejo, de 15 de marzo de 2017, relativa a la lucha contra el terrorismo y por la que se sustituye la Decisión marco 2002/475/JAI del Consejo y se modifica la Decisión 2005/671/JAI del Consejo (DOUE núm. 88, de 31 de marzo de 2017, páginas 6 a 21).

Decisión (UE) 2018/889 del Consejo, de 4 de junio de 2018, relativa a la celebración, en nombre de la Unión Europea, del Convenio del Consejo de Europa para la prevención del terrorismo (DOUE núm. 159, de 22 de junio de 2018, páginas 1 a 14).

Decisión (UE) 2018/890 del Consejo, de 4 de junio de 2018, relativa a la celebración, en nombre de la Unión Europea, del Protocolo Adicional al Convenio del Consejo de Europa para la prevención del terrorismo. (DOUE núm. 159, de 22 de junio de 2018, páginas 15 a 20).

Reglamento (UE) 2019/817 del Parlamento Europeo y del Consejo, de 20 de mayo de 2019, relativo al establecimiento de un marco para la interoperabilidad de los sistemas de información de la UE en el ámbito de las fronteras y los visados y por el que se modifican los Reglamentos (CE) n.° 767/2008, (UE) 2016/399, (UE) 2017/2226, (UE) 2018/1240, (UE) 2018/1726 y (UE) 2018/1861 del Parlamento Europeo y del Consejo, y las Decisiones 2004/512/CE y 2008/633/JAI del Consejo (DOUE núm. 135, de 22 de mayo de 2019, páginas 27 a 84).

Directiva (UE) 2021/555 del Parlamento Europeo y del Consejo de 24 de marzo de 2021 sobre el control de la adquisición y tenencia de armas (DOUE núm. 115, de 6 de abril de 2021, páginas 1 a 25).

Reglamento (UE) 2021/784 del Parlamento Europeo y del Consejo, de 29 de abril de 2021, sobre la lucha contra la difusión de contenidos terroristas en línea (DOUE núm. 172, de 17 de mayo de 2021, páginas 79 a 109).

Reglamento (UE) 2021/947 del Parlamento Europeo y del Consejo de 9 de junio de 2021 por el que se establece el Instrumento de Vecindad, Cooperación al Desarrollo y Cooperación Internacional–Europa Global, por el que se modifica y deroga la Decisión nº 466/2014/UE del Parlamento Europeo y del Consejo y se derogan el Reglamento (UE) 2017/1601 del Parlamento Europeo y del Consejo y el Reglamento (CE, Euratom) nº 480/2009 del Consejo. (DOUE nº. 209, de 14 de junio de 2021, páginas 1 a 78).

Reglamento (UE) 2021/1149 del Parlamento Europeo y del Consejo de 7 de julio de 2021 por el que se crea el Fondo de Seguridad Interior (DOUE núm. 251, de 15 de julio de 2021, páginas 94 a 131).

Reglamento de Ejecución (UE) 2023/1505 del Consejo de 20 de julio de 2023 por el que se aplica el artículo 2, apartado 3, del Reglamento (CE) n.o 2580/2001 sobre medidas restrictivas específicas dirigidas a determinadas personas y entidades con el fin de luchar contra el terrorismo, y se deroga el Reglamento de Ejecución (UE) 2023/420. (DOUE núm. 184, de 21 de julio de 2023, páginas 1 a 4).

Directiva (UE) 2024/1640 del Parlamento Europeo y del Consejo de 31 de mayo de 2024 relativa a los mecanismos que deben establecer los Estados miembros a efectos de la prevención de la utilización del sistema financiero para el blanqueo de capitales o la financiación del terrorismo, por la que se modifica la Directiva y (UE) 2019/1937 y se modifica y deroga la Directiva (UE) 2015/849. (DOUE L, 2024/1640, de 19 de junio de 2024, páginas 1 a 94).

Reglamento (UE) 2024/1624 del Parlamento Europeo y del Consejo, de 31 de mayo de 2024, relativo a la prevención de la utilización del sistema financiero para el blanqueo de capitales o la financiación del terrorismo (DOUE L, 2024/1624, de 19 de junio de 2024, pag. 1 a 111).

3. Recomendaciones, dictámenes y otros instrumentos de derecho derivado no vinculantes

Resolución del Parlamento Europeo sobre la reunión del Consejo Europeo extraordinario en Bruselas de 21 de septiembre de 2001. Doc. PE 309.503\ 1.

Posición común del Consejo, de 27 de diciembre de 2001, sobre la aplicación de medidas específicas de lucha contra el terrorismo (DOCE núm. 344, de 28 de diciembre de 2001, páginas 93 a 96).

Estrategia europea de seguridad: una Europa segura en un mundo mejor (no publicada en el Diario Oficial)., EUR-OP, Bruselas, 2003.

Comunicación de la Comisión al Consejo y al Parlamento Europeo, de 20 de octubre de 2004: Prevención, preparación y respuesta a los ataques terroristas (COM (2004) 698 final).

Comunicación de la Comisión al Consejo y al Parlamento Europeo, de 10 de mayo de 2005, «Programa de La Haya: Diez prioridades para los próximos cinco años. Una asociación para la renovación europea en el ámbito de la libertad, la seguridad y la justicia» (COM (2005) 184 final).

Comunicación de la Comisión al Parlamento Europeo sobre la captación de terroristas: afrontar los factores que conducen a la radicalización violenta (COM (2005) 313 final).

Estrategia de la Unión Europea para la Lucha Contra la Radicalización y la Captación de Terroristas, de 24 de noviembre de 2005. Doc. 14781/1/05 REVI.

Estrategia de la Unión Europea de lucha contra el terrorismo, de 30 de noviembre de 2005. Doc. 14469/4/05 REV 4.

Estrategia de seguridad interior de la Unión Europea: hacia un modelo europeo de seguridad, Oficina de Publicaciones de la Unión Europea, Luxemburgo, 2010.

Comunicación de la Comisión al Parlamento Europeo y al Consejo: La política antiterrorista de la UE: logros principales y retos futuros (COM(2010) 386 final).

Comunicación de la Comisión al Parlamento Europeo, al Consejo, al Comité Económico y social Europeo y al Comité de las regiones, de 15 de enero de 2014: Preventing Radicalisation to Terrorism and Violent Extremism: Strengthening the EU's Response (COM(2013) 941 final).

Estrategia revisada de la UE para luchar contra la radicalización y la captación de terroristas. Doc. 9956/14.

Conclusiones del Consejo de la Unión Europea, del 20 de noviembre de 2015, sobre la mejora de la respuesta de la justicia penal a la radicalización que conduce al terrorismo y al extremismo violento.

Resolución del Parlamento Europeo, de 25 de noviembre de 2015, sobre la prevención de la radicalización y el reclutamiento de ciudadanos europeos por organizaciones terroristas (2015/2063(INI)). Doc. P8_TA(2015)0410.

Comunicación de la Comisión al Parlamento Europeo, al Consejo, al Comité Económico y Social Europeo y al Comité de las Regiones: Apoyo a la Prevención de la Radicalización que conduce al Extremismo Violento (COM(2016) 379 final).

Proyecto de directrices revisadas de la Estrategia de la UE para luchar contra la radicalización y la captación de terroristas. Doc. 9646/17.

The European Union's Policies on Counter-Terrorism Relevance, Coherence and Effectiveness, European Parliament, 2017.

Resolución del Parlamento Europeo, de 5 de octubre de 2017, sobre condiciones y sistemas penitenciarios (2015/2062(INI)). Doc. P8_TA(2017)0385, 2017.

RADICALISATION AWARENESS NETWORK (RAN), *Responses to returnees: Foreign terrorist fighters and their families*, European Commission, 2017.

Resolución del Parlamento Europeo, de 12 de diciembre de 2018, sobre conclusiones y recomendaciones de la Comisión Especial sobre Terrorismo (2018/2044(INI)). Doc. P8_TA(2018)0512.

Proyecto de Conclusiones del Consejo sobre la prevención y la lucha contra la radicalización en los centros penitenciarios y sobre el modo de actuar en relación con los delincuentes terroristas y extremistas violentos tras su puesta en libertad. Doc. 9366/19, 2019.

Comunicación de la Comisión al Parlamento Europeo, al Consejo Europeo, al Consejo, al Comité Económico y Social Europeo y al Comité de las regiones sobre la Estrategia de la UE para una Unión de la Seguridad (COM(2020) 605 final).

Comunicación de la Comisión al Parlamento Europeo, al Consejo Europeo, al Consejo, al Comité Económico y Social Europeo y al Comité de las Regiones. Agenda de lucha contra el terrorismo de la UE: anticipar, prevenir, proteger, responder (COM(2020) 795 final).

RADICALISATION AWARENESS NETWORK (RAN), *Strategic orientations on a coordinated EU approach to prevention of radicalisation for 2021. Priorities and key actions*, Comisión Europea, 2021.

4. Otros documentos oficiales de la UE

EUROPOL, *European Union terrorism situation and trend report (TE-SAT) 2015*, Publications Office, Luxembourg, 2015.

EUROPOL, *European Union terrorism situation and trend report (TE-SAT) 2016*, Publications Office, Luxembourg, 2016.

EUROPOL, *European Union terrorism situation and trend report (TE-SAT) 2017*, Publications Office, Luxembourg, 2017.

EUROPOL, *European Union terrorism situation and trend report (TE-SAT) 2018*, Publications Office, Luxembourg, 2018.

EUROPOL, *European Union Terrorism Situation and Trend Report (TE-SAT) 2019*, Publications Office, Luxembourg, 2019.

EUROPOL, *European Union Terrorism Situation and Trend report (TE-SAT) 2020*, Publications Office, Luxembourg, 2020.

EUROPOL, *European Union Terrorism Situation and Trend Report (TE-SAT) 2021*, Publications Office, Luxembourg, 2021.

European Union Terrorism Situation and Trend report 2023 (TE-SAT), Publications Office, Luxembourg, 2022.

European Union Terrorism Situation and Trend report 2023 (TE-SAT), Publications Office, Luxembourg, 2023.

V. OTAN

Lisbon Summit Declaration issued by the Heads of State and Government participating in the meeting of the North Atlantic Council in Lisbon.

VI. Otras organizaciones internacionales

1. Tratados regionales

ORGANIZACIÓN DE ESTADOS AMERICANOS (OEA), *Convención para prevenir y sancionar los actos de terrorismo configurados en delitos contra las personas y la extorsión conexa cuando estos tengan trascendencia internacional (OEA Doc A-49)*, 1971.

ORGANISATION OF ISLAMIC COOPERATION, *Charter of the Organisation of Islamic Cooperation*, 1972.

South Asian Association for Regional Co-operation (SAARC), *SAARC Regional Convention on Suppression of Terrorism*, 1987.

League of Arab States (LAS), *The Arab Convention For The Suppression Of Terrorism*, 1998.

Organization of African Unity (OAU), *OAU Convention on the Prevention and Combating of Terrorism*, 1999.

Organisation of the Islamic Conference (OIC), *Convention of the Organisation of The Islamic Conference on Combating International Terrorism*, 1999.

Organización de Estados Americanos (OEA), *Convención interamericana contra el terrorismo (OEA Doc. A-66)*, 2002.

South Asian Association for Regional Co-operation (SAARC), *Additional Protocol to the SAARC Regional Convention on Suppression of Terrorism*, 2004.

Organization of African Unity (OAU), *Protocol to the OAU Convention on the Prevention and Combating of Terrorism*, 2004.

2. Resoluciones y declaraciones

Organization of the Islamic Conference (OIC), *OIC Resolution 19/5-P (IS): International terrorism el All Types and Forms, 29 January 1987*, 1987.

Organization of African Unity (OAU), *Resolution on the strengthening of cooperation and coordination among African states (1992). Doc. AHG/Res.211 (XXVIII).*

Organization of African Unity (OAU), *Declaration on a code of conduct for inter-African relations. Doc. AHG/Decl.2 (XXX) 1994.*

Comisión Interamericana de Derechos Humanos, *Resolución No. 2/06 Sobre las Medidas Cautelares sobre los detenidos en Guantánamo*, 2006.

Comisión Interamericana de Derechos Humanos, *Resolución No. 2/11 Sobre la Situación de los Detenidos de la Bahía de Guantánamo, Estados Unidos. Medidas Cautelares 259-02*, 2011.

Otros documentos oficiales

Primera Cumbre de las Américas: Plan de Acción, OEA, Miami, Florida, EE.UU., 1994.

Reunión de consulta de ministros de relaciones exteriores: Fortalecimiento de la cooperación hemisférica para prevenir, combatir y eliminar el terrorismo OEA. Doc. OEA/Ser.F/II.23, RC.23/RES.1/01, OEA, Washington, D.C., 2001.

Plan of action of the African union high-level intergovernmental meeting on the prevention and combating of terrorism in Africa, 2002, Doc. Mtg/HLIG/ Conv.Terror/Plan.(I).

VII. Regulación y otros documentos institucionales nacionales

1. España

Instrumento de Adhesión de España al Estatuto del Consejo de Europa, hecho en Londres el 5 de mayo de 1949 (BOE núm. 51, de 1 de marzo de 1978, páginas 4840 a 4844).

Decreto ley 10/1975, de 26 de agosto, sobre prevención del terrorismo. (BOE núm. 205, de 27 de agosto de 1975, pp. 18117-18120).

Ley Orgánica 10/1995, de 23 de noviembre, del Código Penal. «BOE» núm. 281, de 24/11/1995.

Ley Orgánica 2/1998, de 15 de junio, por la que se modifican el Código Penal y la Ley de Enjuiciamiento Criminal. (BOE núm. 143, de 16 de junio de 1998, páginas 19789 a 19791., vol. BOE-A-1998-14062, 1998, pp. 19789-19791).

Ley Orgánica 7/2000, de 22 de diciembre, de modificación de la Ley Orgánica 10/1995, de 23 de noviembre, del Código Penal, y de la Ley Orgánica 5/2000, de 12 de enero, reguladora de la Responsabilidad Penal de los Menores, en relación con los delitos de terrorismo. (BOE núm. 307, de 23 de diciembre de 2000, páginas 45503 a 45508)., vol. BOE-A-2000-23659, 2000, pp. 45503-45508.

Ley Orgánica 5/2010, de 22 de junio, por la que se modifica la Ley Orgánica 10/1995, de 23 de noviembre, del Código Penal. (BOE núm. 152, de 23 de junio de 2010, páginas 54811 a 54883).

Diario de Sesiones del Congreso de los Diputados. Pleno y Diputación Permanente Num.256. 10 de febrero de 2015.

Ley Orgánica 1/2015, de 30 de marzo, por la que se modifica la Ley Orgánica 10/1995, de 23 de noviembre, del Código Penal. (BOE núm. 77, de 31 de marzo de 2015, páginas 27061 a 27176).

Ley Orgánica 2/2015, de 30 de marzo, por la que se modifica la Ley Orgánica 10/1995, de 23 de noviembre, del Código Penal, en materia de delitos de terrorismo. (BOE núm. 77, de 31 de marzo de 2015, páginas 27177 a 27185, 2015, pp. 27177-27185).

Memoria de la Fiscalía General del Estado, 2022, Fiscalía General del Estado. Ministerio de Justicia, Madrid, 2023.

Memoria de la Fiscalía General del Estado, 2023, Fiscalía General del Estado. Ministerio de Justicia, Madrid, 2024.

«Ministerio del Interior | Lucha antiterrorista contra ETA y el terrorismo internacional–XV Legislatura (Agosto 2023–...)», en https://www.interior.gob.es/opencms/pdf/prensa/balances-e-informes/Lucha-contra-el-terrorismo/Lucha-antiterrorista-contra-ETA-y-el-terrorismo-internacional-XV-Legislatura-Agosto-2023/OPERACIONES-Y-DETENIDOS-TERRORISMO-YIHADISTA-DESDE-LOS-ATENTADOS-DEL-11-MARZO-2004-29-10-2024.pdf.

2. Estados Unidos

US Draft Convention for the Prevention and Punishment of Acts of Terrorism, International Legal Materials 11, 1972.

US- DEPARTMENT OF JUSTICE, *Five-Year Interagency Counterterrorism and Technology Crime Plan*, Department of Justice, USA, 1999, p. 99.

USA–DEPARTMENT OF JUSTICE, *The USA PATRIOT Act: Preserving Life and Liberty*, 2001.

THE WHITE HOUSE, *The National Security Strategy of the United States of América, 2002*, 2002, en https://georgewbush-whitehouse.archives.gov/nsc/nss/2002/.

U.S. GENERAL ACCOUNTING OFFICE (GAO), *Combating Terrorism: Observations on National Strategies Related to Terrorism, GAO Report Nº 03-519T*, 2003.

Military Studies in the Jihad against the Tyrants: The Al-Qaeda Training Manual, U.S. Government, Department of Defense, Alabama, 2004, p. 190, en https://www.airuniversity.af.edu/Portals/10/CSDS/Books/alqaedatrainingmanual2.pdf.

BUREAU OF COUNTERTERRORISM, *Country Reports on Terrorism 2012*, United States Department of State, en https://2009-2017.state.gov/documents/organization/210204.pdf.

Anexo Jurisprudencial

I. TRIBUNAL EUROPEO DE DERECHOS HUMANOS

STEDH, *Kurt c. Turquía (Gran Sala), núm. 24276/94*, 1998.

STEDH, *Gerger c. Turquía (Gran Sala), núm. 24919/94*, 1999.

STEDH, *Gumus y Otros c. Turquía (Sección segunda), núm. 40303/98*, 2003. (**TOL9.088.613**)

STEDH, *Maraşli c. Turquía (Sección segunda), núm. 40077/98*, 2004. **(TOL9.086.456)**

STEDH, *Saadi c. Italia (Gran Sala), núm. 37201/06*, 2008. (**TOL9.076.900**)

STEDH, *Kafkaris c. Chipre (Gran Sala), núm. 21906/04*, 2008. (**TOL9.066.695**)

STEDH, *Iskandarov c. Rusia (Sección primera), núm. 17185/05*, 2010. (**TOL9.068.990**)

STEDH, *Sultanov c. Rusia (Sección primera), núm. 15303/09*, 2010. (**TOL9.068.559**)

STEDH, *Abdulazhon Isakov c. Rusia (Sección primera), núm.14049/08*, 2010. (**TOL9.069.525**)

STEDH, *Gaforov c. Rusia (Sección primera), núm. 25404/09*, 2010. (**TOL9.068.716**)

STEDH, *Yuldashev c. Rusia (Sección primera), núm. 1248/09*, 2010. (**TOL9.069.524**)

STEDH, *El-Masri c. Ex-República Yugoslava de Macedonia, (Gran Sala), núm. 39630/09*, 2012. (**TOL9.062.269**)

STEDH, *Vinter y Otros c. Reino Unido (Gran Sala), núms. 66069/09, 130/10, 3896/10*, 2013. (**TOL9.060.791**)

STEDH, *Husayn (Abu Zubaydah) c. Polonia (Sección cuarta), núm.7511/13*, 2015. (**TOL9.055.047**)

STEDH, *Tp y At. c. Hungría (Sección cuarta), núms. 37871/14, 73986/14*, 2016. (**TOL6.413.008**)

STEDH, *Hutchinson c. Reino Unido (Gran Sala), núm. 57592/08*, 2017. (**TOL6.411.505**)

STEDH, *Tommaso v. Italia (Gran Sala), núm. 43395/09*, 2017. (**TOL6.410.474**)

STEDH, *Al Nashiri c. Rumanía (Sección primera), núm. 33234/12*, 2018. (**TOL6.617.124**)

II. TRIBUNALES ESPECIALES MIXTOS Y AD HOC

The International Criminal Tribunal for the former Yugoslavia (ICTY), *Prosecutor V. Stanislav Galíc, IT-98-29-T*, 2003.

Special Tribunal for Lebanon, *Tribunal Especial para el Líbano. STL-11-01/1/AC/R176bis*, 2011

III. TRIBUNALES NACIONALES

1. Audiencia Nacional

SAN 1/1991, de 20 de septiembre, Roj: SAN 1/1991. (**TOL4.536.524**)

SAN 30/2000, de 5 de junio, Roj: SAN 3862/2000. (**TOL5.221.438**)

SAN 46/2006, de 27 de febrero, Roj: SAN 408/2008.

SAN 73/2007 de 19 de diciembre, Roj: SAN 6248/2007. (**TOL5.264.607**)

SAN 43/2013, de 2 de julio, Roj: SAN 3380/2013. (**TOL3.858.763**)

SAN 6/2016, de 17 de febrero, Roj: SAN 269/2017. (**TOL5.969.990**)

SAN 18/2016, de 30 de noviembre, Roj: SAN 4267/2016.

SAN 12/2016, de 7 de diciembre, Roj: SAN 4394/2016. (**TOL5.914.491**)

SAN 9/2017, de 29 de marzo, Roj: SAN 514/2017. (**TOL6.007.255**)

SAN 10/2019, de 8 de julio, Roj: 2758/2019. (**TOL7.425.990**)

SAN 30/2019, de 30 de diciembre, Roj: SAN 5286/2019. (**TOL7.864.972**)

SAN 3323/2020, de 9 de diciembre, Roj: SAN 3323/2020. (**TOL8.230.489**)

2. Audiencia Provincial

SAP de Madrid 211/2019, de 4 de abril, ROJ: SAP M 5039/2019. (**TOL7.367.538**)

3. Tribunal Constitucional

STC 199/1987, de 16 de diciembre.

STC 112/2016, de 20 de junio,

STC 169/2021, de 6 de octubre.

4. Tribunal Supremo

STS 1177/1985, de 19 de noviembre. oj: STS 1177/1985 (**TOL5.023.427**)

STS 145 de 2 de febrero de 1987, R STS 579/1987.

STS 1016/1993, de 8 mayo, Roj: ST 005/2021. (**TOL5.106.169**)

STS 2/1997, de 29 de noviembre, R STS 7236/1997. (**TOL5.136.525**)

STS 556/2006, de 31 de mayo, Roj: S 7464/2006.

STS 50/2007 de 19 de enero, Roj: S 1025/2007.

STS 503/2008, 17 de julio, Roj: STS 87/2008.

STS 618/2008, de 7 de octubre, Roj TS 5491/2008.

STS 480/2009 de 22 de mayo, Roj: S 3057/2009.

STS 820/2016, de 2 de noviembre, R STS 4714/2016. (**TOL5.861.245**)

STS 354/2017, de 17 de mayo, Roj: S 1883/2017. (**TOL6.100.431**)

STS 378/2017, de 25 de mayo, Roj: S 2013/2017. (**TOL6.114.885**)

STS 560/2017, de 13 de julio, Roj: S 2967/2017. (**TOL6.210.810**)

STS 600/2017, de 25 de julio, Roj: S 3134/2017. (**TOL6.214.441**)

STS 661/2017, de 10 de octubre, R TS 3527/2017. (**TOL6.378.785**)

STS 13/2018, 16 de enero de 2018, Ro S 39/2018, 2018. (**TOL6.490.239**)

STS 52/2018, de 31 de enero, Roj: S 178/2018. (**TOL6.492.518**)

STS 95/2018, de 26 de febrero, Roj S 493/2018. (**TOL6.525.748**)

STS 825/2021, de 28 de octubre, R S 4005/2021. (**TOL8.639.987**)